国家自然科学基金项目（71774141）

全面小康视域下的
政府成本问题研究

何翔舟 ◎ 著

RESEARCH ON GOVERNMENT COSTS UNDER
THE PERSPECTIVE OF COMPREHENSIVE WELL-OFF SOCIETY

经济管理出版社
ECONOMY & MANAGEMENT PUBLISHING HOUSE

图书在版编目（CIP）数据

全面小康视域下的政府成本问题研究/何翔舟著 . —北京：经济管理出版社，2018.7
ISBN 978-7-5096-5880-2

Ⅰ.①全… Ⅱ.①何… Ⅲ.①国家行政机关—成本管理—研究—中国 Ⅳ.①D630.1

中国版本图书馆 CIP 数据核字（2018）第 153819 号

组稿编辑：杜　菲
责任编辑：杜　菲　杨　帆
责任印制：司东翔
责任校对：陈　颖

出版发行：经济管理出版社
　　　　　（北京市海淀区北蜂窝 8 号中雅大厦 A 座 11 层　100038）
网　　址：www.E-mp.com.cn
电　　话：（010）51915602
印　　刷：北京玺诚印务有限公司
经　　销：新华书店
开　　本：787mm×1092mm/16
印　　张：17
字　　数：363 千字
版　　次：2018 年 10 月第 1 版　2018 年 10 月第 1 次印刷
书　　号：ISBN 978-7-5096-5880-2
定　　价：78.00 元

·版权所有　翻印必究·

凡购本社图书，如有印装错误，由本社读者服务部负责调换。
联系地址：北京阜外月坛北小街 2 号
电话：（010）68022974　邮编：100836

谨以此书献给：

政府公务员以及研究政府管理理论的专家、学者、学生和关注公共决策的人们

前　言

本书是国家自然科学基金项目"精准扶贫视域下的政府成本问题研究"（71714141）阶段性成果，整个课题研究过程正是党的十九大以来全面建成小康社会的战略落实时期。在我国政府管理全面深化改革、党的十三届全国人民代表大会决策政府机构改革大背景下，分析全面小康视域下的政府成本。党的十八大以来，以习近平为核心的党中央明确提出，人民群众对美好生活的向往就是我们党的奋斗目标。新时代社会主要矛盾是人民日益增长的美好生活需要和不平衡不充分的发展之间的矛盾。在此背景下，如何科学地管控政府成本就显得特别重要。通过对党的十九大文献的学习理解，我们感到无论是当前的精准扶贫，还是全面建成小康社会，必须从战略上控制政府成本（特别是各级政府组织决策活动中的机会成本），在思路、观点、方法、制度建设以及实证分析等方面要有科学的操作依据。

进入21世纪以来，随着全球化、信息化、市场化以及知识经济、循环经济时代的到来，建立人类命运共同体是各国之间控制政府成本的必然选择，但国际上也充斥着保护主义、单边主义、禁锢主义等思潮。在保守主义的政治意识形态、新自由主义经济主张和现实政治改革压力的影响下，我国要全面深化改革、充分体现供给侧结构性改革、落实"一带一路"倡议、决胜全面小康、实现中华民族伟大复兴，必须把新时代战略与政府管理的精细化有机结合起来。政府作为落实国家战略的核心主体，必须通过廉洁自律、控制自身成本，才能融合社会不同主体最大限度地提高治理绩效。政府成本又是制约政府绩效的基本因素。[①] 20世纪下半叶，西方各国出现了声势浩大且影响持久的公共管理改革浪潮。尽管西方各国公共管理改革的起因、策略、目标以及改革的范围、步骤、力度都不同，但在发展过程上大致经历了20世纪70年代重新界定政府和市场的关系、80年代关注科层组织运行机制的有效性、90年代探索国家和社会公共事务的决策模式的发展历程。归结起来，所有这些改革实际上是政府服务体制与运作机制的创新，最终目的是通过精细管理控制政府成本，客观上体现高效率、高绩效。多年来，政府管理改革在价值取向上大致以公共选择理论、决策主义为理论基础，

---

① 政府成本是政府行政过程中所发生的各种直接费用和开支，及其在管理社会活动中所引发的现今和未来一段时期内社会直接的、间接的负担。这些直接的或间接的费用开支和负担是可以通过政府的优化决策和行政管理行为加以适当控制的。何翔舟. 论政府成本 [J]. 新华文摘, 2001 (11).

引入市场竞争机制、工商企业决策等方法,以提高公共产品水平及公共服务水平,此即为我们常说的"新公共管理"(New Public Management)运动。无论是美国学者萨瓦斯的《民营化——公司伙伴关系》,还是诺贝尔经济学奖得主奥斯托罗姆夫妇的《公共事物的治理之道》的优异成果,不仅在研究方法上把传统的公共管理由单纯的定性分析引入定性、定量研究相结合的轨道,而且在研究工具上采用数学模型与理论抽象的有机结合。问题是,在西方管理模式下,政府的低效率问题从来没有很好地解决,政府的无形成本非常高昂。本书在研究中吸纳这些先进的研究方法与工具的同时,注重中国政府管理与互联网大数据时代特征。可以说,本书与笔者之前出版的《政府决策半径与成本的研究》《政府管理活动中的风险成本问题实证研究》《政府决策的机会成本研究》等构成一个研究整体,形成一驾"马车"。就本书研究的基本内容而言,概括如下:

(1) 提出了全面建成小康社会视域下政府成本的基本理论与研究方法,包括对全面建成小康社会中政府绩效、成本理论的述评及主要观点,政府的公共服务成本相关要素、影响环境和基本模型,政府的公共服务体制与管理机制,以及公共服务成本与绩效指标体系及测评方法。

(2) 研究提出了建成全面小康社会的政府低成本服务的基本模式。根据国际公共服务流行的服务体制,重点设计行政支出成本、有形公共产品与无形公共产品成本模式,各级政府决策公共产品中的机会成本模式,以及行业垄断公共产品决策的机会成本模式等。这部分内容主要通过实证研究、解剖个案来分析政府成本的机理。

(3) 通过对政府在精准扶贫领域的研究,对全面建成小康社会活动中的政府成本进行模型检验,特别是对影响公众基本福祉方面的政府成本进行的定性、定量分析,检验宏观方面的模型及其应用情况;通过对扶贫款的发放、扶贫项目落实定位的分析,解析影响公平配置公共资源的相关问题,探讨基层公务员与村干部之间的串谋寻租。这部分内容对精准扶贫视域下的政府成本进行了深入解剖,指出扶贫领域的腐败链条,并提出建立农村村民家庭代表会议制度,体现扶贫款、扶贫项目落实的透明度。

(4) 对全面建成小康社会活动中的政府成本进行分类。为研究思路的清晰,把政府成本从环节上分解为交易成本与技术成本两大类;在表现形式上分解为政府管理的会计成本,政府决策的机会成本,政府管理活动中的风险成本,政府管理的长期成本、短期成本以及显性成本、隐性成本等。进一步深入讨论政府垄断的低效率及公共产品成本存在的基本形态,以分门别类地对政府成本进行规范约束与决策。通过分类,使各级政府对不同类型的政府成本采取针对性对策,以构建科学合理的社会治理服务体制与管理机制。

(5) 对政府成本在全面建成小康社会突出领域的分析研究。精准扶贫是建成全面小康社会的核心环节,归纳本领域的政府成本链条,进行深层分析,能够为各级政府决策产生相应的启示。无论是政府投资的公共产品还是扶贫资金的科学使用,都直接对社会产生反响，提出了通过重塑政府管理职能预测与化解政府成本；重点研究了对政府投资的公共产品成本的预测技术，提出了化解或控制公共产品成本的长远战略，制定了降低公共产品成本的短期对策；注重理论与实践的有机结合，模拟了研究成果的应用。

（6）为指导政府决策实践，就全面建成小康社会的政府成本治理之道，提出了建设性办法。具体就两个方面进行讨论，即从技术的角度和制度建设的角度提出了观点。特别是以硬约束为前提，一方面，吸收企业决策的技术，使其嫁接到政府管理活动中，强化对政府公共产品服务成本的规范约束；另一方面，结合国际公共管理发展的理论与特点，针对全面建成小康社会的特征，从社会制度、政府自身的制度建设方面对政府高成本的现状进行了讨论。

（7）针对中国公共产品服务高成本现状，就问题相对突出的有形公共产品生产领域进行了重点分析，提出了公共产品生产活动中显性与隐性成本的分析与判断，提示各级政府要在公共产品成本最容易发生且最容易忽略的方面建立可行的管理机制，把公共产品的可控性成本问题解决在萌芽状态，对那些不可控的公共产品成本及时提出科学有效的应对措施，从而最大限度地增进公众的福祉。

（8）使全面建成小康社会政府服务成本最小化，是本书研究的最终目的。在这方面，我们提出了理论模式，找到了制度选择，通过数学方法、现代政府决策理论方法、制度经济学方法、企业决策方法等，提出多维途径与渠道，不仅对各级政府决策活动的指导性强，而且便于掌握与操作，实现了研究目的。

全面建成小康社会视域下的政府高成本问题，实际上是一个非常现实的社会发展活动中的重大问题，但也几乎是被理论工作者、学术研究者以及各级政府忽略或遗忘的角落。我们认为研究它，是现代公共管理与政府决策理论升华的重要方面。因此，本研究成果的意义归纳如下：

首先，把握新时代，瞄准新时代的主要矛盾，引入公共福祉理念。这使传统的行政管理理念向公共治理转变，公共产品由政府垄断向市场化、为公众服务的理念转变。从决策层面来讲，提高政府服务质量与服务水平，就是限制或控制政府成本，在全面建成小康社会视域下，在各类社会治理方面建立多元竞争的格局。因此，确立公众福祉理念，既可以建立公共产品多元服务体制，也可以使传统的政府软约束变为硬约束，从而使稀缺的公共资源起到帕累托改善效应。

其次，通过对无形公共产品建立硬约束制度，转变政府公务员的服务理念。引入私人领域与市场化方式，是硬约束政府提供公共产品的基础，要求政府决策不能像传统的行政人员那样，依靠权力、资历决策公共产品，而是依靠专业知识瞄准社会福祉，使公务员的一切决策活动都有其客观的尺度，可以从根本上通过服务社会来规范公务员的行为。

最后，政府的公共服务有了新思路，拓宽了新的服务渠道。限制政府成本，特别是通过对公共产品的管理，降低政府服务成本，以公平、充分、均衡城乡公共资源配置。在各类公共资源配置活动中，摒弃传统的政府垄断方式，从新的视角、用新的观点和方法深入研究与国际接轨后的政府成本问题，对于再造政府管理的业务流程、提高政府绩效产生相应的作用与意义。从过去的强调投入预算转为关注公众福利，从官僚化的程序决策转为激励主动性决策，从控制转向授权，从垄断转向竞争，从标准化服务转为个性化、以公众为导向的服务，从以组织为中心的服务转到以公众为中心的服务，不仅对全面建成小康社会具有现实的指导意义，而且对于改进政府决策、提高政府所供给的公共产品的质量，以及揭示政府决策的新规律、新特点有着理论意义与深远的实践意义。

本书研究旨在快速建成全面小康社会，实现新时代伟大战略，全面推动政府改革。在公共领域引入私人资本和私人服务元素，使传统的政府在管理上的软约束变为硬约束，符合新时代中国社会经济与现代公共决策发展的基本趋势。同时，在全面建成小康社会活动中，政府的许多工作也可被归纳为对社会提供的产品（包括有形公共产品与无形公共产品），成本控制的标的是公共产品消除政府垄断体制，公共产品低成本服务的研究思维是定量与定性相结合、归纳与推理相结合、个案解剖与综合分析相结合。这样，本书设计的有关模型及其实证检验等研究方法，不仅是全面建成小康社会的当务之急，而且是硬约束管控政府成本的最佳选择。例如，政府会计成本、有形成本与无形成本、长期成本与短期成本、显性成本与隐性成本、机会成本与沉没成本都是客观存在的，而政府服务体制与管理机制理论模型、指标体系的建立是恰如其分的硬约束。就如何选择成本的硬约束制度而言，通过管理机制的确立，控制政府服务的硬约束机制就必然出现。

就研究工具与研究方法来讲，把自然科学中的数学、计算机技术与决策科学中的系统理论、控制理论以及预测学、决策学有机地结合起来，所得的结果既便于操作，又便于普遍意义上的指导。这种自然科学与社会科学结合的研究成果可以从根本上改变过去政府管理活动中的软约束现象，建立政府成本硬约束决策制度。这样既可以克服自然科学研究管理问题过于色彩化的弊端，也可以避免社会科学研究管理问题方面表现出的过于抽象化弊端，这也是本书的基本特色。

由于本人的研究水平有限，错误在所难免，真诚希望广大读者批评指正。

何翔舟
2018 年 6 月

目 录

上篇　全面小康社会与政府成本的研究意义

第一章　全面小康的理论机理与意义 ……………………………………… 003
　第一节　全面小康社会的理论与科学意义 …………………………………… 003
　第二节　全面建成小康社会是中华民族几千年的梦想 ……………………… 007
　第三节　全面建成小康社会的实践价值 ……………………………………… 011

第二章　全面小康视域下的政府成本思辨 …………………………………… 016
　第一节　政府成本理论机理 …………………………………………………… 016
　第二节　新时代视域下政府成本的基本特征 ………………………………… 021
　第三节　建立国家治理体系控制政府成本 …………………………………… 028

第三章　政府治理方式改革是低成本的基础 ………………………………… 038
　第一节　公共治理是政府治理低成本的基础 ………………………………… 038
　第二节　社会组织对政府低成本的边际影响 ………………………………… 051
　第三节　建立科学的政府绩效评价标准 ……………………………………… 056

中篇　全面小康视域下的政府成本研究

第四章　全面小康视域下的政府成本类型 …………………………………… 071
　第一节　交易成本与技术成本 ………………………………………………… 071
　第二节　会计成本与机会成本 ………………………………………………… 078
　第三节　政府的其他成本 ……………………………………………………… 081
　第四节　政府成本对决战全面建成小康社会影响分析 ……………………… 085

第五章　全面小康视域下政府行政支出成本 ………………………………… 090

第一节　行政成本及其治理 ················· 090
第二节　新时代的政府管理角色定位 ············ 100

第六章　全面小康视域下政府机会成本 ············ 110
第一节　政府决策的影响要素及其分析 ············ 110
第二节　政府决策的机会成本分析 ············· 118
第三节　政府决策制度与绩效评价 ············· 129

第七章　全面小康视域下的公共产品成本 ··········· 137
第一节　公共产品低成本服务是新时代的聚焦点 ······· 137
第二节　公共产品政府垄断的高成本机理 ··········· 150
第三节　控制公共产品成本的长远战略与对策 ········ 165

下篇　政府成本与不充分不均衡发展

第八章　政府成本与教育产品的不均衡发展 ·········· 177
第一节　教育均衡发展机理 ················ 177
第二节　河南嵩县城乡义务教育情况考察 ·········· 183
第三节　全面小康视域下教育均衡发展的对策 ········ 192

第九章　住房公积金制度的不均衡发展 ············ 199
第一节　住房公积金及其公平机理 ············· 199
第二节　基于公平视角对公积金制度的分析 ········· 205
第三节　根据第二节资料进行 DEA 模型验证 ········ 216
第四节　住房公积金制度不公平的原因 ··········· 222
第五节　均衡发展视角下的住房公积金制度改革 ······· 226

第十章　全面小康视域下的政府成本控制 ··········· 230
第一节　精准扶贫领域的串谋寻租问题 ··········· 230
第二节　必须重视政府成本研究 ·············· 238
第三节　重塑政府管理体制 ················ 247

参考文献 ························· 256

上 篇
全面小康社会与政府成本的研究意义

第一章 全面小康的理论机理与意义

第一节 全面小康社会的理论与科学意义

中国特色社会主义进入新时代,这是党的十九大对当前中国所处历史方位做出的一个重大政治判断。认真学习党的十九大报告决胜全面建成小康社会的论述,有助于从新的视角深入理解决胜全面建成小康社会的重要意义。

一、决胜全面建成小康社会是党和政府对公众的根本承诺

进入新时代,决胜全面建成小康社会,进一步明确回应党对人民做出的庄严承诺。习近平总书记指出,"这个新时代,是承前启后、继往开来、在新的历史条件下继续夺取中国特色社会主义伟大胜利的时代,是决胜全面建成小康社会进而全面建设社会主义现代化强国的时代"[1]。这就把决胜全面建成小康社会提到时代的高度,并赋予其时代内涵加以认识。不仅如此,在全面建成小康社会前加上"决胜"二字,本身就带有冲刺的意思,意味着动员全党全社会力量投入到这场决战中来;反映出了我们党的坚定信心,更加向全体公众进行了党和政府的承诺,这一承诺给人以巨大的鼓舞。在这样的时刻,强调决胜全面建成小康社会,更加凸显了它的重大意义。这在相当程度上体现了党和政府对奋斗事业与目标的执着追求。同时也是向世人表明,中国共产党作为马克思主义执政党,体现出立党为公、执政为民的根本宗旨。可以说,自改革开放之初提出建设小康社会后,经过40年的改革开放,中国的综合国力得到了极大的提升,已成为世界第二大经济体,政治、文化、社会、生态等各方面建设也都成效显著。全面建成小康社会,经过几代中国共产党人的接续努力和不懈奋斗,实现路径越来越

---

[1] 习近平. 中国共产党第十九次全国代表大会上的报告《决胜全面建成小康社会 夺取新时代中国特色社会主义伟大胜利》[EB/OL]. http://bbs1.people.com.cn/post/1/1/2/164905214.html.

清晰，内涵越来越丰富，目标越来越近，直至党的十九大把全面建成小康社会推进到最后决胜阶段。所有这些都足以表明，中国共产党完全有理由坚定道路自信、制度自信、理论自信、文化自信。

二、全面建成小康社会是政府治理的阶段性目标

进入新时代，决胜全面建成小康社会，将由此开启全面建设社会主义现代化国家的新征程。党的十九大指出："从十九大到二十大，是'两个一百年'奋斗目标的历史交汇期。我们既要全面建成小康社会、实现第一个百年奋斗目标，又要乘势而上开启全面建设社会主义现代化国家新征程，向第二个百年奋斗目标进军。"这表明，全面建成小康社会与实现现代化之间，在时间上紧密衔接，在各项事业发展上全面对接，既有继承又有发展。可见，全面建成小康社会是公共管理与政府治理的阶段性目标。就发展而言，党的十八大以来，无论在全面建成小康社会的实践上还是在理论上，以习近平为核心的党中央都有重大创新。党的十八大在论及全面建成小康社会同现代化建设的关系时，有这样一段话："如期全面建成小康社会任务十分艰巨，全党同志一定要埋头苦干、顽强拼搏。国家要加大对农村和中西部地区扶持力度，支持这些地区加快改革开放、增强发展能力、改善人民生活。鼓励有条件的地方在现代化建设中继续走在前列，为全国改革发展作出更大贡献。"① 党的十八大以来的 5 年，在以习近平为核心的党中央坚强领导下，全面建成小康社会取得了明显成绩。因此，党的十九大明确提出，要在全面建成小康社会基础上开启全面建设社会主义现代化国家新征程。作这样的表述，一方面说明全面建成小康社会已处于决胜阶段，为开启全面建设社会主义现代化国家打下了坚实基础；另一方面又适时地对国家现代化建设进行了新的部署，强调要乘势而上开启社会主义现代化建设新征程。这是向全党全国人民发出的夺取新时代中国特色社会主义伟大胜利的政治宣言和行动纲领，需要全党以更大的勇气、更大的魄力、更有力的措施全面贯彻和落实。

进入新时代，决胜全面建成小康社会，必须依据社会主要矛盾的变化，着力解决好人民对美好生活的日益广泛需要。"中国特色社会主义进入新时代，我国社会主要矛盾已经转化为人民日益增长的美好生活需要和不平衡不充分的发展之间的矛盾。"② 正确认识和把握这个新的重大政治判断，对于深刻理解我国发展新的历史方位，贯彻落实党的十九大精神具有重要指导意义。一是这个新的重大政治判断是基于 40 年改革开放，由全面建设小康社会到全面建成小康社会所取得的重大成果基础上产生的；二是这个新的重大政治判断更加突出了决胜全面建成小康社会，必须着力解决好发展不平

---

① 安庆天. 深入理解决胜全面小康社会的意义［EB/OL］. 2018-02-19. 吉林日报，http：//theory. gmw. cn/2018-01/19/content_ 27390053. htm.

② 习近平. 中国共产党第十九次全国代表大会上的报告《决胜全面建成小康社会 夺取新时代中国特色社会主义伟大胜利》［EB/OL］. http：//bbs1. people. com. cn/post/1/1/2/164905214. html

衡不充分问题。发展不平衡主要是指各区域各方面发展不够平衡，制约了全国总体发展水平的提升；发展不充分主要是指一些地方、一些区域、一些方面还有发展不足的问题，说明发展的任务仍然很重。

进入新时代，决胜全面建成小康社会，意味着必须更好地推动人的全面发展和社会全面进步。全面建成小康社会顺应人民对美好生活的新期待、新需求，因而必须牢牢把握社会主义初级阶段这个基本国情，牢牢把握人民群众对美好生活的向往。这主要包含两个方面：一是必须坚持以人民为中心的发展思想。这既是坚持党的根本宗旨所要求，同时又是依据新时代我国社会主要矛盾变化的新论断，有针对性地做好群众工作的实际需要。二是必须坚持人的全面发展和社会全面进步。这是一个相互关联的两个问题。党的十九大指出："我们要在继续推动发展的基础上，着力解决好发展不平衡不充分问题，大力提升发展质量和效益，更好满足人民在经济、政治、文化、社会、生态等方面日益增长的需要，更好推动人的全面发展、社会全面进步。"[1] 全面建成小康社会，不仅是经济等各方面的充分发展，也要求人的素质有极大的提升。促进人的全面发展，是马克思主义的一个重要观点。党的十八大从提高人民健康水平角度强调促进人的全面发展，党的十九大则明确提出更好推动人的全面发展、社会全面进步。这是一个重大的突破和创新。同时，人的发展必然要求社会要有全面进步；否则，人的全面发展就要受到社会发展滞后的影响和制约。

三、全面建成小康社会的核心是肯干实干

盘点近年来习近平总书记的新年贺词，无不闪烁着真理的光芒。2014年，"改革是需要我们共同为之奋斗的伟大事业，需要付出艰辛的努力"；2015年，"我们的各级干部也是蛮拼的"；2016年，"前景令人鼓舞、催人奋进，但幸福不会从天降"；2017年，"大家撸起袖子加油干"；2018年，"让我感到千千万万普通人最伟大，同时让我感到幸福都是奋斗出来的"。这些话语非常接地气，特别容易被社会公众所理解和认同。"蛮拼的""撸起袖子加油干""幸福都是奋斗出来的"等都成为网络和现实中的流行语。从这些贺词中我们体会到，崇尚实干、力戒空谈是新时代我们应该追求的。[2]

"空谈误国，实干兴邦"，这是千百年来人们从历史经验教训中总结出来的治国理政的一个重要结论。习近平总书记指出："中华民族伟大复兴，绝不是轻轻松松、敲锣打鼓就能实现的。全党必须准备付出更为艰巨、更为艰苦的努力。"在2018年的新年贺词中，习近平总书记深刻总结了过去一年中党和国家取得的成就，无论是1000多万人口的精准脱贫，还是科技工作的日益创新，抑或是外交上取得的积极成果，在这一

---

[1] 习近平.中国共产党第十九次全国代表大会上的报告《决胜全面建成小康社会 夺取新时代中国特色社会主义伟大胜利》[EB/OL].http：//bbs1.people.com.cn/post/1/1/2/164905214.html.
[2] 安庆天.深入理解决胜全面小康社会的意义[EB/OL].2018-02-19.吉林日报，http：//theory.gmw.cn/2018-01/19.content_27390053.htm.

个又一个有目共睹的成果背后，其实都有着一种共同的民族精神，那就是实干精神。

习近平总书记在多个场合提出过这种"实干精神"，不管是成为年度网络潮流用语的"撸起袖子加油干"，还是他多次引用过的《老子》中"合抱之木，生于毫末；九层之台，起于累土"，这些其实都是实干精神的体现。在古代的中国，能工巧匠就不断地在实践中取得了大量令世界惊叹的成就。在当下，我们刚刚进入到了全面贯彻党的十九大精神的开局之年，实干精神不仅是实现中华民族伟大复兴的重要基础，也是我们每一个炎黄子孙追求幸福、实现中国梦的前行基础。不管是在工作还是在学习中，只有全心专注于你所热爱、所期待的事物上，才会真正有所收获。"蟹六跪而二螯，非蛇鳝之穴无可寄托者，用心躁也。"一辈子只做一件事，看起来很简单，其实是对毅力和恒心的考验，一个人的职业生涯和精力都不是无限的，所以在探索的过程中寻找属于自己的领域，并将自己的能力最大化地运用于此处，才能更有效地服务于社会和百姓。安心本职、忠于职守，不等于安于现状、不思进取；专注工作、刻苦钻研，不等于不懂人情世故。从个人的角度来看，一个人如果真的能用一生去一心一意地读几本书、做一件工作，也未尝不是一件无比幸福的事情。

实干精神是一种人生态度，是社会主义均衡价值观的重要组成部分，它充分体现了全面建成小康社会的科学含义。任何追求幸福的过程中都不可能不遇到困难，做自己喜欢的事情很容易，但是能够在最艰难的时刻，用坚定的信念和崇高的理想劈开路上的荆棘，这是一种宝贵的精神。当一个人最终登到了山顶，身居高位，此时的执着则是一种不忘初心的勤勉和淡然，是一种"不以物喜，不以己悲"的超脱和崇高。① 现代社会为我们解脱了种种束缚，却也带来了更多的诱惑，只有心中拥有为伟大事业而奋斗的这份执念，才能在过程中保持自己的那份专注；只有拥有"咬定青山不放松"的姿态，才能够在庞杂的闹市间"任尔东西南北风"。三百六十行，行行出状元，不管是科学家、知识分子还是普通工人、扶贫对象群体，只要你拒绝因循守旧、不人云亦云，而是积极创造、敢想敢干，最终都一定会在创新中收获成长，在成长中收获幸福。

习近平总书记在 2018 年的新年贺词中警示我们："必须不驰于空想、不骛于虚声，一步一个脚印，踏踏实实干好工作。"纸上得来终觉浅，绝知此事要躬行。中国梦的实现要靠脚踏实地去干，幸福是干出来的。"十三五"时期是全面建成小康社会的决胜阶段。党的十八届五中全会通过的《中共中央关于制定国民经济和社会发展第十三个五年规划的建议》，对全面建成小康社会做出了新的重大战略部署。站在这样一个历史节点上，深刻领会和贯彻落实中央精神，在过去、现在与未来的时空坐标中深刻理解和认识全面建成小康社会，对于如期全面建成小康社会、开启社会主义现代化建设新征程具有重要意义。

---

① 邓晓雨. 崇尚实干，力戒空谈 [EB/OL]. 吉林日报, http://jlrbszb.cnjiwang.com/pc/paper/c/201801/19/content_ 46809. html.

第二节　全面建成小康社会是中华民族几千年的梦想

小康社会是一个目标，也是一种理想。它更加体现中华民族精神境界与价值观念。

一、中华民族的理想历久弥坚

小康社会一直是中国人民孜孜以求的一个美好梦想，早在《诗经》里就有"小康"这个词，但只有新中国成立后建设小康社会才真正被提上日程。1979年，邓小平同志在会见时任日本首相大平正芳时把"中国式的现代化"称为"小康之家""小康的国家"。之后，邓小平同志又提出分三步走实现现代化的战略构想，即以1980年为基点，到1990年国民生产总值翻一番，解决温饱问题；到20世纪末国民生产总值再翻一番，达到小康水平；再经过50年，到21世纪中叶，人均国民生产总值达到中等发达国家的水平，基本实现现代化。由此可见，建设小康社会不仅是我们党推进改革开放的一个战略目标，也是中华民族几千年的梦想。世纪之交，我们实际上已提前完成原定的小康社会发展目标。当时党中央提出进入小康以后，还有一个建设小康社会的问题，并形成新的翻两番、"三步走"战略，以确保到21世纪中叶把我国建设成为富强民主文明均衡的社会主义现代化国家。正因为如此，胡锦涛同志在党的十七大报告中提到全面建设小康社会的目标任务。在此基础上，党的十八大作出全面建成小康社会的新部署，明确要求到2020年全面建成小康社会。从"进入"到"建设"和"全面建设"，再到"全面建成"，表明我们党对如何建设小康社会的认识不断深化，也意味着全面建成小康社会的目标更明确、内涵更丰富、要求更高。这是对我国未来发展充满信心的表现，也是对人民群众过上更好生活新期待的回应。"全面""共享"是对全面小康社会认识的深化，党的十八届五中全会对全面建成小康社会的目标作了新的阐述，主要包括：到2020年国内生产总值和城乡居民人均收入比2010年翻一番，经济保持中高速增长，产业迈向中高端水平，人民生活水平和质量普遍提高，国民素质和社会文明程度显著提高，生态环境质量总体改善，各方面制度更加成熟更加定型，国家治理体系和治理能力现代化取得重大进展等。[①] 这充分表明，全面小康社会是一个更加注重发展质量的社会，是一个更加强调全面协调可持续发展的社会，是一个让广大人民群众共享改革发展成果的社会。全面小康的关键是

---

① 李克强. 2020年国内生产总值和城乡居民人均收入比2010年翻一番，见《第十二届全国人民代表大会政府工作报告》[EB/OL]. http://lianghui.huanqiu.com/2016/roll/2016-03/8655623.html.

"全面"。这个"全面",不仅要求小康所涉及的领域是全面的,是经济建设、政治建设、文化建设、社会建设、生态文明建设"五位一体"协调发展的社会,而且要求小康所覆盖的人群、所涉及的地域也是全面的,是包括老少边穷地区在内的所有地区,不让任何一个人、一个阶层、一个民族掉队的全面小康。这样的"全面"就是共享。为此,党的十八届五中全会提出了共享发展新理念,强调人人参与、人人尽力、人人享有,使全体人民在共建共享发展中有更多获得感,增强发展动力,增进人民团结,朝着共同富裕方向稳步前进。共享发展理念充分体现了中国特色社会主义的本质要求和发展目标。

二、全面小康社会的建设是一项艰巨的系统工程

党的十八届五中全会提出,"必须牢固树立并切实贯彻创新、协调、绿色、开放、共享的发展理念"①。可以说,在全面小康社会建设道路上,从当年强调允许和鼓励一部分地区、一部分人先富起来到今天强调"全面""共享",是我们党随着实践的不断发展对如何建成全面小康社会、如何实现共同富裕认识的进一步深化,具有十分重大而深远的意义。"五大发展理念"是全面建成小康社会决胜阶段的基本遵循,全面建成小康社会,关键是要树立正确的发展理念,以新的发展理念引领新的发展实践。正如习近平同志所强调的,发展是一个不断变化的进程,发展环境不会一成不变,发展条件不会一成不变,发展理念自然也不会一成不变。可以说,人类的任何实践都是由一定的发展理念来引领和推动的,科学的发展理念能动地指导发展实践,错误的发展理念必然导致现实的困境。因此,发展理念是否对头,从根本上决定着发展的成效乃至成败。以新的发展理念引领新的发展实践,是我们党治国理政的重要经验。新中国成立近70年来,特别是改革开放40年来,我们党总是根据历史条件、形势任务、机遇挑战的变化适时提出相应的发展理念和发展战略,每一次发展理念的丰富和创新都源于实践的发展和变化。当前,我国经济社会发展取得了举世瞩目的成就,虽然不发展有不发展的问题,但是发展起来后出现的问题并不比不发展时少,甚至更多更复杂了。当前,实现全面建成小康社会目标,我们面临的问题更复杂、发展的任务更艰巨,这主要表现为"五个突出":发展动力不足问题突出,发展不协调问题突出,资源环境约束问题突出,对外开放总体水平不高问题突出,共建共享不够问题突出。创新、协调、绿色、开放、共享这"五大发展理念",正是为了破解这五个方面的突出问题提出来的,具有极强的现实针对性。其中,创新发展注重的是解决发展动力问题,着眼于培育经济发展新常态下经济增长的新动力;协调发展注重的是解决发展不平衡问题,着眼于增强发展的均衡性、协调性;绿色发展注重的是解决人与自然均衡问题,着眼于

---

① 中国共产党第十八届中央委员会第五次全体会议[EB/OL].2015-10-29.http://baike.sogou.com/v129302739.htm?fromTitle=.

增强发展的可持续性;开放发展注重的是解决发展内外联动问题,着眼于用好国际国内两个市场、两种资源;共享发展注重的是解决社会公平正义问题,着眼于体现社会主义的本质要求和发展的根本目的。"五大发展理念"的提出源自发展实践的呼唤,是以习近平同志为总书记的党中央在实践中不断探索前行做出的科学判断和理论创新,鲜明地体现了新一届中央领导集体对新的发展阶段基本特征的准确把握,进一步回答了我们要实现什么样的发展、怎样发展这一时代课题,集中体现了对社会主义本质要求和发展方向的科学把握,是对我们党关于发展理论的丰富和发展、是全面建成小康社会的基本遵循。只有切实把"五大发展理念"转化为发展实践,我们才能如期全面建成小康社会。

三、全面建成小康社会是中国发展总战略的一座桥梁

全面建成小康社会是中国人民梦寐以求的目标,也是我们党确立的第一个百年奋斗目标。党的十八届五中全会提出的一系列具有标志性的重大战略、重大工程、重大举措,特别是强调要以"五大发展理念"推动发展,聚焦突出问题和明显短板,回应人民群众的诉求和期盼,目的就是要确保如期全面建成小康社会。全面建成小康社会,上承新中国成立以来尤其是改革开放以来的改革发展,下启实现第二个百年奋斗目标和中华民族伟大复兴中国梦的新征程,具有十分重大的历史和现实意义。

改革开放以来,我们党不仅提出了小康社会的奋斗目标,而且先后提出了两个"三步走"发展战略,连续制定和组织实施了多个五年规划(计划),引领当代中国走到了全面小康社会的大门口。现在,我们离2020年全面建成小康社会只有2年时间了。要确保在这短短2年内如期全面建成小康社会,关键是贯彻落实党的十九大精神,牢固树立创新发展、协调发展、绿色发展、开放发展、共享发展理念,实施好"十三五"规划。尤其是要紧紧盯住全面建成小康社会的短板,在补齐短板上用力。例如,3000多万农村贫困人口脱贫就是一个突出短板。只有以更坚定的决心、更明确的思路、更精准的举措、更大的力度,众志成城实现脱贫攻坚目标,才能如期全面建成小康社会,并为此后我国经济社会发展打下更坚实的基础。我们有理由相信,在全面建成小康社会的基础上,再经过30年的不懈奋斗,到21世纪中叶,我国一定能够实现社会主义现代化,进而实现中华民族伟大复兴的中国梦。

1. 全面建成小康社会是强国富民和实现中华民族伟大复兴的必然要求

实现强国富民和中华民族的伟大复兴是全党和全国各族人民的共同愿望,但这一美好愿望的实现并不是轻而易举的,特别是对于我国这样一个发展中大国而言更是如此。综上所述,虽然我国目前的经济总量已跃居世界第二位,但就人均水平而言,我们还只是从总体上初步达到小康,这种小康还不是高水平的小康,是不充分的、相对不平衡的小康。我国目前的生产力和科技、教育还比较落后,实现工业化和现代化还有很长的路要走;城乡二元经济结构还没有改变,地区差距扩大的趋势尚未扭转,贫

困人口还为数不少;老龄人口比重上升,就业和社会保障压力增大;生态环境、自然资源和经济社会发展的矛盾日益突出;我们仍然面临发达国家在经济科技等方面占优势的压力;经济体制和其他方面的管理体制还不完善;民主法制建设和思想道德建设等方面还存在一些不容忽视的问题等。所有这些都要求我们必须在现有小康水平的基础上更进一步,全面建成更高水平的小康社会。否则,在国际间竞争日益激烈的今天,我们强国富民、实现中华民族伟大复兴的愿望就可能成为一句空话。所谓"形势逼人,不进则退",正是我们面临的国际、国内形势的真实写照。

2. 全面建成小康社会是巩固党的执政地位、体现社会主义制度优越性的客观需要

正如党的十九大报告所指出的那样,中国共产党已经从领导人民为夺取全国政权而奋斗的党,成为领导人民掌握全国政权并长期执政的党;已经从受到外部封锁和实行计划经济条件下领导国家建设的党,成为对外开放和发展社会主义市场经济条件下领导国家建设的党。作为一个马克思主义的执政党,要想巩固执政地位,就必须高度重视解放和发展生产力,不断提高人民的生活水平和生活质量,优化人民的社会环境和文化氛围。国内外正反两方面的经验表明,经济发展和人民生活水平的提高往往是决定一个执政党政绩合法性的基础,直接关系到人心向背、事业兴衰。离开发展,坚持党的先进性、发挥社会主义制度的优越性都无从谈起。马克思主义经典作家早就精辟地指出,社会主义之所以优于资本主义,关键是它能比后者创造出更高的社会生产率。这种更高的社会生产率必然表现为人民更高的物质和精神文化生活水平与质量。因此,全面建成小康社会是我们党长期执政的需要,是发挥社会主义制度优越性的需要。

3. 全面建成小康社会是凝聚人心、鼓舞斗志,加快推进我国现代化建设的行动纲领

实践证明,能否立足国情而又面向世界,能否解放思想而又实事求是,能否尊重发展规律而又不因循守旧,制定一个符合人民愿望、体现人民利益的奋斗目标和行动纲领,是关系到我们党能否团结和调动一切积极因素、产生强大凝聚力和向心力、万众一心去夺取胜利的关键。回顾我们党的奋斗历程,在革命、建设和改革的各个不同历史时期,都是根据人民的意愿和事业发展的需要,提出具有感召力的目标,从而团结和带领广大人民为之奋斗并取得了胜利。党的十九大提出的决胜全面建成小康社会这一奋斗目标,无疑也是一个符合国情而又顺应时代、代表着人民的根本利益而又体现事业发展的需要、实事求是而又充满创新精神的奋斗目标,它必将起到凝聚人心、鼓舞斗志,加快推进我国现代化建设的巨大作用。

第三节　全面建成小康社会的实践价值

从总体上讲，全面建成小康社会的实践价值是非常重大的，可以归纳为如下方面：

一、指导各级政府打好精准扶贫攻坚战

中国还需要加快脱贫步伐。2018 年 3 月 7 日，国务院扶贫开发领导小组副组长、办公室主任刘永富在党的十三届全国人大一次会议举行的记者会上指出，"下一步，就是要在坚持前几年脱贫攻坚经验的基础上，进一步完善制度、改进政策、创新举措，加大深度贫困地区攻坚的力度，确保打赢脱贫攻坚战"，"我们现在不仅要打赢，而且要打好，我们也有这个信心能够打好这个攻坚战"。据《21 世纪经济报道》，目前还有 3000 多万人口、684 个县待摘除贫困的帽子。为此，中央已经将 3 年内全部贫困人员全部脱贫，作为未来三年三大攻坚战之一。习近平主席指出，小康路上一个也不能少。可以肯定地说，如果没有全员脱贫，小康的全面性就会打折扣。由此，全面建成小康社会的实践意义，能够使各级政府坚定脱贫信心。

2018 年，国务院制定打好精准脱贫攻坚战三年性指导意见，大力实施加大深度贫困地区支持力度，推动解决区域性整体贫困行动方案；深入推进产业、教育、健康、生态扶贫，加快贫困村基础设施和公共服务体系建设，加大深度贫困地区以工代赈力度，重点支持三区三州贫困乡村中小型公益性基础设施建设。① 这就是全面建成小康社会最好的实践价值的佐证。

1. 684 个县 3 年内将全部脱贫

必须明确，全面建成小康社会的前提是消除所有贫困。目前，尚有 684 个贫困县。到 2020 年全国所有的贫困县和贫困人口都要全部脱贫。要使 684 个县彻底摘除贫困的帽子，既是一项人类历史上的伟大创举，也是对各级党和政府的一大挑战。由于我国国情复杂，这些贫困县综合环境条件非常不好，其脱贫的难度前所未有。不仅这些深度贫困地区环境条件差，同时个中贫困人员往往与生病等因素有关。从我国当前建档立卡贫困家庭情况看，大约超过 40% 是因病致贫。

国务院扶贫开发领导小组副组长、办公室主任刘永富指出，经过这几年的努力，中国面上脱贫攻坚的任务是可以完成的，但要实现一个人不掉队、一个民族不能少的

---

① 定军，张文卓，马姝娜，何葳. 国务院扶贫办详解精准脱贫攻坚战：从"打赢"到"打好"加大深度贫困地区攻坚力度 [N]. 21 世纪经济报道（广州），2018 - 03 - 08.

目标,现在比较担心的还是深度贫困地区。所以各级政府应引导社会,同心协力。对这些(深度贫困)地区政府必须加大工作的力度、投入的力度,要把这些地区的贫困坚决攻下来。

2. 在策略上应实施分类指导精准对位

对贫困发生率18%以上的县,贫困发生率20%以上的村,各级政府特别是主管扶贫部门,应当加强监测监控,发现工作不到位的,有可能完不成任务的,提早做工作,防止最后出现死角。

按照中央的决策部署,中央对"三区三州"(包括西藏、新疆南疆四地州、四省藏区和四川凉山州、甘肃临夏州、云南怒江州)作为国家层面的深度贫困地区给予重点支持。这些地区贫困县多而集中,有些是革命老区,基础设施条件差。比如,四川省巴中市通江县为川陕革命老区,迄今没有普通铁路、高速公路、高铁。该地平原少,山地多。按照2020年全面建成小康社会的目标,国家级贫困县是要全部脱贫的。从实际调研来看,绝大多数县也具备脱贫条件,只不过现在因为摘帽的评估工作还在进行中。未来三年,所有县脱贫没有太大问题。但现在扶贫工作进入到关键时期,任务相当重,而且难度也相当大。

3. 制定脱贫攻坚规划是决胜全面建成小康社会的金钥匙

为适应未来三年全国完成脱贫攻坚战的要求,国家制定了打好精准脱贫攻坚战三年性指导意见,各省、自治区以及市、县,乃至于乡镇,都应当确立计划方案,大力实施加大深度贫困地区支持力度,推动解决区域性整体贫困行动方案,要坚持扶贫与扶志、扶智相结合,建立健全稳定脱贫、防止返贫长效机制,增强贫困群众和贫困地区自我发展能力。李克强总理在2018年政府工作报告中也指出,今年要加大精准脱贫力度,再减少农村贫困人口1000万以上,完成易地扶贫搬迁280万人。深入推进产业、教育、健康、生态扶贫,补齐基础设施和公共服务短板,激发脱贫内生动力。强化对深度贫困地区支持,中央财政新增扶贫投入及有关转移支付向深度贫困地区倾斜。对老年人、残疾人、重病患者等特定贫困人口,因户因人落实保障措施。攻坚期内脱贫不脱政策,新产生的贫困人口和返贫人口要及时纳入帮扶。

贫困地区很多地方因生态环境恶劣,实施贫困人员在当地脱贫,会导致生态破坏,因此实施搬迁的同时加强原地区的常态保护,不仅可以解决生态问题,也可解决当地贫困问题,此为生态脱贫。从根本上讲,脱贫要因地制宜,有些情况不一定要搬出来。很多生态脆弱地区,通过把扶贫对象就地转化成保护生态的积极力量,对国家、社会、扶贫对象来说都是多赢的结果。对于很多家庭因病致贫的,还需要国家通过完善社保制度来解决。深度贫困地区要从改善基础设施建设和公共产品等入手,政府可以加大财政转移力度。对于40%因病致贫的家庭,要从完善公共医疗、公共健康保障入手,加大基层医疗卫生机构的建设力度,让贫困主体真正享受到高质量的公共卫生服务。

总之,政府是扶贫的主力军,但是也不能忽略社会帮扶脱贫的力量。要汲取社会资本、社会力量参与到公共医疗、看病治病的体系中,有了更完备的保障,因病致贫、因病返贫的状况就可以进一步好转。

二、为落实好乡村振兴战略奠定基础

"实施乡村振兴战略,是党的十九大做出的重大决策部署,是决胜全面建成小康社会、全面建设社会主义现代化国家的重大历史任务。"①

2018年3月8日上午,中共中央总书记、国家主席、中央军委主席习近平参加十三届全国人大一次会议山东代表团审议时的重要讲话,在代表委员和广大干部群众中引起强烈反响。大家表示,乡村振兴的号角已经吹响,要坚定信心、鼓足干劲、苦干实干、持之以恒,扎实推进乡村振兴战略,奋力谱写新时代乡村振兴的新篇章。

1. 乡村振兴战略决定全面小康社会成色

习近平总书记指出,农业强不强、农村美不美、扶贫对象富不富,决定着全面小康社会的成色和社会主义现代化的质量。习近平总书记为广大扶贫对象描绘了未来农村发展的美好蓝图,指明了做好农业农村工作的方向。山东沂南县两泉坡社区党总支书记、村委会主任李树睦代表聆听了习近平总书记的讲话后说,实施乡村振兴战略为农村发展带来了新的机遇。从根本上讲,全面小康社会建设是大目标,但没有乡村振兴战略的落实,全面建成小康社会也就挂在空挡上了。因此,乡村振兴战略决定了全面小康社会的成色。乡村振兴给农村发展带来了新的机遇。学习总书记讲话后,人们认识到,走绿色路、吃生态饭,让老百姓腰包鼓起来、农村美起来、农业效益高起来,是全面建成小康社会的重要内容。在一定程度上讲,我国发展不平衡不充分问题在乡村很突出。乡村振兴关系到我国能否从根本上解决城乡差别和乡村发展不平衡不充分的问题。新时代,乡村是个大有作为的广阔天地,迎来了难得的发展机遇。

2. 统筹谋划科学推进乡村振兴战略

习近平总书记强调,实施乡村振兴战略是一篇大文章,要统筹谋划,科学推进。调研发现,在江苏省仪征市中博农贸市场,三茅村蔬菜专业合作社的直营点前,买菜的市民络绎不绝。三茅村党支部书记朱在勇说,"总书记说,实现产业兴旺,把产业发展落到促进扶贫对象增收上来","我们村大力发展蔬菜配送项目,每年增加村集体收入近60万元。下一步还要搞种植、采摘、民宿、农家乐、亲子活动等功能为一体的乡村旅游产品,带动更多群众就业"。这是农村干部落实乡村振兴战略最朴实、最坚实的规划。

习近平总书记指出,要推进农业由增产导向转向提质导向。金正大生态工程集团股份有限公司董事长、第十三届全国人大代表万连步认为,这需要引导和推动更多资本、技术、人才等要素向农业农村流动,加快发展专业化的农业社会化服务体系,推

---

① 常力元,王佩.乡村振兴战略决定全面小康社会成色[N].河南日报,2018-03-09.

动农产品向高端、高效、高质、绿色方向发展。乡村振兴不仅要扶贫对象富,还要农村美。云南省大理白族自治州洱源县副县长段孔明说:"总书记指出让良好生态成为乡村振兴支撑点。我们将推进生态家园体系建设,以生态资源开发为重点,积极引导沿河村落发展生态旅游,提高村民生活环境质量和收入水平。"

3. 调动广大扶贫对象积极性打造坚强基层党组织

习近平总书记强调,要调动广大扶贫对象积极性、主动性、创造性,把广大扶贫对象对美好生活的向往化为推动乡村振兴的动力。习近平总书记的话让青海省贵德县大史家村党委书记毕生忠代表有着同样的感触。他表示,乡村振兴的主体是扶贫对象,关键也是扶贫对象,要充分调动起广大扶贫对象为美好生活奋斗的主动性和创造性,实现乡村业兴民富村靓。总书记还指出,改善扶贫对象精神风貌,提高乡村社会文明程度,焕发乡村文明新气象,就要加强农村思想道德建设和公共文化建设,挖掘乡土文化人才,培育文明乡风、良好家风、淳朴民风,弘扬主旋律和社会正气。打造千千万万个坚强的农村基层党组织,是振兴乡村、实现全面小康的基石。给钱给物不如建个好支部。村党支部软弱涣散,说话就没人听、做事也没人跟,民风村貌不可能好,乡村振兴就不可能实现。

三、为全社会充分均衡的公共产品提供找到依据

从全面建成小康社会的角度讲,农村与城市之间在公共产品的发展上非常不平衡,也非常不充分。全面建成小康社会的落实为农村公共产品的充分、均衡发展找到了载体或依据。

1. 为弥补农村生产型公共产品短板找到了支点

对于农村公共产品的分类,依据功能用途可以分为生产型农村公共产品和消费型农村公共产品两大类。生产型农村公共产品指的是与农业生产过程有紧密联系的公共产品和服务,包括农业气象、农田水利、农业技术等。消费型农村公共产品指的是用于满足村民自身发展及生活共同需要的产品和服务,如农村交通、电力、生活设施、农村社会保障福利等。从根本上讲,在上述两类农村公共产品供给上,存在很大的短板。农村生产型公共产品的短板,致使农村在生产资料上显得非常稀缺,工业化、现代化生产难以实现,也是我国二元经济结构形成的根本原因。由此,在落实全面建成小康社会的活动中,可以消除或者弥补农村生产型公共产品的短板,从而加速乡村振兴战略的实现。

2. 为农村消费型公共产品充分均衡发展提供了依据

农村的消费型公共产品与城市之间的短板,在当前表现得更为广泛、更为突出,包括交通运输、各类教育条件、医疗卫生事业、文化艺术、生活设施、农村社会保障福利等。相对于生产型公共产品来讲,该短板直接导致农村与城市之间的差距。城市早就进入发达的行列,由于农村的短板,可能今后相当长的时期内,我国仍然是发展

中国家。因此，全面建成小康社会战略催生乡村振兴战略，而乡村振兴战略为弥补农村消费型公共产品的短板找到了支点。

所以，全面建成小康社会的实践价值充分体现在乡村振兴战略的落实上，而乡村振兴战略的落实催生了农村社会公共产品的充分与均衡发展，能够消除中国现代化过程中农村公共产品供给这一长期存在的短板。

第二章　全面小康视域下的政府成本思辨

第一节　政府成本理论机理

政府成本的状况对一个国家或地区未来的社会经济发展是一个严肃的挑战。重视政府成本的研究不仅可以进一步促使政府的高绩效行政，更能促进社会经济的持续、稳定、快速发展。[1]

一、政府成本存在的客观基础：政府组织与管理社会的基本职能

现代社会组织的构成可以分为三个方面。其一是行政管理组织，即为"一个规范团体行为的制度"[2]。根据马克斯·韦伯的解释，这种行政管理组织一般具有两种功能，一是规范团体行为的制度，应该叫作行政管理制度；二是规范其他社会行为并保障给行为者们提供通过这种规范所开创机会的制度，应该叫作调节制度。一个团体只要是仅仅以第一种形式的制度为取向，它就应该叫行政管理团体，只要是仅仅以后一种制度为取向，就应该叫作调节性团体。不言而喻，大多数的团体既是行政管理的又是调节性的；一个仅仅起调节性的团体，大约诸如一个绝对不干涉主义的、理论上可以设想的、纯粹的法治国家（诚然，这也是以货币的调节让给纯粹的私人经济为前提）。其二是企业及其他私人的营利性组织，这些组织的特点是排他性，追求最大限度的利润，并承担向政府组织纳税的义务。由于排他性特点，所以，非常注重对成本的研究，它们是假设的经济人，很少考虑公共利益。其三是介于上述两者之间的非营利公共组织，这种组织的特点是处于中介组织的位置，成为连接政府与企业及私人等营利组织的桥梁与纽带，是在政府失灵与市场失灵的前提下出现的。它们一般受社会的委托或资助

---

[1] 何翔舟. 论政府成本[J]. 新华文摘，2001（12）：8.
[2] ［德］马克斯·韦伯. 经济与社会（上卷）[M]. 林荣远译. 北京：商务印书馆，1998.

做一些公共事业，如学术团体、协会、行会等，由于过于分散、弱小，担当不起管理社会的职责。

从上述三种组织的性质特征可以看出，一个庞大的社会体系需要政府来组织与管理，同时政府具备组织与管理社会的功能（根据前文，政府既有管理特征又有调节特征）。其他任何组织没有也不可能组织与管理整个国家与社会。在政府组织内部所进行的组织与管理国家与社会是一个非常复杂的社会经济活动与社会文化活动。[①] 由此，政府成了天然的对国家与社会的组织管理者。政府组织与管理社会的这种职能造就了政府成本产生的客观基础。我们可以将一个国家看作是一个大型企业组织，在这个组织内部同样存在着各种决策活动，既有有形的公共产品的决策活动，又有无形的政策决策活动，对于社会来说，无形的政策决策活动的作用和影响更大。[②] 一项有形的公共产品所起的作用虽然是可以看得见、摸得着的，但功效非常有限，它的成功与失败的绩效或损失也是可以度量的；但是，出台一个公共政策的作用却往往是无限的，特别是那些大的战略决策，成功了就可以改造一个国家或地区，失败了就会使一个国家或地区的社会经济、文化等倒退若干年。[③]政府组织之所以对社会要产生成本，是因为政府有能力做出约束性的非自愿决定。

政府成本的客观基础是政府组织与管理社会的基本职能。社会需要一个权威组织管理与协调各种公共事务，使混乱的、盲目的社会成为有秩序的、有计划发展的社会，这种计划与公共秩序的产生是有费用的，我们将这种为组织与管理社会而产生的费用叫作政府成本。政府成本虽然是客观存在的，但政府成本并非是无法控制或没有大小差别的。与企业一样，懂管理、善经营的企业家的交易成本、技术成本可以控制到最低限度，而不善于管理或经营的企业家不仅不能将企业各种成本控制到最低限度，而且往往造成非常高的成本，直至缩短企业的生命周期。这种成本效应对于政府管理与决策来说是具有同一效应的，只不过由于政府成本的公共性与政府产品的非排他性，社会普遍存在一种"搭便车"思想，使得政府成本再高也很少有人深入探讨罢了。不论是魅力型的政府、传统型的政府，还是设有官僚行政管理班子的合法型政府，其所组织管理的国家与社会，都是如此。[④]

二、政府成本产生与膨胀的原因：政府"生产"与政府成本的转嫁

所谓政府成本生产，是指政府的一切组织管理活动中都要产生成本，由于是政府的组织与管理活动所产生的，所以叫政府成本的生产。政府成本的转嫁是指政府成本由政府生产同时又转嫁给政府之外的其他组织或社会公众承担。之所以转嫁，是因为

[①][③] [美]文森特·奥斯特罗姆. 美国公共行政的思想危机[M]. 毛寿龙译. 上海：上海三联书店, 1999.
[②] [德]马克斯·韦伯. 经济与社会（上卷）[M]. 林荣远译. 北京：商务印书馆, 1998.
[④] [德]马克斯·韦伯. 经济与社会（下卷）[M]. 林荣远译. 北京：商务印书馆, 1998.

政府在任何情况下都没有能力承担其在组织管理社会中所生产的成本。政府无力承担政府所生产的成本与政府成本转嫁的这一特征，使得政府自身并不重视政府成本的大小问题。因此，在一个缺乏理性或司法治理与管理社会的国家，政府成本往往是居高不下的，无论国家的体制如何。

一般地讲，合法型统治是建立在下述相互关联的观念的适用之上的：一是通过协议的或加强的任何法都可能以理性为取向，即目的合乎理性或价值合乎理性为取向（或者两者兼而有之），并制定成章程，同时有权至少要求团体的成员必须尊重它，一般的也要求在这个团体的权力范围内（倘若是区域团体，就是在区域之内）落入团体制度，视为重要的社会关系或者采取社会行动的人们必须尊重它①；二是任何法按其本质都是一些抽象的、一般是有意制定成章程的规则的总体，通过司法把这些规则应用于具体的个案，使行政管理在法律规则限制之内，并且根据一些得到团体制度许可的，甚至没有违忤团体制度的、可以普遍标明的原则，合理地维护团体制度所规定的利益。因此可以看出，典型的合法型的政府统治在发号施令的同时，还要考虑服从非个人的制度，它们的号令应该是以这个制度为取向的。团体的成员服从的是政府统治而并非服从某个人，而是服从那些非个人的制度，因此仅仅在由制度赋予的、有合理界限的事务管辖范围之内，才有义务服从它。

根据马克斯·韦伯的理论，可以看出，在合法型政府统治下的政府成本实际上是一种集体生产与控制的成本。这种成本的生产与控制是完全建立在理性的基础上的，在法律制度作用下完全可以化解政府生产决策活动中的风险，降低政府活动中的成本。因为，在合法型政府统治的情况下，从理论上讲，几乎所有的政策出台、有形的公共产品的生产都是集体智慧的生产。②由此，合法型政府统治下的政府成本是所有的官僚行政班子生产并控制的，从理性上推导，这种由官僚行政班子所构架的合法型政府统治可以化解政府行政活动过程中的风险，降低政府成本，并控制在理想的程度或范围内。此外，当这种法律制度仅仅是形式上的而缺乏严格的运行规程的情况下，由于决策的权力的分散化反而生产出更大的政府成本，使控制也仅仅流于形式。③也就是说，在设有官僚行政管理班子的合法型政府统治下，政府成本在理论上、客观上是能够控制并化解风险的，但又存在着由于司法的不到位而扩大政府成本与成本风险的可能。

三、控制合法型政府统治下政府成本的制度假设

现代社会与现代政府管理已经演进为法律化或向法制化过渡，因此，具有实际意义的政府成本的控制实际上就是研究控制设有官僚行政管理班子的政府成本问题。如

---

① [德]马克斯·韦伯. 经济与社会（上、下卷）[M]. 林荣远译. 北京：商务印书馆，1998.
② [美]文森特·奥斯特罗姆. 美国公共行政的思想危机[M]. 毛寿龙译. 上海：上海三联书店，1999.
③ 例如，政府部门内、上下级之间以及政府对社会的各种作弊现象，上有政策、下有对策等对社会及公众所造成的各种损失。

何假设合法型政府成本的控制,在理性与逻辑上应该有相应的讨论。

1. 从社会经济发展的角度认识政府成本问题

人们不难理解,在同等条件下企业的发展实际上取决于企业成本①的大小。当我们把政府与政府所组织管理的社会也看成一个企业时,这个政府所管理的社会经济发展就同样取决于政府管理社会的成本。如果这一假设成立,人们会看出研究政府成本的意义就非同小可。当然,我们并不是有意要难为政府及政府的工作,而是想通过揭示这种客观事物的本质让人们共同重视这一问题。假定在甲、乙两个自然条件相同并由不同的两个政府组织管理的区域里,10 年前甲、乙两地的社会经济发展水平一样。经过 10 年后甲区域的人民过上了非常现代化的生活,乙区域的人民连温饱问题都没有解决,甚至一些母亲因缺乏营养致使婴儿死亡,人民很难认为这是政府成本问题所造成的。如果这些死去的婴儿的妈妈知道是政府成本过大使自己失去骨肉,她们肯定会抱着婴儿的尸体去告政府的状。从这一意义讲,即使我们的研究不科学,也足以起到抛砖引玉的作用了。一个家庭的兴衰关键在于家长,一个企业的兴衰关键在于企业家及企业家班子。一个国家或者一个地区的兴衰究竟取决于谁,我们的观点是具有组织与管理这个国家或者地区职能的政府。因为公共政策的选择、战略规划的确定可能在一定程度上有民主性,或者非常民主透明,但最终还是政府的事。一个非常可怕的现实是,无论是理论研究还是政府实践,从来都没有明确提出政府成本问题。这不能不说是社会经济发展的一大憾事。假如整个社会都来重视政府成本,即使在所有的政府决策中减少 1% 的失误,社会就能节约很大的支付成本,社会经济发展的速度就会大大加快,或许人类历史上就根本没有"发展中国家"这一概念(当然,还有其他因素)。

2. 从合法型政府统治的基本范畴出发确立控制政府成本的制度

按照马克斯·韦伯的观点,合法型政府统治的范畴是"一种官职事务的持续的、受规则约束运作"。这种运作是在一种权限(管辖范围)之内,而权限意味着一种根据劳动效益分工实际划定的承担劳动效益义务的领域,并赋予大致为此所需要的权力,明确划定可能允许的强制手段和使用强制手段的前提条件。韦伯把这样一种按章程运作叫作"机构"。此外,还有职务等级原则。也就是说,任何机构都有固定的监督和监察制度,下级机构都有权向上级机构投诉或提出异议。同时,接受投诉的机关什么时候亲自用一项"正确的"法令去取代必须改变的法令或者把这委托授权给提出异议的、它的下级机关去处理(包括议事规则。如果是技术性的,还是准则)。在完全合法型的政府体制下,行政管理班子同行政管理物资和生产物资完全分开的原则是实用的。行政管理班子的官员、职员和工人并不占有实际的行政管理物资和生产物资,而是以实物或货币形式向他们提供这些物资,而且他们负有报账的义务。因此,可以得出一个

---

① 这里所指的成本包括生产成本与交易成本,生产成本体现在生产领域,而交易成本则体现在经营活动与战略决策等方面。因此,企业的生存与发展也取决于其成本的大小。

小小的结论：合法型政府的最纯粹类型，是那种借助管理体制的行政管理班子对社会进行组织与管理。只不过是团体领导者占有统治者的地位，或者是依据占有，或者是依据选举，或者是依据继承接班的指派，在最纯粹的类型中，行政管理班子的整体由单个的官员组成。① 其机理是：个人是自由的，仅仅具有在事务上服从官员的义务；处于固定的职务等级制度之中；拥有固定的职务权限；建立在自由选择之上。从合法型政府统治的基本范畴出发所确立的控制政府成本的制度也是一个合法型制度。②

3. 合法型政府成本的控制关键是由社会决定政府的生命周期

理性地讲，合法型政府的生命周期是由社会来决定的。由于社会是非常广泛的，它是所有的代表方方面面不同群众利益的集合，在这一集合里，人们找出来的是对集合体里所有成员平等基础上的等价效应的制度。这种制度叫作公理或共同的道理，一般都是以法律的形式来表达的。政府既是社会群体中的一个组成部分，同时又是对社会的组织管理者。它的生命周期不是由它本身通过想当然而说了就算的，而是按照制度的条理来决定的。就像自然界里存在一个人一样，他可以通过适应自然界而延长自己的生命周期，决不能任其自然地决定自己的生命周期。政府也可以通过适应社会公共需要而延长执政的生命周期，也决不能任其自然地由执政者自身来决定政府的生命周期。

那么，社会是以什么为标准来决定政府的生命周期呢？在现代社会里，最根本的、最符合理性的恐怕莫过于社会经济的发展。邓小平曾经说过，发展才是硬道理。在这里，发展是政府组织管理社会的绩效体现；反之，不发展则是政府组织管理社会的成本的反射。我们假定在同样条件下的国家与国家之间、地区与地区之间在社会经济发展中所支付的社会总量成本是对等的，而某一时期的社会经济发展不平衡，这个差距除了自然条件、人口质量、市场发育程度等原因之外，就是政府成本的大小程度。社会公众可以根据相关性程度与因素通过准确判断之后，给执政的政府一个正确的结论，并通过合法的程序决定这个政府的生命周期。

在合法型政府统治下，政府成本的控制并非是时时处处都由社会公众来监督（当然，在政府成本非常明显的情况下是可以这样监督的），而是根据合法型政府统治的生命周期的监督定位来进行控制的。这种生命周期的定位控制往往是参照政府在竞选过程中的许诺来进行的；当一定时期的政府行为脱离竞选时期的许诺目标、对社会经济发展有一定的影响时，或者社会公众中相当部分的人们没有享受到应该享受的福利时，社会就会根据法律终结政府的生命周期或者警告政府通过减少政府成本来医治政府的"疾病"。现实地讲，社会一旦紧紧地抓住政府成本这一影响社会经济发展的病因，对社会与政府本身都是有益的。

4. 从技术成本与交易成本的内在关系出发控制政府成本

我们可以将政府成本从不同的形成源头出发概括为技术成本与交易成本。通过观

---

①② [德] 马克斯·韦伯. 经济与社会（上、下卷）[M]. 林荣远译. 北京：商务印书馆，1998.

察能够发现，政府成本与企业成本一样体现在制度交易与生产活动不同的环节中。在无形产品的生产活动中主要体现的是交易成本，而从有形的公共产品的生产与管理角度方面则重点体现的是技术成本。实际上，无论是在有形的公共产品的生产与管理方面，还是在无形的公共产品的生产过程中，都相互夹杂着技术成本与交易成本。这样，控制政府成本同样应该按照政府成本形成与存在的规律进行。一方面，在确定有关长远战略或公共政策时，结合社会、科学技术的发展水平与现实的生产力状况，在充分考虑技术成本因素的基础上把法制建设、规章制度建设及各种交易成本控制在最低程度；另一方面，在有形的公共产品生产与管理活动中也首先在正确理解与使用制度建设的基础上，控制生产与管理公共产品的成本，同样要把科学技术发展水平与管理制度的建设有机地结合起来，从而做到技术成本的最小化。现实地讲，在政府组织与管理社会活动中，当制度建设不到位、法律制度不完善或执行不严肃的情况下，交易成本难以控制到有效程度，在交易成本控制不当时，同时技术成本也就无法控制到有效程度；反之，在技术落后同时技术又不能充分利用的情况下，不仅政府组织管理的技术成本非常高，而且也反映在交易成本方面居高不下。综观现代发达国家政府组织管理社会经济发展的活动可以发现，它们不仅在制度建设方面有突出的成就，而且在科学技术的发展方面也是很有成就的。随着现代科学技术与现代公共管理制度的发展，无论是政府决策活动还是公务员的管理活动，都是既有技术成本又有交易成本的综合性成本控制过程，如果没有跨学科的基本素质与基础知识，政府在组织与管理社会经济发展中的高成本是无法避免的。

这里我们以经济学为分析工具，就全面建成小康社会视域下的政府成本理论进行机理论证，重点论述了合法型政府统治下的政府成本问题的生成机理与控制方法。这一分析本身对于新时代政府管理决策活动都是对症的。许多政府行为所造成的社会经济发展的损失仅仅用政府"效率"来解释是不大准确的。由于政府成本的公共性与公共产品的非排他性，人们总是在对待这一问题上存在"搭便车"思想，这是自从有了政府以来没有人真正重视政府成本的根本原因。但政府成本的确是客观存在的，而且非常严重，是人类社会活动中最大的成本。这个结论肯定是正确的，应当得到社会的重视，特别是在全面建成小康社会视域下，把政府的技术成本与交易成本有机地结合起来分析，从而控制或降低政府成本的作用从理论上讲应该是非常有效的。

第二节　新时代视域下政府成本的基本特征

党的十八大以来，随着行政体制的全面深化和政府职能的转变，政府成本也随之具有了新时代特征。

一、新时代政府成本的基本特征

为深入研究全面建成小康社会视域下的政府成本,必须首先厘清新时代政府成本存在的特征。根据观测,当前政府成本的基本特征可以归纳如下:

1. 政府成本主体向多元化方向发展

时下,不仅在经济领域、政治领域,而且在科学文化艺术等领域都有政府成本不断膨胀的现象。[①] 甚至在一些被人们称为"清水衙门"的部门,也通过腐败形式膨胀政府成本。以前,人们大都认为,政府成本应当存在于各级政府部门,但是,随着社会经济的发展,社会治理主体向多元化发展。由此,公共资源配置的主体出现了多元化,公共决策也向多元化发展。传统意义上由政府垄断产生经营公共产品的范式被打破。所带来的现实是,公共资源配置主体的多元化也必然地导致政府成本主体的多元化。这是新时代研究判断政府成本必须关注的问题。

2. 政府成本主体向"精英"阶层倾斜

无论是在各级政府机关还是事业单位,以及社会其他群体,公共资源配置的权利大都集中在那些文化层次、知识水平相对高的人手中。他们往往要么就是某一群体中的意见领袖,要么就是具有相对较高学历者,要么就是具有相对权威者。在各级政府、事业单位如此,在社会其他领域亦然。这是受整个社会进步的影响,政府成本主体的文化层次和知识水平也越来越高,其行为更加"严谨、缜密和高明"。扶贫领域的政府成本以及其他公共资源配置活动中的政府成本,往往与贪污腐败是一对孪生姊妹。由此,研究政府成本问题,首先应当把重点放在"精英"阶层。

3. 膨胀政府成本的主体一般都是知法犯法

由于政府成本主体大都是精英阶层、意见领袖,所以他们往往既懂经济又懂法律,更懂得各种行政规则、检查监督、纪检监督以及法院、检察院的监督程序及基本业务。更应值得注意的是,他们在各界的人脉渠道广泛,信息灵通,反调查能力比较强。特别是那些腐败分子中的大部分法律知识比较丰富。因此,他们从实施违法违纪行为之始,就注意将反调查工作同步进行。这种政府成本在性质上一般演变为隐形成本。对此,无论是各级政府部门,还是行使执法权力的机关,都应当制定相应的措施,培训人员,进行更加科学的控制。

---

① 政府成本的产生不仅在各级政府部门或公务员,只要有公共资源配置的领域都会产生政府成本。例如,在扶贫活动中政府投入的资金、项目最终由村社干部或企业家配置这些资源,他们本身不是政府机关,也不是公务员,但他们行使着政府委托的职能,这些公共资源虽然在形式上脱离政府,但其本质永远是公共资源。因此,政府成本的主体向多元化扩散了,并且随着社会治理的不断深入,政府购买服务不断扩大,政府成本主体多元化必将进一步扩大。

4. 主观上膨胀政府成本的主体向年轻化方向发展

随着国内外各种因素的影响，人们接收信息与判断信息的主观意识越来越多元化。一些年轻公务员对事业的忠诚意识淡薄。有些年轻干部走上工作岗位不久就走向腐化、堕落。公款赌博、公款挪用现象多在年轻人中发生。特别是在基层执法部门工作的年轻公务员，"吃拿卡要"现象比较突出。

5. "58岁"现象突出

一些公务员到了临近离退休阶段，认为事业发展即将终结，便滋生了贪污腐败的思想。一些离退休人员觉得自己辛辛苦苦一辈子，没有捞到什么好处，加上受社会上"一切向钱看"错误思想的影响，出于一种补偿心理而利用余权、"余热"实施腐败行为。这种行为客观上膨胀了政府成本。值得警惕的是，这些人员由于资历深，即使不是主要决策者，但他们相对于年轻公务员，说话办事的权威性也更高。一旦主观上想做一些膨胀政府成本的事情，群众监督、舆论监督的威力就可能相对变得弱势。

6. 膨胀政府成本的主体由单一体向团伙群体发展

通过对一些监察、纪检部门的调研，新时代政府成本膨胀主体的又一特点是，在一些政务相对边缘、经济利益相对"厚实"的机关事业单位，多年来形成了集团寻租，产生了利益集团。这种团伙群体作案涉及的人员多，案情复杂，往往有一案带多案、查处一个带出一串的特点。团伙群体的另一个特点是密谋策划细致，手段隐蔽，组织诡秘，欺骗性大，不易被识破。一旦被发现，又互通信息，建立防线，转移证据，互相保护，互相开脱，从而增加了查处案件和反腐败的难度。

7. 官商合一的膨胀政府成本的主体

这种主体中既有市场经济的主体，又有行业管理主体，还有党政机关、司法机关、行政执法机关和经济管理部门的主体。这类主体作案或实施腐败行为，有较大的隐蔽性和欺骗性，有较长或较深的潜伏期，难识破，危害性大。官商合一的政府成本膨胀大都是多年来形成的人脉圈子。他们形成了广泛的"圈子文化""码头文化"，其中既有交易性政府成本，又有技术性政府成本。

二、新时代膨胀政府成本的特点

在新时代情境下，膨胀政府成本的个体行为或集体行为，一方面继承了传统特征，另一方面也有新的特征。

1. 利用"公地悲剧"现象随意决策

一些不法之徒往往利用政府决策产品的公共性特征，凭借自己手中的权力和地位，以改革开放、发展经济，甚至以闯"禁区"为名，利用政策、法律的一些漏洞。一些领导主观臆断，不能科学合理地选择多个方案进行比较分析，也不能科学地按照决策程序进行多元主体参与，在利益较量中做出损公肥私的决策。一些地区政府的主要领导利用公务员升迁与其他方面的机会，"套牢"要挟辅助决策人员，膨胀了政府决策机会成本。

2. 利用政府管理特权进行公共产品的"灰色垄断"①

一般意义上讲的政府垄断,就是某些公共产品的政府独家经营。党的十八届四中全会明确指出,要把资源配置的决定权交给市场。一些地方政府为了落实政府的改革措施,对许多公共产品的生产经营也进行了市场化改革,诸如政府购买服务、私人部门参与公共产品经营管理等。但是一些地方政府主管机构或者公务人员在具体操作时,凭借手中的权力进行主观的"沟通引导",最终把公共产品的生产经营活动引导到政府机构或者公务员个人需要上来。我们称这种行为为政府对于公共产品生产经营的"灰色垄断"。由此,行业特权和垄断地位,弄权勒索,以及独家经营的垄断性质未能从本质上改变。例如,与人民的生活密切相关但又不能满足人们的正常需要的行业,与经济发展密切相关的行业,如铁路、银行、电力、卫生等,其地位和特点为这些行业的个别单位以"业"谋私提供了客观条件。

3. 对新时代新的犯罪工具与方式监管不力

新时代公众生活最主要的载体是网络,它本身给社会带来便利的同时,也出现了新的风险。这种风险表现最为广泛的是网上欺诈、个人信息的披露等。所造成的政府成本表现在下列方面:一是网上信贷中的欺诈现象;二是利用管理不严和监督不力,弄虚作假,骗取各种利益和荣誉;三是严重官僚主义、失职渎职行为,给公众造成严重损失,在很大程度上形成社会稳定成本。由于进入新时代,需要建立适应新时代的政府管理手段与方式方法。在新的政府管理半径尚未定型之前,政府成本产生方式也是五花八门、多种多样,总的趋势是由表层向深层次发展,由公开向隐蔽发展,由简单、原始型向复杂、智能型方向发展。

4. 个别人主观上膨胀政府成本的手段越来越隐蔽、狡猾

以行贿受贿为例,大多是单线联系,"二人以上不办事","天知、地知、你知、我知",已成为一些人的信条。在纪检监察及三法机关处理的贪污案件中利用涂改账目等"笨办法"贪污的越来越少,而利用现代化办公设备、先进的通信设备等科学技术手段进行伪造、作假等作案越来越多。利用职权直接为自己谋取利益的少了,采用迂回或以"合法"形式为亲属、子女谋取利益的多了。

5. 腐败分子的反调查能力越来越强

过去,腐败现象发生后,腐败分子大多处于一种被动应付的状态,消极地对抗调查。当前,一些腐败分子的反调查已变成一种积极的、强烈的对抗调查,甚至是犯罪行为。有的实施腐败行为之后,将证据隐匿、转移或毁灭,甚至把赃款、赃物转移到

---

① 这里所谓的"灰色垄断",亦即一些公共产品生产经营领域国家早就放开竞争了,但一些地方政府在表面上放开竞争的同时,利用传统意义上的政府特权搞一些限制,这种限制往往在表面上难以判断是否垄断,但在实际操作中感觉是政府垄断,故称为"灰色垄断"。

国外;有的与知情人或同案犯进行串供、订立攻守同盟;有的将主要证人派往外地,甚至派到国外,令其长期不归;有的采用收买、封官许愿等手段,严格控制、笼络案内外知情人;有的利用职权打击报复,迫害举报人、知情人,使其不敢如实向调查机关提供情况;有的通过各种途径寻找靠山、保护伞,为其减轻、开脱责任;一旦事情败露,就潜逃到国外,逃避法律制裁。据悉,被中纪委查处的某省某常务副省长曾经在重要岗位上安排了80多人进行各种反调查的信息收集,"用心良苦"到了极致。

三、把握新时代战略导向是控制政府成本的必由之路

把握新时代战略导向夺取反腐败斗争压倒性胜利是习近平新时代中国特色社会主义思想,是马克思主义中国化最新成果,是进行伟大斗争、建设伟大工程、推进伟大事业、实现伟大梦想的实践指南,是中国共产党人新时代的精神支柱和力量源泉,为坚定不移全面从严治党,夺取反腐败斗争压倒性胜利提供了强大思想武器。① 同时,也是控制全面建成小康社会视域下政府成本的必由之路。

1. 习近平新时代中国特色社会主义战略思想是指导一切工作的指南

习近平新时代中国特色社会主义思想,是党的十八大以来以习近平同志为核心的党中央坚持与时俱进、创新发展中国特色社会主义理论体系形成的党的理论创新成果。这一重大思想,一是突出了理论创新成果的主题,就是坚持和发展中国特色社会主义所提出的一系列新理念新思想新战略都是紧紧围绕这个主题展开的;二是突出了理论创新成果的方位,就是新时代,它是中国特色社会主义进入新时代的思想结晶,是新时代中国特色社会主义的理论阐述;三是突出了理论创新成果的形态,它是一个科学的、系统的、深刻的思想体系;四是突出了理论创新成果的主体,它是习近平总书记集中全党智慧、反映人民愿望,紧密结合新的时代条件和实践要求,进行艰辛理论探索而形成的,习近平总书记对这一理论创新成果的形成做出了历史性贡献。② 这也是研究全面建成小康社会视域下政府成本的理论依据。

习近平新时代中国特色社会主义思想以"不忘初心,牢记使命"为精神实质,是具有丰富内涵并不断发展的科学理论。控制全面建成小康社会视域下的政府成本,同样是各级政府艰苦奋斗、不忘初心的优良本质。把习近平新时代中国特色社会主义思想同马克思列宁主义、毛泽东思想、邓小平理论、"三个代表"重要思想、科学发展观一道确立为党的行动指南,实现了党的指导思想的又一次与时俱进,立起了新时代坚持和发展中国特色社会主义的思想旗帜,提供了决胜全面建成小康社会、全面建设社会主义现代化强国的科学指导。③ 研究全面建成小康社会视域下的政府成

---

① 徐新荣. 深刻把握习近平新时代中国特色社会主义思想活的灵魂[N]. 学习时报,2018-01-10.
② 王晨. 以习近平新时代中国特色社会主义思想为指导发展社会主义民主政治[N]. 人民日报,2017-12-29.
③ 张金才. 怎样学好习近平新时代中国特色社会主义思想[EB/OL]. 人民网—人民论坛,2017-12-28.

本，必须坚持以习近平新时代中国特色社会主义思想为指导，把反腐败斗争融入新时代发展的基本方略之中，从战略导向上确立反腐败斗争融入中国特色社会主义基本方略的切入点和着力点，推进新时代反腐败斗争深入发展，坚定不移夺取反腐败斗争压倒性胜利。

2. 以新时代反腐败战略思想为引领，更好地研究政府成本

新时代反腐败战略思想，是习近平新时代中国特色社会主义思想的重要组成部分。践行习近平总书记反腐败战略思想，就要着眼于新时代中国特色社会主义发展的基本方略，深刻领会党的十九大报告中关于全面从严治党和反腐败斗争的重要论述。[①] 研究全面建成小康社会视域下的政府成本，必须坚定不移地按照习近平总书记提出的"做好坚持、巩固、深化文章"的总要求，坚定不移把反腐败斗争引向深入。

在控制政府成本领域的研究讲坚持，就是要坚持党的十八大以来反腐败斗争的基本经验。其中，最重要的经验就是高举党的旗帜，强化党的领导，树立党中央的权威。坚持做到"五个不变"：主题不变，始终紧抓全面从严治党不放松，把维护核心、维护党中央权威和集中统一领导作为反腐败的最大政治；目标不变，建设廉洁政治，把维护党长期执政作为反腐败的基本立场；战略不变，坚持循序渐进，把持续推动不敢腐向不能腐、不想腐发展作为反腐败的重要方针；任务不变，以永远在路上的决心和韧劲，把巩固和深化压倒性态势、取得压倒性胜利作为反腐败的新实践；尺度不变，坚持严字当头，把持续保持全面从严高压态势作为反腐败的取胜法宝。

同样地讲巩固，就是要巩固反腐败斗争已经取得的重要成果。回顾党的十八大以来我们党同腐败的较量，从呈现胶着状态到压倒性态势，几年之间攻守易位，源自习近平总书记和党中央的无畏决心、坚定意志和责任担当。反腐败压倒性态势最鲜明的特征，是党心民心上的压倒、是在政治上的压倒、是在正气上的压倒，扶正祛邪，正气上扬；最突出的成就是打出了政治权威，优化了政治格局，净化了政治生态，形成了全党的领导核心；最宝贵的经验是形成了新时代反腐败战略思想。巩固反腐败斗争成果，就是要毫不动摇落实中央八项规定，高度警惕和严防"四风"的变异反弹；毫不动摇加强监督执纪问责，着力治懒、治庸、治散、治骄，常治不懈，坚决把那些混日子不干活的人从干部队伍中清除出去；毫不动摇把党的十八大以来不收敛不收手、问题线索反映集中、群众反映强烈，现在重要岗位而且可能还要提拔任用的领导干部，政治问题和经济问题相交织的腐败案件作为查处的重中之重。

在讲深化方面，就是始终保持驰而不息的韧劲和定力。提高发现问题精准度，发现问题线索及时查处。细化"抓早抓小"，以纪律的无处不严来实现监督的无处不在。完善以案治本工作机制，健全完善制度规章。加强干部选任管理，追究导致"带病"

[①] 张国祚. 习近平新时代中国特色社会主义思想体现全方位的"新"[EB/OL]. 人民网—理论频道，2018 - 01 - 17.

提拔上岗的失职失察责任。大力弘扬共产党人价值观，让党员干部习惯在受监督和约束的环境中工作生活。健全党和国家监督体系，建立巡视巡察上下联动的监督网。深化国家监察体制改革，实现对所有行使公权力的公职人员监察全覆盖。制定国家监察法，依法赋予监察委员会职责权限和调查手段。改革审计管理体制，完善统计体制。构建党统一指挥、全面覆盖、权威高效的监督体系，把党内监督同国家机关监督、民主监督、司法监督、群众监督、舆论监督贯通起来，增强监督合力。

3. 落实控制政府成本的策略必须做到重遏制、强高压、长震慑

党的十九大对全面从严治党、巩固反腐败斗争压倒性态势、夺取反腐败斗争压倒性胜利提出了新要求。我们要在深刻领会历史新变革、矛盾新转化、历史新方位、历史新使命、时代新课题、时代新思想、实践新方略的基础上贯彻落实。①

如何在策略上控制政府成本，必须坚持受贿行贿一起查，增强反腐败执法的科学性和有效性。党的十九大报告中强调受贿行贿一起查，就是要改变以往偏重查处受贿，而对行贿处理偏轻的现象，通过打击形成"不敢行贿、不愿行贿、不能行贿"的态势，从而实现腐败源头上的治理，净化社会外部环境，提升社会公众参与腐败治理意识。

在重点领域，应当着力查处经济问题与政治问题交织的腐败案件，防止党内形成利益集团。利益集团是腐败利益链结成的关系网，危害极大，必须把防止党内形成利益集团作为反腐败执法的重要目标，充分揭露利益集团动摇党的执政基础，危害国家政权安全的反党反人民本质。

在查办案件中注意发现和查处结党营私、拉帮结派、团团伙伙，搞非组织活动的行为和搞"独立王国"，拉小山头小圈子，对中央决策部署阳奉阴违，为实现个人政治野心而不择手段等问题，把维护党中央权威落实到反腐败执法活动之中。

4. 继续加大扶贫领域惩治和预防腐败力度，为决胜全面建成小康社会提供有力的法治保障

2017年11月，为惩治精准扶贫领域的腐败问题，最高人民检察院与国务院扶贫办联合组织的扶贫领域惩治和预防专项活动，要以更强的措施和更大的力度深化发展。②把打击胆大妄为的"村霸"、巩固基层政权作为专项工作重点。特别是对挤占挪用、层层截留、虚报冒领、挥霍浪费扶贫资金的"村霸"要依法严惩，确保党中央扶贫攻坚的庄严承诺如期实现。同时，要继续加大查办"发生在群众身边的腐败"的工作力度，将"重遏制、强高压、长震慑"层层传导至基层，为决胜全面建成小康社会提供有力的法治保障。

同时，更应加大"一带一路"反腐败执法力度，保障和推动形成全面开放新格局。

---

① 何忠国，徐黎，兰文飞. 巩固压倒性态势夺取压倒性胜利［N］. 学习时报，2017-12-06.
② 邱学强. 把握新时代战略导向夺取反腐败斗争压倒性胜利［N］. 学习时报，2017-11-16.

认真总结企业境外投资经营中的教训，借鉴其他国际化公司合规经营的经验，加强境外资产投资运营风险和廉洁风险防控工作，加强集团管控与强化境外机构内控相结合，加强对境外人员的日常监督管理。加强"一带一路"法律风险和涉腐防控机制研究，探索设立"一带一路"反腐败执法司法合作机制，为"一带一路"倡议营造良好的发展环境。

在农村，要结合乡村振兴战略，坚决查办破坏生态环境背后的腐败问题，保障和促进绿色发展。坚持打击刑事犯罪与查处职务犯罪相结合，注意从破坏生态环境犯罪行为背后揭露和查处腐败问题。加强反腐败职能部门与公安、法院、环保、林业、土地等部门一体联动，加大打击和预防破坏生态环境犯罪和职务犯罪工作力度，增强职能部门依法履职和保护环境意识，实现资源共享、优势互补，形成保护生态环境的合力。

把国外追逃追赃与国内追逃追赃结合起来，全面防控腐败分子逃避法律追究。建立健全公民证照管理和信息采集、现金管理、财产申报等相关制度，着力解决相关职能部门信息沟通不畅、信息共享平台缺乏、信息传递迟延的问题。在进一步完善国内外追逃追赃机制的同时，利用好国际反贪联合会的交流平台，实现"不管腐败分子逃到哪里，都要缉拿归案、绳之以法"。

统一思想认识，确保监察体制改革按照中央的时间表、路线图整体推进。深刻理解"将试点工作在全国推开，组建国家和地方各级监察委员会，同党的纪检机关合署办公"决策的正确性和科学性；深刻理解"依法赋予监察机关职责权限和调查手段"，实现对所有行使公权力的公职人员监察全覆盖的必要性和重要性；深刻理解用"留置"取代"双规措施"是反腐败手段的制度创新，是推进反腐败工作规范化、制度化、法治化的必然选择。在新形势和新任务面前，全国检察机关坚决贯彻党中央统一部署，坚决拥护、积极配合深化国家监察体制改革，牢记使命，勇于担当，在反腐败斗争活动中控制政府成本。

第三节　建立国家治理体系控制政府成本

新时代的政府成本控制问题对于传统管理提出了挑战。随着社会经济的不断提升与发展，对于国家治理体系建设提出了新的考验。就一般意义而言，任何事物的发展都是内外界因素推动的结果。国家治理体系的创新变革不仅是治理本身的创新推动，更是社会经济发展变化的客观必然，也是新时代控制政府成本的基本思路。

一、国家治理体制的构建充分体现了全体公众的意志[①]

由于政府成本本身是社会治理的核心问题，在本质上涉及国家与社会的关系，所以早期经典作家都围绕国家与社会的关系来建构学说，并对后来的社会治理研究产生了深远影响。在17世纪末（1690年），洛克就提出市民社会先于国家或外在于国家的理论，他认为市民社会决定国家，国家服从市民社会，国家只是保障个人自由、社会自主的工具。[②] 洛克的思想即是社会中心主义的渊源，任何一个建立在自己意志基础上的政府组织，都必然地受到社会的影响。在一个多元主体客观上存在的国家，虽然只能有一个最高的决策机构，其余任何主体都必须处于从属地位，但治理本身是不同层次、群体、组织共同参与的公共活动。社会上客观存在的各类组织，包括社区、非政府组织、企业、学会等，也都通过自己的组织成员，自行规划工作以实现本组织的目标，必然地影响社会整体环境。[③] 1819年，黑格尔提出国家高于市民社会的理论。黑格尔把市民社会看成自私自利的领域，而把国家看成代表普遍利益（公共利益）的领域，肯定了国家对市民社会建构的积极作用。黑格尔的学说虽说把除国家以外的其他组织看得过于消极，但这种国家中心主义的治理本身离不开公众。孟德斯鸠于1748年提出的市民社会与国家平衡的理论主张，通过国家与市民社会的平衡来防止政治生活中的专制主义，从而成为后来学界分析国家民主的社会基础的理论源泉。同时，也是当今国家治理体系建设的理论支撑。当人类进入20世纪之后，西方学术界对于社会治理的研究不再停留在哲学、政治学和法学的宏观层面，而是逐渐落实到管理和治理层面，从而形成了多种理论主张。美国公共行政学家罗伯特·B.登哈特认为，融合公民权、社区和市民社会、组织人本主义和组织对话，是实现社会均衡发展的基础。[④] 他强调了政府在社会事务及公共事务治理中的责任、公正、参与、回应的价值理念，重视政府与社区、公民之间的对话沟通与合作共治。20世纪90年代，美国学者奥斯特罗姆夫妇指出，社会治理应该是多中心合作，该理论的重要启示是社会管理及公共事务由政府、非营利组织（第三部门）、公民、家庭、社区、企业等主体共同参与治理，形成多中心参与合作的社会管理格局和管理体系。[⑤] 从国际社会发展现实与总的趋势来看，现代国家是由公共的及专业化人员组成的分门别类的政治机构，中央集权通过政治关系覆盖特定的领土范围，运用强制性的规则制定对税收和武力实施垄断。但治理或治

[①] 近年来，在全国各地发生拆迁危机、公共项目建设选址危机（如垃圾焚烧项目）、对地方政府绩效认可危机等，仔细推敲，绝大多数都是不该发生的危机事件。之所以发生且小事演变为严重事件，往往是把普通公众当成了治理的对象。例如，封锁信息、掩盖项目中的负面指标。
[②] 王明初，王增智. 法制中国的国家治理体系现代化建设［N］. 光明日报，2015 – 02 – 15.
[③] 刘丽霞. 以公共政策民主化促进社会治理的创新与发展［N］. 光明日报，2015 – 02 – 15.
[④] ［美］盖·彼得斯. 政府管理与公共服务的新思维［M］. 北京：商务印书馆，2009.
[⑤] ［美］文森特·奥斯特罗姆，罗伯特·比什，埃莉诺·奥斯特罗姆. 美国地方政府［M］. 井敏译. 北京：北京大学出版社，2004.

理主体离不开全体公众,尽管一系列权势无处不在,也就是这种权势构成了公民资格。无可争辩的事实是,各种非政府力量弥补了政府管理的缺陷。Walter J. M. Kickers 于1997年就在网络分析的基础上提出了合作网络理论,认为治理就是政府与社会力量通过面对面的合作方式组成的网状管理系统。在20世纪末21世纪初,国际上许多学者开始认识到在社会问题复杂化和利益主体多元化的时代,公共问题的解决和社会治理创新早已不再仅仅是政府或者单个行政组织的事情,涉及多个行政部门之间的通力合作,甚至包括私人组织、非营利组织和公民之间的协同合作,进而提出了协同治理的理论主张。

习近平总书记曾经指出,国家治理体系和治理能力是一个国家制度和制度执行能力的集中体现。国家治理体系是在党领导下管理国家的制度体系,包括经济、政治、文化、社会、生态文明和党的建设等各领域体制机制、法律法规安排,也就是一整套紧密相连、相互协调的国家制度;国家治理能力则是运用国家制度管理社会各方面事务的能力,包括改革发展稳定、内政外交国防、治党治国治军等各个方面。这充分体现了现代国家治理活动多元化的特征。可以设想,无论是一次简单的听证会,还是符合程序的公共决策,基本上都是由不同主体的代表参与。就近10年来的现实分析,人们的思想意识、价值取向、道德观念更加多元,公民的公平意识、民主意识、权利意识、法治意识、监督意识不断增强,公众共享改革发展成果的愿望日益强烈,这些都是公众意志的集中体现。国家治理仅仅从政府管理上是越来越难以实现的,现实中治理活动的高成本以及绩效认同危机,实际上是治理意志多元化难以到位的结果。改革开放以来,我国政府一直在推进行政管理体制改革,并不断改革和完善社会管理体制,从根本上讲,就是不断体现公众在国家治理中的意志的过程。但从总体看,我国政府的社会管理职能还比较薄弱,这使得国家治理体系建设的任务还非常繁重,从上到下的诸多深层次问题亟待解决。中国的改革如果不能在社会层面上尤其是社会保障、社会管理等关键领域取得重大进展,将会使中国共产党的执政合法性甚至执政地位受到严重挑战,因此,近年来执政党开始着力在社会层面上取得改革的突破,积极培育新的执政合法性资源生长点,重塑形象,赢得民心。

综上所述,无论是从哪个角度出发,归根结底都渗透着社会公众意志。政府为核心也好,多元主体共治也好,其实质都是公众意志。综合国内外相关研究成果,在社会治理问题上,西方学术界已经走过各种"主义"激烈交锋的时代,在许多理论主张上达成共识,目前都在致力于解决各国出现的各种社会问题。在社会治理体制上有很好的突破,但没有把社会组织之间多元治理的体系完整构建出来;而我国的研究者在对策研究上取得了很好的成就,但没有把信息网络大数据背景有机结合起来,社会治理体制与机制、组织模式与体系需要创新构架。体现公众意志的国家治理以及治理体系理论,要构架出以现代信息和网络社会所提供的丰富数据为基础,研究国家治理的基本支点,找出其多元主体行为相互影响的微观基础、基层社区治理机制及政府管理模式转型规律，系统分析社会组织运行机制，创立政府主导、多元主体合作共治、基层社会自治的现代社会治理框架与结构体系。

二、从根本上讲传统管理理念与现代治理不融合

政府成本之所以难以控制，除了治理体系尚未完善，传统的政府管理理念是其内在原因。任何治理体制的构建，目的都是为了最大限度地体现公众的意志。传统的政府管理之所以不能适应现代治理需要，从根本上讲，是因为它越来越难以体现多元主体的意志。不同的群体、不同层次，以及群体相互之间，在总的社会活动中，各自发挥着其他组织无法替代的作用。我国社会主义国家治理最能够体现公众意志，但随着社会经济发展不断深入，在方式方法上、体现手段上只有不断改进，才能更好体现公众意志。

1. 公共资源的裂变需要多元主体共同配置

从理论上讲，在社会治理活动中，无论是政府组织，还是社会其他任何合法性组织或个人，都是配置公共资源的主体。现代社会公共资源与传统资源相比，发生了根本变化。网络信息资源的出现使公共资源由传统意义上的有限变为无限。从一定意义上讲，现代信息背景下的公共资源，政府能够实际掌握的只是其中的极少部分。传统的政府管理难以实现国家治理的帕累托效应。社会活动中所产生的各类矛盾、问题，只有管理不可能达到理想的治理状态。例如，没有公众的参与，诸如各种暴恐活动、安全问题，以及环境污染问题等，对于政府管理来说就只能是疲于奔命。包括供给侧改革在内的重大经济问题，只有在各类专业协会的配合下才能体现精准解决的可能；环境污染的治理，除了政府购买服务之外，还必须有服务半径内的公众提供监督、社区机构的服务协作，同时，那些非政府组织中的志愿者队伍的参与也必不可少。多元主体治理的国家治理体系构建或完善，并非是政府管理角色的淡化，而是政府管理功能与角色的转化。在国家治理的多元体系里，政府仍然是核心主导者。其他社会组织与公众虽然同样是治理主体，但它们的角色决定其无法取代政府成为国家治理的领导核心。多元主体治理在政治上体现公众的意志，在治理绩效上得到公众的认同，治理成本上体现帕累托改善效应。一方面，通过多元主体治理，能够全面调动公众治理的积极性，控制政府管理的高成本现象；另一方面，公众的主人翁意志得到真正落实，在很大程度上消除了公众对政府管理的误会。传统治理之所以难以实现帕累托改善，是因为现代社会治理的资源越来越倾向公共性，也使得不同群体、不同层级的公众都在通过各种渠道配置公共资源。无论是经济资源还是社会其他资源，如果把国家治理的权利都控制在政府集团，就会影响治理的绩效。只有当社会多元主体根据不同特征，充分发挥不同主体的优势，才能弥补政府在某些领域、某些手段的短板。由此，不同主体共同治理在边际上控制传统的政府治理成本，优化公共资源在国家治理活动中的配置。

2. 社会公众是治理主体而非被治理者

现代社会的发展以及"互联网+"背景下，治理本身是一个无缝对接的管理活动。信息革命对治理既是前所未有的挑战，又为全员治理创造了条件。无论是国际安全问题，还是国内安全、环境、经济、社会等问题，在挑战日趋严峻的情境下，传统政府管理显得越来越力不从心。因此，国内外深层次矛盾要求治理体系创新。从长远战略角度分析，我国社会主义制度与现行的政府管理体系为包括不同群体、不同层级等多元主体协同并举的国家治理新型体系建设，提供了非常好的基础保障。政府作为国家治理的核心领导层，通过社会赋予的公共资源配置的规划、引导权力，充分调动企业、非政府组织、社区、公众个人的积极性，最大限度地发挥国家治理效应。这种多元主体并举的国家治理体系能够钩织出国家安全网络，以应对国内外各种暴恐与间谍危害国家与公众人身以及经济等重大问题，解决环境污染问题，应对社会突发性的各种天灾人祸问题。面对日益复杂的各类矛盾与自然问题，只有社会公众与政府组织共同应对，才能为公众带来更大的福祉。从根本上讲，市场失灵需要政府正面引导，而政府失灵需要包括企业、非政府组织、公众个人的弥补。社会各类组织都是相辅相成、相得益彰的。传统的政府管理体制下，企业组织、非政府组织、社区以及公众个人往往把自己或者自己的组织放在被动地位，甚至于一些组织或个人还视自己为被治理的对象。这种错误的理解不仅失去了国家治理的积极性与主动性，而且把本来的积极因素变为消极因素。世界上的任何主观能动的组织或个人，都不可避免地存在外界作用力下的摇摆性选择。当人们将其周围的陌生人视为朋友时，他成为你朋友的可能性肯定大于成为敌人的可能性；反之，当你将其视为敌人时，其成为敌人的可能性大于成为朋友的可能性。政府主导下的国家治理对于其他各类组织来说亦然。可以肯定地说，纵横网络式的国家治理体系在很大程度上可以消除各个领域的激烈尖锐的问题。例如，网络时代的谣言防不胜防，是当前与未来一个时期影响社会稳定的最大威胁，通过多元主体治理，能够得到最大限度的甄别或控制。

3. 多元主体治理是控制政府成本的必由之路

多年来，由于政府成本的冲击，政府管理的绩效受到越来越多人的诟病，甚至于政府管理的绩效得不到绝大多数人的认同。政府管理绩效认同危机现象比较普遍，许多人抱怨环境污染严重、食品安全缺乏足够的保障、国际反华势力猖獗、网络欺诈现象愈演愈烈等。仔细反思，国家在不同的领域无论是在治理精力上还是在治理资源的投入上，都花了很大成本。如何全面提升社会治理绩效，是摆在政府面前的严峻课题。从根本上讲，这一课题是世界性的，世界上任何国家都没有幸免，只不过不同的国家所呈现的问题严重程度不同，各自的严峻性问题所反映的领域不同而已。从长远战略角度分析，这一问题如不能得到科学合理的解决，所谓社会治理绩效就无从谈起。传统的政府管理社会的绩效与公众的期盼之间的反差越来越大，而政府本身的管理又全身心投入，说明单一的政府管理这一社会治理模式的生命周期结束了。

传统的政府单一主体的社会治理模式的生命周期已经结束，是因为现代科学技术的发展为社会一切活动增添了更多的影响函数或因素。例如，互联网使信息对称的可能性增加，但信息通过几何级数增加后，真假信息的辨别需要更加多元的手段与工具；交通工具的便利使暴恐分子更加神出鬼没；物质资源的丰富增添了污染环境、正确处理垃圾的麻烦等。理性地讲，现代社会每一个公众都应该是社会治理者。只有调动起不同群体、不同阶层、不同组织共同治理的积极性，才能形成多元主体治理国家的纵横经纬网络。我们设想，社会治理活动所显示出的绩效或成本高低与否，本身就是一个满足各种相应条件的多元函数。治理绩效的好坏是由各个治理函数中的自变量决定的。例如，政府组织、企业、社区、非政府组织、公众个体作为社会治理的构成函数，任何一个组织或个人一旦不能满足社会治理条件，或者说失灵、缺失，这个治理系统就不能产生优化效应。时下，不少人不能认同治理绩效，除了单一的政府管理不适应信息时代客观现实之外，公众缺乏亲身治理的支点也是很重要的原因。由此，多元主体治理的效应体现在两个方面，其一是从真正意义上提高国家治理绩效，其二是从根本上可以控制政府成本。

三、准确分析传统管理理念下社会治理不到位的原因

任何创新改革都是应对现实或者未来挑战而做出的制度安排。传统政府管理理念下的社会治理成本越来越膨胀，与现代国家治理客观要求相比根源究竟何在？在信息与网络社会，社会治理问题已经影响到社会经济、政治文化的综合发展。从贪污腐败到各种恐怖暴乱、环境污染、随意拆建、流言蜚语，以及各类公共场所的不文明现象，到处弥漫着"中等收入陷阱"特征。这一国际性重大问题，无论从理论上还是实践上而言均急需得到研究解决。

1. "治理者"与"被治理者"主体错位不符合因势利导逻辑

社会治理转型期所面临的最大挑战是治理理念上始终把除了政府之外的社区、企业组织、非政府组织、公众都不知不觉地放在被治理的地位，而不是视它们为治理主体。因此，要分析传统政府管理理念下社会治理不到位并高成本运转的原因，首先要从治理思维这个源头入手，观念上的偏颇是行为走向错位的根源。人们想做什么或者不想做什么，就会有相应的结果。在治理问题上，如果立论基础是应用现代预测与管理理论来探索现代社会治理的组织与模式体系，核心是通过理论模型的建立找到现代社会治理的体制与管理机制的科学方法、途径与依据，就必然地产生与之相匹配的治理效应。新的社会发展时期特别是互联网时代，社会治理资源必然地分散到所有人的手中，这就要求人们必然地参与到社会治理活动中。从根本上讲，社会公众必然地成了治理者，如果因势利导，就会起到全员治理的效应；反之，如果不能及时转变治理理念，停滞在政府管理思维，就会将除政府之外的其他组织或公众排除在治理体系外。治理者角色错位到被治理者角色，就会必然地导致治理难度的加大。古人云，善战者，

因其势而利导之。任何一种力量如果顺势而为，因时造势，符合优化资源配置原则，就会带来意想不到的效果。一旦逆势而为，就会给自己带来意想不到的障碍。之所以出现"治理者"与"被治理者"主体错位，并非政府的主观行为所致，而在于治理理念的滞后，在体制上不能把多元主体主动地融为一体，其他社会组织肯定游离于治理体系之外，这些组织或个人即使主观上想去帮助政府治理国家，但由于缺乏明确的标识，不仅难以充分发挥应有的治理潜能，甚至被误认为是治理的对象。现实中把社会其他组织推向被治理对象的案例并不鲜见。这种在治理理念上的逻辑错误，是政府治理不到位、给社会带来公共治理高成本的根本原因。

2. 政府一元化管理模式难以解除内部软约束

管理者自身的管理是管理成败的前提。由于政府管理本身是最大的公共产品，任何时代的政府管理模式都无法消除内部管理的软约束。随着社会的进步与发展，人们聚焦治理绩效的目光越来越强。软约束的政府内部管理使得政府对于治理绩效的责任与问责难以完全到位。从根本上讲，政府内部的软约束管理对于社会治理来说，就不可能放开手脚。说传统的政府管理社会软约束难以治理到位，就是因为它不能调动社会其他主体主动参与治理的积极性。这种治理体制实质上就是政府垄断治理，与任何缺乏竞争的活动一样，垄断必然造成垄断者组织内部管理机制的软约束，管理活动稀松平常。在社会公众越来越主动参与治理的客观现实面前，一元化的政府管理模式不仅在内在管理机制上是软约束的，而且必然地滋生各种有意无意的政府与其他组织之间的矛盾。其原因是，政府垄断治理模式下，政府聚焦点是政府自身的治理绩效或公众的评价，而不是社会治理本身。老子说过"太上，不知有之；其次，亲而誉之；其次，畏之；其次，侮之"。[①] 要消除政府管理机制软约束，就要建立符合现代社会治理体系的新理念、新体制、新机制，提高治理绩效，最大限度地降低社会治理成本，创造新型治理生态社会，提高社会公众福祉；从现代管理的技术与公共制度改革中获得社会治理组织与体系模式、社会治理体制与机制观念和方法上的启迪；用科学理论改善传统政府管理下的社会管理方式，培植社会治理的多维体系、全员参与机制模式；通过创新观念、创新体制与机制，形成包括政府、非政府组织、私人领域以及全体公众在内的协同互动关系，亦即把社会治理的支点建立在规范的理论和体制创新以及政府、非营利组织、全体公众共同智慧的基础上。对于我国这样一个具有悠久文化历史、管理智慧的国家而言，仅仅靠传统的思维定式、管理方式来治理现代社会显然是不适宜的。随着国际社会的深刻变革、互联网时代的到来，无论是人们的民主理念还是直接参与治理理念，以及公众观点与主张的体现意识，都是彻底的变革。大数据与网络

---

① 出自老子《道德经》，就是说最好的统治者，老百姓不知道有它的存在；其次的统治者，老百姓亲近它称赞它；再次的统治者，老百姓害怕它；更次的统治者，老百姓轻视它。如果社会公众参与治理活动，人们对政府的依赖程度就会相应降低，就会向着"老百姓不知道有它的存在"方向发展。

化是一个有机的整体，同时，也把人们的治理活动编制成既纵横交织又相互制约的新型组织与模式，不可能通过传统的政府软约束方式从根本上实现现代社会治理目标，更不可能在传统的管理体制与机制上进行细枝末节的修补就从根本上适应网络时代的社会治理。所以，只有通过体制创新，治理体系、制度、方法、模式、思维等方面的创新，构建符合现代社会发展的社会治理网络，才能达到提高公共资源配置效益的目的。

3. 传统的集团利益固化了不同组织的治理半径

随着社会的不断发展，社会各类组织日益多元，不同组织之间、社会团体之间、企业之间以及公众之间，形成了战略上相互合作而具体利益上却相互博弈的格局。在现实的利益驱动下，形成了各自顾及集团利益的普遍现象。例如，教育领域、医疗卫生领域、交通运输领域、产业领域等都以不同的方式维护自己的利益，以求在激烈的资源配置过程中处于优势地位。由此，形成了集团利益文化现象。集团利益文化现象的普遍存在，从根本上固化了社会不同组织的治理半径，这种治理半径往往是以本行业、本集团的利益为圆心的。公共治理半径的利益化并非来自于不同集团组织本身，其实是过于单一的治理体系下治理方式、方法、手段越来越疲软，造成社会治理的相对混乱，因此，必须依靠不同集团或组织的多元治理，消除这种相对混乱的治理局面。

社会治理问题关系国家长远战略实现问题，是实现中国梦的基本保障，也是政府与公众共同迫切需要解决的问题。由于其公共性特征过于突出，社会各界以及普通公众还往往以搭便车的态度对待，属于最为典型的"公地悲剧"。这样，政府必须承担从战略上研究解决社会治理问题的任务，包括社会治理的组织体制创建、社会治理模式体系的构架以及社会治理体制与机制的设计，充当着主导者与参与者的双重主体角色。这就是通过建立多维治理体系编制社会治理网络，引导社会各界充分发挥不同阶层、不同主体的积极功能，创新符合现代网络时代治理模式的对应选择。可以设想，只有治理者才关心治理，同时，被治理者不仅不关注治理，甚至于可能制造治理对象。也只有建立多元主体共同参与或承担责任的治理体系，才能消除不同集团在社会治理领域的利益固化，从而扩大不同团体、不同组织、不同群体治理半径，这也是国家治理目标实现的必由之路。对于处于治理核心层的政府来说，应重点研究现代社会治理组织与模式创新，以现代信息与网络社会所提供的丰富数据为基础，研究社会治理的基础理论。社会治理多元主体行为相互影响的微观基础，以及基层社区治理机制与政府管理模式转型，系统分析社会组织运行规律，建立主体交互的运行机制，探讨政府主导、多元主体合作共治、基层社会自治的现代社会治理框架与结构体系，在完善体制建设与硬约束管理机制建设方面不断探索创新。

四、构建国家治理体系的长远战略与基本途径

国家治理体系建设是应对现代信息与网络社会情境下的战略选择，切入点是找出

多元主体竞争与协同治理的体制与机制创新模式，使传统的政府垄断治理转型为多主体治理，特别是改变传统理念上把企业组织、非政府组织、公众作为治理对象的思维，使之成为新型的协同治理主体。那么，社会治理如何从政府垄断转为多主体协同治理，并在一些领域通过公平竞争治理使政府由传统的"划桨"真正走向"掌舵"，由经验性管理组织转向科学性主导组织，创造良性循环的社会生态、政治生态、文化生态、安全生态环境？

1. 通过政府管理半径与变化规律确定政府管理密度①

政府管理半径变化规律是社会治理职能配置的基础。传统的政府管理半径在一定程度上是无限的，因此形成高密度的政府管理。这种高密度的政府管理不仅给各级政府管理带来越来越大的压力，而且也越来越不适应国家治理需求。现代信息与网络社会对于社会治理最大的特征是，创造了社会多元主体能够共同参与国家治理的条件。政府管理半径越来越小，其他社会组织治理半径逐渐扩大。同时，政府管理密度越来越小，其他社会组织治理的密度越来越大。进而，使国家治理必然地形成新的体系，国家治理的职能配置与政府组织结构必须重新定位。社会治理组织结构与模式变化的内生决定因素由传统单一的政府拓展到全社会，在这一国家治理体系中政府处于核心地位，也就是配置国家治理资源地位，而非唯一的治理主体。为此，政府必须解剖社会治理的要素、定位规律及其要素之间的变量关系，以及理论机理和演进规律；掌控现代信息与网络时代社会治理的内生决定因素及其外在基本规律，包括社会治理流程环节定位、社会治理流程链条、不同治理主体之间的关系以及协同治理流程规律。

2. 必须能够体现公共资源配置的帕累托改善

国家治理体系实际上是构建了一个广泛意义上的治理组织，尽管这个组织的管理结构是虚拟的、松散的，但其运作活动仍然是对公共资源的配置，包括有形资源和无形资源。任何资源的配置都需要以配置绩效为前提，而公共资源配置的绩效标准应该是帕累托改善效应。构建国家治理体系，无论从战略角度还是操作层面而言，都必须坚持帕累托改善。从根本上讲，建立政府主导，企业组织、非政府组织、社区以及公众个人共同参与的治理网络，已经充分体现无形公共资源配置的帕累托改善。当然，对于有形的公共资源还必须建立一套完善的配置体制与管理机制。之所以研究现代社会治理的组织与模式创新，根本目的是探求多元治理主体竞争、协同治理、分级治理的操作途径，优化治理体制与机制、体系、模式。在现代信息与网络社会情境下，构建社会治理组织协同共治的模式体系必须是国家治理体系的战略规划，政府组织、社区、微观组织以及公众不同主体分工治理的模式，同样要建立在优化资源配置的基础

---

① 所谓政府管理密度，就是政府在某一领域中所管事务的多寡。传统的政府管理可以在某一领域将所有事务全部管理，现代社会治理活动可以将其中的部分或大部分交给其他社会组织管理。例如，对环境治理，政府必须依靠社会组织才能治理到位。

上。由此，符合社会治理帕累托改善效应的组织结构设计是实现国家治理体系建设战略与操作途径的必由之路，必须从社会治理的关键因素出发，设计治理组织结构，体现结合不同治理主体实践的特征。

3. 必须构建上下联动、纵横交错的经纬网络

中国社会治理的创新与发展，主要是党委领导、政府负责、社会协同、公众参与的社会管理模式的形成与发展，也是政府社会管理的发展方向。当前社会管理中，社会协同与公众参与比较薄弱，政府的公共政策民主化程度也不高，应以公共政策民主化为切入点，增强公民的参与以及社会自治组织的社会管理能力，以此来促进社会治理的创新与发展。其基础是建立科学的权力分工体系。建立科学的权力配置机制、规范的权力运用机制、有效的权力制约机制、严密的权力监督机制、完善的腐败惩治机制等，保证把人民赋予的权力用来为人民谋利益，从而在国家权力体系上实现社会主义政治文明的内在均衡，实现国家治理体系现代化。现代社会不同阶层与群体的多元化特征表明，国家治理体系的内涵是多元主体与层次的构建，把"社会管理"提升为"社会治理"，是实现国家治理体系和治理能力现代化的根本创新，也是从社会管理到社会治理转型的必然要求。就纵向上讲，从中央到地方各级政府不仅要上下贯通，而且要承担核心治理的作用；就横向而言，无论处于什么层次的企业、非政府组织、公众及社区组织，都是国家治理不可或缺的积极力量。它们不仅上下联动，而且纵横交错，钩织出包括生态环境、政治环境、安全环境、经济环境的治理网络。

古往今来，社会治理是任何国家稳定发展的根本性问题。新时代政府成本的控制必须有全体公众的参与，建立质量体系。这里就现代国家治理理论的机理以及如何构建国家治理体系进行分析讨论。从根本上讲，任何意义上治理体制的构建都是社会公众意志的体现。传统的政府管理理念已经难以满足现代社会治理现实以及治理机理的发展。究其原因，是传统管理把除政府之外的其他公众列为治理对象，治理的公共资源垄断于各级政府，在公共资源过于集中配置的管理体制下，本来的积极因素往往会变为消极因素。因此，必须顺应现代科学技术发展的时代特征，创新国家治理理论，适应现代治理需求，构建不同层级政府主导，非政府组织、市场主体、公众个人等多元主体积极参与、协同治理的国家治理体系，这不仅是当前社会经济发展的需要，更是国家长治久安、可持续发展的必由之路。

第三章　政府治理方式改革是低成本的基础

如何才能控制决胜全面建成小康社会的政府成本，根本出路在于制度构架。本章我们通过假设政府低成本运行的前提，对政府治理方式进行论述。

第一节　公共治理是政府治理低成本的基础

对"治理"一词，柏拉图、亚里士多德等古希腊西方先哲早有论述[①]，若以"治理"第一次出现作为公共治理理论起步阶段的开始，似乎不太恰当。事实上，历史上的统治活动都可以被认为是治理[②]，但与"少一点统治，多一点治理"的公共治理相比，含义相差甚远。基于全球治理大环境和中国现实治理的需要，对公共治理理论发展的各个阶段进行界定，辩证地看待公共治理理论中国适用性的争论，纠正当前公共治理走向的偏差，定位和重构基于中国发展现实的治理改革，对学术研究以及推进国家治理体系建设和治理能力提高，特别是全面建成小康社会活动中的政府成本控制，具有重大的理论价值和现实意义。

一、公共治理理论的发展阶段

1. 酝酿兴起阶段（1989~1995年）：公共管理改革潮流下应运而生

公共治理概念受到全球关注并被研究始于1989年世界银行报告《南撒哈拉非洲：从危机走向可持续增长》，报告中提出与治理有关的观点；1992年，世界银行发布年度报告《治理与发展》，系统阐述关于治理的看法；同年，联合国成立"全球治理委员

[①] 柏拉图："做了统治者他们就要报酬，因为在治理技术范围内，他拿出了自己的全部能力努力工作，都不是为自己，而是为所治理的对象。"可参见（古希腊）柏拉图. 理想国 [M]. 郭斌和等译. 北京：商务印书馆，1986：30；亚里士多德："最早的城邦由国王治理。"可参见（古希腊）亚里士多德. 政治学 [M]. 颜一等译，北京：中国人民大学出版社，2003：3.

[②] 蓝志勇，陈国权. 当前西方公共管理前沿理论评述 [J]. 公共管理学报，2011（3）.

会"并创办《全球治理》杂志,"治理"概念迅速成为政治学、公共管理学、行政学等众多学科探讨的热点,引发延续至今的研究热潮。

"治理的重新发现有可能标志着一场新的革命——对过去由国家进行协调遭到失败的事例做出的简单的周期性反应;20世纪更晚一些时候,则是对市场调节失败做出的周期性反应。"[1] 公共治理的兴起,事实上伴随的是西方政治学家对传统公共行政和新公共管理的理论批判和范式重构,以西方发达国家为主的政府治理改革潮流,有其深层次的社会背景。1973~1975年,中东石油危机、美元贬值引发"二战"后最严重的全球经济危机,西方资本主义经济进入"滞胀"期,试图满足公民"从摇篮到坟墓"要求的福利国家陷入危机。政府职能与责任增加,财力资源有限,又没有获取新资源的良策,从而陷入财政危机之中;伴随着财政危机的是政府管理和信任危机,政府规模过于庞大导致管理的失调、失控、效率低下,其结果是政府形象受损和普遍存在的信任危机。[2] 人们对限制政府规模、寻求以市场为基础的新的公共管理运作模式诉求达到极点,几乎占据整个20世纪的主导地位,以传统官僚制为核心的公共行政,陷于终结的衰落[3],"新公共管理"范式应运而生。20世纪70年代末,西方发达国家掀起"重塑政府""再造公共部门"的"新公共管理运动"。代表性的改革实践包括撒切尔政府的"财政管理创新",改革缩小政府规模;梅杰政府的"公民宪章运动",用宪章的形式界定公共部门服务,美国成立的"国家绩效评估委员会"等。新公共管理运动先期在公共管理实践领域取得突破,以解决政府失灵为主要目的,与传统官僚形态形成鲜明对比。20世纪80年代中后期,新公共管理在解决政府失灵问题的同时,面临新的指责和困境,主要包括其单一的经济价值取向(经济、效率和效能)、市场化导向造成公益的缺失等,这些问题与民主社会越来越关注公共利益、社会正义与公正的实现格格不入,新公共管理在管理实践中显现出越来越大的局限性。政治学家、政府官员开始认识到,完善的公共管理不得不考虑治理层面的问题,需要同时解决政府与市场存在的失灵现象。在这样的政府改革大背景下,公共治理理论应运而生。

公共治理的兴起是"西方政治学家在社会资源的配置中既看到了市场的失效又看到了国家的失效"[4]。"超级保姆"式的政府机构臃肿、服务低劣,导致财政税收危机四伏,同时市场机制出现分配不公、失业、市场垄断等失灵现象,社会迫切需要新的调节机制解决政府和市场失灵问题。国家与社会、政府与市场等二分法在20世纪后期纷纷陷入困境,追求社会科学理论的新范式,寻找国家、市场和社会的重新定位,成

---

[1] [英] 鲍勃·杰索普. 治理的兴起及其失败的风险:以经济发展为例的论述 [J]. 漆燕译. 国际社会科学杂志, 1999 (1).
[2] 周志忍. 公共选择与西方行政改革 [J]. 新视野, 1994 (6).
[3] Chandler J A. Public Administration: A Discipline in Decline [J]. Teaching Public Administration, 1991, 9 (9): 39-42.
[4] 俞可平. 引论:治理与善治 [J]. 马克思主义与现实, 1999 (5).

为实践与学术的双重迫切需求。① 沃尔夫曾指出："市场与政府之间的选择是复杂的，而且这种选择通常不是单纯地选择市场或政府，往往是两者在不同组合之间的选择，以及某种资源配置模式的不同程度之间的选择。"② 公共治理理论从一开始就直面传统公共行政和新公共管理存在的"政府失灵"和"市场失灵"，试图解答"如何在日益多样化的政府组织形式下保护公共利益，如何在有限的财政资源下以灵活的手段回应社会的公共需求"③。总体来说，公共治理理论研究的兴起是西方发达资本主义国家适应外部环境变化的一种能力体现和改革④，以期更好地协调和实现政府、市场和社会三者之间的有效互动。

治理概念一出来，就引起国内外不同学科学者的关注与探索。政治学家成为探讨的开路先锋，行政学者并没有甘于人后，管理学家也想捷足先登，经济学家更要率先垂范。1995年，治理理论鼻祖詹姆斯·罗西瑙在其《没有政府的治理》一书中把治理定义为"一系列活动领域里未受到授权却能有效发挥作用的管理机制"。从这一年开始，公共治理理论进入百家争鸣的阶段，众多学者从不同角度定义和解读治理概念，以期丰富和完善公共治理理论，并积极作用于管理实践。

2. 百家争鸣阶段（1995～2000年）：公共治理概念的多重界定和解读

"治理"甫一出现，概念的"含义模糊，足以包容多种用法"⑤ 使其迅速受到政治学、公共行政学、管理学以及经济学等众多学科的青睐，它们争相对其进行定义，各种理论与实践方面的观点相继产生，出现了不同的"治理"学派。

福柯从决策结果的角度将治理定义为"对他人行动的可能范围进行构建"⑥。罗西瑙将治理解读为一种只有被多数人接受才会生效的规则体系，依赖主体间重要性的程度不亚于对正式颁布的宪法和宪章的依赖。⑦ 梅里安的"治理"概念则带有浓重的新公共管理色彩：治理可以看作这样的一种最少限度的国家，它把公营企业和公共事业私有化，优先发展市场和准市场作为分配服务的手段（只掌舵，不划船），也作为新形式的公共管理咨询权威。⑧ 奥斯特罗姆突破政府与市场二分法的非此即彼，从公共经济角度提出自主治理理论和多中心治道理论，通过多中心的制度安排破解公共事务的治理困境。

---

① 王诗宗. 治理理论及其中国适用性 [M]. 杭州：浙江大学出版社，2009：12.
② [美] 查尔斯·沃尔夫. 市场，还是政府——不完善的可选事物之间的抉择 [M]. 陆俊，谢旭译. 重庆：重庆大学出版社，2007：114.
③ 陈振明，薛澜. 中国公共管理理论研究的重点领域和主题 [J]. 中国社会科学，2007（3）.
④ Pierre J. Debating Governance: Authority, Steering and Democracy [M]. Oxford: Oxford University Press, 2000: 3.
⑤ [法] 让—皮埃尔·戈丹. 现代的治理，昨天和今天：借重法国政府政策得以明确的几点认识 [J]. 陈思译. 国际社会科学杂志，1999（1）.
⑥ Foucault M. The Subject and Power [J]. Critical Inquiry, 1982, 8 (4): 777-795.
⑦ [美] 詹姆斯·罗西瑙. 没有政府的治理 [M]. 张胜军，刘小林译. 江西：江西人民出版社，2006：5.
⑧ [瑞士] 弗朗索瓦—格扎维尔·梅里安. 治理问题与现代福利国家 [J]. 肖孝毛译. 国际社会科学杂志，1999（2）.

第三章 政府治理方式改革是低成本的基础

同一时期，罗茨、斯托克等概括和归纳了治理的不同形态和用法。以罗茨为代表的治理六形态学说[①]：①作为最小国家的治理——重新界定公共干预的范围和形式，利用市场或准市场的方法提供公共服务；②作为公司治理的治理——指导和控制组织的体制；③作为新公共管理的治理——更小的政府，更多的市场；④作为"善治"的治理——有效率、开放的公共服务体系，多元化的制度安排，鼓励竞争和市场的发展；⑤作为社会—控制系统的治理——公私、自愿部门间界限模糊，社会—政治—行政行动者之间的互动依存；⑥作为自组织网络的治理——市场和等级制的替代，更大的自主和自我管理。六种形态中，罗茨本人似乎更青睐最后一种，认为把治理定义为自组织的组织间网络有助于理解政府的变化。以斯托克为代表的治理五论点[②]：①治理指出自政府，但又不限于政府的一套社会公共机构和行为者；②治理明确指出在为社会和经济问题寻求解答的过程中存在的界限和责任方面的模糊之点；③治理明确肯定设计集体行为的各个社会公共机构之间存在的权力依赖；④治理指行为者网络的自主自治；⑤治理认定，办好事情的能力并不在于政府的权力，不在于政府下命令或运用其权威，政府可以动用新的工具和技术来控制和指引，而政府的能力和责任均在于此。斯托克同时指出五个论点之间的关系是互补而不是竞争，更不是冲突。以克斯伯根和瓦尔登为代表的治理九用法[③]，根据不同的组织与管理对象，进行了不同的描述：①被世界银行以及其他国际组织用于经济发展领域的善治；②以国际或全球治理、全球民主为形式的"没有政府的治理"；③社会与社区自组织、超越市场也不需要国家的"没有政府的治理"[④]；④市场制度与经济治理；⑤私人部门的"善治"，主要指公司治理；⑥公共部门的"善治"，主要指新公共管理理论主张的将私人部门的管理理念引入公共组织；⑦主张通过公私组织混合的"网络治理"；⑧多层次治理，提倡不同的政府层次以及公共、私人部门在各个层次上的参与；⑨作为网络治理的私域治理。这些不同的论争观点有共同综合的逻辑，即都是从多中心的角度出发描述治理的过程和结构，既体现理想意义上的治理，也体现实证意义上的治理现实。

中国学者结合本国公共管理现状也从不同角度对"治理"概念进行阐述。俞可平从政治学角度提出治理一词的基本含义，是指在一个既定的范围内运用权威维持秩序，满足公众的需要；治理的目的是在各种不同的制度关系中运用权力去引导、控制和规

---

① Rhodes R A W. The New Governance: Governing without Government [J]. Political Studies, 1996, 44 (4): 652-667.
② [英] 格里·斯托克. 作为理论的治理：五个论点 [J]. 华夏风译. 国际社会科学杂志, 1999 (1).
③ Kersbergen K, Waarden F. Governance' as a Bridge between Disciplines: Cross-Disciplinary Inspiration Regarding Shifts in Governance and Problems of Governability, Accountability and Legitimacy [J]. European Journal of Political Research, 2004, 43 (2): 143-171.
④ 例如，奥斯特罗姆通过研究不同地区、不同时期的社区管理公共资源、防止资源枯竭的能力，认为特定条件下的自组织治理安排是有效而稳定的。可参考 [美] 埃莉诺·奥斯特罗姆. 公共事物的治理之道 [M]. 余逊达, 陈旭东译. 上海：上海三联书店, 2000.

范公民的各种活动,以最大限度地增进公共利益,并提出良好治理的"善治"是政府与公民对社会生活的共同管理,是国家与公民社会的良好合作,包括合法性、透明性、责任性、法治、回应、有效和稳定七大基本要素。① 这一表述集中于政治学和行政学研究范畴的狭义领域。杨雪冬从治理技术和公民社会发展两个层次上使用"治理"概念:第一个层次"技术领域"的治理强调建立"发展的法律框架"和"培养能力",包括实现法治、改进政府管理、提高政府效率等;第二个层次是支持和培养公民社会的发展,自愿性组织、非政府组织、各种社团等都是发展的对象。② 陈振明从公共管理角度认为,治理是一个上下互动的管理过程,主要通过多元、合作、协商、伙伴关系,确立认同和共同的目标等方式实施对公共事务的管理,实质在于建立在市场原则、公共利益和认同之上的合作。③ 顾建光则从公共政策角度,将公共治理定义为相关各方为影响公共政策的结果而开展互动的方式,"良好的公共治理"旨在改进公共政策成果和达成一致的治理原则问题(或领域),由所有相关各方参与协商,这些政策的实施以及定期评估均由参与各方进行。④

综观国内外各类学派的论争,这里可以将治理理论总结为四个方面的侧重点,一是侧重于政治学范畴的治理理论;二是侧重于行政学领域的治理理论;三是以公共管理为主的治理理论;四是支撑于技术操作层面的政治治理理论。它们各有所长、各有特征,但都没有从一个有机整体出发对公共治理进行研究,形成全方位的治理思路。

3. 共识发展阶段(2000年至今):基本共识下的公共治理理论细分研究

治理理论的共识是从实践开始的。21世纪以来,国家治理视角下的公共治理理论形成以下几个基本共识:主张分权导向,摒弃国家和政府组织的唯一权威地位,社会公共管理应由多主体共同承担;重新认识市场在资源配置中的地位和作用,重构政府与市场关系;服务而非统治,传统公共行政模式发生变革,公共政策、公共服务是协调的产物。10多年来,国际公共管理领域对公共治理理论的研究进一步细化,从一般经验性研究转向公共治理的具体分支,突出表现在对网络化治理和公共治理绩效评估的关注,从理论与实践形成了两大特点或两种流派。

(1) 网络化治理——一种新型的公共治理模式。罗茨曾经指出,治理是自组织的组织之间的网络,网络视角下的治理有四个基本特征:公共、私人、自愿部门组织间的相互依存;网络成员间基于交换资源、协商共同目的需要的持续互动;以信任和规则为基础进行调节;保持相当程度的相对于国家的自主性。⑤ 近10年来,公共管理领

---

① 俞可平. 治理和善治:一种新的政治分析框架 [J]. 南京社会科学, 2001 (9).
② 杨雪冬. 论治理的制度基础 [J]. 天津社会科学, 2002 (2).
③ 陈振明. 公共管理创新三题 [J]. 电子科技大学学报(社会科学版), 2011 (2).
④ 顾建光. 从公共服务到公共治理 [J]. 上海交通大学学报(哲学社会科学版), 2007 (3).
⑤ Rhodes R A W. The New Governance: Governing without Government [J]. Political Studies, 1996, 44 (4): 652 - 667.

域的网络化治理（Governning by Network）成为一种颇受关注的公共治理模式，颠覆了以政府治理为主的传统公共行政范式和以市场化治理为主的新公共管理范式。陈振明从公共部门角度定义，网络化治理是"为了实现与增进公共利益，政府部门和非政府部门等众多公共行动主体彼此合作，在相互依存的环境中分享公共权力，共同管理公共事务的过程"[1]。陈剩勇和于兰兰从公共价值实现角度出发，认为网络化治理是一种与等级制和市场化相对的新型治理机制，来自政府、市场和市民社会的参与者，在一个制度化的框架中相互依存，并为实现一定的公共价值而展开联合行动。[2] 孙柏瑛、李卓青则专门对政策网络治理模式进行研究，提出了有效管理政策网络的策略和途径。[3]

斯托克在2006年发表的《公共价值管理：网络治理的一个新视角》一文中指出，管理网络治理的关键在于建立和发展良好的关系。[4] 网络化治理倡导一种合作、互动的治理思路，这一思路的实现有赖于信任机制和协调机制的培育和落实。[5] 在网络治理中，信任是核心的凝聚要素，其作用等同于科层制的合法权威，同时信任也是有风险的，其培育要力求约束行动者自利的一面，弘扬行动者利他的一面；协调机制主要包括价值协同的协调机制、信息共享的协调机制、诱导与动员的协调机制，通过对话、共同商讨和共同规划来调整利益主体间的关系。

由于网络治理较少依靠政府雇员，更多依靠多主体形成的网络来提供公共服务，较之于传统管理体制更具有适应性、更专业化，也更能够创新性地解决问题。但网络化治理亦存在缺陷，有学者总结，网络化治理存在三对矛盾（效率与广泛参与的抵牾、内部合法性和外部合法性之间存在的张力、灵活性与稳定性之间的冲突）、两个挑战（目标一致和管理的挑战）和一个问题（问责制问题），需要反思和总结影响网络化治理成败的因素，并提出相应的绩效评估准则，以充分发挥其治理功能。[6] 网络化治理模式事实上是在全球化、信息化、知识化以及政府改革运动的国际治理大背景下，对公共治理理论的模式和框架解读，继承了多元治理主体的公共治理核心理念，要求各主体之间的有效互动，并强调制度化治理结构和治理机制在网络化治理中的重要性，最终实现全社会的共同价值和利益。

（2）公共治理的评估和绩效评价。公共治理指标评价作为公共治理理论体系的重要内容和组成部分，是测定治理效果、辨别治理成败的科学工具，也是考量治理水平

---

[1] 陈振明. 公共管理学——一种不同于传统行政学的研究途径 [M]. 北京：中国人民大学出版社，2003：86.
[2] 陈剩勇，于兰兰. 网络化治理：一种新的公共治理模式 [J]. 政治学研究，2012（2）.
[3] 孙柏瑛，李卓青. 政策网络治理：公共治理的新途径 [J]. 中国行政管理，2008（5）.
[4] G Stoker. Public Value Management：a New Narrative for Networked Governance [J]. The American Review of Public Administration，2006，36（1）：41–57.
[5] 鄞益奋. 网络治理：公共管理的新框架 [J]. 公共管理学报，2007（1）.
[6] 褚大建，李中政. 网络治理视角下的公共服务整合初探 [J]. 中国行政管理，2007（8）.

与善治实现程度的有效手段。[①] 对公共治理评价指标体系的建设，是 21 世纪以来公共治理理论的重大突破，国内外专家学者试图通过评价体系的建立，对国家、地方政府的治理效果和质量进行定量研究，实现对公共治理的纠偏和发展引导。

早期提出公共治理评估标准和体系的主要是部分国际组织，影响较大的包括世界银行的"世界治理指标"，联合国人类发展中心的"人文治理指标"，联合国奥斯陆治理研究中心的"民主治理指标"，以及世界经合组织的"人权与民主治理测评"指标体系。[②] 国内学者结合中国治理改革现实，提出多套中国治理评价体系，以地方政府为主的治理绩效评估亦有诸多实践。俞可平提出"中国民主式治理的主要评价标准及指标"，涵盖法治，公民的政治参与，多样化，政治透明度，人权和公民权状况，对党和政府的监督，党内民主和多党合作，基层民主，民间组织的状况，合法性，责任性，回应性，效率，秩序，稳定 15 个评价标准[③]。何增科在吸收国际国内治理评价体系和治理相关评价体系的基础上，提出三套中国治理评价体系，包括中国善治评价指标体系框架、民主治理评价体系以及中国公共治理评价指标体系，分别代表三种不同的研究思路。[④] 包国宪结合中国转型期的特点，设计出包括公平、法治、可持续性、参与、透明度、责任、效能七个方面的中国公共治理评价指标，以求达到善治效果。[⑤] 吴建南将中国地方政府绩效评价实践形式归为两类[⑥]，第一类是政府内部自上而下的政绩考核，比如包含目标考评制、公共服务创新、效能督察、绩效评估等多样化管理机制的福建省"效能建设"[⑦]，以及山东青岛的"城市目标管理与绩效考评"；第二类是自下而上的有组织的评价活动，包括公众评议机关或政府、行风评议等内容。

目前国际范围内常用的公共治理指标体系大概有 150 种，但还未形成一项受到广泛认同的指标体系。有学者提出，主要问题在于公共治理应当包括哪些维度或要素以及如何测量公共治理绩效水平存在争议。我们认为，事实上要建立一项公共治理指标体系，要求它能够对大多数国家以及地方政府的治理水平和民主法治做出评价，本身是不可能的。国家之间在政治体制、经济发展方式、社会成熟度、文化历史等方面存在不同，同一国家的地方政府间亦存在差异，试图找到一套普遍适用的评价体系是不现实的。基于国家及地方政府治理体系的指标评估，是未来公共治理的发展方向，这一方式有可能将治理评估的普遍性与特殊性结合起来，既体现国际社会和全人类对民主治理的共同价值追求，又充分反映每个民族国家各不相同的实际情况。[⑧]

---

① 包国宪，周云飞. 中国公共治理评价的几个问题 [J]. 中国行政管理，2009（2）.
②⑧ 俞可平. 中国治理评估框架 [J]. 经济社会体制比较，2008（6）.
③ 俞可平. 增量民主与善治 [M]. 北京：社会科学文献出版社，2005：142.
④ 何增科. 中国治理评价体系框架初探 [J]. 北京行政学院学报，2008（5）.
⑤ 包国宪. 中国公共治理评价的几个问题 [J]. 中国行政管理，2009（2）.
⑥ 吴建南. 政府绩效：理论诠释、实践分析与行动策略 [J]. 西安交通大学学报（社会科学版），2004（3）.
⑦ 周志忍. 效能建设：绩效管理的福建模式及其启示 [J]. 中国行政管理，2000（11）.

二、公共治理理论适用性的论争

荀子"明分职,序事业,材技官能,莫不治理"①,孔子"吾欲使官府治理,为之奈何"② 大概是中国语境下"治理"概念的起源,意指国家统治机构如何有效运用政治权力巩固政权,与现代公共管理语境下广义的治理理念多有不同。公共治理理论在国际社会科学中的兴起并成为影响全球的理论范式,均产生于西方语境,其价值意义也主要体现在西方发达国家的政府管理改革,引入国内将近20年③,迅速风靡于理论学界,"治理""善治"已成为中国行政管理体制改革的主流词。从实践来看,似乎不得不面对许多领域"越治越乱"的现实,比如住房问题,政府治理多年,商品房价格反而越来越高,而个别相对富裕者和政府官员却得到经济适用房。另外,诸如环境污染、贫富差距、政府高成本、"三乱"、腐败现象等,与公共治理理论的目标之间形成反差。看来,对公共治理理论采取"拿来主义",可能引发更大的治理危机。

公共治理理论能否适用于中国,并运用于行政管理体制改革,专家既有强烈的质疑,也有主张满足一定条件下适用的观点。李景鹏曾指出中国官本位、权力私有化现象与公共治理理论的要求有很大的差距,有些情况甚至背道而驰,要把中国行政管理转移到治理的轨道,艰巨性可想而知;同时公民和社会推动力的不足也很难实现治理。④ 杨雪冬认为,在缺乏作为制度基础的现代政治秩序情况下,如果过分夸大"治理"的效用,把作为长期前景的"治理"状态简单化为眼前的目标,可能破坏正在进行的现代制度建设。⑤ 归纳起来,对治理理论中国适用性的质疑主要集中在以下三点⑥:第一,西方治理理论要解决的问题与当下中国面临的困境不同,治理理论兴起的直接原因在于政府与市场的失灵,前提是在西方市场经济制度完善的情况下引发的资源配置低效率,中国市场经济存在的主要问题则是市场潜能的阻滞以及政府能力的低下,前者需要弥补,后者乃是强化,两者存在明显区别;第二,缺乏西方治理理论的社会基础,治理离不开成熟的多元管理主体以及主体之间的伙伴关系、民主协作精神两个前提,中国公民社会的形成还存在诸多阻碍,"强政府—弱社会"模式下公民社会组织的发展缺乏独立性和自主性;第三,对治理理论本身的顾虑,主要集中在对治理理论所倡导的政府—市场—社会三者合作如何有效整合存有疑虑。如果缺乏有效整合机制和制度设计,公共治理不但难以显现三方比较优势、实现系统最优化效应,反而会导

---

① 荀子[M].北京:中华书局,2011:199.
② 孔子家语[M].北京:中华书局,2011:166.
③ 国内最早介绍"治理"概念的文章可能是1995年发表于《市场逻辑与国家观念》上的《GOVERNANCE:现代"治道"新概念》,可参见郁建兴,王诗宗.治理理论的中国适用性[J].哲学研究,2010(11).
④ 李景鹏.中国走向"善治"的路径选择[J].中国行政管理,2001(9).
⑤ 杨雪冬.要注意治理理论在发展中国家的应用问题[J].中国行政管理,2001(9).
⑥ 张力.述评:治理理论在中国适用性的论争[J].理论与改革,2013(4).

致三者比较劣势的叠加，出现更大的治理失败局面。①

何增科认为，中国改革开放以来在政治、经济和社会发展方面取得的一系列成就，与治理和善治理论所倡导的理念是不谋而合的。治理和善治理论作为一种分析框架，对于研究、总结和展示我国改革开放以来的政治成就极为有用。②魏崇辉则指出，模糊性使得公共治理理论在当代中国具有有效适用的可能性，公共治理理论不仅具有适用的可能，更具有适用的必要性，其必要性更多来源于过程意义上，关键是公民与社会组织的成长与成熟③，其有效适用于中国的逻辑在于推动政治发展，核心在于法治与民主④。王诗宗总结了主张将治理理论引入中国的三种理论倾向：第一种倾向主张通过发展非政府组织、第三部门以及公民社会来实现对于公共事务的治理；第二种倾向主张通过政府内部诸如沟通机制、层级结构的改革来实现治理；第三种倾向具有综合性，认为必须同时进行政府内外两个方面的改革，通过具有紧张关系的多方主体的互动实现治理。⑤

综观公共治理理论不同的学术观点，质疑论者主要关注的是中国社会缺乏实现公共治理的几大必备条件，包括完善的市场经济体制、成熟的多元管理主体以及民主法治等；相反，主张论者认为，公共治理理念、方法的引入一定程度上能够解决上述问题，在运作过程中带来积极作用，其意义更多地来源于过程中的促进作用。我们认为，与其纠结于探讨公共治理理论是否适用而踌躇不前，不如利用和借鉴公共治理理论，建设公共治理体系，以推动民主与法治社会的形成。对于像中国这样的发展中国家和转型国家来说，治理作为一种改革的思路具有重要的参考价值，尤其对公民社会和市场作用的充分肯定，至少开阔了公众和政府管理者的视野，有利于正确认识并解决中国当前与未来必须面对的新问题，并构建合理的公共权力行使框架。

三、公共治理理论何以缺乏效用：理论走向的思考

公共治理理论作为一个舶来品，要真正对我国国家治理体系构建起积极推动作用，在准确把握其核心内涵前提下，不得不放置于我国现实的政治体制改革中，寻找可操作性的治理改革路径；反之则很可能出现治理偏差和治理失灵。当前公共治理理论在我国存在的偏差主要是混淆使用"公共治理"与"政府治理"，用后者代替前者，忽视了市场治理和社会治理，真正的公共治理局面尚未形成。

1. 从内涵上讲治理是多元主体治道

国内学界对公共治理理论之"治理"与传统使用的"政府治理"混淆使用，将前

---

① 谭英俊. 批判与反思：西方治理理论的内在缺陷与多维困境 [J]. 天府新论，2008（4）.
② 何增科. 治理、善治与中国政治发展 [J]. 中共福建省委党校学报，2002（3）.
③ 魏崇辉. 当代中国公共治理理论有效适用：必要、关键与保障 [J]. 经济体制改革，2012（6）.
④ 魏崇辉. 当代中国公共治理理论有效适用：逻辑、权威与根基 [J]. 社会主义研究，2012（4）.
⑤ 王诗宗. 治理理论的中国适用性 [J]. 哲学研究，2010（11）.

者仅仅认识为政府治理的基本手段与工具,与公共治理理论的基本价值理念是相违背的。① 公共治理理论的基本价值理念在于通过多元主体共治,解决传统公共行政的"政府失灵"与新公共管理之"市场失灵",公共治理主体包括政府但又不限于政府,市场、非政府组织乃至公民都是治理主体之一。政府治理是其中非常重要的部分,往往发挥着关键性的主导作用,对于处在转型关键期的中国来说更是如此,但绝不代表两者可以混淆。将"政府治理"等同于"公共治理"的理论倾向,可能造成无意识中放大政府在公共治理变革中的作用,强化政府威权,与公共治理多中心行为主体均势来实现公共利益渐行渐远,终究无法改变"政府本位"的老套路,更遑论政府、市场、社会公共治理局面的出现。

在政府长期作为管理社会公共事务绝对主导力量的中国,市场经济与社会组织长期受到压抑,未能充分发挥其作用,难以与政府形成互动均势促进经济社会的发展。公共治理理论从西方引入中国,试图解决的核心问题之一即是超越政府本位,树立社会本位理念,推动政府管理走向社会治理,政府不再是公共管理的唯一主体,政府、市场与社会"平等协商、良性互动、各司其职、各尽其能"②。随着治理变革的深入推进,政府的作用应当逐步弱化,让位于市场和社会组织,充分发挥市场活力和社会力量,从而实现从"划桨"到"服务"的转变,更多地从宏观上创建法治民主环境,维护经济社会的稳定运行。

2. 从形态上讲治理是体制与机制的创新

治理与管理分属于体制与机制范畴,就中国公共治理体系来说,是公共治理体制与政府管理机制的建设,两者紧密联系、有机统一。中国公共治理体制可以认为是经济、政治、社会、文化和生态文明"五位一体"的体制建设,超越了传统单一的经济体制建设;政府管理机制则是通过政府内在的管理行为对社会各方面进行调节的方式和过程,建立和运行适合中国现实改革需要的政府管理机制,对于确保政府管理职能的发挥,行政管理体系的建立以及经济、社会和文化的全面协调,可持续发展具有重要的意义。公共治理体制决定政府管理运行机制,一定的公共治理体制包含一定的政府管理机制,公共治理体制是管理运行机制发挥作用的前提条件。公共治理体制要求宏观与微观经济政策、国民收入分配等政府管理机制有效发挥其作用;与此同时,当前以及未来的趋势已经表明,现代政府的管理机制,只有在完善的公共治理体制下才能充分发挥其治理国家和社会的作用,否则有可能出现偏差。另外,公共治理体制也只有依赖与之相适应的政府管理机制才能实现,若政府管理机制与公共治理体制不适应,公共治理体制也就无法有效落实,现实中的"官本位"政府管理机制阻碍国家治

---

① 魏崇辉. 当代中国公共治理理论有效适用的三维视角解读——指向、均势与秩序[J]. 行政与法, 2013 (7).

② 陈庆云. 公共管理理念的跨越: 从政府本位到社会本位[J]. 中国行政管理, 2005 (4).

理体系的构建。公共治理体制的完善需要通过经济、政治、文化等体制的改革和创新来实现,而政府管理机制的完善则需要机制的所有要素的优化和协调耦合来实现。公共治理体制是否合理与完善,对政府管理机制运行具有主导性规定作用。如果公共治理体制不合理,即使其他方面的制度做了合理的改革和调整,也很难使政府管理机制的总体运行状况得到根本的改善,政府管理机制的完善很大程度上取决于公共治理体制的改革和完善。

此外,需要明确的是,公共治理与政府管理虽然是体制与机制的有机统一、关系密切,但体制与机制还是存在固有区别,公共治理亦不能代替政府管理。中国现实改革中,两者应是各有改革重点,协同推进、有机结合才能推动国家治理的进步。

四、多元治道:政府治理低成本前提

从治理理论的不同思维与各自偏误分析,纯粹政治学角度的治理难以对接和解释中国治理实践,而仅仅从管理学思维提出的治理理念也无法解释现实问题,其根本原因是越来越复杂的社会现实需要多维学科的相互凝结,用综合思维分析和解释社会现象,亦即只有把政治学的抽象思维优势与管理学的艺术思维有机结合,才能产生制度设计与操作活动有机结合的治理理念。结合国内外治理理论与研究现状,从中国社会经济发展的现实出发,建立多元治道的理论体系,是中国公共治理理论研究的根本定位。

1. 国家治理是公共治理的顶层设计

从顶层设计出发,治理理论研究必须把国家治理作为一个制度体系,包括国家的行政体制、经济体制和社会体制,政府治理、市场治理和社会治理是现代国家治理体系中三个最重要的次级体系。[①] 中国与西方国家相比,文化底蕴深厚,但同时缺乏社会经济发展所必需的公共制度与现代文明社会下的公众行为自治理念。快速的社会经济发展使环境污染、收入分配、资源配置、社会保障等方面的各种社会矛盾较西方国家来得突然。因此,治理理论必须从顶层设计上考虑综合的治理体系。在总览国际治理理论与治理实践的前提下,思考有序推进经济、政治、社会、文化和生态文明的研究,是治理理论研究的首要任务。基于中国政治体制现实,国家应当承担起公共治理顶层设计的任务和职责,通过卓有成效的政治体制改革,建设公平正义、成熟理性、活力开放的公共治理环境,从而实现政府、市场与社会共治的局面。从现实来看,以法治为核心的制度建设和以分权放权为主的行政管理体制改革,是公共治理理论需要重点突破的两大关键问题。实现中国梦比任何时候都需要治理理论创新,缺乏顶层设计的治理活动终将导致公共治理的无序,社会乱象丛生。顶层治理理论必须以能够直接支

---

① 俞可平. 沿着民主法治的道路,推进国家治理体系现代化[EB/OL]. http://news.xinhuanet.com/politics/2013-12/01/c_125788564.htm.

撑的操作支点为依据，社会秩序的稳定、生产与生活的正常化、交换与交往的可持续等，都来源于治理体制与机制，完善的顶层设计需要多学科交叉与碰撞。

2. 市场治理走进公共治理的核心

一切社会制度下，经济基础对上层建筑起决定作用，上层建筑依赖于经济基础，治理理论在研究顶层设计的同时，必须考虑治理的核心是什么。对于实行经济体制改革40年的中国来说，市场的有效治理已成为确保经济快速发展、社会均衡稳定的重中之重，在很大程度上体现的是国家治理意志，毫不为过。因此，公共治理与市场治理本身是一体的。多年来，中国政治体制改革落后于经济体制发展是基本共识，但事实上市场治理也缺乏理论指导，公共治理如何研究市场主体竞争不足、垄断行业改革滞后、国民收入分配不合理等问题，是公共管理视角下公共治理理论研究的基本载体。市场经济的四项制度包括基础经济自由、产权保护、政治和平和法治，依然是公共治理理论研究的重点与难点。中共十八届三中全会通过的《中共中央关于全面深化改革若干重大问题的决定》确立的"市场在资源配置中起决定性作用"改革基调，从实现途径来讲，必须以公共治理为前提。摒弃严重制约中国经济社会发展的半市场经济、半统制经济的双重体制，首先要从理论上建立形成竞争有序的市场体系，建设服务型政府等公共治理框架。无论是市场这只"看不见的手"在资源配置中所发挥的作用，还是克服了全能型政府诸多弊端的政府行为，必须有科学的活动依据，必须使市场主体成为公共治理的主体与核心。这种公共治理理论研究的指向是，在充分激发市场活力的同时，企业要自主接受政府监管，市场还应该在公共产品服务供给、环境污染治理等方面更多承担其职能，而不断提高法治化水平则应当成为政府与市场作用有效发挥的基础。

3. 社会治理是公共治理的基础

马克思主义政治学提出，随着社会生产力的发展，国家会逐渐向社会回归直至消亡。奥斯特罗姆也曾指出，人类社会中大量的公共事务其实并不是依赖国家也不是通过市场来解决的，自我组织和自治实际上是更为有效的管理公共事务的制度安排[1]，一定程度上说明了社会治理的不可或缺及其重要性。实践早已证明，政府治理与市场治理都存在其局限性，无法实现资源配置的帕累托最优，需要新的治理主体参与，协同治理国家与社会，公共治理理论正是在这样的大背景下应运而生的，也正是因为在治理主体中出现以非政府组织、公民为主的社会治理，公共治理理论才得以成为继传统公共行政、新公共管理之后的公共管理主流范式。社会治理下的多元利益主体能够共同参与公共管理的过程，从而有机会为自身的利益要求说话，同时为公共事务承担输送资源的义务；国家也能够做到既还权于民，又保持自身的

---

[1] 毛寿龙，李梅. 有限政府的经济分析 [M]. 上海：上海三联书店，2000：171.

"掌舵"能力,从而有机会获取更多的"合法性"支持①,社会治理理应成为公共治理的基础。

传统中国"大政府、小社会"体制的重要特点是国家权力的充分扩张和民间社会空间的压缩,是一种缺乏生机与活力的"纤维化的硬结",或者叫作"没有社会的国家"。②"没有社会的国家"基础上的公民社会组织培育和发展几乎是空谈,公共治理局面也就无法形成。时下,中国社会治理面临的主要问题是,社会结构剧烈分化、重组的同时,社会管理方式的转变没有跟上,依然沿袭"政府本位"的行政管理方式,造成即使制度性文件已放宽对社会组织的登记管理,但"官本位"的政府管理体制仍无法从事实上改变政府一家独大的局面,社会活力无法得到根本释放。

4. 国家、市场与社会治理是公共治理的有机统一体

国家、市场与社会治理是公共治理的有机统一体,是公共治理理论研究的根本途径。国家治理体系的有序推进和治理能力的全面现代化,其关键点终究落在形成政府、市场与社会三者的有效互动,核心在于不仅要充分完善和发展三者的制度、机制建设,更在于通过改革和完善体制机制,发挥三者合力所带来的治理效应。要确保国家治理、市场治理与社会治理有机结合,以发挥最大合力,必须妥善把握和处理好以下几个重点。首先,中央政府自身解放思想非常关键,必须加快突破和改革现有政治体制改革存在的关键问题,包括阻碍政治、经济、社会、文化等各个领域发展的体制机制设计;其次,政府角色定位应实现从"积极的经济主体"到"制度保障者、市场环境缔造者和公正仲裁者"的重心转移③;再次,非政府组织的活力需要得到充分释放和培育,健全社会组织参与公共服务和社会管理的制度,培育社会的自治秩序,逐步实现从政府管理社会向政府主导下的社会协同治理转变,形成政府与非政府组织的伙伴关系;最后,法治化应当成为实现上述共治局面的基本保障,形成科学有效的权力制约和协调机制,确保国家治理体系的法治化、科学化与规范化,实现具有中国特色的国家治理体系。

公共治理说到底就是全民治理,全体公众的自觉治理才是公共治理的根本目的。因而,在研究公共治理理论时必须摆正学科"立场",既不能完全就传统的政治学理论来讲公共治理,也不能完全就传统的管理或经济学角度研究公共治理。无论是治理理论还是中国社会实践,只有把政治学、管理学、经济学等多学科有机结合起来,才能研究出真正意义上的公共治理理论,并针对性地解决现实问题。当前公共治理理论研究和实践层面普遍存在的混淆"公共治理"与"政府治理"的偏差,实际上是违背了公共治理理论所提倡的多元治道思维,其结果是持政治学观点者依赖于"政府治理",

---

① 马西恒. 转型中的社会治理 [M]. 上海:上海交通大学出版社,2006:5.
② 吴敬琏. 中国改革的未来方向 [J]. 商周刊,2013 (8).
③ 周志忍. 新时期深化政府职能转变的几点思考 [J]. 中国行政管理,2006 (10).

持管理学观点者依赖于机制转变。当前以及未来一段时间的理论研究，必须考虑多元主体的公共治理，以法治化作为政治体制改革的突破口，在明确国家、市场与社会在中国公共管理环境中的地位和作用的基础上，形成国家治理、市场治理与社会治理三者既相互支撑又相互制约的合作互动治理模式。

第二节 社会组织对政府低成本的边际影响

任何一个建立在自己意志基础上并以自己的利益为宗旨，来保护社会行为的政府组织，必然地受到社会的影响。虽然只能有一个最高权力机构，其余一切都是而且必须处于从属地位，[①] 但是，政府既然是为了组织社会管理活动的目的而行使严肃的委托权力，那么在各类活动中就存在非常大的自由裁决权。政府决策应该解释为在可以标明的社会群体当中，政府的命令能够得到公众不假思索的、自动的和机械的听从。实际上，这在任何时期都是做不到的，民主社会更是如此。在多元社会主体治理的新时代，社会组织在政府决策中的作用，对于控制全面建成小康社会活动中的政府成本应该是非常有效的。

一、人类的一切决策活动以改善社会现状为前提

人类的一切决策活动都是以改善社会现状为前提的。人们总是想通过决策使现状得到改善，使决策后比决策前好。这就是所谓的向前看理论，中国人早就流行穷则思变，实际上就是为改善现状所进行的决策。当然，人们所期望的改善现状的决策能否百分之百地改善现状，那就另当别论。在决策活动中之所以出现决策后的现实很好或者很糟或者一般等可能，是因为客观事物始终要受到理性化的局限。决策者应该对有限理性或"有界的"理性感到知足。换句话说，即使政府决策者试图竭尽全力做到完全理性化，它们也会受到信息、时间以及其他不确定因素的限制。总之，决策的信息永远不会完全对称。由于决策者在实际工作中不能做到完全理性，所以，有时候决策者也会讨厌风险，他们在很多时候也主张"谨慎行事"，在这种情况下，就会影响他们最佳决策的机会。这也是旁观者往往看到各级政府为什么不能在最佳时期决策来改善某一领域现状的原因。赫伯特·西蒙（Herbert Simon）把这种情况称作使人满意。也就是说，在一些情况下，挑选令人满意的或者足够好的方案。虽然在做出很多决策时，人们都怀着尽可能安全、稳妥的愿望，以最大限度地改善某一领域的现状，但现实的

---

① ［德］马克斯·韦伯. 经济与社会（上卷）［M］. 林荣远译. 北京：商务印书馆，1998.

制约因素可能让人防不胜防。多数政府决策者确实力图凭他们的能力，在合理性限度内根据风险的规模和性质制定最佳决策。

2014年8月3日，中国云南鲁甸市遭遇了6.5级地震，救灾迫在眉睫。特殊的地质环境、倾盆暴雨带来了意想不到的难题，由此引发了许多决策，让我们从山体滑坡的角度来讨论这个问题。在云南鲁甸的救灾指挥中心，工作人员与灾区数以万计生命紧密相连。需要与被地震摧毁的房屋废墟里的人们取得联系；必须从气象专家那里获得相应信息；还要监测余震会带来什么样的山体滑坡；监控堰塞湖的警戒水位进展程度；了解灾区人员的安全转移与安置；明晰在哪些道路上车辆暂时不能通行。凡此种种，不一而足。可以想象，全力救灾并重新安排数十万灾民的巨大难度。灾民的心情同样会影响救灾的效果，政府指挥决策中心必须考虑各种不可测定的因素。诚然，政府有各种现代科学技术的支持，然而，许多决策必须由人的判断做出来，某些人的正常工作肯定会受到影响。例如，道路阻塞或限制通行，就会影响那些有重大商务任务以及其他任务的公众，此时，这些人员就应该多体谅一些。一般道路阻塞或限制通行，公众应该多体谅一些。改善现状是决策者的根本目的，也是政府决策的前提。但具体的决策能否改善现状或者说是否为正能量的改善，不仅有决策者的能力与水平等限定因素，可能更多的还是客观因素。从主观上讲，很难找到故意让自己的决策产生负面效果的决策者，初衷都是好的。一个行为，只要当它根据其所认为的意向、以设法满足对有用效益的欲望为取向时，就应该称为"改善社会现状"取向。正向行为应该叫作一种和平行使主要以改善社会现状为取向的支配权力；而科学的决策行为应该叫作目的合乎理性的、有计划地行使以改善社会现状为取向的支配权力。改善应该称为一种自主安排的持续的行为。任何一种决策行为，包括暴力（例如侵略者发动的战争）行为，都可能以改善现状为取向。当然并非所有的决策都是理性的，也不是所有的决策都是能够产生改善社会现状正能量的。因此，改善社会现状的价值取向也是多维的。但是，归根结底，决策都是为改善社会现状所做出的某一个人或者某一群体的意志行为。普遍意义上的政府决策都是其管理半径范围内所有公众或者绝大多数公众意志的体现。

二、社会对政府公共决策的边际影响

1. 社会是政府组织天然的非正式组织

社会是政府组织天然的非正式组织，表现在无论公众委托谁来管理社会，社会都是同样存在的，社会中所有合法的组织运转方式也从来不会改变。就政府而言，社会上的非正式组织是人们相互关联而形成的人际关系网络，它可能是政府之外的其他一切组织，也可能还包括政府组织内部的个体或团体。例如，工作时间必须为政府组织所安排的工作竭尽全力，下班后可能与政府组织之外的其他朋友一起打保龄球、喝咖啡等。对于政府组织来说，社会作为非正式组织，对政府决策在边际上起影响作用。

这种在边际上的影响既有正能量，也有负能量。由于社会组织过于庞杂而多元，决定政府组织与社会组织之间的博弈是非常复杂的活动。政府组织在维护一部分公众的利益的同时，很可能伤害另一部分公众的利益，这使得政府决策活动始终处于为难之中。然而，作为一个有作为、一心为全体公众服务的政府，必须在掌握尽可能多的信息条件下超然决策。可以说，最合理的决策应该是尽量避免受到社会的影响。

2. 政府决策对于社会来说不可能完全协调到位

对于政府决策来说，并非所有的非正式组织都是起积极作用的。从理论上讲，非正式组织可以概括为积极型非正式组织、兴趣型非正式组织、消极型非正式组织与破坏型非正式组织。在政府决策活动中，这些类型的非正式组织是并存的；并起着相应作用。对于政府组织来说，数以千万计的非正式组织属于没有共同宗旨的群体活动，即使是有助于共同的结果，也不能成为政府的正式组织。从一定程度上讲，弱势阶层命运既受到大自然、企业主的强大约束，也十分依赖于政府组织。当他们的诉求无处表达时，政府就是他们的唯一依靠。当然，他们的诉求有时候或许是不理性的。尽管社会上有强弱势群体的区别，但总体都可以归类为非正式组织之中。强势群体一般情况下在制度决策活动中有很大的发言权。这种强势虽然不一定都是影响政府决策的正能量，但往往会在边际上起很大的作用，有时候直接左右政府决策。政府决策究竟应当主要参考哪些人的意见较为妥切，这是一个很难把握的问题。一般情况下，应该是以符合多数公众的利益为前提，但是多数公众不可能被政府了解。在不同群体中，都有群体领袖。这些群体领袖是政府听取公众意见的唯一途径。缺乏灵魂基础的群体领袖虽然不可能改变公众的思想、精神、价值观，但他们借此获得了群体的话语权。一个精神境界低下、根本没有大局观念、在群体中一点没有代表性的领导，政府或政府部门在听取相关方面的意见时，也不可能找不在这个职位上的其他人员讨论。

3. 社会对政府决策的边际影响是永久的

任何个体组织都是有生命周期的。社会本身不是一个组织，但它是永久存在的，其生命周期是无限的。虽然社会本身不是个体的正式组织或非正式组织，但它是各类组织产生发展的载体。就像土地本身不是粮食，却是生产粮食的载体一样。由此，只要有政府，必然就有影响政府决策的非正式组织。政府就是一个建立在委托代理基础上并按照一定的宗旨即为了保护社会而行动的正式组织。虽然政府是公共事务的最终决策者，其余一切非政府组织都是而且在决策中处于从属地位，但决策权既然是为了某种目的而行使的一种受委托的权力，当人们发现决策行为与他们的利益相抵触时，他们就会通过各种途径来维护自己的利益。当这种行为显然被政府忽略或者遭受打击时，政府就会与社会上的某些群体发生或明或暗的对抗。一旦这种与政府对抗的群体演变为占全社会多数人的活动时，就会形成一种潮流，形成强大的势力。

三、社会与政治活动在互动中形成对公共决策的约束机制

1. 社会与政治组织在互动中演变发展

社会反响的背后往往是政治活动的结果，各类政治集团的利益大都是通过公众的行为体现的。实践证明，社会与政治组织是在互动中演变发展的。任何人都不能这样认为，只要有一个多事的人或者好乱成性的人，随心所欲地不时变更政府决策，就可以随时引起祸害。诚然，这种人可能随时任意地煽风点火、制造骚乱，但这只会使他们自作自受、陷于灭亡。人们在得知自己的权利或财产受到威胁时，就会群起而攻之；同时，当人们发现政府官员过分地贪污腐败，从边际上侵害其财产，辜负公众的委托，且这种现象愈演愈烈并得不到治理时，就会演变为内部争斗或公众对立。社会上的一些有企图的活动必然要从政府、统治者那里寻找强有力的支持者或代言人，而政府集团或政治集团也要通过各种渗透方式，在社会上寻找其孕育者。假使无辜的老实人为了享受和平乖乖地把他们的一切诉求权力放弃，他们也难以避免被动地参与各种社会或政治活动。社会与政治组织之间的互动有时候是相向的，有时候也是冲突的。经过不断演变，相向可能变为冲突，冲突可能变为相向。

2. 各类组织与政府组织之间的制约关系

从根本上讲，现代合法性政府都是在社会作用下由某一政党支持的，这就从根本上决定了社会的各类组织对于政府决策的制约关系。非政府组织与政府组织之间的制约关系，一般情况下在大的方面决策都是政治决策，小的方面是政府的具体活动。政治组织与政府组织之间的制约与反制约关系，都是以其社会文化为基础的。霍夫斯泰德的研究结果表明，无论是个人主义还是集体主义文化思维，政府决策在很大程度上均受制于政治组织，在现实中，一个不考虑政治利益的政府决策往往是没有立足之地的。地方政府的决策同样受到政治活动的制约，因为无论是中央集权制度还是联邦制度，都多多少少有一致的政治目标。以美军驻日本、菲律宾等国的军队、军事基地为例，无论日本、菲律宾等国家的地方政府与公众怎么反对、排斥，地方政府最终将妥协于它们的最高政府。在政治利益面前，公众的诉求与政府的正确决策理念就荡然无存，所谓民主也不过是向他人炫耀的幌子而已。可以说，抽象思维在世界上本来就没有绝对的对错之分，完全取决于人们所持的立场与看问题的角度。

3. 社会对政府决策的无形约束机制最终演变为有形的约束机制

在历史的长河里，经过不同群体、不同组织之间的无数次博弈过程，逐渐建立起一种约束机制。最初是政治组织建立对政府公共决策的约束机制，公共决策活动从属于政治活动，却很少考虑社会非正式组织的诉求与意志，社会处于弱势的并且可以忽略的地位。随着社会的不断进步，公众不断觉醒，以非政府组织为标志的社会群体的作用越来越显著。一方面，它在某一领域代表专业规范，这种规范包括技术、生产经营、贸易以及融资方式与游戏规则等；另一方面，它在边际上起到政治作用，即必要

时诉求某一群体的各种利益。例如，联合国、公会组织、妇女联合会等，已经是非常成熟的约束机构并建立了相应的约束机制。在传统时期，社会对政府的改革决策所体现的是无形约束机制，它们大都是被动地诉求于某一方面的祈求，强势的政府组织对此往往是忽视的，但无论怎么忽视也在边际上起相应的作用。例如企业损害劳动者的权益，当工会组织出面与有关机构交涉时，往往是徒劳的，但也能够对于政府或当事企业起到警示作用。随着现代社会的发展，各类社会组织在公共决策面前从既往的无足轻重到逐渐发挥重要作用，对政府的公共决策形成了真正意义上的约束机制，其中的一个标志性变化是，社会组织对政府公共决策的机制由传统的无形机制演变为有形机制，政府的公共决策在一定程度上离不开社会性组织。

四、社会对政府公共决策的边际影响效应及其不可替代性

1. 公共决策之难及其正能量的释放

仔细观察都会发现，公共决策失误在各级政府司空见惯，由于错误的决策方式与方案导致了数不胜数的失误和损失，被人们概述为"决策之难"。卡罗尔和梅振家曾经发现，失败通常不是缘于执行不力，也不是时机不对或运气不好，而是策略错误。纳特的结论与其不谋而合。纳特也发现，所有的决策中有 2/3 是建立在容易导致失败的策略基础上的。但奇怪的是，决策者却总是忘却那些决策方法的斑斑劣迹，一次次地做相同的事情，却指望着有不同的结果。公共领域之所以在普遍意义上出现决策之难，我们认为，决策者忽略最有发言权的社会组织的见解是根本原因。决策者或许也会想到在制定决策过程中所经历的无数成功与失败，然而他们却很少对接社会，与非正式组织一起进行系统研究。由于没有接地气的学习、分析，决策方法和结果之间的联系就很容易被忽视。于是他们就丢弃了许多更完美的决策方法，继续使用闭门造车出门不合辙的拙劣决策。历史上请教于社会而有着良好记录的决策方法，虽然被津津乐道，但却很少被采用。

2. 政府的程序化和非程序化决策

政府的非程序化公共决策是指对于那些以前没有遇到的新问题的决策，危机性决策也应该是非程序化决策的范畴。战略性决策一般都属于非程序化决策，如社会制度的变革、面对国内外新的挑战等。最为常见并被人们所熟知的是改革开放、调整产业结构这样的决策。这类决策的特点是新颖、没有规律性、没有明确的定义、非重复性。20 世纪 80 年代初期中国的改革开放，之所以被邓小平誉为是"摸着石头过河"，是因为根本没有规律可循。公共决策本来就是程序化与非程序化混合存在的，既要根据程序化特征充分发挥社会组织的作用，也要发挥决策者的创造力。约翰·考（John Kao）认为，应给有创造力的决策者留有足够的自由度实践他们的想法，但不能因为过度造车只顾自己而忽视他人的智慧。同时指出，决策者应该视自己为爵士音乐作曲家，不能偏离总谱，但在节奏上有很大的自由度。总之，政府的无论程序化决策还是非程序

化决策，既要创造力又要接地气，这就是现代社会对政府公共决策的基本制约。

3. 社会对公共决策边际影响效应的不可替代性

无论是什么形态下的社会制度，社会对公共决策必然地产生边际影响，这种边际影响对于整个社会无疑是正面效应。古罗马起义、中国历代的扶贫对象起义，在历史长河里占有很重要的地位，都不同程度地影响了政府决策，但从真正意义上看有影响的成效甚微，即使推翻一个朝代，换来的并非完全意义上的民主，也并非是为全体公众谋福祉的政府决策。随着历史的不断推进，社会活动逐渐地演变为以社会为主导、以政府为主体的决策活动，在社会面前强势政府也演变为相对于社会来说的公平政府（当然这种公平还远没有达到真正意义上的公平），但一点不顾及社会的政府在世界上应该说已永远消失。实践证明，现代社会的政府决策无处不存在社会组织影响的边际效应，人们从表面上很难找到离开非政府组织的公共决策（即使一些决策是政府保密条件下所做出的，但它也不敢公开承认离开社会）。其说明的问题已经非常清楚，社会对公共决策边际影响效应具有不可替代性，且这种不可替代性客观存在，但人们尚未从理念上确立，有待于在操作层面进一步建立科学的制度。对于各级政府组织而言，必须坚信社会对公共决策的正面效应，把国家的顶层设计与社会非政府组织的智慧有机地结合起来，探求决策思路，这是充分体现公共决策正能量的必由之路。

第三节　建立科学的政府绩效评价标准

随着政府管理理念由传统的管理型活动过程向服务型活动过程的转型，公众对政府行为的透明性、服务性、可控制性、回应性方面的要求不断提高。国际政府管理领域对政府管理绩效认同的研究也越来越受到重视。政府管理的绩效认同已经有更深层次的含义，某一重大决策结果如何，特别是像全面建成小康社会、重大工程建设、社会保障等与民生问题相关的决策及管理活动所体现的结果是公众检验各级政府管理绩效的基本标杆。过去人们提出要重视政府绩效，随着不同区域政府管理绩效的不同，理论界则提出要对政府绩效进行评估亦即对政府绩效进行认同。在认同中，对那些缺乏透明度与客观性的政府管理绩效有了很多质疑声音，这就产生了对政府管理绩效的认同危机。①

---

① 当某一政府绩效在公开、透明后得不到绝大多数公众的赞成时，我们认为，这就是政府绩效认同的危机。

第三章 政府治理方式改革是低成本的基础

一、政府绩效认同的基本标杆

政府管理绩效既有可评判的载体标志,又有对其认同的主体。一般来说,政府管理绩效认同的主体是多维的,包括社会公众、非政府组织(社会中介机构),以及政府内部的上下级组织等。绩效认同标准应当落实在包括公众幸福指数在内的多维载体中。这里我们重点就经济绩效、分配公平、责任和标准权衡等进行分析。

1. 公共决策与管理活动中的经济绩效

在现实状况下,政府在公共决策与管理活动中的经济绩效仍然是社会以及不同绩效认同主体认同政府绩效的核心内容。各级政府在很大程度上是为谋求公众福祉最大化而进行许许多多的决策与管理活动,公众福祉又是与经济绩效不可分割的一个整体。某一区域社会经济绩效突出,其公众的福祉相应就好;反之则不好。例如,中国东部地区在改革开放初期借助于中央政府的政策倾斜获得了较中西部地区更快的经济发展,其公众也就从中获得了较中西部更多的福祉。因此从根本上讲,用经济绩效所表述或体现的绩效是由资源配置及再配置相关的净收益流量的变化决定的,这也是传统政府绩效评价的主要标准。帕累托改善原理告诉人们,如果政府管理的经济行为是有效的,即使没有任何资源再配置也会在不使其他人状况恶化的情况下促进某些人或某个群体的福利改善。这一概念当然与政府经营的公共产品或基础设施的可持续性紧密相关,只有在基础设施的运行和维护所带来的收益超过其全部的直接和间接成本时这个项目才具有可持续性。[①] 事实上,当一项设施的运行维护成本超过以上这些活动的收益时让它老化或者消失无疑是一种更好的选择。效率概念在收益与成本估计或投资回报率等绩效评价中起决定作用,它常常被用来确定政府的公共产品、基础设施、工程项目等在经济上的可行性及可获得性。政府在竞争市场中进行干预的一个主要原因是公益物品的公平享有,政府管理所产生的有些制度像逃避责任这样的机会主义行为可能导致无效率的资源配置,当然就会产生绩效认同危机。因此,政府管理者考虑替代制度安排时对影响参与者的规则修改将如何改变他们的行为及资源配置进行考察具有关键的意义。现实中往往出现这样一种现象,即政府管理活动在制度已经确立的情况下,以个人利益或集团利益为"原则"做出危害公众现实或长远利益的不规范选择,从而违背了"社会利益就是社会成员的利益总和"的原则[②],破坏了政府管理绩效认同规律。

随着社会经济的发展,政府管理绩效表现也越来越深层次化。政府从传统的直接生产经营公共产品转向多渠道提供公共产品,通过公共政策与决策尽可能将公共产品生产经营由既往的直接方式转向间接方式,通过融资政策调动起全社会的积极性,开

---

① [美]埃莉诺·奥斯特罗姆,拉里·施罗德,苏珊温. 制度激励与可持续发展——基础设施政策透视[M]. 毛寿龙译. 上海:上海三联书店,2000.
② [英]丹尼斯·缪勒. 公共选择理论[M]. 杨春学等译. 北京:中国社会科学出版社,1999.

发提供公众必需的公共产品或公共基础设施。公共产品或公共基础设施开发的替代融资手段对资源配置有不同影响，最为显著的绩效是用富人的钱为穷人谋福利。在另外一种情况下，政府的各种征税及收费手段对行为产生非中性的影响，它可能会将过去或现在看起来对社会的总福利改善变为未来社会总福利的恶化，并影响经济效率。例如，如果税收被用来禁止那些令人不满的外部效应或边际效应的产生，那么就会带来比较高的经济效率，正如对酒类征税事例一样。再者，如果公共产品价格已经精确反映自己的社会消费成本，价格方面的诱导性税收变动反过来将改变生产者或消费者的决策，也会导致社会福利的净损失。在这种情况下，政府管理的经济绩效就是相对差的。

2. 公共资源配置活动中的社会公平

就社会公平而言，经济绩效并不是判断政府管理制度可持续的唯一标准。在新时代理念下，政府对不同阶层或群体的公平对待可能是更加重要的。一般判断公平或公正最主要的方法是，以个人所做的贡献和他所得到的收益之间的对等为基础；以不同能力得到不同报酬为基础。政府作为政府管理主体，所做的改革决策、管理活动以及确立的资源配置制度，在社会公平方面的绩效主要考虑两个方面。

一方面是保持财政平衡。构成交换的公平概念认为，谁从服务中获益谁就应该承担该项服务的财政负担，且谁获益较多，谁就要付出较多。这个概念本质上表现出的内容是公共产品分配或公共服务之收益与提供该服务的成本之间的财政平衡。对财政平衡或不平衡的理解影响到个人对公共设施开发和维护进行付费的意愿。如果政府管理基础设施的使用者感觉到在相同的条件下，他们所被要求付出的货币资源和其他使用者相比有明显的差异，他们就不愿意去做。因此，当纳税人发现或者觉察到他们的某些邻居没有缴纳地方税，他们也可能决定不缴税或者逃避最终导致比较低的税收缴纳。[①] 另一方面，所有人都可以直接观察到劳动力的实物形式可以为社会公共设施的建造和维护"融资"。

从再分配来看，在严重失衡的国家或地区，将资源再分配向弱势群体、穷人阶层或者产业阶层倾斜的政策是相当重要的。因此，虽然效率准则规定稀缺资源应被用到其能产生最大纯收益的地方，但公平的目标则可能减缓这一目的，致使有利于贫穷人群的设施得到发展。党的十八大以来，中央政府一直强调民生工程，目的就是使不同群体之间的福利或收入差距逐渐缩小，直至这种差距趋向于零。政府还要引导那些比较富有的个人尽可能把钱用于充分反映他们的名誉和社会地位并从使用基础设施中获

---

① 实际上在一种公共政策诞生之初，人们都不敢轻易违背，但当有人试探性地违背而没有被政府发现或者发现后所处理的程度使当事人的违背得益大于处理成本时，其他人也就陆续仿效了（例如逃避税收），一种制造高成本的现象也就出现了。

益的资源项目。① 再分配的目标常常被描述为低收入国家或地区基础设施投资的基本原理，而且正因为如此，这类活动通常都得到补贴。然而，在假设穷人是补贴服务的主要受益者时应该进一步冷静思考，实际上，已有人断言"从免费服务中受益最多的常常是中产阶级和富人，而不是穷人"。② 而且，收入再分配的目的常常被那些从事寻租行为的人用来使公共部门的活动合法化，这些活动事实上使那些需要较少的人获得了不相称的收益。③ 在制度安排尤其是在有形公共产品开发和使用的制度安排公平方面，这两种公平观点能够导致截然不同的结论。例如，如果一所大学应该为所有求知者提供福祉，那么收益或财政平衡原则要求每个享受大学教育的人都支付与他们使用大学相关的边际成本。但是根据支付能力的原则，这样的收费却并不合适，因为这样做会减少低收入阶层求知读大学的机会。这种观点表明，该大学服务项目的建设应该通过其他方法，这些方法包含有自身的公平内涵得到补贴。不仅如此，公平分配还要影响到基尼系数和恩格尔系数，因此，在研究政府绩效问题上不能忽视公平分配。当前中国最为明显的不公平是不同社会集团之间的收入差距。近年来的公务员招考中，数百人甚至上千人竞争一个岗位，有的政府部门存在"子弟占座"现象④，根本原因是公务员、垄断部门和一般工薪阶层之间有较大的收入差距。

3. 公共产品管理制度的政府责任

政府管理的主体责任是显而易见的，强调政府官员对公民负有说明一项公共设施的开发和使用的责任，其基本标志是公共产品管理制度。如果责任缺失，供给决策可能在没有考虑最终使用者愿望的情况下做出，这很可能违背决策初衷。

另外，如果政府不负责任，相关人员就能够成功地进行并实现各种寻租策略。最后，政府官员不承担责任可能导致因制度建设不当致使公共基础设施建设不当，从而增大政府管理成本。实践中许多政府垄断管理的高成本或无绩效现象都是缺乏政府责任所导致的，有关稀缺资源使用的责任常常是最重要的内容，特别是在社会经济与政府管理快速发展的今天，慈善机构和其他机构捐助公共产品越多、捐助数额越来越大，对于包括财政资金与社会公益资金的使用，如果没有适当的责任，目标群体就不可能得到资助项目所带来的收益，资源可能更容易被浪费。因此，公共产品管理制度的政府责任绩效，实际上就是关注效率和公平的绩效目标。然而在现实社会里，政府管理活动常常缺乏竞争，缺乏新闻监督和独立的司法监督，特别是在一些偏远或农村地区，要确保政府官员的责任实现可能更加困难。分析证明，政府在公共产品管理制度方面

---

① 例如，那些有思想、有眼光的企业家、事业家在教育、医疗卫生以及其他公共项目上不惜代价而投资于公众服务，如邵逸夫无偿投资的大学、中学、小学图书馆设施遍布全国。

② [美] 埃莉诺·奥斯特罗姆，拉宾·施罗德，苏珊温. 制度激励与可持续发展——基础设施政策透视 [M]. 毛寿龙译. 上海：上海三联书店，2000.

③ 现实中的政府官员贪污受贿等侵吞国家财富者实际上就是凭借公共设施的建设特权，从中获得了利益，从而在边际上加剧了贫富悬殊。

④ 广东清远盐业局28个领导管17个兵 家属挤满一个局 [N]. 新闻晚报，2011-01-30.

的责任目标不一定会与效率和公平这些目标发生激烈的冲突，实现效率确实需要决策者得到公民偏好的信息，这和实现责任是一样的。政府如果能够有效收集决策信息，了解不同阶层的意见和建议，就有助于管理制度的责任绩效最大化，同时也有助于增加责任并促进公平分配目标的实现。

4. 公共资源配置制度的标准权衡

从绩效认同的制度安排考虑，当使用各种不同绩效标准作为绩效认同并选择替代制度安排的基础时，进行权衡常常是必要的，而且在绩效目标和公共资源分配公平目标之间进行选择尤为重要。虽然在许多情况下人们没有对再分配的重要地位提出质疑，但是资源必须以有效配置为目标，实际上这个目标并不必然地与公平分配目标冲突。在公共政策方面，公共设施投资针对的是社会的特殊部分，例如穷人中最穷的人，这些设施的运转仍然是为了实现其目标群体从这种投资中得到最大限度的收益。虽然任何有关效率和公平间权衡的最终决策必须由每个国家的公民和政府做出，然而从这种目标投资中获得对贫困阶层最大化回报与对稀缺资源投资效率的忽视相比，前者仍然是最可取的。在考虑到为建立公共资源公平分配的替代方案时，另一个权衡问题也非常明显。从政治意义上讲，公平分配是社会均衡的前提，现存的公共资源分配方案必须考虑社会成本，事实上人们想从不同性质的劳动中区分社会贡献是非常幼稚的。我们假定有A、B、C三个不同工作性质的劳动者，A为公务员，B为学校老师，C为道路清洁工。他们的劳动究竟谁的贡献更大，谁的贡献相对小，可能再伟大的科学家也无法判断。既然如此，我们的制度安排何以区分相对较大的收入差距与养老、社会保障等不同层级的不同待遇？

就政府日常管理领域来讲政府绩效的标准权衡可能相对具体，这里我们以高速公路使用情况为例做简要分析。我们知道，在高速公路上，拥挤成本很可能是零，从公众与政府角度讲，使用者的有效付费应该只等于和其他使用者相关的边际维护成本，前提是假设政府管理这类收费具有现实的可行性，强制征收超过维护边际成本的费用，把公路的使用限制在低于公共有效的水平，所达到的将是次优的绩效。然而，由于公共收入还不富裕，主要的公路维护是要求减缓由于日积月累的车辆行走和气候变化引起的老化，因此，政府维护高速公路总成本比仅仅由于交通问题而带来的维护成本高得多。这就意味着按照有效价格收费，假定这一价格等于使用的边际维护成本，会产生税赋收入无法达到维护公路所需的全部成本。如果要强制实行有效定价，就必须找到某种替代性的渐增收入以产生所需的附加成本。这就需要科学地权衡，公共资源制度的标准在什么样的状态下才体现真正意义上的政府管理绩效。

二、政府绩效认同的塔西佗陷阱

人在成长或者说社会化的各个阶段都会遇到各种心理问题，如果成功地解决这些问题就会表现出积极反应；如果不能很好地解决这些问题，就会出现各种危机，就是所谓的认同危机。我们这里讲的绩效认同危机，是指政府管理活动中所产生的业绩与效能不被公众认同或者公众不能完全理解。认同危机的表征是多维的，综合起来，可以概括为认同主体危机、认同标志危机以及对政府绩效结果的认同危机。

1. 政府绩效认同主体危机

从中国的情况来看，政府绩效评估长期以来都是由政府主导，主体单一、方式单向、过程封闭，是束缚绩效评估向科学化、规范化发展的主要障碍和问题。[①] 这种政府对于政府绩效评估的主导特征导致对政府绩效认同主体的危机。一般地，绩效评估主体与绩效认同主体不是同一个主体。绩效评估主体在总体上分为内部评估与外部评估两大主体，绩效评估的结果最终由谁来认同，无论绩效评估结论如何，对于绩效认同应该是最为关键的。从理论上讲，既然作为政府管理主体的政府宗旨是为社会服务，政府绩效当然应该由公众认同。现实的困惑是，无论政府绩效由谁评估，最终都是由政府认同。这种由政府单一认同的结果是，无论评估者评估的结果如何，政府都有对其自身管理绩效如何的绝对话语权，某一决策、某一级政府、某一公务员在一个考核周期内对社会的贡献如何基本上都是由上级政府认同。这种单一的绩效认同方式无法与政府绩效认同的标志相对应。例如，就政府整体绩效而言，是否体现政府在公共决策与管理活动中的经济绩效、公共资源配置活动中的社会公平绩效、公共产品管理制度的政府责任绩效、公共资源配置制度的标准权衡绩效等重大社会发展与民生问题，社会公众根本没有认同的机会。这种由政府认同政府绩效的制度从根本上潜藏着政府绩效认同危机的基础性诱因，好比一个非常优秀的理发师，看不起别人为其理发而是自己替自己理发，其结果是无论怎样也不能产生一个好的发型。政府绩效认同主体的危机是政府管理提高政府绩效的桎梏。因此，只有科学选择评估主体类型和合理筛选评估主体结构，并由各级政府、人大，非政府组织、一般公众共同参与认可，才能有相对客观的认同基础。在评估主体多元化的同时实现绩效认同主体多元化，不仅对于政府绩效评估自身的发展具有重要意义，而且对于实现服务型政府的转型目标也具有推动作用。

政府绩效认同危机已经是不能回避的重大政府管理问题，在政府绩效认同危机现实下，无论是全面建成小康社会还是推动社会经济发展，都面临着严峻的挑战，这是导致政府与公众在理念上、具体事宜的制度安排上产生分歧的根源。一个不能回避的核心问题是，既然单一的政府绩效认同出现危机，那么推进政府绩效认同中公众参与的动力来自何方。周志忍教授在比较西方发达国家与中国行政改革的动力机制时，曾做过这样的评论：西方行政改革的动力源于社会，中国行政改革的动力则主要源于政府本身。政府在体制转换过程中扮演着变革推动者、制度设计者、资源调动者、利益协调者等多重角色，因而带来了许多难以解决的矛盾。客观地讲，政府既是改革的主

---

① 周志忍. 政府绩效评估中的公民参与：我国的实践历程及前景［J］. 中国行政管理，2008（1）.

体,同时又是改革的客体,改革的目标是克服社会萎缩,反过来社会的强化却依赖政府的自我克制。既然如此,政府绩效认同危机根本上还要靠政府自身解决,如何把绩效认同权交给公众,是一个既痛苦又提升政府形象绩效的根本途径。

2. 政府绩效认同标志危机

和世界上一切客观事物一样,一定时期、一定条件下的政府绩效同样有相应的基本标志。假定人们遵循这个客观标志追求绩效最大化,就能够赢得公众对政府绩效的认同;反之,当人们背离一定时期、一定条件下政府绩效应有的基础标志,公众必定难以理解政府绩效,政府绩效也就无法被社会认同。这就是政府绩效认同标志危机产生的后果。国内外许多专家学者对政府绩效标志作了种种归纳,总的来看,虽然结论不尽一致,但有一点却达成了共识,政府的绩效要素是一个系统结构。"3E"即经济、效率和效果,这是一个曾在相当长时期内被许多西方学者认为是评估政府绩效的新的正统学说。随着新政府管理运动的深入,政府管理的质量也日渐成为政府绩效被认同的主流范畴,围绕质量形成的指标数量不断增加。[①] 尽管经济、效率特别是效果的提法都蕴含有质量的内容,但明确把质量的概念单列出来、凸显出来是前所未有的,这是改革的成果,是新时期绩效的重要标志。此外,可持续发展、公平、责任等指标也逐渐成为建构绩效体系的基本要素。政府绩效究竟以什么为标志,传统的政府绩效考核显然不大合适。这里以公平为例进行分析,自新公共行政以来,公平问题日益受到广泛的重视,并成为衡量政府绩效的重要指标。公平作为衡量绩效的指标,它关心的主要问题在于接受服务的团体或个人是否都受到公平的待遇,需要特别照顾的弱势群体是否能够享受到更多的服务。因此,公平指标通常是针对接受公共服务的团体或个人所质疑的公正性而言,通常无法在市场机制中加以界定。

政府绩效认同的标志之所以出现危机,是因为在现代政府管理理念下,许多政府把国内生产总值(GDP)增量大小作为政府绩效的唯一标志,由此产生了许许多多的政绩工程、形象工程。一些地方政府或公务员为获得政绩想方设法建设一些劳民伤财的项目,表面上看有了多少个大型项目,GDP增长幅度突出,实际上政府举债沉重,个别习惯"寅吃卯粮"的地方政府要在有限的财政条件下做出"政绩",就在银行配合下选择"贷款—建设—卖地—还贷"的运作方式。这种表象的政府绩效与政府管理理念下的政府绩效大相径庭。从根本上讲,政府绩效如果缺失科学的标志,必然会产生许多不正确的绩效观。政府绩效认同标志危机不仅是现实的绩效认识偏误问题,最重要的是社会自然生态与公民社会可持续发展的重大问题。试想,如果绩效认同标志偏误,人们所追求的标的就会偏离科学的政府绩效,当然就无法让公众认同。具体而言,当以政府绩效认同标志危机为"前提"时,政府很难把主要精力放在社会生态环境、可持续发展、公共资源公平分配、协调不同阶层利益、控制政府管理成本等方面。这

---

① 吴建南,阎波. 政府绩效:理论诠释、实践分析与行动策略[J]. 西安交通大学学报,2009(3).

样在政府管理活动中就很难体现科学发展观并建设新时代,从战略上容易掉进中等收入发展阶段的陷阱。在一定程度上,政府绩效认同的标志是民众政治认同的逻辑起点,如果在社会转型时期,由于民众基本利益得不到满足,民众心理上的一种相对被剥夺感也可能导致绩效认同资源的大量流失。① 其中,政治认同流失的主要表现是民众对党和政府形象认同的流失。因此,在服务型政府理念下,必须找到政府绩效认同标志的载体,在一定程度上改善民生就成了增进民众对政府绩效认同的基本途径,同时也是构建社会主义新时代的必然选择。

3. 对政府活动结果的认同危机

政府活动结果如何,可能是所有研究者或政府、公众认同政府绩效的根本标志。在理论界,结果为本的政府绩效认同是改革政府的管理主义方案中一个特别重要的部分,管理主义取向的政府改革运动不同时期被冠以不同的名称,如新政府管理运动、企业家政府、以市场为基础的公共行政等,但其主旨都是以市场为基础的治理模式取代充满缺陷和问题的传统行政管理模式。传统行政管理模式的政府绩效是以对政府规则的负责为特征的,它给政府公务员一种强有力的激励机制,促使其循规蹈矩地严格按照既定的游戏规则办事,重过程胜于结果。这种制度安排使政府管理活动或过程体现了最高决策者的基本意愿,但越来越明显的弊端是,政府的管理越来越偏离公众和社会的期望和要求,可以说满足了政府而背离了社会公众。所以,管理主义的改革理念强调从过程转向结果,纠正过分依赖规则造成的政府绩效问题。对政府绩效结果的认同逼迫人们重视结果正是在这种改革背景下被赋予了结果为本的实践导向,并因其结果管理的特点为其他管理主义的制度安排及有效运行奠定了基础。从根本上讲,绩效结果认同的过程涉及政府职能的转变、组织文化的更新、组织结构的调整和大量的制度创新,将成为政府改革的重要战略选择。

现实生活中政府绩效是政府认同的体制,它是导致政府绩效结果认同危机的根源。可以认为,政府绩效的理想状态是通过评估测量政府工作的优劣,公众希望完成的基本结果是什么即政府最终的成就。然而,政府目标特点、资源使用条件以及技术可行性制约了绩效结果的全面兑现,目前它只能应用于某些公共服务领域。而且,政府部门的任务和目标各异,使用绩效结果认同的目的也存在很大差别,应该根据不同的目的收集和跟踪不同的数据、开发不同种类的绩效指标和评估体系与之匹配。经合组织成员国普遍认可绩效认同的三大目标,即管理与改进、责任与控制、节约与开支,认为这三个目标创造了绩效评估的基本依据。在现实中,各国的评估目的具有混合性和多样性的特点,所以需要因地制宜地混合使用不同种类的评估,体现公众意愿来测量结果。现实中一个重要问题是,政府绩效结果究竟如何,尚未能够全方位地向公众公布,公众所看到的政府绩效结果大都是从政府工作报告以及各级政府领导或部门那里

---

① 卢业美,孔德永. 和谐社会构建中的绩效认同分析[J]. 济宁学院学报,2010(1).

透露出来的,实际上没有把政府绩效评估过程的认同与政府绩效结果认同有机结合起来。这样,就在表面上造成普通公众难以知情的绩效结果,从而产生了公众对政府绩效结果认同的危机。其实,政府管理活动中许多情况本来就是不可预测结果的,存在着比其他任何机构决策都多的不确定因素,在实践活动中表现为多因素变数。对此,如果能够及时公开信息源泉,真诚地让公众参与并评估,公众就可以理解其中不可测定因素带来的影响,反而能提高公众对政府绩效结果的认同度。因此,如何提高政府绩效结果的认同度,不仅是政府管理活动如何规范、政府决策方案是否可行合理的问题,在很大程度上还必须考虑各个决策与政府管理活动以及政府绩效评估的透明度。

三、一定程度上消除政府管理绩效认同危机的思路

政府管理绩效认同危机的存在是绝对的,人们可以根据一定时期的绩效认同标志进行改进。政府管理绩效认同危机在国际范围内以及历史上任何朝代都客观存在,其本身是社会矛盾必然存在的客观反映。但是政府管理绩效认同在不同历史时期、不同国家与地区所体现的载体是不同的。实际上,政府管理绩效认同与认同危机是一个问题的两个方面。一个高成本运转的政府不可能产生好的绩效,当然就不会有让公众认同的绩效。当前中国政府管理绩效认同危机,也是一个特殊历史时期社会经济发展中的问题,应当抓住问题的本质,提出解决思路。

1. 世界上不存在没有绩效认同危机的政府

认识政府绩效认同危机,目的是通过确立政府绩效认同标志,再造政府管理业务流程。绩效认同危机本身是不可能完全消除的,这是因为任何时期、任何政府,在其所管理的半径范围内都有不同的利益群体,而且这些利益群体结构是非常复杂的。综观历史上任何朝代以及任何国家或地区,评价一个制度或者维护一种管理方式,话语权大多掌握在少数人手里,更加难以界定的是由于不同阶层之间的利益矛盾或者争夺资源的愿望不同,不可能有一个完全统一的政府绩效认同标准。在每一项决策、每一种福利分配机制面前,都有许许多多利益阶层。在信息不能完全对称的情况下,它们不可能有完全统一的绩效认同。历代的仁人志士都为政府绩效的认同进行改革,很多被后世称为推动社会经济发展的举措都以失败告终,是因为在当时政府绩效认同的话语权大多掌握在少数人手中,并非当时的政府绩效认同没有危机。当今的政府绩效认同相对透明、民主,但并非信息完全对称。不同群体之间同样存在不同的利益得失,人们所处的角度、立场不同,就会有不同的政府绩效认同。因此,世界上不存在没有绩效认同危机的政府。政府管理绩效认同危机在一定范围内肯定是存在的,世界上不存在没有绩效认同危机的政府管理活动,但政府完全可以根据社会矛盾判断并力争绩效认同,某一活动对于绝大多数公众有好处或者被绝大多数公众认同,一般应视为绩效认同。

只有认识到政府绩效认同危机的客观存在,才能在理论上选择或做到政府管理绩

效认同标准,以及在一定程度上消除政府绩效认同危机。帕累托改善效应告诉人们,资源配置过程中,部分人受益而其他人的利益不受到损害,应该是社会制度安排的基础。现实地讲,消除政府管理绩效认同危机最难的环节在于与公众福祉相关的分配及有形公共产品的享用等方面。诸如政府公务员、垄断领域、老板阶层是当前国民财富分配活动中得益者阶层,如果直接减少他们的收入,可能引起相应的社会震动,但如果政府不作为,就会酝酿更大的社会矛盾。按照帕累托改善效应,政府应该在一定时期内使上述阶层的收入不增加的情况下,大力改善其他阶层的实际收入,应该是消除政府绩效认同危机的根本出路。

2. 政府决策体制与机制是政府管理绩效评判的前提

任何问题的规律性出现,都是决策的结果,因为决策始终是人类活动过程的前奏。要解决现实的政府绩效认同危机问题,必须首先考虑政府决策体制与机制问题。理论研究与实践证明,政府决策的体制与机制的改革也是一个不断进行的过程,什么时候停止不前或者在一段时期内不进行变革,就必然被发展的社会实践所淘汰。这是因为,与之相关的其他任何事物都在变化。改革开放以来,政府决策体制几乎从来没有变革过,延续了多年的决策体制越来越暴露出它陈旧的一面。从政治制度、意识形态上看,体现国家与公众意志的体制是合理的,但是从具体的操作层面来看,政府决策行为差不多是各级政府的垄断行为,政府之外的其他任何组织或代表很少参与。由于是社会最具权威的管理组织,政府可以有几乎能够决定一切的权力,在一个强势体系中没有任何意义上的其他阶层参与的决策体制,必然出现政府的寻租行为,这种寻租肯定会造成政府管理绩效的认同危机。在人们的文化水平、认识能力相对落后的时期,社会公众当中很多人确实不具备参与公共决策的素质,那时的政府决策体制简单化是可以理解的。但当社会公众很多人具备公共决策知识与素质,而且他们当中不乏在认识问题、解决问题等方面能力高于政府决策者的人才时,传统的政府决策体制就应该及时变革。

我们所谓的政府决策机制即政府决策管理的关键环节,它所体现的是决策活动的枢纽。多方案选择与政府内外意见的相对统一是政府决策机制的核心。就政府决策机制来看,现实的各级政府的决策并非尽善尽美或成熟的决策,必须是在专家所提供的多种决策方案中选择最优的方案决策,政府的大多数决策都会涉及其管理半径范围内大多数公众的福祉问题,特别是一些重要、敏感的决策,应当从政府内部到社会各界进行反反复复的讨论之后再进行决策并得到公众认同,这是政府决策管理机制建立的标志。由于政府决策机制老化造成政府决策标志往往以局内人利益为前提,很大程度上忽略了一般公众的利益,政府管理绩效肯定出现认同危机。

因此,政府决策体制与机制是政府管理绩效认同的前提。要摆脱政府管理绩效认同危机的困境,首先必须改革现实的政府决策体制与政府决策管理机制。

3. 政府对公共资源的垄断是绩效认同危机的根源

人们对政府管理绩效认同产生分歧并非完全意义上他们对政府决策或管理失误的追究，随着公众素质的日益提高，绝大多数人会认识到任何决策都不可能没有失误，关键要弄清楚是客观失误还是主观所为。现实中比较普遍的问题是，许多决策总是或多或少存在公共资源配置不合理现象。例如，社会保障制度就有保障"富人"边缘"穷人"之嫌，收入分配越来越向政府以及垄断部门倾斜，一些城市一个副处级以上的公务员每月车贴比一个产业工人的月收入还多。在收入分配持续向政府公务员与政府垄断领域倾斜的制度下，政府管理绩效很难得到认同，政府管理绩效认同危机是难免的。这是因为，政府管理绩效在很多领域是与现实的公共资源分配密切相关的，政府凭借各种决策与管理权力进行集团寻租，人为地破坏了社会公平，公共资源难以最大限度地发挥其应有的效应，政府绩效认同危机由此产生。

从经济学的角度分析，垄断本身就是低效率的。政府对公共资源的垄断，在许多应该市场化的领域始终选择垄断管理，诸如公立医院垄断公费医疗、电力、自来水、铁道、民航等，几乎是涉及民生以及影响公众福祉或分配的领域都由政府垄断，垄断不仅造成社会不同阶层之间的等量劳动无法兑现等量价值，而且垄断本身低效率的规律必然造成政府管理绩效认同危机。

鉴于政府对公共资源的垄断是政府管理绩效认同危机的根源，政府必须在公共资源配置体制构建上考虑新的出路。

4. 再分配失衡是政府绩效认同危机的必然结果

随着社会经济的发展，政府管理绩效大都体现在公众福祉与可持续发展两个大的方面。公众最关心的直接事宜是社会福利，而现实的政府管理弊端在体制上主要表现为对公共事物或公共产品的垄断，其中包括对公共政策这种无形公共产品的垄断。这里所谓的无形公共产品垄断，主要是指那些重大保障制度、分配制度等公共政策在实质上没有社会公众的参与，几乎都是由政府考虑出台的。在公共政策垄断下，出现了政府垄断行业，这些垄断行业都使政府体制内部受益而边际上提高了普通公众的生活成本，必然成为公众对政府管理绩效认同危机的源泉。自20世纪70年代末提出并批评"脑体倒挂"以来，社会分配问题日益向垄断单位倾斜。在国际上，许多国家都是普通产业工人的工资高于公务员的工资，退休后的待遇一律平等。以澳大利亚为例，公务员的工资为每小时35澳元，而清洁工人的工资为每小时70澳元。一般产业工人每星期的工资为1600澳元，公务员每月的工资收入为5000澳元。在企业，劳资双方的收入差距并不悬殊，资本有机构成向人力资本倾斜。所有国民退休一律享受一样的医疗、养老待遇。相比之下，当前中国各阶层的实际收入，垄断部门远远高于一般竞争性领域，同一个大学的毕业生一旦进入垄断部门就与进入一般性竞争领域的命运截然不同，收入差距为一倍。在收入分配上对垄断部门以及老板阶层的过于倾斜，造成国民收入分配与再分配结构上的失衡。这样政府管理在民生领域的绩效无论在理论上还是在实践方面都难以得到多数人的认同，政府管理绩效认同危机就在所难免了。

国民收入的分配与再分配失衡不仅造成最基本的公共资源分配的失衡，而且此影响还会进一步波及政府管理的所有领域。首先，由于经济收入的悬殊差距，无形中把不同群体的公众分成三六九等，最终使多数人的心态失衡。心态失衡的人们无法认同政府管理绩效。其次，由于收入过于向部分人倾斜，势必削弱包括基础设施改造、社区基础建设等公共产品的增加或资金供给。例如，在环卫资金不到位的情况下，城市卫生难以保障，进而导致一些病毒、细菌容易侵害公众，出现医疗卫生方面的危机。任何管理都是一个系统工程，政府管理也不例外，当一个方面不平衡时必然地会打破整个管理之间的平衡，出现社会问题的连锁反应，当然波及每个环节的绩效认同。

现实说明，中国政府对公共产品垄断的高成本因素是多维的，高成本现实也是比较严重的。因此，消除政府绩效认同危机的根本途径是建立一个公共政策民主、透明、公正的管理体制，以此来控制、监督政府管理活动，从而充分体现政府在政府管理活动中的绩效。首先，要从制度安排上解决公共产品的政府垄断体制，使公共产品的经营管理在市场竞争中找到节省公共资源的答案；其次，如何从公平的角度平衡社会不同阶层的收入差距是政府绩效所面临的战略问题，垄断部门员工的收入高于一般工薪阶层的收入已经是不争的事实，而且是打工者阶层的数倍。另外，政府管理的总体绩效标准，包括经济效率、公平、可持续发展等多维表现形式，以及所连带的责任和适应性等，特别是效率和公平，几乎适用于对所有有形和无形公共产品的评价。我们认为，替代制度安排的复杂性促使人们认真考虑另外一套绩效认同标准是非常有用的。当然，必须有一个合理科学的认识态度。需要指出的是，绩效认同危机并非绩效本身不好，而是绩效在一定情况下得不到认可，公共资源的公平配置应该是绩效认同的基本标志，坚持公众福祉最大化是绩效认同的基本途径，政府管理不断创新是绩效认同的保证。所以说，国民收入的分配与再分配失衡是政府管理绩效认同危机的必然结果。政府必须从长远战略的角度考虑，深思熟虑地解决问题，真正消除绩效认同危机。

在决胜全面建成小康社会时代，政府成本是必须关注的问题。政府绩效是政府成本的反向，两者之间存在一个反比例关系。在一定程度上，公众对政府绩效是认同危机，比政府绩效本身更加重要。一旦在政府绩效认同上落入塔西佗陷阱，即使现实的政府成本控制得再好，在公众心里的政府成本也会是无限膨胀的。因此，在塔西佗陷阱里，政府成本与政府绩效似乎没有关系。

中 篇
全面小康视域下的政府成本研究

第四章　全面小康视域下的政府成本类型

为准确定位与分析全面小康视域下的政府成本，本章我们将政府成本进行归类梳理。

第一节　交易成本与技术成本[①]

如果把政府管理活动按照生产经营公共产品两个不同环节进行分类，可以分为交易成本与技术成本。前者是为决策、谈判等付出的成本，后者是在直接生产活动中支付的成本。以威廉姆森为代表的交易成本经济学认为，市场运行及资源配置有效与否，关键取决于两个因素：一是交易的自由度大小；二是交易成本的高低。交易自由度可以用交易频率和交易不确定性来衡量。交易成本可以从狭义和广义两个方面定义。通常，我们可以把政府的成本分成三种：一是生产成本；二是管理成本；三是交易成本。生产成本和管理成本都发生在政府内部，而交易成本存在于政府外部，包括信息的搜寻、发布、讨价还价、谈判、签约、监督、合约执行和违约带来的一切成本。这里的交易成本就是狭义的交易成本的概念。广义的交易成本是指政府生产成本以外的所有成本，也就是政府内在管理成本和政府的交易成本。本书把政府的生产成本与管理成本统称为技术成本。

一、政府管理活动中的交易成本

新制度经济学的显著特征是坚持交易是有成本的。这一特征使新制度经济学比其他经济学更为现实，因为人们在进行经济活动时，总是面临着有限理性和信息不完全，这就使人们不可能像新古典理论所设想的那样在无交易成本的情况下进行决策。交易

[①] 传统的经济学是对交易成本与生产、管理成本的研究，本来是针对企业的；当人们把政府看成一个社会组织时，该理论同样适用于政府管理。

成本是新制度经济学的核心概念，也是近20年来西方经济学中出现频率最高的几个概念之一。

1. 从交易成本理论本源说开去

威廉姆森于1982年对交易是这样定义的：资源以"交付"这一物理意义被转让为前提，这种交割可以发生在企业内，也可以发生在不同的市场之间。因此，我们可以称之为企业内部交易和外部交易，以及市场交易。这种交易主要是由分工造成的。企业内部交易可以用亚当·斯密（1776）的制针例子来说明。在当时，制针是需要许多步骤的工艺，每个工人只从事一部分工艺，他们相互合作，这种合作就是一种交易。旧制度经济学的代表人物康芒斯（1934）提出了另一个交易概念：交易就是让出与获取。可以看出，康芒斯的交易也涉及资源的转让，但他的转让却是法律意义上的，是法定产权的转让。法律意义上和物理意义上的交易实际上是相互联系的。但在分析交易成本时我们发现，这两种意义上的交易反映了资源转让或经济交易两种不同的类型。在政府管理活动中，关注的目标不只是经济交易，还包括一些其他社会行动。因为这种社会行动是建立、维持或改变社会关系所必需的，因而很重要。从这个意义上来说，经济交易是一种特殊的社会交易。也就是说，政府行动是形成和维持制度框架所必需的，而经济活动就发生在这样的制度框架内。这里涉及政府的正式和非正式规则以及实施机制。政治交易看起来特别重要，因为必须说明政客、官僚和利益集团之间的交易，并考虑这些集团对于行使公共权威而进行的讨价还价和计划，还要考虑官员以司法行政形式行使的日常政治权力。

根据威廉姆森的看法，作为政府的经济和政治交易都具有下列三个关键特征：一是不确定性；二是交易发生的频率；三是进行特定交易投资的程度。新古典经济学家早就认识到不确定性对交换的影响，但他们没有注意到交易频率和特定交易投资的重要性。在新制度经济学中，交易的这三个方面都被看成对经济行为有重要影响。

2. 关于政府交易成本的解析

狭义的政府交易成本是各级政府为履行契约所付出的时间和努力。在某种条件下，这种交易成本可以非常高，以致阻碍市场交易的实现。

广义的政府交易成本是为谈判、履行合同和获得信息所需要支付的全部资源。威廉姆森在1985年出版的《资本主义经济制度》一书中对交易成本作了更明确的规定，并将其区分为"事先的"和"事后的"两类。据此，事先的政府交易成本是指"起草、谈判、保证落实某种规则、协议的成本"。在落实规则与签订契约关系时，交易关系的当事人都会对未来的不确定性产生困扰，因此需要事先规定双方的权利、义务和责任，而在明确这些权利、义务和责任的过程中是要花费代价的，这种代价的大小与某种产权结构的事先清晰度有关。事后的交易成本是交易发生后产生的成本，它可以有许多形式：①政府组织想退出某种契约关系所必须付出的费用；②交易者发现事先确定的价格有误而需要改变原价格所必须付出的费用；③交易当事人为政府解决他们之间的冲突所付出的费用；④为确保交易关系的长期化和连续性所必须付出的费用。

政府交易成本涉及实际资源的消耗，也就是说，进行上述社会交易（包括经济交易）都需要资源。因此，政府交易成本可以定义为政府组织运行的成本。但除了这种日常成本以外，交易成本还包括建立、维持或改变一个体系的基本制度框架的成本。因此，相对于正式制度来说，交易成本来自于建立、维持和改变下列方面的成本：①法律意义上的制度（宪法和民法）；②权利意义上的制度（如根据自愿协商的劳动合同而产生的具体索取权）。

此外，由于存在与基本的正规制度运行相联系的非正式活动，也会出现交易成本。

交易成本既然如此重要，那么，是否可以建立正规的理论模型，对交易成本进行更深入的分析呢？一些新制度经济学家认为是可以的。他们主要讨论了两个问题：一是人们怎样建立交易成本模型以提供一个制度框架；二是人们怎样把组织当作一个节约交易成本的工具来分析或至少是描述。第二个问题是威廉姆森关于制度分析的中心。新制度经济学的主要代表人物也进行了分析，他们涉及交易的同类活动为什么组织形式常常完全不同，由此他们对合约治理结构及其他形式的组织如何运作的细节特别关注。

相对而言，新制度经济学家对第一个问题的研究各不相同。一些人试图通过简单地扩大新古典微观经济模型来回答，如 Foley（1970）在标准的完全竞争模型中加入了"交易"活动。这种拓展可以解释政府公共产品的生产价格与最终消费价格之间的差额和存款利率与贷款利率之间的差额。但这种方法忽视了交易成本和政府决策者的信息状况之间的联系，这使交易成本只代表一组可以简单地加入标准新古典模型的关系或约束条件。由于交易成本永远为正，以及在有限理性的情况下，政府决策者将处于不同的环境状态，因而信息成为一种有成本的东西，每个政府组织只有有限的能力获得和加工信息。结果就是每个人对政府组织所提供的选择只具有有限的知识，而且个人之间的知识禀赋也极不相同。由此，按照这种新条件定义的总体均衡将完全不同于正统的新古典模型。

3. 研究政府交易成本的意义

除了政府交易成本的度量方法以外，政府交易成本应用已臻于完善。比如，有些人认为，研究政府交易成本是徒劳无益的，因为我们不可能度量交易成本。这个观点是错误的。从根本上来说，度量涉及排列顺序，只要我们能够判断某种政府交易成本在 A 状态下低于 B 状态，交易成本就被度量了。

另外也有人认为，使用政府交易成本的概念是滥用，凡是解释不了的政府成本问题，都被归结为政府的交易成本。无论如何，政府交易成本在现实的公共管理活动中都处于核心地位。新制度经济学既然是研究制度的，而一切制度安排都是为了降低交易成本，因此，与那些不同类型的私人产品一样，政府管理活动中必须特别重视交易成本分析。科斯用交易成本来解释企业的存在和外部性问题；阿尔钦和德姆塞茨用度量成本（交易成本的一种）来解释团队生产问题和产权的重要性；张五常用交易成本来解释各种合约的选择（固定租还是分成租，计时工资还是计件工资）。我们可以把政府组织与其关联活动都看成不同交易成本下的合约选择结果；威廉姆森用交易成本来解释企业内部的等级结构；诺斯用交易成本来解释历史上制度的演变和国家的兴衰等。这本身就离不开组织这个载体，政府组织又何尝不是呢？所以政府的交易成本也可以理解为新制度经济学解释制度存在和制度运行的关键概念。对于全面建成小康社会活动而言，研究讨论政府的交易成本可以推动政府管理制度的建设，优化公共决策方案。

二、政府管理活动中的技术成本

1. 政府管理技术成本的定义

就政府成本的性质而言，政府管理成本除了交易成本之外，其他一切成本都可以归类为技术成本。政府的技术成本亦称制造成本，是指生产活动的成本，即政府为生产公共产品而发生的成本。技术成本有可能是政府生产过程中各种资源利用情况的货币表示，也可能是一种成本判断，难以用具体数据对等分析，是衡量政府管理技术和管理水平的重要指标。

技术成本是政府机关为生产公共产品或提供劳务而发生的各项生产费用，包括各项直接支出和制造费用。在有形公共产品生产活动中的直接支出包括直接材料（原材料、辅助材料、备品备件、燃料及动力等）、直接工资（生产人员的工资、补贴）、其他直接支出（如福利费）；制造费用是指政府为组织和管理生产所发生的各项费用，包括政府内部机构、公务员工资、折旧费、维修费、修理费及其他制造费用（办公费、差旅费、劳保费等）。

2. 政府技术成本的判断

为了研究技术成本，可设置政府技术成本指标进行分析，并可以分设基本技术成本和辅助技术成本分析指标。公共产品[①]（包括有形与无形）的制造费用在未计入各公共产品成本计算对象之前，应先在制造费用账户中进行归集核算，然后再按一定标准分别计入各公共产品成本之中。

3. 政府技术成本的作用

在市场经济条件下，政府生产无形与有形公共产品成本是衡量公共资源消耗的补偿尺度。政府组织与企业组织一样，必须以公共产品的销售收入（社会价值）抵补公共产品生产过程中的各项支出，才能确定盈利（政府绩效）。因此，在政府成本控制中，技术成本的控制是一项极其重要的工作。技术成本法是目前企业界普遍采用的一

---

① 为研究政府成本的方便，我们把公共产品分为有形公共产品与无形公共产品。这里所谓的有形公共产品，是指现实的社会公众可以直接用来享用的产品，如公路、桥梁、隧道等；无形公共产品是指有形公共产品之外的一切公共产品，包括政府的各类政策、制度、服务等。

种成本计算方法，用技术成本法计算成本时，只将生产经营过程中发生的直接材料费用、直接人工费用和制造费用计入产品成本，而管理费用、财务费用和销售费用不计入产品成本，而是作为当期费用直接计入当期损益。政府的技术成本是各级政府组织或公务员为生产一定种类、一定数量的公共产品所发生的直接费用、直接人工和间接制造费用的总和。在服务社会活动中，政府组织对于公共资源的消耗水平、设备利用好坏、劳动生产率的高低、公共产品技术水平是否先进等，都会通过技术成本反映出来。换言之，技术成本的控制能反映政府组织生产经营工作的绩效。

4. 政府技术成本的构成

政府在生产公共产品活动中，技术成本由直接材料、直接人工和制造费用三部分组成。直接材料是指在生产过程中的劳动对象，通过加工使之成为半成品或成品，它们的使用价值随之变成另一种使用价值；直接人工是指生产过程中所耗费的人力资源，可用工资额和福利费等计算；制造费用是指生产过程中使用的厂房、机器、车辆及设备等设施及机物料和辅料，它们的耗用一部分是通过折旧方式计入成本，另一部分是通过维修、定额费用、机物料耗用和辅料耗用等方式计入成本。无论是政府生产的有形公共产品还是无形公共产品，都可以做上述归位分析。

三、控制政府成本必须辨析技术与交易成本之间的关系

那么，究竟是什么原因在制度变迁后可以使经济活动缩小交易成本而不能消除交易成本呢？同时又是什么原因使得技术无论怎样创新，而技术成本都不可能为零呢？通过实践我们发现，交易成本与生产技术成本之间有一种无法拆散的"鸳鸯"关系，弄清它们之间的关系可以解决经济活动中的许多问题，特别是在资源配置活动中能充分体现帕累托改进效应。

1. 一切与经济生活有关的生产活动都离不开交易成本

假定在一个生产钢铁的企业里，冶炼车间冶炼工段甲班的冶炼工 A 在现有条件下的生产技术已经非常现代化，是同工种中最小的劳动强度与方便的操作方式，但人们总不会想象他可以在班上睡觉而确保生产正常无误。A 不仅要一丝不苟地看仪表、炉内温度的高低等，关心与自己有关的责任性事务，而且还要关心与他人交接班的各种责任。例如，生产设备与生产工具的完好情况、有关原材料的完好情况等。再假定 A 与 B 之间出现生产废品的失误，但由于时间过去很久而难以弄清责任究竟在谁，处理的方法可能有好几种。例如，过去没有处理此类问题的制度，故重新建立制度；对两人进行警告，以后不能出现类似现象；扣发两人一个月的奖金（不足以弥补废品损失）；赔偿全部损失；将两人同时开除等。可以看出，无论采取什么处理办法，都有交易成本在里面。重新建立制度本身就是交易成本；警告也是有交易成本的；扣奖金说明损失的部分就是交易成本；全部赔偿虽然从现象上看不会有任何成本，但由于处理过重而自认为没有责任的 A 或 B 就会因损失过度闹意见，造成两人之间的不团结，这

肯定要增加交易成本。再看将两人同时开除，似乎干脆利落，但是实际上会更糟。因为，你重新找两个冶炼工，即使他们能力再强也要适应一段时间才能熟悉岗位，其交易成本可能最大。况且，即使在这方面可能大大降低交易成本，也不能保证在其他方面再不出现交易成本。

上述情况在一切有生产的经营活动中都是客观存在的。这样我们就得出了一个简单的结论，即一切与经济活动有关的生产活动都离不开交易成本，交易成本与生产成本同时存在。上述的废品损失既是生产成本又是交易成本。如果没有交易成本，生产过程就不会出现，当然技术成本也不会出现。亦即，交易活动是交易成本的前提，而交易成本是技术成本的前提。

2. 一切与交易成本有关的管理活动都离不开技术成本

过去，人们认为在交易活动中没有生产技术成本或者不考虑生产技术成本，事实上完全不该忽略。无论是商品交易还是劳务交易，都离不开生产技术成本问题。首先，无形商品交易的经济活动中离不开以卖方为主生产并由卖方支付的生产成本。假定在政府购买服务活动中，甲、乙两人进行理发交易。甲提供的是理发劳务，乙需要理发这种消费，市场价格 P 是给定的，假定在同一市场，理发使用的是同一种理发工具及有关辅料，在其他服务设施一样的情况下，甲的经济效益取决于生产技术成本而并非交易成本。因为甲、乙之间的谈判不会使理发的成本本身再有什么变化，这个交易成本实际上在社会定价活动或者在约定俗成的发展过程中早就支付过了。好像这个价格定死以后，甲的经济效益也就随之定死了。但是，实际上甲的生产技术成本同样是客观存在的，当甲的理发技术水平高时，不仅可以节约理发时间，在同样的时间内理更多的人次，而且可以减少理发工具的损耗以延长理发工具的生命周期，节省洗洁材料等。对于这样非常现实的生产成本，人们在分析交易成本时往往容易忽略。同样可以证明，教师教学、政府出台政策、宾馆服务、技术咨询以及其他一切以卖方为主体的服务性经济管理活动中，也都必然存在生产成本。我们将这种无形商品交易过程中所产生的生产成本称为以卖方为主、买方辅助或配合生产并由卖方支付费用的生产技术性成本。

其次，有形商品交易活动中也不可避免地包含以买方为主、卖方辅助或者配合生产并由买方支付费用的生产技术成本。进入新时代，随着大数据、互联网的广泛应用，几乎一切生产经营都需要智能化。在中国，共享经济已经司空见惯。这样，坚持以传统方式进行生产经营的一切组织都面临着考验。微信、支付宝给全社会带来了方便与高效率，在浙江也率先提出了最多跑一次的政府服务活动，并且得到中央政府的肯定与推广。从交易成本的角度认识，包括以大数据、互联网为支点的全面改革，是新时代思想理念的产物。它们的成功确实值得肯定，因为它们确实是牢牢地抓住并通过控制市场制高点大大降低了交易成本，从而赢得主动。新时代的特征是，所有人都可以是创造者，所有人都可以是工程师。在大平台里，人们的发展与智慧共享是任何现代工具与人类无法预测的。随着制度的不断完善与演变，在有形商品交易活动中的生产与生产成本实际上由以卖方为主转向以买方为主了。在理性的交易活动中，买方必须对卖方的产品数量与质量进行检查、验收。这些活动实际上是生产技术性的，对于卖方来说，起辅助的配合性的作用。随着交易成本的产生也发生了生产成本，但这种生产成本一般都是由买方承担的。

另一种情况是，在生产出现以前的交易发生（签订生产供货合同书）并产生交易成本时，也会有生产成本。因为在供货合同上买方要明确产品的技术标准、规格标准、质量标准等，这些要求是卖方在生产活动中落实的，买方也必须为这些标准的提出耗费一定的费用。这种费用同样是在交易成本产生过程中的生产性成本。因此，在现代市场经济体制下，一切与交易成本有关的经济活动都离不开生产成本，假定人们否定这一点，就必须使交易成本为零，但这又是不可能的。实践中人们可以发现，即使是在交易活动中没有任何生产技术的行为主体，也必须从产品的物理性质方面进行检查，这种检查成本同样具有生产成本的性质。

3. 政府管理技术成本与交易成本之间的关系

从前面的论述可以看出，任何组织在技术成本的产生过程中都客观地存在交易成本，同时在交易成本产生过程中也客观地存在技术成本，亦即无论在何种情况下，技术成本与交易成本都是同时存在的。相互之间你中有我我中有你，结成一种不可割裂的关系。同时，技术成本与交易成本不可能成为负数，这是符合科斯定理与诺斯定理的。技术成本与交易成本的这种关系在既往的管理研究、经济研究中一直是被忽略的。因此，实践中总是存在不同的观点分歧。生产管理人员总认为有了技术就可以解决所有与生产活动相关的成本问题，或者就可以将生产成本控制在最小的范围；而制度建立者或行政管理人员却在研究交易成本过程中不大关心技术成本。这样由于认识上的偏差，技术成本与交易成本的结合解决的方案始终提不到应有的高度来认识。

四、从技术成本与交易成本的关系出发降低政府成本

既往的政府管理活动之所以成本高，一个非常重要的原因是未将技术成本和交易成本这两种无法割裂的成本结合起来解决。人们可以从技术成本与交易成本之间的关系出发，更进一步地降低政府管理活动成本。为了真正做到这一点，必须找到两者结合的条件与途径。

第一，技术成本与交易成本在同一支付或者政府机关的不同责任人之间是否存在博弈？我们假定某政府机关扶贫生产人员甲与扶贫营销人员乙按照一定的制度要求各自负责技术成本与交易成本，一般情况下他们没有必要考虑对方的成本如何，他们可能是铁路警察的成本控制思路，即甲不管乙、乙不管甲的事。但是当他们发现技术成本与交易成本在任何情况下都无法分割开来时，甲、乙之间肯定存在一种博弈关系。这里我们再假定甲、乙两人之间的博弈如表4-1所示。

表 4-1　生产人员甲与营销人员乙的博弈情况

		生产人员（甲）	
		考虑交易成本	不考虑交易成本
营销人员（乙）	考虑生产成本	10, 10	18, 6
	不考虑生产成本	6, 18	15, 15

在表 4-1 中，生产人员甲与营销人员乙在都不考虑对方的成本时，双方的成本均为 15，政府总成本为 30；当一方考虑对方的成本而另一方不考虑对方的成本时，考虑的一方成本为 18，不考虑的一方成本为 6，政府总成本为 24；当双方都考虑对方的成本时，双方成本均为 10，政府总成本为 20，政府总成本为最小。此时的纳什均衡为双方都不考虑对方的成本，然而对于政府来说恰恰是成本最大，即政府成本为 30。这与前面所论述的技术成本与交易成本的关系是完全吻合的，即当生产人员考虑交易成本或营销人员考虑技术成本时，政府的总成本最小。因此，政府必须通过制度与技术之间的相互弥合打破生产人员与营销人员之间的纳什均衡，使双方共同考虑对方的成本，以最大限度地降低政府管理活动中的成本。

第二，技术创新与制度创新的共同作用可以打破纳什均衡。既然打破纳什均衡是解决生产人员与营销人员相互合作并降低政府成本的根本出路，就应当找到能够打破纳什均衡的办法或途径。首先，应当弄清生产人员与营销人员不合作或不考虑对方的原因是什么。通过实际调查，我们发现生产人员与营销人员几乎都不是复合型人才，几乎都对跨学科的知识非常欠缺；同时，现行制度几乎都是"铁路警察"，并不要求工作人员降低本职工作以外的成本。这两方面归结起来既是技术创新问题，更有制度创新问题。这里的技术创新不仅要求技术的产业化，同时要求进行技术普及，如中关村的老板，既是生产技术方面的能手，又是营销策划的专家，完全具备同时兼顾技术成本与交易成本的素质。只有当不同岗位的人员有跨专业的素质，才能为打破纳什均衡奠定基础。当然，仅仅有技术创新是不够的，因为政府是一个行为组织，一切行为组织都不可避免地存在交易成本，只有降低交易成本才能从主观上打破纳什均衡。降低交易成本的根本途径是制度创新，通过制度变迁规范或约束组织内行为人的岗位活动，从主观上打破纳什均衡，把技术成本与交易成本综合起来考虑，从而进一步降低政府成本。

第二节　会计成本与机会成本

政府组织与其他任何组织一样，都存在会计成本与机会成本。但相对于其他组织，政府决策的机会成本是整个社会发展的生命线。

在实际的行政活动中，由于政府各类支出属于国民收入的二次分配，所以其不像企业组织的考核那么严格，但它毕竟可以像企业组织一样控制绩效。

一、政府会计成本的性质

会计成本是财务人员记录在政府账册上客观的和有形的支出，包括政府人员经费及各类行政支出。按照我国财务制度，政府总成本费用由政府生产成本、管理费用、财务费用和其他费用组成。生产成本是生产单位为生产公共产品或提供劳务而发生的各项运行费用。

管理费用是指政府机关行政管理部门为管理和组织行政活动而发生的各项费用，包括政府工作人员工资和福利费、各类办公费用、修理费、无形资产和递延资产摊销费及其他管理费用（办公费、差旅费、劳保费、土地使用税等）。

政府会计成本还应当包括政府财务费用，即为筹集资金而发生的各项费用，包括公共产品生产经营期间发生的利息净支出及其他财务费用（汇兑净损失、银行手续费等）。

一般地讲，政府会计成本是显性成本，它可以用货币计量，是可以在会计的账目上反映出来的。除了会计成本之外，还有一种隐性成本。隐性成本往往不被管理者所认识。它与显性成本即会计成本有很大的不同。一般来说，隐性成本不能直接从账面上反映出来，因而难以精确计量。比如，机会成本就属于隐性成本。

政府的经济成本是显性成本与隐性成本之和，因而经济成本是一个比会计成本含义更广泛、内容更丰富的概念。可以毫不夸张地说，经济成本几乎涉及政府所有的经营内容和领域。经济成本是政府运作过程中的全部成本，有些经济成本项目我们没有认识到，也有些经济成本项目我们虽然也知道它的存在，但却没有把其当作独立的成本项目来进行分析。

二、政府会计成本细分

通常情况下，在会计中，成本按照性态被分为固定成本、变动成本和混合成本。成本性态是指成本总额与产量之间的依存关系。

1. 固定成本

固定成本是指在特定的公共产品产量范围内不受产量变动影响，一定期间的总额能保持相对稳定的成本。例如，公务员工资、固定资产折旧、取暖费、财产保险费、职工培训费、科研开发费、广告费等。固定成本的稳定性是针对成本总额而言的，如果从公共产品单位产品分摊的固定成本来看则正好相反。产量增加时，单位产品分摊的固定成本将会减少；产量减少时，单位产品分摊的固定成本将会增加。

2. 变动成本

变动成本是指在特定的产量范围内其总额随产量变动而呈正比例变动的成本。例如，有形公共产品的直接材料、直接人工、外部加工费等。这类成本直接受公共产品产量的影响，两者保持正比例关系，比例系数稳定。这个比例系数就是单位产品的变动成本。单位成本的稳定性是有条件的，即产量变动的范围是有限的。如原材料消耗通常会与产量成正比，属于变动成本，如果产量很低，不能发挥套裁下料的节约潜力，或者产量过高，使废品率上升，单位产品的材料成本也会上升。也就是说，变动成本和产量之间的线性关系，通常只在一定的相关范围内存在，在相关范围之外就可能表现为非线性的。

3. 混合成本

混合成本是指除固定成本和变动成本之外、介于两者之间的成本，它们因公共产品产量变动而变动，但不是正比例关系。

（1）半变动成本是指在初始基数的基础上随产量正比例增长的成本。例如，政府机关部门的电费和电话费等公用事业费、燃料、维护和修理费等，多属于半变动成本。这类成本通常有一个初始基础，一般不随产量变化，相当于固定成本；在这个基础上，成本总额随产量变化呈正比例变化，又相当于变动成本。这两部分混合在一起，构成半变动成本。

（2）阶梯式成本是指政府活动的成本总额随政府产量呈阶梯式增长的成本，亦称半固定成本。例如，一个机关对于所对应的扶贫对象，在单位时间内脱贫10户与脱贫12户的成本是不一样的。同样，边际成本也产生如此效应。某些公共产品在生产活动中受开工班次影响的动力费、整车运输费用、检验人员工资等的成本在一定产量范围内发生额不变，当产量增长超过一定限度时，其发生额会突然跳跃到一个新的水平，然后，在产量增长的一定限度内其发生额又保持不变，直到产量增长又超过一定限度，另一个新的跳跃出现。

（3）延期变动成本是指在一定产量范围内总额保持稳定，超过特定产量则开始随产量比例增长的成本。例如，在正常产量情况下给公务员支付固定月工资，当产量超过正常水平后则需支付加班费，这种人工成本就属于延期变动成本。

（4）曲线成本是指总额随公共产品产量增长而呈曲线增长的成本。这种成本和产量有依存关系，但不是直线关系。例如，自备水源的成本，用水量越大则总成本越高，但两者不成正比例，而呈非线性关系。用水量越大则总成本越高，但变化越来越慢，变化率是递减的。保持一定量存货的成本也属于曲线型的成本。

三、政府会计成本分类的方法与意义

想要控制政府的会计成本，从传统会计管理的角度，需要完成两个主要步骤。第一步是将成本的类型搞清楚。人们应当知道对于各级政府而言，哪些属于变动成本，哪些属于固定成本，哪些属于混合成本。因为不同的成本需要不同的控制方法。例如，变动成本控制点的投入和产出的关系上，公共部门重点看的是比率是否合理，是低于同行业还是高于同行业。对于混合成本，控制点要和政府的实际运营相结合，因为公共产品产量发生变动的时候，该部分成本也会有相应的变动。通常情况下，采用较为复杂的数学分析方法来确定其函数公式。

第二步是要确定每项成本的控制目标，并想尽办法实现目标。例如，为了实现目标绩效，变动成本中，材料消耗要控制在什么水平，价格要控制在什么水平；为了实现目标绩效，固定成本要降到多少。日常的开支中，哪些是必须花的，哪些是可花可不花的，哪些花销是在浪费政府的公共资源。

通过政府会计成本的分类，对于控制政府成本具有非常重要的意义。人们应当在国家预算控制的基础上进一步细化分类，这样就可以最大限度地节省社会公共资源，提升公众福祉。

第三节 政府的其他成本

政府不仅有会计成本与机会成本，而且可以划分为很多种类型的成本。这里对政府短期成本与长期成本、外显成本与隐性成本进行概述。

一、政府短期成本曲线与长期成本曲线

我们假设，政府的一切运行活动都是生产公共产品（包括无形公共产品与有形公共产品）。与企业组织一样，可以分为短期成本与长期成本。

1. 政府的短期成本曲线

短期平均成本曲线表示政府在公共产品的生产规模一定（固定要素的投入不变）时公共产品的平均成本与产量的关系。因此对应于图 4-1 中的规模，短期成本曲线为 SAC_1，政府组织根据产量，在 SAC_1 上生产，如产量为 Q_1。如果产量继续增加，公共部门将扩大生产规模，以降低平均成本。在产量为 Q_2 时，新平均成本曲线 SAC_2 对应的成本将不高于 SAC_1 的水平。因此，政府的新短期平均成本曲线在超过 Q_1 以后，在 SAC_2 的下方。同样，当产量超过 Q_2 时，由于扩大规模后的成本低于前一规模下相同产出的成本，政府组织将把生产规模扩大到 SAC_3。以此类推，结果，政府的长期平均成本为图 4-1 中粗线组成的曲线，为各条短期边际成本的包络线。

因此，政府的生产点既在 SAC 曲线上，也在 LAC 曲线上。在离散的规模扩张时，LAC 由每条 SAC 曲线的部分线段组成。如果政府的规模调整连续进行，则每条 SAC 曲

线只有一个点与 LAC 曲线重合，即 SAC 曲线与 LAC 曲线相切。在规模收益开始递减的 Q 点处，长期成本的最低点与短期成本的最低点重合。从而，长期形成的平均成本曲线就成为一条平滑的 U 型曲线。

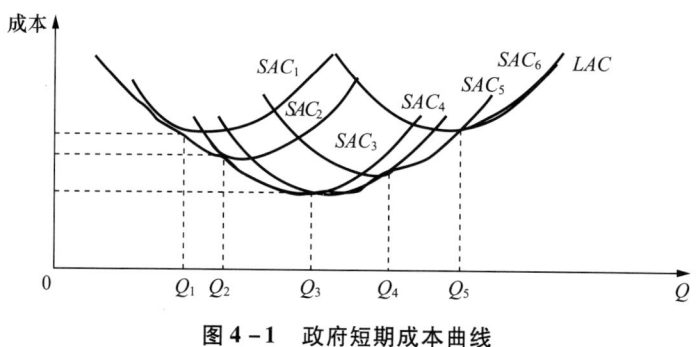

图 4-1 政府短期成本曲线

2. 政府的长期边际成本曲线

政府长期边际成本曲线可由短期边际成本曲线推出，就是长期平均成本曲线同各条短期平均成本曲线切点所代表的产量水平上的短期边际成本值的连结线。

一般地，根据经济学理论，政府的长期平均成本曲线可以理解为短期平均成本曲线的包络线。

长期平均成本 LMC 曲线表示：在长期内，政府在每一个产量水平上都会选择最优的生产规模进行生产，从而将生产的平均成本降到最低水平。在这条包络线上，在连续变化的每一个产量水平，都存在 LMC 曲线和一条 SAC 曲线的相切点，该 SAC 曲线所代表的生产规模就是生产该产量的最佳生产规模，该切点所对应的平均成本就是相应的最低平均成本，如图 4-2 所示。

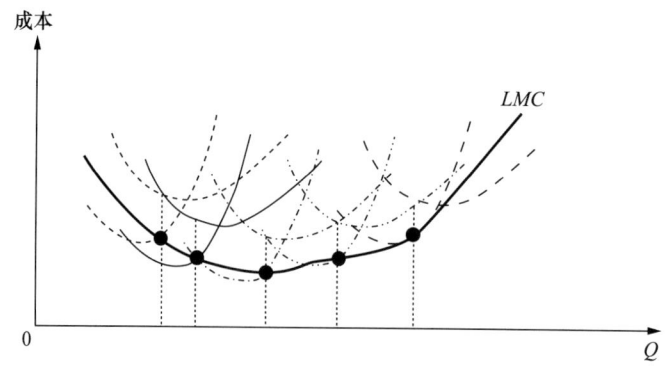

图 4-2 政府的长期成本曲线

长期平均呈先降后升的 U 型，这种形状和短期平均成本曲线是很相似的。但是，这两者形成 U 型的原因并不相同。

短期平均成本曲线呈 U 型的原因是短期生产函数的边际报酬递减规律的作用。

长期平均成本曲线的 U 型特征主要是由政府长期生产中的规模经济和规模不经济决定的。

需要注意的是，LMC 曲线表示政府在长期内在每一产量水平上可以实现的最小的平均成本。

长期内政府总是可以找到生产某一产量的最佳规模，以达到用最低平均成本来生产。

规模经济带来长期平均成本下降，规模不经济引起长期平均成本上升。

规模经济和规模不经济都是由政府变动自己的生产规模所引起的，所以也被称为内在经济和内在不经济。

规模报酬变化表现为先是递增、不变，然后递减，决定了 LMC 曲线表现出先降后升的特征。

研究结果表明，在大多数公共行业的生产过程中，政府在得到规模内在经济的全部好处之后，规模内在不经济的情况将会随后出现，但一般要在很高的产量水平时才会出现。

此外，长期平均成本曲线的形态与行业的不同特征有关。有些行业在规模报酬不变阶段持续的时间较短，有些则很长，但是最终总会达到规模报酬递减的状况。

3. 政府短期成本与长期成本的区别与联系

政府的长期总成本和短期总成本的区别并不在于单纯时间上的长短，而主要是依据在考察成本变动时期内，随着产量的变化，是否所有的投入要素都可以变化。如果只有一部分投入可变化，而另一部分是固定的，那么便是短期成本；如果所有的投入要素都是可以变动的，便是长期成本。由于长期成本曲线随着产量变动，政府所用的各种投入都可以及时调整变动而使之达到相互协调的最佳状态，因而曲线的每一点都表示政府所生产的产量使用最低的总成本，从而也使用最低的平均成本。但就短期成本来说，在产量变动的过程中，由于有一部分如厂房、设备等是固定不变的，在短期内有浪费设备或对设备利用不当的情况，各种投入只有在生产最佳产量的场合才是最协调的。因而在短期成本曲线上只有某一点才表示其对相应的产量使用最低总成本，从而也使用最低平均成本。于是，短期平均成本在这种场合才与长期成本相等。在其他场合，短期成本必定高于长期成本，即短期总成本曲线只有一点与长期总成本曲线重合，其余各点都在长期总成本曲线的上方。

政府短期总成本曲线可以有无数条，但每一条都有一点与长期总成本曲线重合。这样，长期总成本曲线实际上是无数条短期总成本曲线各自所表示的最低成本的点相连接而形成的曲线，即长期总成本曲线是短期总成本曲线的包络线。也就是说，政府短期成本与长期成本从来就是相互关联的，人们可以根据这种关联特征控制政府成本。

二、政府的外显成本与隐性成本

1. 政府管理的外显成本

我们假定某政府由于没有相应的专业科研机构,将公务员 A 租借在一家国外科研机构工作,年薪为 3 万美元。现该政府打算让公务员 A 回国,自办一个同一科研机构,预计年营业收入为 100 万美元。开支包括雇员薪水 35 万美元,各种用品 10 万美元,房租 8000 美元,水、电、煤气 2 万美元,银行利息支出 5000 元,请计算:①外显成本;②内含成本;③会计利润;④经济利润。试想,不考虑其他效应,只考虑经济效益,自办科研机构是否合算?

外显成本 = 350000 + 100000 + 8000 + 20000 + 5000 = 483000(美元)

内含成本 = 机会成本 = 30000(美元)

会计利润 = 收入 - 外显成本 = 1000000 - 483000 = 517000(美元)

经济利润 = 收入 - 外显成本 - 内含成本 = 1000000 - 483000 - 30000 = 487000(美元)因为 487000 > 30000 美元,所以自办科研机构是合算的。

有时政府支出可能是很大的,这些支出就是组织成本,隐性成本是将自己所拥有的资源用在其他最好用途上能获得的利润。只有在显性成本和隐性成本的管理上都取得成本优势,才可以在会计的账目上反映出来。隐性成本与显性成本即会计成本有很大的不同。对于政府而言,隐性成本内容更丰富,但却没有把隐性成本当作独立的成本项目来进行分析。一般来说,隐性成本不能直接从账面上反映出来,因而难以精确计量。无论是外部资源(如债务资本)还是自有资源(如政府资本),都是有成本的,政府投入资本所要的回报不亚于债权人的利息和公务员的工资要求。我们把政府向那些为其提供资源的非政府所有者所做的货币支付称为显性成本,政府使用自己拥有的资源的成本称为隐性成本。政府为将资源从其他生产机会中吸引过来而必须向资源提供者支付的报酬,这些报酬假如是显性的,就要建立各种组织,特别是对于中观政府的权威失灵成本、信息失真成本等。

2. 政府管理的经济成本

经济成本比会计成本含义更广泛,即经济收入不同于会计收入。除了会计成本之外,经济成本还有另一种隐性成本。隐性成本往往不被管理者认识,而且还包括机会成本。经济成本是显性成本与隐性成本之和。因而经济成本是一个比会计成本含义更广泛、内容更丰富的概念。

经济成本不仅包括会计上实际支付的成本,而且要维持组织的正常运转就必然有支出。因此,经济利润就不同于会计利润,经济成本不同于会计成本。政府在进行决策时不仅要考虑会计成本,更要考虑经济成本。利润 = 总收入 - 总成本,然而就一般意义而言,这一结果高估了利润。原因在于,政府只有销售最终公共产品和向外提供服务才能从市场取得收入,而在政府内部为了组织生产,因而政府没有对组织成本进行单独的核算和分析。其实组织成本在政府中的总成本构成中占有极其重要的地位。

经济利润是经济学家所持的利润概念。虽然经济学家的利润也是收入减去成本后的差额，但是经济学家对利润有严格的定义。对于会计师而言，组织机构的运作经费等都属于组织成本的显性部分，由于组织机构臃肿等原因而降低了组织机构的效率等就属于组织成本的隐性部分。政府的隐性成本还有很多表现，如影响力成本。其中管理人员的工资，它由显性部分和隐性部分构成，它可以用货币计量。可以毫不夸张地说，经济成本几乎涉及政府所有的经营内容和领域。经济成本是政府运作过程中的全部成本，有些经济成本项目人们没有认识到，也有些经济成本项目人们虽然也知道它的存在，但组织的结构可能是相当复杂的，其组织可能是相当庞大的，政府中的组织成本通常不构成独立的成本项目。如果把其与平常观察到的数据所反映出的成本结合在一起，实际上就形成了政府成本的三维模型。如图4-3所示。

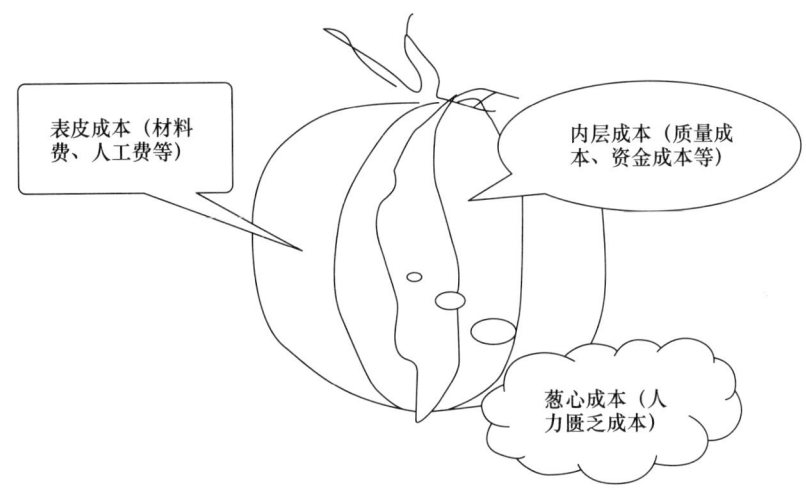

图4-3　政府成本的三维模型

第四节　政府成本对决战全面建成小康社会影响分析

任何社会一旦不及时强化治理者主体的队伍约束，就会受到历史规律的惩罚，即使治理者整体队伍非常优秀，但如果潜存着个别以自私自利为目标、利用公权谋私利者，同样要影响到治理者的整体形象。轻则遏制社会发展整体战略，重则造成公众对政府的不信任，甚至会产生塔西佗陷阱。

一、从"公地悲剧"机理分析政府成本"悲剧"环境

"公地悲剧"是一种社会现象的简称,它是由美国学者哈丁于 1968 年在《科学》杂志上发表的一篇题为《公地的悲剧》的文章中提出来的。

哈丁的"公地悲剧"假设是将注意力集中于人口的增长和地球资源的合理使用上,即地球资源的有限性和有限资源为生活质量所带来的影响。如果人口成长最大化,那么每一个个体都必须将维持基本生存之外的资源耗费最小化。哈丁在《公地的悲剧》中设置的场景是,假定一群牧民一同在一块公共草场上放牧,一个牧民想多养一只羊来增加个人收益,虽然他明知草场上羊的数量已经太多了,再增加羊的数目将使草场的质量下降。但在私人利益面前,该牧民还是选择了破坏公共秩序。一旦他的行为存在,可能随之出现第二个效仿者。亦即,你可以多养羊,我何尝不可呢。这样,就会出现每个牧民都从自己私利出发,肯定会选择多养羊获取收益,因为草场退化的代价由大家承受。每位牧民都如此思考时,"公地悲剧"就上演了。草场持续退化,直至无法养羊,最终导致所有牧民破产。历史上的"公地悲剧"在英国是和"圈地运动"联系在一起的。十六七世纪的英国,草地、森林、沼泽等都属于公共用地。耕地虽然有主人,但是庄稼收割完以后,都要把栅栏拆除,敞开作为公共牧场。由于英国对外贸易的发展,养羊业飞速发展,于是,大量羊群进入公共草场,不久土地开始退化,"公地悲剧"出现了。"公地悲剧"的机理告诉人们,任何意义上"公地悲剧"现象的出现,都是其所处的"悲剧"环境造就的。

以当初的英国为例,制度变迁、土地产权的确立使土地由公地变为私人领地的同时,拥有者对土地的管理更高效。为了长远利益,土地所有者会尽力保持草场的质量。同时,土地兼并后,以户为单位的生产单元演化为大规模流水线生产,劳动效率大为提高。人们应当清晰地看到,英国从圈地运动开始,到工业化强国,经历了两个截然不同的过程,即从没有明确产权的"公地悲剧",到私人所有下的土地产权明晰的改革。这一过程给人们的启示是,要消除公地悲剧现象,必须首先消除"悲剧"环境。从现实的政府成本膨胀来说,明确的责任主体不是建立在政府垄断治理或垄断公共产品基础之上,只有在多元治理的基础上,明晰责任主体,才能控制公共治理成本,而公共治理成本的控制也就是控制政府成本的标志。亚当·斯密说过:"在特定工业部门的产品超过本国需要的场合,其剩余部分,就必然被送往国外以交换国内需要的物品。没有这种输出,国内生产性劳动一定有一部分会停顿,因而会减少国内年产物的价值。"[①] 那么,作为本国生产的公共产品,特别是以满足本国公众对美好生活向往为标志的各类服务,不可能以出口到国外为手段控制成本来提高服务效率。一方面,社会

---

① [英]亚当·斯密. 国民财富的性质和原因的研究(上卷)[M]. 郭大力,王亚南译. 北京:商务印书馆,1997:342.

需要更多的公共产品与公共服务；另一方面，由于政府的垄断，相应地浪费公共资源。这种特殊的"公地悲剧"现象，必须在全面深化改革中予以控制。

"圈地运动"本身是不道德的，它是一段血腥的历史。当然，如果人道地考虑，当时的英国应该考虑选择其他改革措施。但就所建立的把土地产权化本身而言，从制度上建立了高效基础，可以说"羊吃人"事件消除了"公地悲剧"。现在世界上土地保护好的地方大都建立了土地产权，而那些土地破坏严重的地区往往是还没有建立土地产权。这里必须明确的是，以前一些人认为，一切资源私有，长期必然明晰。但必须搞清楚，公共的资源产权也是可以明晰的，关键在于外在监督与内在管理制度是否健全与完善。例如，政府所有的公共权力，当人们把它关进制度的笼子时，产权照样是明晰的。

政府成本之所以在现实中表现为"公地悲剧"，是现实政府管理环境所造就的。新时代的政府管理必须融入社会治理体系之中，但必须认识到，符合新时代的社会治理体系的健全与完善是一个过程。现实的政府行为是有其传统习惯性的，必须向着符合新时代特征过渡。当然，由单纯的"习俗"向新制度化的"惯例"过渡，界限是极为模糊的。愈是往后追溯行为的方式，尤其是共同体的行为方式，仅仅是为适应"习惯"本身所决定。① 人们既不能在所有领域寄希望于毕其功于一役，或者说幻想着一蹴而就地消除这种"悲剧"，但更不能被动地接受现实，而是要在国家治理战略体系下，建立以政府为核心的多元治理体系，把公共资源配置决定权交给市场。逐渐消除传统体制下残存的公务员倾向于在实质上用功利主义态度对待他们的行政管理任务的情况。由此，全面深化改革、建设法治型政府是控制政府成本的必由之路。在新时代，社会公众虽然属于不同的阶层或群体，但是以他们同其他群体之间的关系而论，都构成一个整体。这个整体如同每个成员与以前一样，都是命运共同体。社会任何成员对社会产生的负面效应，一方面由社会全体成员承担成本；另一方面社会全体成员还要设法共同控制。整个社会与其他一切国家或者这个社会以外的人们，是处于自然状态的一个整体。② 显然，政府成本膨胀必须从苗头上遏制，这既是国家公共制度构建的初衷，又是全体公众的责任。因为在理性人假设条件下，人们什么事情都有利益标准。政府成本在公共产品生产经营领域膨胀的起因是垄断，公共产品垄断的起因是一些政府机构的集体行动，这种集体行动使个人不能参加享有特权的职业。③ 时下，新时代已经起航，但政府主体垄断社会治理的现实并未得到控制或有效冲击。由于治理本身是公关活动，所形成的产品均为公共产品，这种公共产品的成本膨胀除了政府自身之外，很少有人主动限制。即使有一些理想主义者真的去限制，由于过于弱势，所起到的限制

---

① ［德］马克斯·韦伯. 经济与社会（上卷）[M]. 林荣远译. 北京：商务印书馆，1998：357.
② ［英］洛克. 政府论[M]. 瞿菊农译. 北京：商务印书馆，1996：90.
③ ［美］康芒斯. 制度经济学（上册）[M]. 于树生译. 北京：商务印书馆，1997：234.

作用仅仅是边际上的。① 这样，政府成本膨胀的"公地悲剧"就出现了。政府成本膨胀的"公地悲剧"多与公共财产、公共产品易被侵害、被损坏和权责不够分明相联系。产业发展中的政府垄断、过度进入也可以从"公地悲剧"的角度来解释，草地、湿地、海滩等属于公有产权，零成本使用，这样就导致不同群体的掠夺性经营。中国政府在全面建成小康社会、精准扶贫领域所出现的高成本运作，存在"公地悲剧"。这都是政府成本作为"公地悲剧"环境所形成的，只有认识到政府成本膨胀的环境，才能从根本上控制政府成本膨胀的"公地悲剧"。

二、由"公地悲剧"引发的"塔西佗陷阱"

对于整个社会来说，无论是个人、集体、政府组织还是国家，一切好的或者不好的现象都会滋生演变。与身体病情一样，温和的事态演变虽然不怎么强烈，但不容易被主体本身发现，最终演变为绝症；激烈的事态可能从开始就非常强烈，但由于主体一开始压力大会全力应对，控制起来相对容易。例如，由于忽略社会治安问题，恐怖分子的出现所造成的政府成本让政府感到非常急迫，往往容易控制。一些诋毁国家制度、民族形象的流言蜚语的出现，开始对人们并没有多大的损害，但在人们放松警惕的情况下，很可能被一些别有用心的人利用，最终演变为颠覆国家制度或民族的行动。这就是古希腊历史学家塔西佗研究发现的著名的"塔西佗陷阱"。

1. "塔西佗陷阱"概述

在塔西佗的著作《塔西佗历史》中，有这样一段记载。罗马皇帝尼禄死后，被选为下一任皇帝的迦尔巴下命令杀了一个造成叛乱的将领，以及另一个可能发动叛乱的将领卡皮托，而且命令未达之前他就已经被处决。有些人认为卡皮托没有这样的野心，对迦尔巴的做法产生了不满。塔西佗因此总结道：外界对这两次处决的反映很不好，而且一旦皇帝成为人们憎恨的对象，他做的好事和坏事就同样会引起人们对他的厌恶。② 这是"塔西佗陷阱"最初的来源，之后在中国美学家潘知常的《谁劫持了我们的美感——潘知常揭秘四大奇书》一书中，首次提出了"塔西佗陷阱"这五个字，由此便成为一个源于塔西佗但并非塔西佗提出的、描述社会现象的词汇。

通俗地讲，"塔西佗陷阱"指的是当一个部门失去公信力时，无论说真话还是假话、做好事还是坏事，都会被认为是说假话、做坏事。这种现象有开始向政府职能部门、党的队伍发展的倾向。曾经的"三鹿"奶粉事件让国家免检制度遭遇了"塔西佗陷阱"。同时，"郭美美事件"让红十字会跌入"塔西佗陷阱"。不管是谁的"塔西佗陷阱"，只要将人民利益放在对立面，所引发的"蝴蝶效应"必将影响到中国的发展与

---

① 何翔舟，黄镇龙. 社会组织在政府公共决策中的边际影响［J］. 学术月刊，2015（10）.
② 塔西佗. 塔西佗历史（第一卷）［M］. 王以铸，崔妙因译. 北京：商务印书馆，1985：162.

稳定。①

就政府成本在人们心目中的认识来说，也有一个观测过程。冰冻三尺，非一日之寒。人们对社会情绪的蓄积也并非一朝一夕之事。公众不信任官方公布的数字，是因为既往的个别事实让人们多了一分警觉之感，也因为那些在精准扶贫领域、地震甚至流行病害中都有个别公务员造成的未明的真相。同样还因为那些贪污腐败、吃拿卡要、行贿受贿等，让公众产生了怀疑一切的态度。当人们看到某一公务员连着做了两件不应该做的事情，膨胀了政府成本时，可能多数公众在心里会产生：其人本来就是利用手中权力为自己谋私利。厘清这一点，就不难发现，"不明真相"的公众和媒体似乎恰恰是在以理性平和的方式倒逼真相，维护公道和人心。

2. 政府成本与"塔西佗陷阱"防御

稍有智慧的地方政府领导都应该明白，将重大事故、公共舆情抽象为一个冰冷的数字，虽已成为地方政府危机善后的惯常模式，但绝不是值得效仿的模式，更非能赢得民心的模式。总是以这种被动的姿态应对汹涌的舆情，总是以捂被子的做法来糊弄民众，一旦公信力跌破底线，势必会遭遇更为棘手的危机。这实际上是缺乏政府成本控制意识的结果。

地方政府若想正确化解危机，走出"塔西佗陷阱"，必须最大限度地控制政府成本。特别是在当前，决战全面建成小康社会，2020年全面脱贫，小康路上一个不能掉队，各级政府必须做好政府成本的控制，以此取信于民。一些地方政府在扶贫领域的政府成本问题还比较突出，这是值得警惕的。在网络时代，"塔西佗陷阱"正随着传播方式的改变成为日常社会管理中需要频繁面对的挑战。网络已成为民意聚散的一个重要平台和渠道。"塔西佗陷阱"有可能因漠视民意、信息淤塞而急速放大，也会在及时合理的应对中逐渐消弭。保障人民群众的知情权、参与权、表达权、监督权，正是网络语境中社会管理的一项指导原则。但最为核心的是从不同角度、不同领域科学地控制政府成本，顺利建成全面小康社会。

---

① 邓美贞. 发展须警惕"塔西佗陷阱" [EB/OL]. 大丰廉政网. http://www.jsdfjw.gov.cn/lzsp/Show Article.asp? ArticleID=2124，2012-05-25.

第五章 全面小康视域下政府行政支出成本

第一节 行政成本及其治理

公共行政在中国一般称为行政管理或行政,它是随着社会公共权威的出现而产生的管理活动。客观地讲,任何组织的行为与管理都是一个投入与产出的不断循环过程。随着现代社会的不断进步与发展,行政行为从以争夺政治权力与巩固政治权力斗争为主导的活动逐渐演变为以社会治理与推动社会经济发展为主体的公共管理活动。这种管理活动在更大范围内包括公共产品的生产与经营。这样,行政成本问题成了社会公众与政府必须重视的重大课题。

一、行政成本客观存在及其不断膨胀的原因分析

现代社会组织包括政府组织、私人组织和非政府组织(Non-Governmental Organization)。作为行使行政管理职能的政府具有两种功能:一是规范团体行为;二是规范其他社会公众行为并保障给行为者提供通过这种规范所开创的机会。一个团体如果仅仅以第一种形式为取向,应该叫行政管理团体;仅仅以后一种组织功能为取向,就应该叫调节性团体。一般地讲,政府组织都具备上述两种功能。作为生产私人产品的企业及其他以盈利为目的的组织,由于排他性和盈利性特征,本质上不会考虑公共利益介于两者之间的非营利组织,其根本特征是处于中介组织的位置,是连接政府与市场的桥梁与纽带,是在政府失灵和市场失灵情况下存在的。从上述三种组织的特征来看,只有政府才能组织与管理庞大的社会体系,同时政府具备组织管理社会的功能,其他任何组织没有也不可能组织与管理整个国家与社会,政府成了天然的国家与社会的管理者。政府管理国家与社会的这种职能造成行政成本存在的客观基础。只有当社会或公众支付相应的成本、委托一个权威组织政府管理之后,才使混乱的盲目的社会变成为有秩序的、有计划发展的社会。这种有计划的与有秩序社会的产生和维护是需要费

用的，我们将这种费用叫作行政成本。同时，社会在支付这种费用后可以带来更大的福利行政成本的客观存在是政府统治社会的前提，但是行政成本并非都是合理的，当行政成本超出政府管理社会所带来的效应时，可以认定为行政成本过大。由于政府管理本身是纯粹公共产品的体现，当出现管理成本过高的现象时，公众总是持"搭便车"态度，这就为政府行政的高行政成本及其治理成本以客观存在的机会。综观当今世界各国的情况，曾经一个时期，政府行政的硬支出所占国民生产总值的比重越来越高，政府官员占人口总数的比重越来越大，而政府对公众所带来的福利与公共产品的比重却越来越小。1980年，中国行政事业开支404亿元，到20世纪90年代初已超过1400亿元，增长25倍，远高于同期财政收入与支出的增幅；目前行政事业开支已占整个财政收入的40%以上，不少省份行政事业费占财政收入的65%以上，大多数县高达80%~90%；1978年，全国行政管理支出占财政支出的比重达47%，1998年达到14.8%；1980~1996年，中国财政总支出增长4.46倍，行政管理费用则增长15.58倍。[①] 其他发达国家的情况与中国大体相似。现代社会之所以出现了行政成本不断膨胀的现象，是因为行政成本虽然由政府制造但最终却由社会公众承担。我们把这种现象称为行政成本的转嫁。既然行政成本最终由社会承担，就政府本身而言，所支付的成本越大，工作环境也就越宽松；反之，当行政活动的支付越小时，工作环境越艰苦。从经济人假设来说，行政人员也存在着通过各种渠道寻租的想法与可能，既然行政成本由社会承担，高成本行政不会给政府本身带来多大的经济负担，即使财政拮据也无关紧要，因为政府还有许多权力弥补财政赤字。从公众的角度来分析，"公地悲剧"现象在这里表现得淋漓尽致，行政成本的不断膨胀虽然足以令大家怨声载道，但是几乎没有任何人去与政府理论，而且越是对社会影响大、影响时间长的行政成本越少有人问津。实际上，最关心行政成本的还是政府团体，其他团体或个人虽然也可能关心行政成本，由于缺乏相应的行为能力，仅仅在边际上起作用。这样，政府行政制造成本政府又是控制行政成本的主体，同时，行政成本又转嫁给公众，行政成本膨胀的环境大大宽松了。

二、行政成本的客体揭示及其相互关系

只有发现行政成本的客体，才能治理行政成本。对此，应当通过分类归纳来解剖。根据中国和一些发达国家的现实来看，可以从有形公共产品生产与无形公共产品生产两个方面揭示。

1. 有形公共产品生产的行政成本

政府为了增加公众福利和调节社会收入的公平分配，必须生产一定范围内的公共

---

① 王丽莉，高键. 廉价政府：内涵、建设措施及其评估系统［EB/OL］. 河南省社科院信息中心. http://www.hnas.com.cn/zzzk/2004-01/1-12.htm.

产品，例如公园、学校以及私人不愿意进入的领域。为此所生产的成本叫作有形公共产品的成本。我们假定，为了落实科教兴国的战略，某市政府兴建了一所融自然科学与社会科学为一体的综合性大学。我们再假定一般情况下兴建所需要的成本为 Cn，由于管理人员的随意性，增加了额外成本 Ci。这样该大学作为有形公共产品的成本，在理论上由 Ci 变为实际上的 $Cn+Ci$。使 X 的实际成本支付变为 $Cn+Gi$，这样即为有形的公共产品的正常成本（或者说是市场成本），是一般管理水平可以控制的成本。Ci 是膨胀了的行政成本。在政府生产或经营任何有形的产品时，都会支出成本，实际上 $Cn+Ci$ 是公众通过纳税给政府并由政府财政支付的。有形公共产品生产的行政成本相对敏感，现实中政府官员贪污受贿等扩大行政成本的现象都出现在这个领域。由于政府官员被公众委托一种相对于一般公众来说的特殊管理权力，因此，政府官员在其所隶属的机关中显然要比一般公民在所属团体中更为活跃。这样，政府行动受其组成人员的个体意愿影响的力度要远远大于一般国民的私人意愿的影响——仅仅因为政府官员几乎总是个别地负责某一具体的政府职能，而一般的公民并不个别地负责任何一种具体国家职能。在有形公共产品的生产活动中，行政成本就这样以权力资本的特殊手段被主观地提高了，贪污各类建设工程款、抬高项目建设价格等，都是有形公共产品生产中行政成本膨胀的表现。

2. 无形公共产品生产的行政成本

这里把创建和发展国家机器、维护公共秩序以及为协调社会公众行为所制定的一切法律规范、政府的战略决策、行政人员的一切抽象的行政活动都称为无形的公共产品。这类产品的成本是行政成本最主要最普遍的成本。这类成本的间接性特征非常强，必须通过深层分析才能认识其存在与严重性。一个区域选择工业优先发展还是农业优先发展的机会成本是完全不一样的，实践中人们大都是忽略无形产品生产的成本，更加重视有形产品的成本，这对于政府行政来说值得思考。

一般地讲，无形公共产品生产活动中的行政成本膨胀可以归结为不同的特征与表现形式。首先，政府既是公共物品的提供者，又是外部性消除者，缺乏降低成本的内在动力。其次，政府作为收入和财富的再分配者，可以说政府对公众给予什么，公众就获得什么。佩尔兹曼提供了政府增长的理论解释，即政府行政成本的增长取决于收入再分配的形式。梅尔策与理查德、佩尔兹曼等都假设全部再分配都是从富人流向穷人，但是由政府主导的这种再分配特征与事实并不相符。实际上其中的一些再分配流向富人，更多的再分配难以富人或穷人进行归类。[①] 这种现象的客观存在说明政府再分配的基本功能与理论设想之间出现了反差，从根本上膨胀了政府行政的无形成本。再次，利益集团与行政成本塔洛克关于多数通过规则的经典讨论，被认为是对政府规模

---

① 丹尼斯·缪勒. 公共选择理论 [M]. 杨春学等译. 北京：中国社会科学出版社，1999：40.

问题具有开创性的公共选择分析。① 他所描述的多数通过规则下的互投赞成票，就是通过公众的选择来降低行政成本。实际上，每个集团都利用压力来增加其补贴。但是，在所有利益集团的博弈活动中，得益者最终还是控制特权的那些集团。最后，官僚体制与行政成本增长，尼斯卡宁在模型预测一个政府的预算两倍以上于官僚机构倡导者所要求的预算时，理解为一个政府机构总希望索取对于既定产出的更高价格是容易的，额外的收入可能被用于提供更高的工资、更多的闲暇（因为庞大的人员队伍）、更多的额外支出（支付会议旅游等），以及可能使一个官僚生活收放自如、工作轻松愉快的一整套环境等。官僚体制的这种行政成本的增加，是一个不知不觉的过程。另外，财政幻觉是无形行政成本膨胀的重要原因。为了引致公民不愿意自愿支付的政府规模扩大或行政成本的膨胀，行政实体往往采取使公众不易意识到他们正在缴纳更多税负的方法，或者调整公众最为敏感的税负或价格。纳税负担被加以相应的伪装，政府可以超越公众所情愿的规模增长，行政成本在一定程度上膨胀并被掩盖。

随着现代社会的发展，除了上述所揭示的有形无形行政成本外，政府行政的成本还在更广泛的范围内存在，因此，政府行政成本的客观表现形式是多维的，对社会来说具有渗透性质。

3. 有形公共产品成本与无形公共产品成本之间的关系及理性分析

布坎南的公共选择理论认为，我们必须一方面是利己主义和狭隘个人利益驱使的经济人，另一方面是从超凡入圣的国家这一逻辑虚构中摆脱出来，将调查市场经济的缺陷与过失的方法应用于国家公共经济的一切部门。② 也就是说，政府的政策制定者（包括政治家—切政府官员）都是理性的经济人，都在追求自己的利益最大化，公民作为选民也是理性的经济人，其选举行为是以个人的成本—收益计算为基本原则，由于普通公众或选民往往无力支付相对昂贵的政治信息成本，他们往往出于"理性的无知"而不投票，这样，政府就会被代表特殊利益集团的政策制定者操纵，从而背离其公共利益代理人的角色。这种由于政治制度的"灰色演变"所带来的行政成本在一般情况下是被掩盖的，也是有形的公共产品成本不断增加的根本原因。人们可以这样假定，如果制度完全到位，即政府行政过程中的交易成本为零，政府的行政决策是最佳的选择，每一项政策都是最优化的选择等，政府生产有形公共产品的行政成本就有可能实现最低。所以，有形公共产品成本与无形公共产品成本之间是一种因果关系，即无形的公共产品成本大小决定有形公共产品成本。治理行政成本的关键是治理无形公共产品成本。

必须认识的问题是，实践中人们大都重视有形公共产品成本而忽略无形公共产品成本，这是非常幼稚的。之所以如此，从公众方面来看，原因有两个：一是公众的

---

① 丹尼斯·缪勒. 公共选择理论［M］. 杨春学等译. 中国社会科学出版社，1999：401-402.
② 布坎南. 供给经济学的紧缩理论［J］. 美国经济评论，1975（5）：88.

"短见效应",由于政策效果的复杂性特点,大多数公民难以预测其对未来的影响,因而只着眼于眼前的影响,而政府为了谋求连任,就会主动迎合公众的"短见",制定一些成本滞后或从长远来看弊大于利的政策;二是公众的"理性而无知",由于公众做出决策需要支付一定的成本以收集有关政策或行政行为的信息等,作为理性的经济人,他们在权衡自己的成本—收益计算时,如果成本太大,公众将采取相应的策略反对或采取不支持的态度。在现实生活中,公众往往也会处于搭便车心理,寄希望于别人干涉而自己坐享其成。这实际上更加导致公众选举上台的政府并不代表多数人的利益,当制定的政策充其量只能代表少数人的利益时,无形的行政成本肯定是增大的。

从行政成本的机理方面可以发现,政府行政活动中的有形成本与无形成本之间是一种同增同减的关系。也就是说,如果有形的政府行政成本膨胀,相应地,无形的政府行政成本也膨胀;反之亦然。我们假定,政府在生产某有形的公共产品时,由于决策失误造成成本膨胀,就会因将公共资源用于决策失误的领域而产生很大的机会成本,这种机会成本就是无形的政府行政成本。政府行政成本的这种关系实际上给人们提供了治理政府行政成本的方便,即控制有形的政府行政成本,同样也就控制无形的政府行政成本。

三、一些发达国家治理行政成本的基本思路

1. 建立政府问责制度

以美国为例,政府行政的职业化在 20 世纪 80 年代受到越来越多的检查。里根政府为降低行政成本,落实问责制度,开始控制政府规模,许诺减税,精简政府开支,将一些政府职能承包出去,促进公共部门的私营化,以此来避免在行政管理活动中的"搭便车"行为。格雷斯委员会呼吁用企业的方法管理政府,使专业公共部门经理较少地受到政治的压力。一些人士认为,私营部门在满足公共部门的需求方面应该扮演更为积极的角色,并且替代公共部门。结果是行政的多元化为节省公共资源创造了更多的机会,并且为私营部门提供公共服务打下基础。[①]

建立政府问责制度的好处是,各级政府的职责明确,提高了行政成本的透明度。20 世纪 80 年代,美国州政府与地方政府面临着承担不断增加的行政政策压力。官僚主义不再是联邦政府特有的现象。1950~1980 年,州与地方政府雇员从 400 万增至 1300 万,主要原因是各级政府的经费大部分来源于联邦政府,缺乏相应的公共支出责任。80 年代以后,州与地方政府被要求承担政策责任,并自筹公共项目经费,而且针对既往联邦政府债务持续增长状况,责令各级政府精简政府机构和人员。当时的里根总统在认识政府行政责任时强调"在社会管理方面,政府非但不能解决问题,政府本身就是问题"。克林顿似乎委婉一些,"政府官员都是好人,但他们处于不好的政府管理制

---

① 张梦中. 美国公共行政学百年回顾[J]. 中国行政管理,2000(6).

度,因此,必须通过问责制度来控制政府行政"①。

2. 重塑政府机构以评价官僚体制与预算

官僚体制是政府行政成本膨胀的根源,现代公共管理把重塑政府机构作为控制行政成本的主要突破口。在美国,不同的历史阶段有相应的控制行政成本的对策。20世纪90年代,为了造就一个廉价政府,降低行政成本,掀起以精简政府为思路的改革运动。克林顿上台伊始,就于1993年成立了由副总统戈尔挂帅的"美国行政管理业绩评估委员会"(Nati ~ Pomanc Rviw,NPR)。在短短的5年时间内(1993~1998年),美国联邦政府精减35万雇员,占联邦雇员的16%。②这场以权力下放、精简规章制度、市场导向为价值取向的重塑政府运动至今仍在持续。尽管美国理论界对奥斯本与盖布勒合著的畅销书《重塑政府:企业精神是如何改变公共部门的》(1992)很少有积极的评论,但毋庸置疑,该书成为克林顿政府改革的实践指南。

3. 建立公共行政的合法基础与道德

在现代公共管理理念下,人事管理逐渐更名为人力资源管理,以反映新的行为科学导向,新的研究强调平等机会、比较价值、生产力与质量管理以及依据业绩付报酬、利润分成。这是发达国家控制行政成本的重要举措。美国在联邦政府层次上,人事管理改革来自1978年公务员改革法案及"三头人事管理机构和体制":美国功绩制保护委员会——裁定冤情和申诉;联邦劳工关系局与工会一道工作,以监督集体谈判事项;联邦人事总署——管理并与其他机构一道工作,以影响现代人力资源管理。克林顿执政时期的重塑政府运动大幅度精减了联邦人事总署的公务员,裁减幅度达47%,许多职能分权给具体的联邦机构,一些职能承包出去。

在研究方面,罗森布卢牧的《公共行政学理论与分权》(1983)一文认为,传统的管理理论与行政部门相联,政治理论与立法部门相联,法律理论与司法部门相联,但行政机构同时有行政、立法、司法决策权时又将如何呢?罗森布卢牧比较了对公共行政学采用管理的、政治的和法律的研究方法,表明每一种方法都有不同的价值、起源和结构。洛尔的《运行宪法》(1986)也值得关注,该书由三部分组成:一是宪法的形成;二是字面上的行政国;三是行动中的行政国。

无论是改革人事管理制度,还是重新发现公共行政的合法基础与道德思想,对于发达国家控制政府的行政成本均起了非常重要的作用。一方面,通过人力资源机理界定了公务员的行政绩效与约束准则;另一方面,通过合法的公共行政基础与道德思想规范了公务员个人的行为准则,造就了控制政府行政成本的制度框架。

4. 通过公共部门私有化降低政府成本

公共部门与私有部门相对作用及其业绩、效率的比较,是一个值得长期研究和争论的课题。从20世纪80年代初开始的私有化运动已经脱离政治意识形态的争辩,目

---

①② 张梦中. 美国公共行政学百年回顾 [J]. 中国行政管理,2000(6).

前,在发达国家,私有化越来越被简单地看成政策选择或管理决策。最初对私有化的大肆渲染当推萨瓦斯。他在20世纪80年代写了一系列有关私有化的文章,代表作为《私有化:政府改进的关键》(1987)。摩的文章《探索私有化的极限》(1987)则对采用私有方式达到公共目的进行了有见地和基于法律的评价。另一部有影响的著作是多纳惠的《私有化决策:公共目的,私有方式》(1989)。多纳惠亦称,私有化带来的好消息是尽管私有化对于校正公共部门的缺陷并非灵丹妙药,但私有部门的确给公共项目带来更有效率和更负责任的真正机会;私有化的坏消息是政治压力可能导致私有部门能干的更好的事让公共部门干,由公共部门干更适合的事反而让私有部门去做。

四、中国行政成本治理的操作途径

1. 建立企业家政府管理体制

通过公共产品市场化硬约束行政活动。20世纪80年代以来,西方国家进行了企业家政府体制的探索和应用,其实质是推行市场化的公共产品。市场化的公共产品一提出,行政行为的软约束即可硬约束化了,政府自身出现了经营管理的危机,制度就由自身的危机而建立了。美国学者盖·彼得斯在论述公共行政实行按业绩付酬制度时指出,公共部门在市场模式下,其主管领导就像一名企业家,对其所作所为负责并据机构的表现相应地得到奖金或惩罚,对机构内部的人员同样可以按照类似的以绩效标准为基础的合同规定进行奖惩和付给报酬。企业家政府的实质是行政产品市场供求机制的客观反映,许多行政产品虽然不直接与公众发生货币交易,但却渗透性地存在着供求平衡。例如,公众都需要与都不需要或者部分人需要部分人不需要等都是供求的客观存在。保卫国家安全、维护社会秩序是所有公众的需要;而许多行政政策可能只对部分人有利,而对另一部分人产生负面效应;过高的税率可能对全体公民都是负面效应。可以看出,公众是否乐意接受是决定行政产品供给的前提,也成了某行政产品对公众产生成本的充要条件。一项政策对公众的成本越低,或者公众都从中受益,公众就乐意接受;反之,公众就是被动接受或者强迫接受。我们把公众被迫接受的行政产品称为公共产品的剩余。实际上,政府行政所提供的公共产品规律与私人产品的供给规律是如出一辙的。例如,在旧城改造的实例中,政府选择也是一种供给,公众接受是需求曲线,供给与需求的交点为政府价格与公众心理价格的交叉处。

2. 从构成行政成本的要素出发控制行政成本

从具体操作的角度分析,要瞄准形成或扩大行政成本的生长点来控制行政成本。从中国现实来看,着重控制下列方面。

一是要力求行政决策的科学性。历史地看,行政决策成本对社会经济发展和人民生活的影响是非常大的。从经济管理理论来讲,决策必须通过科学论证,找出风险概率或最经济的方案,许多行政决策完全可以应用决策树、投入产出法、德尔菲法等进行决策。关于行政决策的科学理论,在西方国家也得到了普遍的应用,现代政府的行政行为必须重视，才能从行政战略上控制或降低成本。

二是关注政府"废品"的生产。通过分析发现，行政活动可以分为有效的和无效的两种，这不仅仅体现在政府机关本身，更大程度上体现在社会与公众方面。因此，可以确定一个判断标准，即社会与公众乐意接受的行政产品或服务是有效的，其对社会经济发展起着正向的推动作用；社会与公众不愿意接受的行政产品或服务是无效的，其对社会经济发展起反向的作用。这里，我们把行政利用社会劳动价值为社会提供的不能发挥正面效应的活动结果叫作政府"废品"。因为政府"废品"的生产过程同样要耗费社会劳动价值，是扩大行政成本的重要因素。行政人员的瞎指挥、政府机关出台的不切合实际并强迫公众执行的政策等都是政府生产的"废品"。对此，可以通过绩效奖罚机制控制或消除。这方面澳大利亚、丹麦、爱尔兰、英国等国家都很有建树。

三是正视公务员"占座"[①]现象。公务员"占座"现象在中国最终体现为政府的规模"不经济"，每个公务员都是消费者，也是公共资源的消耗者，当政府规模大小与社会管理之间达到平衡时，成本最低。反之，当打破平衡时就会有两种可能：政府规模过小，不能适应现代社会经济发展的需要，称为政府供应不足；政府规模过大，超过现代社会经济发展的需要，称为政府供过于求。当前，世界各国都存在着政府规模过大的矛盾，这与微观经济资源配置原理是一致的，当其他资源相对短缺时，剩余的人力资源不仅不能发挥应有的作用，而且是成本负担。中国各级政府机关由于公务员"占座"所引起的机构膨胀是普遍现象，一方面增加了硬性的行政支出，另一方面从低效率、野蛮行政、公共权力寻租等方面制造或扩大行政成本。因此，就控制行政成本来讲，在今后一个时期内，设法控制公务员"占座"现象是一个非常有效的途径。

四是正确判断公共产品的价格。实践中，人们始终忽略的问题是没有对行政产品的价格进行实质性分析，对有形的公共产品只有生产，缺乏成本方面的考核，更没有折旧等方面的考核；对无形的公共产品因为其"无形"特征，不像私人产品那样直接进行货币交换，其价格具有很大的隐蔽性，社会及公众往往不以为然地被动接受，所以"高价"现象尤为严重。例如，许多地方政府由公众缴纳税收，但是公众所得到的科技咨询、科普培训等都要收费，许多政府办的医院、学校在政府拨款的情况下，其收费标准还比同一辖区的私人医院与学校的价格高。对此，受益原则（Benefit Prineiple）与支付能力原则（Abilit－yto Payprin Eiple）都有精辟的论述。所以，正确判断公共产品的价格，也是控制行政成本的应有之义。

五是要重视研究行政活动中的交易成本。导致行政成本膨胀的因素，除了较为直接的生产技术成本因素外，更有交易成本。政府在各种行政管理活动中，必须完善或

[①] 所谓公务员占座，是指在行政机关本来就人浮于事的情况下，那些条件不符合但有门路的人通过各种渠道想方设法到政府机关工作，以及在同等情况下许多人都去政府机关就业。一些政府机关的领导凭借拥有的权力安排自己的子女、亲属等在政府工作。公务员占座现象是政府成本扩大的重要因素。

规范社会制度，降低交易成本。例如，20世纪90年代许多地方关于"有水快流"的政策，刺激许多不规范的小煤窑、小金矿、小油井等雨后春笋般地出现，不仅浪费了稀缺的经济资源，而且给可持续发展带来了严重的后果。还有社会上的各种欺诈行为、假冒伪劣产品等，对社会经济发展带来很大的负面效应，可以归结为行政管理不到位，使交易成本非常大。从长远来看，交易成本同样是社会及其社会公众的成本支出。因此，设法从制度建设入手，控制或降低交易成本，是降低行政成本的重要途径。

3. 从行政管理的"半径"与"密度"入手限制行政成本范围

对行政管理半径和行政管理密度的科学界定是行政成本最小化的前提。要实现高效廉洁的现代公共行政，就必须从行政职能的定位出发，确立科学的参照标准，除了考虑行政运转规律和管理目标之外，通过定量和理性地确定行政管理半径和行政管理密度非常重要。

所谓行政管理半径，是指不同级别的政府行政部门纵向横向管理范围的大小。从横向角度讲，行政管理半径应该是它管辖区域的大小。在行政管理半径的有效覆盖范围内，管理效应越大，则相应的管理成本就越小；反之亦然。从纵向角度讲，行政管理半径应当指其管理事项的范围与管理程度。在职能健全、职责分工清楚的情况下，行政管理半径大一些，则管理效益就相对好一些。但其中有一个比较复杂的外界函数，就是在职责、职能不清晰的情况下，管理半径往往是一个很难界定的游离性函数，当管理半径越大时，反而管理的成本越大。例如，政府通过行政途径管理企业非常具体时，企业就无法适应，管理效应反而低；一旦计划部门和经贸部门都去管某一经济行为，往往因站在不同角度看问题可能使经济主体无所适从，管理成本也随之增加。

行政机构的设置与行政管理半径之间是一对对立统一的矛盾。行政管理半径越大，行政机构的设置就应当越少。例如，当商务部门有管理经济贸易的职能时，发展与改革部门的职能就应当收缩；当工商管理部门有管理市容的责任时，城市管理机构就不应当承担管理市容的职能。当然，从服务社会、服务公众的角度讲，经济贸易部门就应当寻找管理空白点，以便辐射其管理的纵深化半径。行政机构的设计必须以抽象的行政管理半径理论为依据，寻找对社会、对公众以及对政府本身最经济的定位点。值得注重的是，在现代市场经济体制下，设计行政管理半径还必须考虑非政府组织的职责功能及其对社会事业的经营能力问题。中国的高价政府与高价中介以及高价事业单位是同时存在的，与发达国家相比，中国的非政府组织包括科研、学校、医院等，普遍存在高成本与亏损现象，增加了行政成本。理论与实践证明，社会经济发展的规律是行政管理半径与管理机构同时缩小的。党的十八大之前的7次机构改革都是以精简机构为重点，人们在不考虑其他因素的情况下，一般都相信减少行政机构及其压缩公务员数量能够降低行政成本或提高政府运转绩效。但问题并非如此直观或简单，在行政管理半径不到位的情况下，制度不完善或交易成本高是难以避免的，减少机构和压缩公务员所降低或控制的成本极有可能被留存机构和在岗公务员全部消耗掉。因此，行政管理半径在行政成本的控制中具有举足轻重的作用。

所谓行政管理密度，概括地讲，就是政府在所辖区内所管理事情的多少，可分为定性管理密度和定量管理密度。布坎南把对于社会来说可能是浪费寻租支出划分为三种类型：首先是政府垄断权的潜在获得者的努力和支出；其次是政府官员为获得潜在垄断者的支出或对这种支出做出反应；最后是作为寻租活动的一种结果，垄断本身或政府所引发的第三方资源配置的扭曲。从这三种现象来看，都是政府垄断的结果，政府垄断如果从管理范畴的角度来看，必然造成管理密度的不合理。由于政府管理的垄断性质，政府可能根据自己需要在某一有利可图的领域管理密度过大，而在那些不能带来利益或者比较棘手的领域可能设置管理密度过小。

政府的行政管理密度问题对行政成本的影响也属于制度方面的，当管理密度不到位时，行政成本由于行政供给不足或在整个社会资源配置过程中行政资源的短缺出现高成本行政，同时当管理密度过大时，行政供给出现超量或者对于社会来讲出现行政剩余产品，同样增加行政成本。

杰里米·边沁曾指出："社会利益是什么，那就是社会成员的利益的总和。"本着这一理念，我们对行政成本以及治理问题进行探讨。行政成本是政府在行政活动中行使行政职能的必然产物，这是在任何时间、任何管理体制的政府都客观存在的，行政成本的不断膨胀也有其深厚的历史根源，其中许多因素都可以随着管理体制的改革和不断完善在一定的制度范围内消除或控制，有些可能长期或永久性存在。但是，如果彻底摒弃传统的行政管理的软约束机制，建立适宜于现代市场经济体制的企业家政府，借鉴发达国家的管理制度并应用现代公共管理理论成果，就会通过硬约束管理制度使行政成本按照市场经济供求平衡规律演变，从而在政府自身的管理中降低行政对社会及政府自身的成本。在具体对待行政成本问题方面，一方面，要从战略上建立行政成本理论，引起全社会像重视微观经济成本一样重视行政成本；另一方面，在当前应当通过行政职能的转换，重塑公共管理体制与职能，把可以通过市场提供而尚由政府垄断的那部分公共产品推向市场以控制行政成本。只有这样，才能使政府行政适应社会经济发展的规律和需要，适应对外开放新形势；否则，无论是国际间社会经济发展的竞争，还是各政治主体间的竞争，高成本行政都会是一个严峻的考验。同时，人们还必须认识到，在一个缺乏普遍意义上的法制规则、统一的公共管理体制和完善公共管理理论基础的国家，要真正降低或控制政府管理活动中的行政成本，建设一个公众满意的廉价政府，绝不是毕其功于一役的，而要经过认真的理论研究，从中找出切实合理的运转规律，才能通过相应的制度变迁得以实现。从西方发达国家的经验来看，包括倡导并奉行企业家政府多年的美国走过了艰难的路程。但是，企业家政府或硬约束行政行为的前景还是很诱人的，已经得到许多国际公共管理研究大师的基本认同。进入 21 世纪以来，中国政府从战略角度重视公共管理问题，特别是行政成本问题。目前，在国务院主要领导的倡导下，政府问责制度也已经在各级政府机关逐步建立。我们相信，政府会通过实质性的举措，重视并不断降低行政成本，进而确立硬约束机制约束各级政府以及公务员的行政行为。

第二节　新时代的政府管理角色定位

党的十九大正式宣告，中国进入新时代。新时代的政府成本如何控制，必须首先瞄准新时代视角，正确定位政府管理角色。

进入新时代，社会与政府的关系已经凸显为当代公共管理进程中的核心理论与实践问题。新时代发展中，社会治理范围的扩大与社会公共管理的强化以及公共福利含义的拓展，使传统的政府角色无法解释现代公共管理的现实，传统的政府管理职能逐渐被瓦解，构造了政府管理的新角色。政府的新角色拓展了政府管理理论与实践的研究领域，重新认识和定位政府的要求，必须把新时代与现代公共管理的转型有机地结合起来，正如马克·J. 斯密斯所说："从最基本的层面上看，对国家的认识取决于如何对待现实与理想的关系。"① 在新的社会经济发展时期，关于国家与社会的关系对政府管理角色的转化与定位是一个新的挑战，这种围绕政府干预与社会现实与理想的治理思路，是新时代政府管理必须考虑或遵循的原则。20世纪30年代以来，以凯恩斯为主要代表的政府干预经济，主要是立足政府与市场的关系来配置社会资源，其目的是为社会提供更多的GDP或GNP增加机会。随着社会科学技术的发展，传统模式下人类对资源的掠夺性使用以及在生产活动中对环境、生态的破坏，资源的日益短缺直接威胁到人类的可持续生存与发展。② 世界各国普遍开始重视污染物产生后的治理和减少危害以及如何从源头上变废为宝的自我治理。这样，传统的政府管理角色随之受到挑战，政府在新时代应扮演什么角色，如何才能更有效地转换管理职能，为社会经济的长远发展起到应有的推动作用，是一个具有现实与深远意义的重大课题。

一、体现新时代的机理是政府的公共政策到位

1. 如何认识新时代社会治理以政府公共政策为依托

之所以说新时代的机理是政府的公共政策，首先，在构成社会体系的政府、市场、非政府组织中，政府处于管理社会的主导角色。市场经济中的市场是以经济人为假设

---

① Mark J. Smith. Rethinking Theory [M]. Routledge，2000：8.
② 20世纪60年代，当时美国著名经济学家鲍尔丁提出，如果人类不合理地开发资源、破坏环境，将会使地球走向毁灭。

而推动经济发展的，他们还不可能从完全意义上考虑社会问题，当生产经营活动与社会公共利益之间出现矛盾时，他们舍弃的往往是公共利益而维护私人利益。非政府组织有以公共利益为己任的愿望，因为它们在社会的角色相对弱小而在管理整体的社会问题面前显得无能为力。充分体现现代循环经济，从一定意义上讲，是一个公共性问题，即大家都认识了但大家都不去努力关心。因此，作为管理社会的政府就责无旁贷，而且政府是唯一有能力管理这一问题的。

其次，实现以市场驱动为主导的产品工业向以生态规律为准则的绿色工业转变是政府管理的基本职能。20世纪60年代，美国著名经济学家鲍尔丁提出，如果人类不合理地开发资源、破坏环境，将会使地球走向毁灭。70年代，世界各国开始重视污染物产生后的治理和减少其危害。80年代，人们开始强调从生产和消费的源头上防止污染产生。90年代，发达国家为提高经济效益，避免环境污染，以生态理念为基础，重新规划产业发展，提出循环经济发展的思路。由于这一理论直接关系到许多发展中国家未来工业化和现代化的路径选择，因此循环经济发展模式一经提出，大多数发展中国家便纷纷表示认同并制定相应的措施和政策，走以最有效利用资源和保护环境为基础的经济可持续发展之路。从中国现实来看，煤、电、油全面持续紧张已经成为国民经济运行中的一个突出问题。煤炭价格上涨，铁路车皮紧俏，一些地方拉闸限电，如果继续沿袭传统的发展模式，以资源的大量消耗实现工业化和现代化，中国的现代化将难以为继。正是基于这一原因，最近国家发展和改革委员会的规划提出，中国将以科学发展观为指导，以优化资源利用方式为核心，以提高资源生产率和降低废弃物排放为目标，逐步建立起适合中国国情的、有利于循环经济发展的宏观调控体系和运行机制，形成有中国特色的循环经济发展模式，加快建设资源节约型社会；明确要把发展循环经济作为编制"十一五"规划的重要指导原则，用循环经济理念指导编制各类规划；加强对发展循环经济的专题研究，加快节能、节水、资源综合利用、再生资源回收利用等循环经济发展重点领域专项规划的编制工作；建立科学的循环经济评价指标体系，研究提出国家发展循环经济战略目标及分阶段推进计划。因此，推动现代循环经济发展的真正动力是建立在政府职能基础上的公共政策。

最后，中国资源对于"粗放型"经济发展的承受力，已经到了"危急的时刻"。切实转变经济增长方式，集约配置资源、节约使用资源，已经成为中国经济和社会可持续发展的当务之急。国际经验表明，"资源节约型社会"不可能自然建成，需要政府阶段性地发挥主导作用；而上海市政协组织的"加快建设资源节约型社会"课题组历经4个月的调研更得出结论：从中国国情和当前实际情况出发，在构建"资源节约型社会"的制度、体系、政策与法律法规等重要环节，政府还必须发挥关键作用。在这个复杂的系统工程中，政府的管理决不能缺位、脱节。节约资源是公众的事，但必须由政府牵头，确定统一的思路。节约资源的种种规划建议要有"执行力"，政府的综合协调作用不可或缺，国家发改委为抑制交通能源飙升势头，鼓励发展小排量汽车，就是政府制定循环经济公共政策的佐证。

2. 从现代社会发展的机理认识政府公共政策的作用

党的十九大提出了决胜全面建成小康社会的目标和任务。要实现这一战略部署，必须紧紧抓住和切实用好新时代的重要战略机遇期。国际经验表明，从中低收入国家步入中等收入国家行列的阶段，对于任何国家的成长来说都是一个极为重要的历史阶段，它既是一个"黄金发展时期"，又是一个"矛盾凸显时期"。特别是随着经济快速增长和人口不断增加，水、土地、能源、矿产等资源不足的矛盾会越来越突出，生态建设和环境保护的形势日益严峻。面对这种情况，按照科学发展观的要求，大力发展循环经济，加快建立资源节约型社会就显得尤为重要、尤为迫切。

循环经济是缓解资源约束矛盾的根本出路。中国资源禀赋较差，虽然总量较大，但人均占有量少。国内资源供给不足，重要资源对外依存度不断上升。改革开放40年来，社会经济发展取得瞩目成就，特别是党的十八大以来，中国已经向着社会主义现代化强国迈进。如果继续沿袭传统的发展模式，以资源的大量消耗实现工业化和现代化，是难以为继的。研究表明，如果采取强化节能的措施，大幅度提高能源利用效率，使万元GDP能耗由2002年的2.68吨标准煤降低到2025年的1.14吨标准煤，那么能源消费总量就能控制在30亿吨标准煤；再生铝比重如果能从目前的21%左右提高到60%，就可替代3640万吨的铝矿石需求。为了减轻经济增长对资源供给的压力，政府必须大力发展循环经济，实现资源的高效利用和循环利用。

循环经济是从根本上减轻环境污染的有效途径。当前，中国生态环境总体恶化的趋势尚未得到根本扭转，环境污染状况日益严重。水环境每况愈下，大气环境不容乐观，固体废物污染日益突出，城市生活垃圾无害化处理率低、农村环境问题严重。大量事实表明，水、大气、固体废弃物污染的大量产生，与资源利用水平密切相关，同粗放型经济增长方式存在内在联系。据测算，中国能源利用率若能达到世界先进水平，每年可减少二氧化硫排放400万吨左右；固体废弃物综合利用率若提高1个百分点，每年就可减少约1000万吨废弃物的排放；粉煤灰综合利用率若能提高20个百分点，就可以减少排放近4000万吨。这将使环境质量得到极大改善。大力发展循环经济，推行清洁生产，可将经济社会活动对自然资源的需求和生态环境的影响降低到最低程度，从根本上解决经济发展与环境保护之间的矛盾。

目前，中国资源利用效率与国际先进水平相比仍然较低，突出表现在资源产出率低、资源利用效率低、资源综合利用水平低、再生资源回收和循环利用率低。比如，按现行汇率计算，2003年中国GDP约占世界的4%，但重要资源消耗占世界的比重却很高，石油为7.4%、原煤为31%、钢铁为27%、氧化铝为25%、水泥为40%。即使剔除一些不可比因素，中国资源利用率与世界先进水平之间仍有较大差距。目前，中国矿产资源总回收率为30%，比国外先进水平低20个百分点，共伴生矿产资源综合利用率为35%左右。

二、新时代生活发展对政府管理角色的挑战

1. 新时代政府公共政策无可替代并非政府角色不可以改变

进入新时代，对于传统的政府管理是一个很大的挑战。这集中体现在传统的政府管理对于政府绩效评价体系、标准与方法的缺陷。实际上，我们党和政府在战略上已经有明确的认识，党的十八届三中全会提出"全面深化改革"，同时，党的十九大把社会治理与改革有机联系起来，提出了政府公共决策要树立正确的政绩观理念，这是政府从战略上重新定位管理角色的具体体现，它预示着中国政府在新时代实施公共管理职能与角色转化方面，从传统的重视GDP增长进一步注重绿色GDP考核。

但是，各级政府管理如何在实践中跟上循环经济时代的要求，彻底摆脱以掠夺社会资源、破坏生态环境为代价的管理角色，还要做出很多的努力。从政府管理社会的重要程度上分析，现代循环经济时代与传统经济时代一样，政府的功效是其他任何社会力量无可替代的。因为，社会必须有一个组织来实现公众的统一意志，在市场经济条件下，公众还需要构成共同体并使人们脱离涣散的自然状态而成为一个有组织的社会。循环经济时代的出现使人们更加感觉到政府管理职能对社会的重要性。这其中也体现出"政府的目的是为人民谋福利，政府的存在始终是以社会问题的存在为前提"。这就是一个名副其实的政府管理或管理政策存在的基本理由。当今，持续不断的和有始有终的政府管理政策是社会经济快速、持续发展的基本要素。为了民族的生存与发展，为了公众的长远利益，政府必须从公众那里得到相应的管理权威，政府什么时候以及为什么这样做，那是当人们认识到某一种管理赖以支持公众或多数人的利益时，做出应做的决策。传统经济时代，政府的这种角色无可替代，循环经济时代同样是无可替代的。

我们说，现代循环经济时代政府公共政策无可替代，并非政府的管理角色是不可以改变的。问题的另一方面是，我们的各级地方政府在公共管理的职能、角色等方面并没有走出传统管理思维，许多地方政府的管理角色是以GDP的增长速度为标志来发展地方经济的。诚然，这种理念是无可厚非的，由于传统的以拼资源、生态环境、空气污染、水资源污染为代价的管理特征，已经是世界各国都在全面调整的管理思维。以循环经济为特征的现代公共管理或政府政策，要求政府在管理活动中彻底转换管理角色，从循环经济时代政府管理角色的要求特征分析，传统的政府管理角色往往会产生下列方面的弊端：数字造假，"数字出领导，领导出数字"，市场经济条件下政府的角色是引导私人经济健康、合理、可持续发展，而不是政府去督促私人经济不顾社会的综合平衡来追求GDP的增长；违背循环经济规律，急功近利，乱铺摊子，想方设法搞形形色色的"政绩工程""面子工程"，既违背可持续发展的规律，又在角色执行过程中劳民伤财，产生泡沫经济，缺乏实效，甚至"金玉其外、败絮其中"；脱离实际，好大喜功，超出财政承受能力上项目、搞开发，扩大政府管理成本，不仅造成本届政

府庞大的财政赤字，甚至于不惜挪用各类公共事业或救灾款项等各类专项经费；缺乏政府公共政策的循环性、可持续性，一届领导一种决策，刻意求新图异，把资源浪费、环境污染、生态不平衡的恶果推给下一届政府或公众去承担等。① 因此，循环经济时代政府管理的角色与职能是不可忽视的，但问题的核心是如何改变管理角色。

2. 正确认识传统政府管理职能的生命周期

如何定位政府在新时代的角色，是现代政府管理推动社会经济可持续发展的必然选择，是政府管理体制改革的必由之路。

首先，必须认识到公共管理的基本点是管理。过去的政府管理在很大程度上把政治提到核心地位，政府基本上是替政党做政治工作，分不清究竟是政党还是政府。实际上一个数以千万计的公务员队伍所承担的职责应该是管理好社会，引导公众按照客观规律推动社会经济的发展。就这一原则来讲，政府管理的基本点是管理，由于过去的政府管理是随计划经济体制产生发展的，政府管理理论也囿于其中，到改革开放后的一段时期内，中国需要改革经济落后面貌，从政治口号的角色来推动GDP增长得以成功的原因是，私人领域始终是以获得最大盈利为原则的，此时的政府管理即使在一定程度上脱离经济管理或一般管理方法也是可以理解的。而现代市场经济特别是新时代条件下，政府管理一旦不把公共管理作为自己角色定位的根本职能，私人领域以追求最大利润为目的，以资源的节省利用、生态环境保护为标志的可持续发展问题究竟应该由社会的哪个组织来解决，就是一个非常难以回答的问题。从这一意义理解，传统政治性政府管理职能的生命周期已经大大萎缩。

其次，在新时代，虽然"私人部门的经营能够更有效而且政府也足以保护消费者利益的情况下，把若干企业由国营转为私营自然是一种有吸引力的选择"②，但这远不能推导出新时代政府应有的职能与角色。市场机制的高效特征离不开政府的经济政策，而市场机制的高效特征还必须考虑是以新时代为特征的，要落实这个基本特征，政府管理的职能应该由以激励私人领域提高产生效能为主，转化为以规划、测评、协调资源利用、环境保护、控制污染为主。从某种意义上讲，作为规制者的政府，只有在推动资源合理配置的同时才能获得社会公众的认可。③ 与此同时，政府也必须从产权和行政上提供必要的保护。这就标志着传统政府管理职能必须有符合新时代的职能替代，政府职能不转变往往比产权的缺陷对社会的影响更大。政府只有在不直接干预社会经济的前提下以公共管理社会资源、经济交易中第三方的角色来界定和保护公共资源、治理环境污染，是其在现代社会最基本的角色。

最后，传统政府管理职能的萎缩进一步说明，政府不仅要合理界定角色，将经济

---

① 徐绍刚. 建立健全政府绩效评价体系的构想 [J]. 政治学研究, 2004 (3).
② 弗雷德里克·C. 特纳等. 国家的新角色 [J]. 陈思译. 国际社会科学杂志, 2001 (1).
③ M Keaney. The Role of the State in Good Society, in M. Keaney (ed.) [M]. Economist with a Public Purpose: Essays in Honour of John Kenneth Galbraith. Routledge, 2001: 71.

发展与社会环境保护、资源的可持续利用有机地结合起来,还要建立广泛参与、高效、灵活的行政管理体制。现代社会公共管理的转型更需要在外部的政治层面寻求新的理论支持。[①] 不仅如此,新时代就公共管理而言,形成了一个以政府管理为主,各种非政府组织以及私人组织共同构成的多中心社会管理,在这种多维的公共管理中,部分影响力和政治权利虽然必将转移到政府之外的其他组织,但是如何在功能分化的公共管理体系中合理界定政府管理的新职能,是现代政府管理角色定位的前提,一个高效、政绩卓著的政府首先是引导社会各界依靠学科技术进步以绿色 GDP 发展为标志的。在这一点上,罗伯特·B. 丹哈特和珍妮特·V. 丹哈特针对现代公共管理"掌舵而划桨"的缺陷所提出的新公共服务理论应该是重塑政府职能的依据之一。在现代社会,"政府独自掌舵"的角色必须变革,公民才处于治理体系的中心位置。[②] "公务员的首要作用是帮助公民明确阐述并实现他们的公共利益,而不是试图控制或驾驭社会"。公民不再是市场经济中的顾客,而是公共管理的参与者,这种视角的转化反过来也动摇了传统政府政绩考核把 GDP 放在首位的定位。

三、循环经济与政府管理角色的定位

1. 保护和合理利用公共资源是政府管理之本

21 世纪前期,中国将面临严重的"资源安全"问题。这一问题若解决不好,将有可能成为制约中国可持续发展的瓶颈。中国"资源安全"主要表现为资源来源、资源价格、资源运输和资源保护四大问题。综观上述四大问题,对于政府管理职责来讲,归根结底是对资源的保护与合理利用问题。"全社会都来保护我们远不富裕的自然资源。这应成为我们的基本国策。否则,我国相当一部分稀缺的资源在不久的将来就将消耗殆尽,我们民族明天的发展将受到遏制,我们的后代将无矿可采,我们的民族将为此付出难以挽回的代价"。为了保护资源,中国政府也出台了《全国矿产资源规划》(以下简称《规划》)并于 2001 年 4 月 11 日经国务院批准,4 月 30 日由国土资源部发布实施。《规划》提出了今后 5~10 年中国矿产资源勘查、开发利用与保护的四项目标和九项任务。提出要进一步加强矿产资源调查评价与勘查,提高国内矿产资源的可供性;充分利用国内外"两种资源、两个市场",保障国民经济和社会发展对矿产资源的需求;调整优化资源利用结构和布局,提高资源利用效率,实现资源利用方式从粗放向集约转变,促进矿产资源的有效保护与合理开发利用;改善矿山生态环境状况,促进矿产资源勘查、开发利用与生态建设和环境保护协调发展,从中可以看出现代政府管理角色的转化与定位。

---

① 郁建兴,徐越倩. 全球化进程中的国家角色[J]. 中国社会科学,2004 (5).
② 罗伯特·B. 丹哈特,珍妮特·V. 丹哈特. 新公共服务:服务而非掌舵[J]. 刘俊生译. 中国行政管理,2002 (10).

保护和合理利用公共资源是政府管理之本，这是现代社会资源的稀缺性对政府管理角色根本性定位。当然，我们说从战略上把保护和合理利用公共资源作为政府管理之本，并非要求政府的所有日常管理活动全部是规划公共资源，只是要求政府角色从全部的 GDP 目标向可持续发展转化。一个不珍惜公共资源或者不能保护和合理利用公共资源的政府，就会从根本上对社会制造不可估量的成本损失。我们认为，政府管理可以在机关管理、机关支出等方面出现失误，但不能在事关全局、社会发展、循环经济等影响后代福利的大战略方面轻易失误。社会公共资源从国际范围来讲，并非是取之不尽、用之不竭的，在中国更加稀缺。因此，保护和合理利用公共资源是现代循环经济时代政府无法改变的角色。从这一角色定位的机理分析，政府管理为保护和合理利用公共资源，就是要创造一个私人生产领域通过竞争来促使公众降低资源消耗增加经营效益的环境。在政府管理的设计框架中要全面体现这样一个规律，即竞争是为了淘汰成本过高的私人生产者，或者迫使其降低消耗成本。实际上，政府也就没有必要去直接过问私人生产领域的资源消耗的成本了，而是要确立与公共资源的使用密切相关的目标与政策措施。同时，在没有市场的领域，各级政府必须本着保护公共资源和资源有效或高效利用的公共责任，具体管理公共资源和资金的部门或公务员个人，应当设定一个公开管理的公共机制，以便于及时向公众说明他们是如何有效利用公共资源或花费公共资金的。

进一步讲，政府保护和合理利用公共资源，可以客观地体现现代政府管理的绩效。政府组织与管理在原则上有三件事应对公众负责：资金是否按照合法程序支出；资源是否达到合理配置或有效利用；公共资源是否达到保护的目的。这种既有定量意义又有定性意义的界定，是需要对政府管理进行绩效评估才能考核的。资金支出问题是通过会计评估考核的，资源的保护和合理利用需要对整个社会的产出或服务的价值进行科学的测评，可以通过对产出或服务的生产成本进行比较。现代循环经济促使中政府保护或合理利用社会资源是否达到目的，需要对某种特定服务中的具体工作进行"自我检查"，政府角色在此时所体现的特殊性就是公众要求知道什么是有效的和什么是无效的或成本过高的。这样，才能使政府保护公共资源的绩效透明化，也能够充分体现现代公共管理的硬约束机制。政府角色的这一转换，并非完全是公共管理学科的理论与实践自身推动发展的，客观上的公共资源越来越紧缺是促使政府角色重新定位的主要因素。例如，日本等一些资源相对稀缺的发达国家，政府管理角色转换得要比其他国家早，目前的发展中国家为保护公共资源也急迫重新定位政府角色。因此，一个以传统的软约束定位角色而造成内外部都在浪费公共资源的政府必将受到公众应有的监督。

2. 可持续发展能力是判断政府管理的基本标准

在 2001 年《科学》杂志（Science, 2001 (292): 641-642）上刊登了由 23 位世界著名的可持续发展研究者联名发表的题为"可持续能力学"（Sustainability Science）

的论文，其中对于可持续能力定义为"可持续能力的本质是如何维系地球生存支持系统去满足人类基本需求的能力"，并由此出发提出了7个核心问题，作为今后进一步研究的重点。

我们认为，可持续发展是现代循环经济时代政府决策必须把握的基本原则，综合起来，应当包括下列内容：①社会财富增长的度量。一个社会的发展，最重要的还是财富增长度量，如何发展、发展的速度多快都必须是能够让人们度量出来的。政府的角色必须让公众度量出其存在的重要意义。②发展质量提高的度量。社会始终是发展的，但是，没有政府管理的社会发展是缺乏质量的，例如，如火如荼的个体经济促使社会经济发展很快，但是由于对可持续发展缺乏科学认识与合理治理，已经让人们深深感觉到发展的质量问题。政府管理的角色不再是提高GDP的单一考核，而是要考虑当前与未来社会的综合协调与发展的问题，即要充分体现发展质量的提高。③理性需求满足的度量。对于公众来说，需要一个舒适均衡的生活环境是永久性的追求，而私人领域总是以经济利润最大化为活动宗旨。政府就要在公众最需要的时候发挥应有的作用，设计一个高度竞争的私人领域活动环境，公众可以从这个环境中找到满足理性需求的指标。④创新能力培育的度量。创新能力是现代循环经济时代政府管理新角色的又一大特征，无论是制度创新还是科学技术的创新，都是可持续发展的根本动力。政府自身的创新是可持续发展的核心，政府作为领导社会的唯一组织，其自身的创新要比引导私人领域的创新重要得多。⑤文化内涵进步的度量。可持续发展的一个非常重要的指标是社会文化事业的发展，它包括教育文化、科学技术以及思想认识等方面。国际经验证明，但凡是文化内涵进步与发展快的国家和地区，可持续发展就到位；反之则反。

那么，作为政府管理角色的定位，归根结底，要从持续度上来体现。这里所谓的持续度，是以人均财富的世代非减、投资边际效益的世代非减、生态服务价值（Valuse of Ecological Serve）的世代非减为其基本识别。持续度构成可持续能力的"稳定表征"，是可持续能力不断维系的促进剂，它所具有的内涵特征是多维度的硬约束：①逼近"三零状态"，即生态赤字为零、环境胁迫为零、生态价值与生产价值之比率变化为零；②向自然的索取与对自然的回馈相平衡，充分建立人与自然的协同进化机制；③充分尊重自然遗产和历史文化遗产，同时担负起为后代扩大更多文明积累的责任；④逐步实现自然—社会—经济复杂巨系统的可持续发展目标，把可持续发展作为政府管理决策的基本原则，是现代循环经济时代政府的基本角色。信息技术专家、美国政府间方案协调办公室负责人弗朗西斯·麦克多诺在《彻底改造明天的政府：未来的十大变化》（《未来学家》（美国），2000年第2期）中，把政府在可持续发展的角色定位总结成"未来政府的十大变化"。他认为，政府间管理也许是今后10年里公众管理的关键问题。公民、公众和政府的合作伙伴希望享有浑然一体的综合服务；为政府的普遍功能提供综合的解决方案是很有意义的，政府的角色在这里表现得再清楚不过了，这就是为社会营造一个可持续发展的基本环境。

3. 指导私人领域的核心是提供循环经济技术

新时代，政府在指导私人领域的核心不再是引导公众想方设法办企业，而是为私人领域提供经济技术，指导他们通过技术作用促使废弃物再利用、再生产，做到变废为宝。例如，美国是高度发达的国家，美国城市用水中家庭用水和商业用水的比例较大，约占城镇总用水的70%以上。在家庭用水中，全国家庭平均花园用水占其总用水的1/3，城镇公共绿地用水比例也很大，干旱地区城市绿地用水甚至占50%。根据具体的国情，美国政府在节约水资源方面，把为公众提供节水技术作为强调私人领域节水的重点，而不是限制公众用水。美国城镇节水也以家庭和公共绿地用水以及室内卫生用水为重点。以提供节水技术为核心的政府管理，让美国有关部门将精力集中到了节水器具的研制和开发上。因为节水器具虽"不惊人"，但作用不小，既可减少用水量，也可同时减少污水处理量，起到了"节水减污"的作用。为此，安装和更换室内节水器具是美国节水采取的主要措施。1988年，马萨诸塞州率先对新安装的抽水马桶一次冲水量做了限制，随后，14个州也跟着效仿，其中许多州还要求更换节水型的淋浴头和水龙头。洛杉矶市采取了16种最佳节水管理措施，除提供资助改善工业和商业节水，改进水价结构等措施外，重点将50万个旧式厕所马桶更换为超低流量的节水型马桶。另外，20世纪80年代中期，美国一些缺水地区已开展了城镇节水运动，不但对节水方案进行综合分析，制定长期节水规划、调整水价等，而且还采取严厉的法规措施。美国全国性强化节水行动基本是1980年之后开始实施的，并取得了较好的效果。美国官方公布的调查数据显示，1980~1995年的15年内，节水趋势良好，全国总取水量减少9%以上，达到了预期的2000年节水目标；制造工业的取水量减少了约35%，但城市污水回用的发展速度比较缓慢。据统计，1995年全国城市污水处理厂共16400座，年处理污水量为566亿立方米，再生回用水约14亿立方米。业内人士认为，这期间美国城市污水回用发展缓慢的主要原因是集中贯彻"源头削减污染量，远胜于污水末端处理利用"的方针的结果。

美国等发达国家政府为私人领域提供循环经济技术为角色的定位，并没有通过强迫限制的方法实现水资源的节省使用，而是通过提供科学技术实现的。这样做的结果，不仅没有在政府管理上把政府与公众对立，产生"限制"水资源利用的政府与公众的矛盾冲突，同时，提供科学技术的角色鼓励私人领域把节约水资源与使用新技术以及开发新产品有机地结合起来，从边际上体现了资源配置的帕累托改善效应。我们应当充分认识到，未来政府将理解互联网技术对社会和政治的影响。目前的政府管理能力也许落后于技术潮流两三年，这是政府角色不能快速转换的一个重要原因。在中国，政府角色转换在理论与政策也有了一定的进展，但总的来说，政府服务角色还没有在公众心目中建立，私人领域所急需的循环经济技术也没有及时到位，这就在政府倡导发展循环经济与私人领域自觉搞坏经济之间出现了信息不对称，这种信息不对称直接影响着现代循环经济的发展,也直接导致政府角色的定位问题。政府角色定位的不明确使人们在现代循环经济时代产生了无能为力的感觉,似乎政府不考核GDP,就显得非常茫然,一种适宜于现代循环经济时代的政府管理指标无法产生,这是由于传统管理角色桎梏仍占据主导地位的原因。

由此,新时代政府管理角色如何定位,应该是一个综合社会经济发展长远战略后才能正确定位的。党的十九大报告明确指出,全面深化政府职能改革。其根本目标就是变传统的政府"划桨"职能为"掌舵"职能,主要精力应该放在社会导向与严格监督管理上。这样,才是控制政府成本的根本途径。

第六章　全面小康视域下政府机会成本

政府作为公共治理的核心主体,其基本职责就是实施决策职能。无论是高层政府还是基层政府,决策能力或水平是影响公众对美好生活向往以及充分发展与均衡发展的前提。因此,必须从其决策的要素与机理上分析研究。

第一节　政府决策的影响要素及其分析

一、影响政府决策的基本要素

政府组织是按照一定法律法规严格建立起来的正式组织,政府组织在构成要素的种类上与一般组织大体一致,但其决策要素的具体内涵却是不完全一样的。因此,政府决策有其特殊的要素,政府决策机会成本的构成要素主要包括以下方面:

1. 政府组织引领社会发展的目标

政府组织引领社会发展的目标是指组织成员进行某项活动所需达到的预期结果。目标是政府组织决策最基本的要素之一,政府组织都是为了实现某个目标而建立起来的,它决定着组织行为的方式和组织发展的方向,关系到组织管理活动的效果,政府组织目标是政府组织存在的基础。它从不同的角度有不同的分类,政府组织中的职能目标从时间上看有长远目标、中期目标和短期目标;从空间结构上看有总目标和分目标。这些目标构成政府组织中的"目标网络"。从一定意义上讲,政府组织目标是政府决策影响的前提要素。

2. 政府组织的治理主体——公务员

公务员是政府组织的一个基本构成要素,也是构成政府组织的主体。作为政府管理主体的组织和机构,其实际的运行和效能的发挥必须依靠具体的人来完成。政府组织的人员是受国家和公民的委托行使政府权力、负责运用资源及指挥公务人员、达成政府施政目标的人。政府人员的素质和智能结构是政府组织的一个重要因素。管理主体自身素质的完善、管理主体认识能力的提高和价值取向的合理化，对政府管理的结果将会产生重要的影响。

3. 管理半径内可支配的公共资源

任何组织的运行都无法离开物质因素的支持。物质因素包括政府组织赖以存在的载体，如场地、房屋、办公设备、用品、经费等。对于政府组织来说，物质装备的先进程度是影响政府科学决策的重要因素。技术和信息也是政府决策的公共资源，政府组织构成因素中的技术不仅指组织活动过程中所采用的科学技术，也包括组织决策原则、方式在内的"政治技术"；信息是组织活动不可缺少的因素，信息传递的途径和方式也正是组织各部分相互协调的途径和方式，组织过程在一定意义上是一个信息收集、整理、制造、传递、反馈的过程。信息技术将改变许多组织的性质和结构，以及组织产品和服务的性质与生命周期。新技术可以促进分权化、网络化的管理作风以及自组织的能力。

4. 各级政府机关的职能范围与规章制度

职能范围是根据政府组织目标对政府组织所要完成的工作任务、职责及其作用的总体规定，它确定政府组织行使职权的活动和作用范围。职能范围是政府组织目标的具体化，它决定着组织规模、内部职位设置等方面的内容。政府组织的职能范围从其性质的角度可划分为政治职能和管理职能；从管理角度可划分为计划、组织、协调、控制和监督等职能。如果这些职能都能够科学地发挥作用，就会控制政府决策的合理程度；反之，就会产生负面影响。规章制度是指以书面文件等形式对组织目标、职能任务、权责关系、活动方式等进行严格规范。从总体上讲，从政府组织机构设置、权力划分到政府组织成员的行为规范等，都要有法可依。就政府组织内部而言，也必须有一套规章制度，以确保政府组织决策的正常运行和政府权力的正确行使。

5. 同级政府组织的机构设置

机构设置是根据组织目标、职能范围在政府组织内部按单位进行分工的结果。政府组织都要通过一定的机构体现出来，政府组织的机构设置只有是设置科学、合理的政府组织，才能使政府组织真正成为政府活动的载体。中国政府组织结构正处于调整过程中，合理的政府组织结构能够产生科学的政府管理业务流程，从而带来科学的决策，降低决策的机会成本。

6. 政府机关内部职位设置及权责体系

职位设置是在机构设置的基础上进一步按个人职责明确工作分配或分工的结果，即将组织目标、工作任务、权力职责具体落实到个人身上。职位是政府组织运行最基本的要素之一，只有有了职位设置，才能使权力的流动成为可能。实行科学的职位分类，是减少政府组织内部矛盾的有效途径，同时也是实现科学决策的基本途径。职权是指被组织正式承认的权力，它主要来自于组织的认可，与职位有密切关系。职责是指完成任务所应承担的责任。权责体系指政府组织中各个部门、层次、成员之间若干从属、并列等相互关系的确认与规范，它通过权力和职责的划分，保障政府组织各组成部分有序运行。

二、政府机会成本的影响范围

所谓政府决策的机会成本，是指政府在管理决策活动中，机会的客观存在和对社会、公众造成的经济利益损失。通过理论总结与实践观察，政府决策机会成本的影响主要概括为经济成本和社会成本两个方面。

1. 经济福利成本

（1）直接经济福利成本。直接经济福利成本是指政府管理决策造成的政府、社会在财产和财政等方面的不应该而必须支付的费用。假定政府干预企业，指使企业决策失误，产品找不到市场，或者厂房、机器设备被毁损，该企业要恢复正常的生产经营秩序，必须支付这些因为政府干预所造成的各类经济损失。

（2）间接福利损失成本。间接福利损失成本是指政府决策在降低各类风险发生所致的损失而采取各种措施所支付的费用，以及因方案选择发生所致直接损失以外的经济利益的减少。例如，政府为防止台风及降低台风的损失程度而选择的不同方案所支付的预防材料费用、预防设备费用和因台风导致的社会营业收入的减少所致的利润损失等。

2. 社会发展与社会精神成本

社会成本是指政府决策机会成本的存在给整个社会造成的种种危害，主要包括资源配置成本、效率或绩效损失成本和精神成本等。由于风险的社会成本不易为人们所识别和认识，因此，我们在研究中将其称为政府机会成本中的无形成本。

（1）政府资源配置成本。由于政府决策的选择方案在客观上发生可能导致的经济后果影响社会政府资源配置的帕累托改善效应，或者说政府资源配置效率降低引起社会经济效益损失。政府机会成本的客观存在以及其发生可能产生的后果，使人们不愿意将政府资源投入到高风险部门或行业，而乐于将政府资源投入到风险较低的部门或行业，但这些高风险部门或行业可能为社会所必需，对整个社会的作用又非常大，如海洋开发利用、水力资源开发等，由于风险大，社会资源难以流入这些部门，从而使资源配置失衡，缺乏效率或绩效，整个社会经济效益降低或受损。

（2）政府效率或绩效损失成本。政府决策风险的存在，迫使政府或者有关经济单位为对付风险发生可能造成的损失而提留大量的风险损失准备金，这些准备金被闲置而难以进入生产领域和流通领域，阻碍生产规模和流通规模的扩大，资金不能得到有效的运用，妨碍资本形成，从而使社会生产率受损，政府绩效相应降低，如政府安全或食品卫生管理等。另外，由于高风险行业往往是资金密集型和技术密集型的行业，而政府高机会成本的存在使资本流入受阻，其结果也使社会生产率受损。

（3）社会精神成本。政府决策机会成本的客观存在使人们产生忧虑感和恐惧感，这种忧虑感和恐惧感使人们的精神处于一种紧张状态，从而使工作效率和政府绩效降低，社会生产率因此而受损。这种忧虑、恐惧等便构成政府机会成本中对社会及其公众的精神成本。

三、政府决策机会成本存在的性质

1. 政府决策机会成本存在的客观性

自从政府诞生以来，风险就伴随着政府管理的一切活动，但又是独立于政府意识之外的客观存在，不以人的意志为转移。例如，地震、洪水、台风、疾病等自然灾害，战争、瘟疫、社会冲突、意外事故等社会风险，无论政府是否意识到，它们总是存在于自然和社会，而不为人们的主观意志为转移。政府在机会成本面前，可能只在一定程度上改变机会成本的存在和发生的条件，降低机会成本发生的频率和损失程度，而不可能根治、消除政府管理活动中的所有风险。

2. 政府机会成本存在的普遍性

政府的机会成本无时不在，无处不有。生产力极其低下的原始社会，就面临着诸如地震、洪水、瘟疫等各种各样自然风险的威胁。生产力水平的提高、科学技术的发展使人类社会走向文明，消除了一些风险，但又造成新的风险。举世瞩目的杭州湾大桥建设，在给公众带来便利的同时，也给政府在资本投入使用方面的绩效带来机会成本；汽车文明在给人类生活以交通便利的同时，也给人类带来因汽车运输带来的碰撞、倾覆等意外事故造成的财产损失和人身伤亡；政府制定各类政府政策时也伴随着机会成本等。不仅如此，随着生产力水平的提高、科学技术的进步，机会成本所造成的损失也越来越大，给社会的危害也越来越深。总之，机会成本问题渗入政府管理的方方面面，无时、无处不在。不仅对政府管理绩效有很大的影响，而且对建立新时代也有非常大的影响。

3. 政府决策机会成本的偶然性

研究表明，政府机会成本尽管是客观的、普遍的，但就具体某一风险而言，其发生却是偶然的，是一个随机现象。也就是说，政府某一具体机会成本在发生之前，人们无法准确测定、预期其发生的时间、地点、损失的程度等。这是由于任何风险的发生都是各种因素综合作用的结果，而每一因素的作用时间、方向、强度以及各种因素的作用顺序等必须都达到一定的条件才能造成机会成本。这些因素在风险发生之前，相互却无任何联系，许多因素出现的本身就是偶然的。

4. 政府大量机会成本发生的必然性

就个别风险来看，其发生是偶然的、无序的、杂乱无章的，然而，通过对政府管理大量发生的同一风险进行观测可以发现，风险明显地呈现出一定的规律，可以利用包括数理统计方法在内的各种科学方法进行准确的描述，从而使人们准确把握大量相互独立的机会成本运行规律。因此，根据以往的历史统计资料，利用数理统计方法和概率论，就可测算出政府机会成本发生的概率以及由此引起的损失大小，据此就可构造出风险分布模型，这种模型便成为政府风险估测的基础。例如，可以应用决策树模型，寻求最佳决策方案，从而控制政府的机会成本。

四、政府机会成本类型判断

1. 从政府机会成本的性质判断

为了合理控制政府决策的机会成本，必须对政府机会成本进行正确判断，对此，我们在研究中对整个政府机会成本进行分类分析。

（1）政府纯粹机会成本。政府纯粹机会成本是指只带来损失后果而无获利可能的风险，这种风险的发生，其结果有两种：一是损失；二是无损失，即有惊无险。如火灾、水灾、车祸、疾病等就属于纯粹机会成本。纯粹风险所致损失，是社会的净损失。例如，火灾引致的财产损失，无论对遭受火灾的单位或个人，还是整个社会而言，都是损失，这是绝对的。

（2）政府投机机会成本。政府投机机会成本是指其发生既有可能给社会带来损失，也有可能给社会或者部分公众带来盈利的风险，这种风险发生的结果有三种：一是损失；二是无损失；三是盈利。例如，政府对政府产品决策管理包括政府政策制定等就属于政府的投机机会成本。投机风险所致损失却是"相对的"，例如政府收税，对于一个经济单位或个人而言是损失，恰是整个社会和贫困阶层的所得，对整个社会而言，则无所谓所得与损失。另外，像杭州湾跨海大桥以私人资本为主体的投资方式，对于社会来说，是用富人的钱为穷人做福利，某种意义上比政府投资的帕累托效应更好。

（3）政府纯粹机会成本发生规则。只要条件基本相同，就会重复出现，因此，运用专家分析和数理统计能较好地予以测定，把握其运动的规律。投机风险运动的规律性较差，这是由于导致投机风险发生的基本条件通常是无法重现的，所以难以运用数理统计手段探究其运动规律。

2. 从运行形态判断政府机会成本

（1）静态机会成本。静态机会成本是指在社会经济结构不变的条件下发生的政府风险。自然力的不规则运动和反常以及人的过失、故意行为都可能导致政府机会成本的发生而产生损失。这些损失是在社会经济结构未发生变化的条件下发生的，因此是静态机会成本，如地震、飓风等自然机会成本，以及贪污腐败、渎职等人的故意行为和工作事故等过失行为所致的人为机会成本。

（2）动态机会成本。政府的动态机会成本指政治、经济、科技发展等社会经济结构的变化引致的机会成本。例如，政府经济政策的改变、新技术的运用、产业结构的调整、人们消费观念的改变、军事政变等所导致的机会成本。

这两种机会成本都具有不确定性。但是，政府的静态机会成本变化比较规则，适用统计法则能较好地预测；而政府的动态机会成本的运动极不规则，规律性较差，难以进行综合预测。一般来讲，静态机会成本所波及的面较动态机会成本要小，只对个别政府单位发生作用，所致损失也相对较低，而政府动态机会成本所涉及的面较大，对社会整体或几个行业发生作用。另外，静态风险多属纯粹风险，动态风险既可能是纯粹风险也可能是投机风险。

五、从控制机会成本战略分析政府业务流程再造

为了控制政府决策的机会成本，必须规范政府决策模式，而规范政府决策模式，首先要做好政府决策的业务流程再造。根据研究，再造政府决策的业务流程并规范政府决策模式应遵循下列步骤与程序。

1. 确定政府决策内容体系

必须让决策人明确其所要制定的决策在整个政府决策内容体系中的位置及其相互关系，以提升政府整体决策的质量。要求决策人对以下问题进行思考，并做出回答。

（1）所要制定的决策，从时间序列分析，它属于哪个时间段上的决策。①

（2）所要制定的决策，是属于政府决策之中的哪一类型。

（3）所要制定的决策、要服务的上一层次的决策是什么，或者说它是哪个目标决策的措施决策。

（4）它的下一层次的决策大致有哪些，或者说它是哪些措施决策的目标决策。

（5）所要制定的决策从组织内部关系分析，属于哪个层次。

（6）所要制定的决策相对于当前与未来的社会经济发展来说，存在于哪个层次。

（7）既往的政府决策常常可能会在何处失误，亦即决策的经验教训是什么。

（8）假定决策失误，那么其所造成的后果是什么。

（9）本级政府决策层对这个决策的后果承担什么责任。

（10）一旦决策失误，政府以什么方式来对这一决策的后果承担责任。

2. 确定政府决策分析方法

恰当地选择确定政府决策分析方法是至关重要的，要求决策人必须对以下问题做出思考。

（1）对于所要制定的决策的分析方法、可供选择的方案有哪些。

（2）各种备选方案的操作难易程度如何。

（3）本级政府或本单位能熟练运用的方案有哪些。

（4）政府选择不同方案的运用成本如何确定。

（5）不同备选方案中，理论上运用效果比较好的方案是什么。

---

① 政府决策一般划分为七大类型，包括：发展战略决策；行业指导决策；公共产品决策；公共政策决策；优化职能或体制改革决策；人事管理决策；服务质量与标准决策。

（6）综合考虑，选择何种方案最恰当。

3. 周密规划决策过程

科学的政府决策需要对具体问题制定决策时，严格按照事先确定的决策流程和程序来实施。这就可以有效地避免决策的随意性，要求必须对以下问题进行思考，并做出解释。

（1）决策的目标究竟是什么，没有明确的决策目标，往往是盲目的，也可能是失败的祸源。

（2）决策赖以制定的关键信息有哪些，必须认识科学的决策是建立在掌握充分信息基础上的，缺乏信息源泉的决策同样是盲目的。

（3）由谁对决策的结果承担总的责任。任何决策都必须是权责对等的，权力的放纵往往是决策失败的前提。

（4）由谁对决策的不同环节和步骤上的工作承担责任。一个科学的管理体制与机制必须有科学的分工。决策管理在政府体系内部，本身是管理链条，如果不能在核心机制上明确职责，就会形成环节断链。

（5）决策的时限和地点有何特别要求。在新时代，信息与科学技术发展突飞猛进，如果不考虑时限与空间，往往会产生机械主义或形而上学。

（6）制定决策的每项工作的先后顺序应该如何安排。政府管理必须有很强的统筹能力，缺乏统筹的管理肯定是高成本的。

（7）由谁对决策的贯彻实施承担责任。政府管理必须分工明确，决策与落实必须有机衔接。

（8）决策修正的条件和程序是什么。任何决策都没有百分之百的把握，因此，必须事先考虑有效的修正条件与程序，科学应用改变航道原理。

4. 细分决策过程和决策责任

科学控制政府决策机会成本，必须细分不同机关、不同部门及公务员个人之间的决策与执行责任。

一是做好决策过程细分。根据政府决策的特征，决策过程可从以下几个方面进行细分。

（1）关系到社会经济发展的外部环境变化信息的收集。

（2）对这种变化信息进行跟踪调研。

（3）确定是否对这种变化做出反应。

（4）收集可用作环境变化反应的措施办法。

（5）比较反应措施办法，并讨论拟定决策预选方案。

（6）对预选方案进行比较，选择最优方案。

（7）具体贯彻实施方案。

二是决策责任细分。决策责任细分是针对决策过程每一步和每一个环节责任大小和承担方式所做的界定，其内容包括对以下几个问题的思考和解答。

（1）决策信息收集人的责任以及承担责任的方式是什么。

（2）决策方案拟定人的责任承担方式是什么。

（3）决策讨论参与人的责任及责任承担方式是什么。

（4）决策拍板人的责任及责任承担方式是什么。

（5）决策实施过程负责人的责任承担方式是什么。

5. 完善决策管理制度规范

研究表明，政府的决策管理规范包括两大类制度：一是决策程序管理制度；二是决策方案论证管理规范。下面就政府必须有的两类管理制度内容作简要说明。

（1）市长决策程序管理制度。其目的是保证决策能按照科学的方法和合理的程序进行，避免政府领导人独断专行，或拍脑袋决策。其内容包括决策种类的分析和不同种类决策制定过程的分步骤标准和要求的界定。

（2）委员会决策程序管理制度。其目的是优化资源渠道组合，规避机会成本。其内容包括对不同资源渠道的可能性分析、不同资源渠道机会成本分析，以及资源决策制定过程的分步骤标准和要求的界定。

（3）政府产品投资决策程序管理制度。其目的是最大限度地降低投资决策的失误，提高投资收益，避免因为感情、情绪等因素而导致的决策失误。其内容包括投资的收益分析、风险分析、可行性分析和投资方案的优化选择，及决策实施的活动步骤和决策活动责任人的界定等。

（4）政府政策决策程序管理制度。其目的是保证政府社会发展战略的完整性和城市核心竞争力的建设，避免跟风随机决策和拍脑袋决策。其内容包括对政府政策的可行性分析、价值关联分析及决策制定过程的分步骤标准和要求的界定。

（5）人才战略决策程序管理制度。其目的是保证社会发展战略的贯彻实施，服务于城市核心竞争力建设。其内容主要是对人才战略决策制定过程的分步骤标准和要求的界定。

（6）重大行业决策程序管理制度。其目的是保证行业决策对城市战略的贯彻实施，并具体形成城市的核心竞争能力。其内容主要是重大行业管理活动的可行性分析、风险分析、成本收益分析，及决策制定过程的分步骤标准和要求的界定。

（7）一般行业管理决策程序管理制度。其目的和内容与重大行业决策管理程序大体相同，但要求相对简单，决策的参与人和责任人层次相对较低。

（8）中高层管理人员选拔任免程序管理制度。其目的是在中高层管理人员的选拔任用上，真正做到任人唯贤、任人唯能，保证选好人、用好人，不漏选对政府发展有用的高层人才，不误选金玉其外、败絮其中的庸才，并在人工成本一定的情况下，选用最优秀的人才来充实政府的相关管理岗位，提升政府的管理水平。

（9）一般管理人员选拔任免程序管理制度。其目的和内容与高层管理人员选拔任免程序管理制度大体相同，但要求相对简单，以降低决策成本。

（10）两个决策方案拟定论证实施规范。

第二节 政府决策的机会成本分析

从根本上讲，政府决策与其他组织决策没有本质区别。同时，政府组织的日常活动也是生产。与企业生产不同的是，政府生产的是公共产品。

一、政府决策的基本模型

这里我们以公共产品决策为例进行分析。公共产品政府预算供给是一种服务，这种服务是从纳税人那里获得相应的资助（税收资助）来对社会供给的。由于政府机构并不按照单位价格来销售这种服务，所以，纳税人的资助预算构成政府垄断经营公共产品的全部财政来源。一般情况下，政府机构会以竞争性价格购买所有的要素。供给这一服务的所有必要支出，都在单一预算活动中制定出来。因此，这个基本模型应该是一个"纯粹的"、单一服务的政府对某公共产品决策的模型，政府垄断的公共产品是诸要素的一个竞争性购买者。一般地讲，政府机构被看作是服务的垄断性供给者，但是，假设资助者并不运用其作为该服务的单一购买者的潜在垄断权力，因此他们或者缺乏动机，或者缺少机会。

在公共产品投入生产期间，政府机构所能获得的潜在的总预算可以用以下方程来表示：

$$B = aQ - bQ^2, \quad 0 \leq Q < a/2b \tag{6-1}$$

如果要素的竞争性购买是给定的，那么在政府预算期间，最低总成本用下列方程表示：

$$TG = cQ + dQ^2, \quad 0 \leq Q \tag{6-2}$$

在生产经营周期内，预算必须等于或大于最低总成本，表示如下：

$$B \geq TG \tag{6-3}$$

这两个函数和预算约束构成政府对公共产品决策预算的完整模型。

对于这些要求和成本条件来说，首要任务是解出预算的最大化水平，解出该政府机构将在所批准的预算水平上供给服务的预期产出。

我们假定，在审议预算过程中政府将会提出一个预算/产出议案，这个提案使预期批准预算最大化，所受到的约束条件是，所批准的预算必须足以支付在该预算水平上预期产出的成本。

对于这些条件来说，在所批准的预算水平上，服务预期产出的均衡水平这样决定：（设定式（6-1）的一阶导数等于0），预算（B）的最大化将导致 $Q=a/2b$ 的较高水平。约束式（6-3）是，B 必须大于或等于 TG，该约束导致较低水平。求解方程式（6-1）和式（6-2），得到 $Q=[(a-b)/(b+d)]$。当 $a=[2bc/(b-d)]$ 时，这两个水平的 Q 值相等。对于一个在竞争性市场上购买要素的政府机构来说，均衡水平 Q 是：

$$Q\begin{cases}(a-c)/(b+d), & a<2bc/(b-d)\\ a/2b, & a\geq 2bc/(b-d)\end{cases} \tag{6-4}$$

图6-1显示了一个政府机构在代表性需求和成本条件下的这些产出均衡水平。

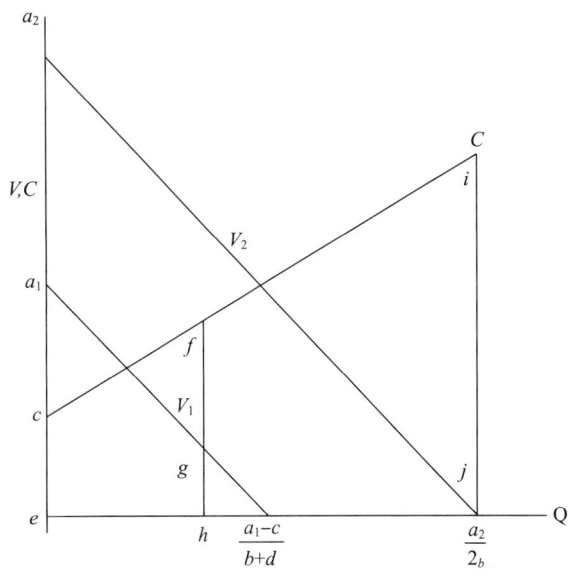

图6-1　机构在代表性需求和成本条件下的产出均衡水平

边际函数 V_1 代表较低需求条件，对于这些条件来说，一个政府机构的均衡产出将处于需求约束区域，在这里，图中的 ea_1gh 与 $ecfh$ 面积相等。在产生的均衡水平上，总预算刚好是最低总成本，而且没有成本—效益分析会揭示任何无效率，这时候，政府预算成本为最小化，控制政府公共产品经营决策预算的机会成本应该以此种情况为标准。①

但是，这个政府机构的产出高于最优水平。② 产出均衡水平处于这样的区域，即最

---

① 用美国政策分析家威廉姆·A.尼斯坎南的解释，如果一个政府能够在很低的成本条件下完成生产任务的话，那么这个政府是最有效率的；如果政府的输出水平带来最大规模的福利的话，那么这个政府就是理想的。
② 这个要素盈余会自然增长到政府所使用的特殊要素。然而，这并非经济上的纯盈余，由于在这项服务上的额外消费是从其他服务项目的资源上分拨过来的，于是，其他服务项目特殊要素的盈余就因此而降低了。

低可达到边际成本 hf 实质高于对于资助者边值 hg 在较低产出水平上的有效运行，将引起服务的所有可能净收益的取消。在预算的有限范围内，政府的行为是有效的，但却不是理想的。政府对生产效率的分析，是不能揭示任何无效率的行为的。可以说，仅仅有理想生产行为的政府，只能表明政府的输出太大了，因为福利与成本的比例的极值都小于 1，在福利与成本的总体比例正好等于 1 的范围内，也是如此。

然而，对于大多数服务而言，成本—福利分析被福利的内在主观特性限制了，因为，边际成本并不是由政府行为揭示的。

然而，一个不运用价格等要素机制的政府机构将会产生要素过剩（充分利用支付要素的费用和要素自身价值之间的差别），大于在一个较低的、最优的产出上产生的要素剩余。在均衡中，政府决策成员代表着批准公共产品预算所需求的边际投票数，他们在服务均衡水平和零水平之间恰恰是无动于衷的。但是，那些代表对服务具有较高相对需求的政府官员和那些代表应用于这种服务中的要素的利益的政府官员将会是公共产品在这个水平上运行的强有力的支持者。这就是为什么决策者有时候会被一些人贿赂的部分原因，也就是部分政府官员为什么会转而偏好于通过政府机构或者选择个别人来供给公共服务的部分原因。

边际价值函数 V_2 代表高需求条件，对于这个条件来说，一个政府机构的均衡产生处于"需求约束"产出区域，在这里，产出的边际值是 0。总预算将等于三角形 ea_2j，并将大于 $ecij$ 表示的最低总成本。在这产生的均衡水平上，这个政府机构中有租金，这个政府机构没有动机有效率；相反，它应当寻求超出超低限度需要的支出，以便消耗完生产预算。如果认真分析成本/效率就会发现，同样的产出可以使决策预算的机会成本更低能够变为现实。但是，可能并不是指望来自政府机构的合作，因为政府机构没有动机去解或揭示其最低成本函数。在这个区域，均衡产出仅仅受需求条件的约束，成本条件的变化没有或很少改变预算思维。这样，政府的产出高于最优水平，其运行产出水平是，最低边际成本等于 ji 和服务的边际价值为 0，这就再一次在较低的产出水平上抵消服务的可能净价值。该政府机构引起的要素剩余，也高于在较低的最优产出水平上引起的要素剩余。

对此，可以通过数学模型来进一步分析理解。这里假设有两个不同的政府机构，具有不同的需求条件，但却有相同的成本条件。这两个政府机构的函数和约束如下：

政府机构 A：

$$AA = 100Q - 0.5Q^2, \ 0 \leq Q < 100 \quad (6-5)$$

$$TGA = 40Q + 0.25Q^2, \ 0 \leq Q \quad (6-6)$$

$$AA \geq TGA \quad (6-7)$$

政府机构 B：

$$BB = 200Q - 0.5Q^2, \ 0 \leq Q < 200 \quad (6-8)$$

$$TGB = 40Q + 0.25Q^2, \ 0 \leq Q \quad (6-9)$$

$$BB \geqslant TGB \tag{6-10}$$

对于这两个政府机构来说,在预算约束和需求约束之间的产出临界值是$[2 \times 0.5 \times 40/(0.5 - 0.25)] = 160$。

对于政府机构 A 来说,由于 $100 < 160$,所以,公共产品均衡产生处于预算约束区域,其水平是$[(100 - 40)/(0.5 + 0.25)] = 80$。政府机构 A 的预算是$[100 \times 80 - 0.5 \times 80^2] = 4800$,正好等于可利用的决策预算。所供给的每一项服务的平均预算和成本是$(4800/80) = 60$,那么政府机构 A 所产生的要素总剩余是$[0.25/2 \times 80^2] = 800$。

对于政府机构 B 来说,由于 $200 > 160$,所以公共产品的均衡产出处于需求约束区域,其水平是$[200/(2 \times 0.5)] = 200$。政府机构 B 的总预算是$[200^2/(4 \times 0.05)] = 20000$。均衡产出的最低总成本水平是$(40 \times 200 + 0.25 \times 200^2) = 18000$,可少于利用的预算。虽然最低平均成本仅仅是$(18000/200) = 90$,但是,所供给的每一项服务的平均预算都是$(20000/200) = 100$。政府机构 B 所产生的要素总剩余是$(0.25/2 \times 200^2) = 5000$。政府机构 B 的需求恰恰是政府机构 A 的 2 倍,它的产出、预算和剩余却高出政府机构 A 的数倍。

二、公共产品政府垄断的机会成本

有可能实行要素价格垄断的政府机构,任何产出的最低成本都较低。同样的机会成本和生产条件体现在式(6-2)中,对于这些条件来说,作为公共产品垄断者的政府机构,具有以下成本/产出函数:

$$TG = cQ + - d/2Q^2, \quad 0 \leqslant Q \tag{6-11}$$

因此,作为一个垄断者的政府机构的完整模型,包括预算/产出函数式(6-1),成本/产出函数式(6-11)和预算约束式(6-3)。

对于相同的预算/产出函数式(6-1)来讲,无论是否有要素价格歧视,需求约束的产出水平都是相同的。在这一区域,政府机构可能不会利用要素价格垄断的机会,因为它这样做既不能提高预算,又不能增加产出,所以,它将避免失去那些代表要求利益的资助者官员的支持。然而,在预算约束区域,均衡水平式(6-1)和式(6-11)求得将会在 $Q = [2(a-c)/(2b+d)]$ 的水平上随着要素价格的垄断而提高。在这种情况下,当 $a = [4bc/(2b-d)]$ 时,Q 的两个水平值相等。因此,对于作为垄断者的政府机构来说,Q 的均衡水平是:

$$Q \begin{cases} 2(a-c)/(2b+d), & a < 4bc/(2b-d) \\ 2/2b, & a \geqslant 4bc/(2b-d) \end{cases} \tag{6-12}$$

在预算约束区域,均衡产生和预算之间的差别,无论有无价格歧视,都取决于要素价格随产出增长(由坐标系中的 d 表示)而增长的程度,这个程度越大,其差别就越大。

通过数学上的例证有助于说明这一点。假设有两个原型政府机构,具有相同的需求条件、成本条件和约束，这些由式（6-5）到式（6-10）的方程体现，两个政府机构都有机会进行要素价格歧视情况除外，这两个政府机构新的总成本函数如式（6-13）所示：

$$TC_C = TC_d = 40Q + 0.25/2Q^2, \quad 0 \leqslant Q \tag{6-13}$$

因此，政府机构 C 分别由式（6-5）、式（6-13）和式（6-7）表示，政府机构 D 由式（6-8）、式（6-13）和式（6-9）表示。对于这两个政府机构来说，预算约束与需求约束产出区域之间的界值（Threshold）为：

$$4 \times 0.5 \times 40/(2 \times 0.5 - 0.25) = 106.7$$

对于政府机构 C 来说，由于 100 < 106.7，所以，均衡产生处于预算约束区域，其水平为：$[2 \times (100-40)/2 \times 0.5 + 0.25] = 96$。政府机构 C 的预算为 $(100 \times 96 - 0.5 \times 96^2) = 4992$，这个产出所需的最低总成本相同。所供给的单位服务的平均预算和成本是 52。政府机构 C 没有产生要素剩余。注意：在相同的需求条件和相同的要素机会成本下，虽然政府机构 C 单位产出的平均预算低于政府机构 A，但是，政府机构 C 的产出和预算高于 A。

对于政府机构 D 来说，由于 200 > 106.7，均衡产出处于需求约束区域。政府机构 D 的产生和预算与政府机构 B 相同，不受要素价格歧视机会的影响。最低总成本是 $(400 \times 200 + 0.25/2 \times 200^2) = 13000$，以要素剩余总量计算，这个最低总成本低于政府机构 B 的最低总成本。然而，政府机构 D 可能不利用要素价格歧视的机会；没有哪一方获得良好的经济收益——要素的所有者将会有较少的收入，政府机构将不得不寻求其他方法来花费可利用预算。

乍看之下，似乎存在这样的悖论，即追求预算最大化的政府机构将会利用要素价格歧视的机会。但是，这样的歧视使政府机构可以提高产出和预算。当要素利益在资助者组织中得到强烈支持时，这就是一个冒险的实践，因为政府机构就把更多的潜在净价值挪用给政府机构活动的资助者；在这种情况下，政府机构可能不会充分利用要素歧视的机会，以便维持那些代表要素利益的资助者官员的支持。但是，一些要素的所有者受到潜在歧视的约束，这些约束如敦请有选举资格的人和公共领地等，当这些要素所有者在集体组织中没有得到充分代表时应该预期，政府机构就会利用这些资源的不同单元之间的价格歧视机会。对于作为歧视性垄断者的政府机构的分析，导致政府高成本假设：某些政府机构，尤其是运行于预算约束区域、面对特定要素不断提高价格的政府机构，可能会运用要素价格歧视，比起那些具有相似的需求和成本条件但需支付要素的竞争价格的政府机构，这些政府机构具有服务的更大的预算和产出（以及更低的单位产出的平均预算）。这样的要素价格歧视最有可能运用于这样的特定要素，即由那些资助者组织的官员仅以弱势代表的特定要素，加之垄断本身的低效率模型，由此，公共产品的机会成本就可能膨胀起来。

三、公共产品在竞争形态下的机会成本

在把公共管理推向市场或者区域竞争活动中,地方政府在提供公共服务方面的竞争中产生了一系列可供选择的多种服务方式。在某些地区,对某些转移成本较低的个人而言,地方政府(或私人性集体组织)之间的这类竞争确保了服务组合要回应居民的偏好,服务要以接近最低成本的水平提供,不管地方政府的政治理念如何,甚至像通常的情况一样,如果服务是通过地方政府由垄断型政府机构供给的,对于地方政府资助的服务的高需求弹性就会转化为对垄断机构供给的服务的高需求弹性。

然而,在区域政府之间转移的成本要高得多,因此,对于区域政府提供的服务的需求弹性,更接近于对此项服务的国民总需求。在这个层次上,政府的服务与管理理念更为重要。由区域政府资助提供服务的政府机构之间的竞争,至少造成这样一种可能性,即由任何政府机构供给的服务的需求弹性大大高于国民总需求弹性,伴随而来的结果是效率的改进。然而,正如下面所要看到的,由区域政府资助的政府机构之间竞争的效果,高度依赖于检查程序的特征和政府的服务理念。通过对原型垄断型政府机构的评价表明,服务型政府供给的主要问题并非是无效率,而是供给过量。在需求约束产出区域,预算最大化的政府机构还是有动机以最低总成本提供均衡产出,因而采用各种可供利用的要素与程序的最有效组合来求得公共效率。只有在需求约束产出区域,均衡产出水平总预算高于最低总成本,许多情况下政府机关对于要素与程序的组合也漠不关心。而且,政府机构所供给的服务的需求弹性越大,政府机构的产出越有可能位于预算约束区域。

三个一般性条件决定了政府机构之间或其他类型的组织之间在供给由政府资助的服务方面的竞争的效果:①面对一个政府机构的需求条件,是供给相同服务的另一个政府机构(或其他类型组织)的供给条件的函数;②最高决策机构所考虑的可供选择的对象范围以及全体会议代表;③与讨论程序相关水平上的选择标准。从真正内涵上讲,这三个条件的效果不但提高了公共资源配置的社会效率,而且必然地降低了政府成本。

四、公共产品竞争经营的政府决策模式[①]

首先,考虑两个政府机构供给相同服务的情况。这两个政府机构之所以多少具有不同的成本条件,可能是因为所拥有的财产的不同设置,或应用不同的生产程序。由对此服务具有相对高需求的群体的代表所控制的领域,对这两个政府机构的预算/产出计划进行组合审核。假如审计部门要对每个政府机构选择预算和产出,并促进关于此

---

① [美]威廉姆·A.尼斯坎南.官僚制与公共经济学[M].王浦劬译.北京:中国青年出版社,2004:45-63.

项服务的总预算和产出,以获得全体公众中多数人的同意,相对需求和税收分享比例满足于多数公众同意的最大总产出低于使高需求群体的净收益最大化的产出水平。中等需求群体的预算/产出函数表示如下:

$$a_2 = a_2 Q - bQ, \quad 0 \leqslant Q \leqslant a_2/2b \qquad (6-14)$$

该群体的税收分享比例为 t_2。因此,两个政府机构所供给的服务综合的总预算/产出函数为:

$$B = 1/t_2 [a_2(Q_1 + Q_2) - B(Q_1 + Q_2)^2] \qquad (6-15)$$

两个政府机构的总预算必须等于总成本之和,在这里:

$$TC_1 = c_1 + Q_1 + d_1 Q_1^2, \quad 0 \leqslant Q_1 \qquad (6-16)$$

并且

$$TC_2 = c_2 + Q_2 + d_2 Q_2^2, \quad 0 \leqslant Q_2$$

求解总预算和总产出的联立方程,得到政府机构供给 Q_1 的产出,表示为如下二次方程式:

$$Q_1 = (a_2 - 2bQ_2 - t_2 C_1)/2(b + t_2 d_1)$$
$$\pm \sqrt{(a_2 - 2bQ_2 - t_2 C_1)^2 - 4(b + t_2 d_1)}$$
$$\sqrt{[(-a_2 + t_2 C_2)Q_2 + (b + t_2 d_2)Q_2^2]/2(b + t_2 d_1)} \qquad (6-17)$$

式(6-17)的最大根解是给定 Q_2 的水平上所能够获得批准的 Q_1 的最大值。例如,如果 Q_2 的水平是固定不变的(由先期的立法或仅仅由于惯性),这一关联表明权力机关能够批准的 Q_1 的最大产出值。供给 Q_1 的政府机构也许会向人民代表大会申请较高的产出和预算,但是,这一提案会被降低到一定的水平,以保证 Q_1 和 Q_2 的组合产出能够获得有关机关的通过。

在相关时期,如果两个政府机构的产出都是可变的,那么,人民代表大会将选择何种 Q_1 和 Q_2 的组合产出呢?上述关联本身并没有表明两个政府机构将要申请的产出水平。某一政府机构会试图在另一个政府机构产出为零的既定条件下,申请管理机关能够通过的最高产出,但是,博弈的考虑可能使它们不愿使自己的预算计划被削减得太多。在任何情况下,两个政府机构预算产出计划的组合都可能因为太大而不能获得有关部门的批准,因此,决策部门必须削减一个计划甚至是两者的计划。

在这种情况下,有关机关能够通过的总产出水平,低于使得高需求群体净收益最大化的产出水平,因此,决策部门有动机使有关机关所能够通过的总产出最大化。应该注意的是,Q_1 和 Q_2 之间的关联是微凸的,Q_1 和 Q_2 的总和因而对于 Q_1 和 Q_2 的某些内在组合是最高的。使得组合产出最大化,并由此使得高需求团体的潜在净收益最大化的 Q_1 和 Q_2 的特定组合也是使两个政府机构的总预算最大化的组合。

在预算约束区域使得单一政府机构总预算最大化的程序组合,也是最有效率的程序组合。对于如图6-2所示的参数的特定组合,有效率的 Q_1 和 Q_2 的组合为:

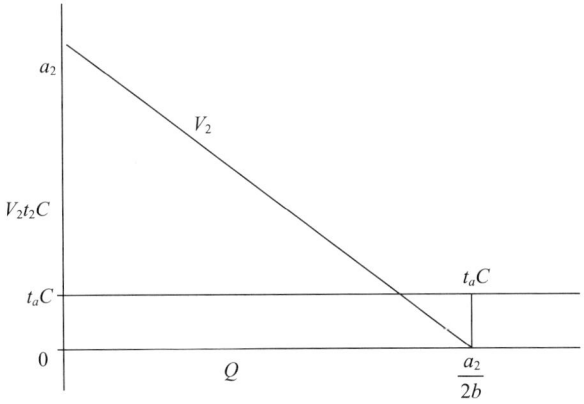

图 6-2 在需求约束区域效率上升的影响

$Q_1 = -50 = 4Q_2$

由于相当不同的原因，如果停息条件是相同的，由高需求群体的代表所控制的决策部门，会从两个竞争性政府机构中选择相同的程序组合和相同总产出和总预算，如同预算约束区域中的一个垄断性政府机构组合那样。在这种情况下，程序的均衡组合总产出水平以及总预算对于政府机构之间的竞争数量都是不变的。决策部门有动机找出最有效率的程序组合，以使能够获得管理机关批准的产出水平最大化。但这种状况并非易事，因为竞争性政府机构仍然有动机掩盖其成本函数，但是，审查基本上都会同意处于预算约束区域的垄断性政府机构的解释，尽管是出于不同的动机。在这些情况下，政府机构之间的竞争并没有使得程序的组合更有效率，也没有减少服务的过量供给。

然而，某些垄断性政府机构在需求约束区域动作，它们的预算和最小总成本之间的差别可能是实质性的。需求约束的政府机构与社会公众的利益通常并不统一。政府机构寻求自身预算的最大化，但是这并未促使它更有效率。社会公众寻求公共福利的最大化，并且，不管社会公众所偏好的产出水平高于还是低于管理机关所能通过的产出水平，社会公众一般都偏好于产出更有效率的提供。

有一种情况可能使需求约束的政府机构的利益与社会公众的利益更为一致，管理机构利用需求约束区域的生产程序的不确定性，越来越多地运用人民代表大会所代表地区供给的特定要素。除了特定要素利益的代表性之外，人民代表大会一般都有积极性去探索约束的政府机构，以将其预算降低到最低成本水平。人民代表大会对垄断性政府机构进行审查通常是一项艰巨的任务，因为没有可供比较的现实基础，而且政府机构的利益使其掩盖生产和成本条件。人民代表大会通常偏好于在供给相同或相似服务的政府机构之间存在竞争，这种竞争在两个方面导致效率。每个政府机构所面对的高需求弹性，使得政府机构越来越可能处于自身追求有效率的预算约束区域。政府机构之间的竞争，为公众提供了比较现实的基础，能够鉴别有效率或无效率的绩效。

在这种情况下，效率提高的效果可由图6-2表示。面对 V_2 和 t_2C 所表示的需求和成本条件，并不受有效审查约束的垄断性政府机构，供给的产出为 $Q=(a,2b)$，在这一水平上，中等需求群体的边际价值为0，总预算为 $B=1/t_2(a_2^2/4b)$，此处被限定的界标等于 V_2 以下的所有区域。供给这一服务的政府机构之间的竞争与有效的审查相结合，带来了相同的总产出 $Q=(a_2/2b)$，但是，总预算降低为 $B=(a_2c/2b)$，等于 $(1/t_2)$ 乘以 t_2c 以下的区域得以均衡总产出。

与需求约束的垄断性政府机构的均衡状况相比，政府机构之间竞争改变了程序的均衡组合，但没有改变产出的组合供给水平，同时降低了服务的总预算。因此，政府机构之间的竞争促进了效率，但并未减少公共服务的过量供给。然而，效率的提高降低了服务的总预算，结果增加了所有群体的净收益。不管是如何达到的，效率的提高总是给高需求群体带来附加的净收益；只有当效率的提高并未造成产出的增加时，它才会增加所有群体的净收益。

五、由垄断转为竞争决策政府成本机理分析

我们对于均衡状况的评价，并未表明政府机构之间竞争的另一个效果。即使政府管理部门通常应该有动力选择精确的产出组合，但也很少从最有效率的竞争性政府机构那里进行选择。在任何审计周期内，某些政府机构的产出和预算可能高于有效的水平，而另一些则低于效率的水平。人们往往对前者会沾沾自喜、夸夸其谈，而后者则向上级政府或直接向更高的政府机关表白，以期增加预算。第二类政府机构的表白，作为政府机构的领导，偶然的短期改变的结果，会实质上削弱有关管理部门的垄断性权力，因为在两个政府机构之间的选择现在必须由更大的代表机关做出，这在实质上也有更多的关于公共服务供给成本的适用信息。

就像这里所表明的，提供相同服务的政府机构之间竞争的效果，能够在实质上降低服务的过量供给，其方式主要是由中等需求群体的代表而不是高需求群体的代表强化竞争性政府机构的预算/产出计划的执行活动。中等需求群体的代表了解服务的成本，并为人民代表大会所提供的政府机构预算产出计划可供选择的对象，只有在这种情况下，过量供给问题才会在实质上得到缓解。中等需求群体的代表不需要了解可用来提供服务的所有程序的成本（可以应用这些程序提供服务），也不需要了解这些程序的有效组合，对于大幅度削弱政府机构与相关管理部门垄断性权力已经足够。

首先，让我们考虑中等需求群体的代表了解程序成本 Q_2，而不知道生产替代 Q_1 的成本的情况。如果生产 Q_2 的个别机关"使用伎俩规避"有关制度以增加其预算，如果相同或相似的服务由某些下级政府提供，或者如果服务由竞争性企业提供，上述状况就会发生。Q_2 的总成本函数为：

$$TC_2 = 40Q_2 + 0.4Q_2^2 \qquad (6-18)$$

因为这些状况为更大的代表机关所了解；对于这一程序，在产出的低水平上边际成本较低，但是边际成本随着产出的上升而迅速上升。Q_1 的总成本函数为：

$$TC_1 = 50Q_1 + 0.1Q_1^2 \tag{6-19}$$

在这种情况下，Q_1 由垄断性政府机构供给，因此 Q_1 的成本函数不能由政府机构的预算/产出行为显示。

政府机构所提供的产出的边际成本在低产出水平上较高，而在更高的产出水平上只有少许上升。这也许是较为一般的情况。研究表明，采用单一程序的预算最大化的政府机构，偏好于那些边际成本上升较慢的生产程序。政府机构产出 Q_1 的相关需求，在中等需求群体的总需求（$Q_1 + Q_2$）减去 Q_2 的值。在已知成本的条件下，Q_2 的有效性会实质性地提高对垄断性政府机构所供给的 Q_1 的需求弹性。假定税负等量分配，中等需求群体的总需求为：

$$(Q_1 + Q_2)^D = 30 - 0.333C \tag{6-20}$$

由式（6-18）可知，在边际成本 C 水平上的 Q_2 的值为：

$$Q_2^s = -50 + 1.25C \tag{6-21}$$

对垄断性政府机构所供给的产出 Q_1 的需求因而为：

$$\begin{aligned}Q_1^D &= (Q_1 + Q_2)^D - Q_2^s \\ &= 80 - 1.583C\end{aligned} \tag{6-22}$$

由式（6-22）可知，面对垄断性政府机构和人民代表大会的预算/产出函数为：

$$B_1 = 50.537Q_1 - 0.316Q_1^2 \tag{6-23}$$

由函数应该与控制 Q_1 和 Q_2 的供给的政府机构所面对的预算/产出函数相比较：

$$B = 90(Q_1 + Q_2) - 1.5(Q_1 + Q_2)^2 \tag{6-24}$$

比较式（6-23）和式（6-24）就会发现，在中等需求群体的代表所了解的成本水平上，Q_2 的有效性既会降低需求也会增加需求弹性。由式（6-19）和式（6-23）可知，供给 Q_1 的官僚机构产出解为：

$$Q_1 = (50.537 - 50)/(0.316 + 0.1) = 1.3 \tag{6-25}$$

这一产出水平应该与政府机构拥有对 Q_1 和 Q_2 垄断时的产出 $Q_1 = 13.3$ 相比较。产出 $Q_1 = 1.3$ 是多数投票者所能通过的最大产出，因为任何更高的产出水平都会使中等需求群体的净收益下降到 Q_2 意向产生的水平以下。由式（6-20）和式（6-25）可知，Q_2 产出水平如下：

$$C = 86.1 - 3Q_2 \tag{6-26}$$

由式（6-18）可知：

$$C = 40 + 8Q_2 \tag{6-27}$$

使式（6-26）和式（6-27）相等的 Q_2 的产出水平为 $Q_2 = 12.1$，同时（$Q_1 + Q_2$）= 13.4。这些产出应该与政府机构对 Q_1 和 Q_2 都拥有垄断权力同时产出水平 $Q_2 = 15.8$ 以及（$Q_1 + Q_2$）= 29.1 相比较。尽管在这种条件下 $Q_1 = 0$，在已知成本条件下，Q_1 的潜在可行性实质上能够削减政府机关和有关管理部门的垄断权力。

为进一步证明，可以绘制图6-3。图6-3表明，由监督部门决定的产出解的效果，在已知的边际成本 t_2C_1 水平上，Q 的可行性使中等需求群体对于产出 Q 的需求函数由直线 hn 下移到直线 gom 的位置。在这一下降的更具弹性的需求水平上，公众期望的 Q 的最大产出水平满足多边形 $egmI$ 的区域等于 $efnI$ 的区域。在已知成本条件下，Q_1 的潜在可行性即使不被使用，也会减少该服务的政府供给造成的净收益损失，由三角形 fhi 的区域下移到较小的三角形 fgo 的区域。某种未使用的供给的次等资源，会大大降低政府机构和监督管理部门的垄断权力，并产生接近最优水平。

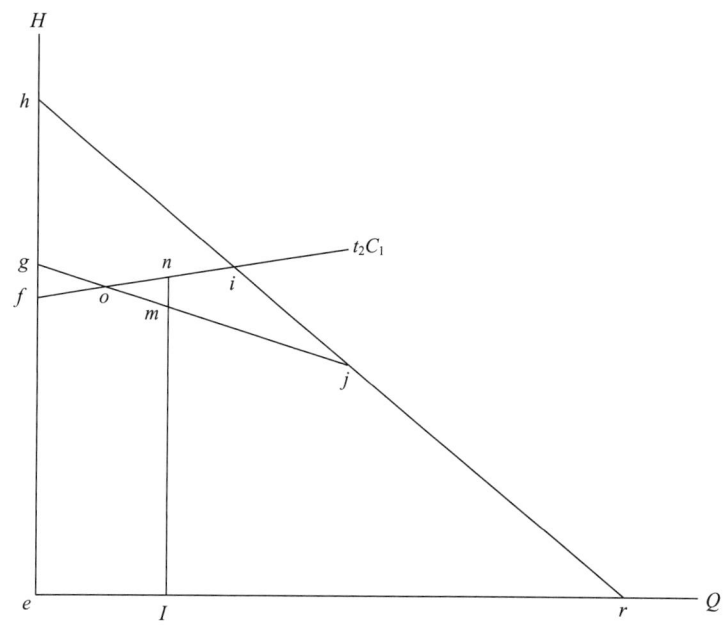

图6-3 一种良好的替代供给来源的影响

对于产出的组合水平而言，Q_1 和 Q_2 的组合不是最有效率的；政府机构所供给的产出 Q_1，仍然接近有效产出水平的 2 倍。如果中等需求群体了解两种程序的成本，产出的组合水平几乎与中等需求群体所选择的产出水平相一致。因此，此产出解与成本已知条件下两种程序的可能产出之间的主要区别包括 Q_1 和 Q_2 的组合，而不包括总产出水平。产出的组合水平不是最优的；或多或少较低的某产出水平，会产生更大的总净收益。然而，这个解远优于两种程序的产出都由垄断性政府机构供给，或由高需求群体的代表所控制的情形。对于两种程序的垄断，导致高需求群体的高水平的净收益，中等需求群体的净收益为 0，而低需求群体的净收益为负。如果政府机构和人民代表大会只对 Q_1 垄断，也就产生更大的总净收益，对高需求群体产生较低的净收益，对中等需求群体产生正的净收益，对低需求群体产生较小的负的净收益。这个解相当接近于最优解，即使诸多程序中的一个（或除一个之外）是由垄断性机构供给的，也是如此；它与最优解的区别主要是由于中位需求低于群体需求的算术平均数，而且相等的税收并未导致分配均衡。

现在考虑另一种情形，在成本已知的条件下，只有一种程序的产出适用于广泛的社会公众，其他程序的产出由垄断性政府机构供给。此产出解不同于上面所分析的情形，它取决于在成本已知条件下哪一种产出可行，以及哪一种产出由垄断者供给。因为 Q_1 的边际成本高于在较低水平产出 Q_2 的边际成本，只使用 Q_1 所能产生的中等需求群体的净收益低于前面的情况。这使得垄断性政府机构得以扩展其产出和预算，直至高于在成本已知条件下 Q_2 可行的水平。如果没有进一步的计算，这种情况的产出解为 $Q_1=0$、$Q_2=19.6$。这是仅仅由 Q_2 组成的最大产出，它会与只利用 Q_1 的情况产生相同的对中等需求群体的净收益。如果两种程序都由垄断性政府机构或管理部门供给，那么，此产出解应该与 $Q_1=13.3$，$Q_2=15.8$ 以及 $(Q_1+Q_2)=29.1$ 的水平相比较。尽管在这种情况下 $Q_1=0$，在成本已知条件下，Q_1 的潜在可行性实质上会削弱政府机构和政府管理部门的垄断权力。这样，政府成本必然地要继续控制；否则，在资源配置的市场决定前提下，政府的公共产品就会被市场淘汰。

第三节　政府决策制度与绩效评价

一、交易成本生成：决策制度机理

传统的政府管理制度是公共产品高成本运作的根本原因[①]，这在中国农村与城市基础设施开发和建设中是普遍存在的。如果没有有效的制度起抵制作用，在供给和生产基础设施过程中很可能产生许多更大的问题。这些问题可以通过交易成本反映（这些交易成本随着许多有不同偏好、资源及利害关系的个人进入与开发和维护基础设施相关的多种决策而产生）。一般地讲，现实的政府在供给和生产共用基础设施的属性时，总想着如何把决策过程进一步复杂化，所有这些问题综合在一起极易造成基础设施由于多种原因而不能得到维护以及生产过程中的高成本。这里，我们将分析替代性制度

---

① 实际上，当一种公共政策诞生之初，人们都不敢轻易违背，但当有人试探性地违背而没有被政府发现或者发现后所处理的程度使当事人的违背得益大于处理成本时，其他人也就陆续效仿了（例如，逃避税收就是如此）。一种制造高成本的社会现象也就出现了。

安排，设计这些制度旨在降低一种或更多的交易成本，并消除物品属性所造成的不良影响。然而，为了评价这些制度安排的绩效，还有必要详细说明一组评价标准。首先我们解释用于评价公共制度的绩效标准——效率、公平（包括财政平衡及再分配）、责任及适应性。显然这些准则之间存在利弊权衡，不同的公共制度安排在每一个准则上都产生得分比较高或比较低的结果。这些准则明显地影响政府在基础设施等方面投资的可持续性，从而影响眼前或长远的公共福利和公平。从现实来看，在政府的有形公共产品领域里，维护基础设施成本的主要依据是它所运用的制度安排。例如，如果一种制度安排没有提供激励机制监督承包商的绩效，以利润最大化为目标和机会主义的承包商就可能以生产不合格的基础设施来逃避自己的义务。[①] 最终的结果是，政府管理的基础设施的退化速度将比设计者预想的要快。如果交易成本在确定与替代制度安排相关的激励机制类型方面起关键作用，就有必要在分析制度安排时对这些成本做详细研究。因此，研究一组间接绩效标准是非常重要的，这些标准共同形成与具有公益物品特征的基础设施供给与生产相关的转换（生产）和交易成本。公众要在头脑中保持这样一种认识，制度安排类型的改变通常会降低某些交易成本而增加其他成本。

二、新时代理念政府决策制度的总体绩效评价标准

就提供和生产基础设施的制度安排而言，在考察替代制度安排时，认为维护公共基础设施是唯一目的的想法未来或许是诱人的，然而这却是不大现实的。一些设施仅仅是不适宜于它们被建造的环境，不应该得到维护。例如，如果产生重大的环境危害或者出现对生态平衡以及空气质量等可持续发展有影响的外部效应，这一设施所带来的收益可能低于其建造成本和环境成本，即使在计算设施的运行和维护成本之前，这一项目也是不可持续的。相反，考虑能够导致可持续发展的制度安排的各种目标是非常重要的。一般地讲，其绩效标准应当落实在多维渠道，这里，我们重点分析3个方面。

1. 公共资源配置中的经济效率

经济效率是由与资源配置及再配置相关的净收益流量的变化决定的。如果经济行为是有效的，没有任何资源再配置会在不使其他人状况或环境恶化情况下促进某些人或某个群体的福利改善，这一概念当然与公共基础设施的可持续性紧密相关，也应该是建设公共事业的制度基础，只有在基础设施的运行和维护所带来的收益超过其全部的直接和间接成本时，这个项目才具有可持续性，也才是政府管理低成本的客观反射。事实上，一项设施的运行维护成本超过以上这些活动的收益时，让它老化或者消失是一种更好的选择。效率概念在收益与成本估计或投资回报率估计的研究中起中心作用，

[①] 例如，那些有思想、有眼光的企业家、事业家在教育、医疗卫生以及其他公共项目上不惜自己的资本而投资以为公众服务。如邵逸夫慷慨投资的大学、中学、小学设施遍布全国。

它常常被用来确定公共设施工程项目在经济上的可行性。政府在竞争市场中进行干预的一个主要原因是公益物品的存在；一个私人市场通常不能有效地分配具有公益物品属性（非排他性和不可减性）的物品，同样，公共管理所产生的有些制度像逃避责任这样的机会主义行为可能导致无效率的资源配置。因此，当考虑替代制度安排时，对影响参与者的规则的修改将如何改变他们的行为及资源配置进行考察，具有重要的意义。现实中往往出现一些不尽如人意的现象是，有的公共管理活动在制度已经确立的情况下，也以个人利益或集团利益为"原则"，做出危害公众现实或长远利益的投机性选择，从而违背了"社会利益就是社会成员的利益总和"。① 我国现实表明，公共基础设施开发的替代融资手段对资源配置可能有不同影响。各种征税及收费手段对行为产生非中性的影响。由于采纳的特定税或费能够影响接下来的资源配置，它可能会将过去或现在看起来对社会的总福利改善变为未来社会公共福利的恶化，并影响经济效率。例如，如果税收被用来禁止那些令人不满的外部效应或边际效应的产生，那么就会带来比较高的经济效率，正如对酒类征税这事例一样。另外，如果公共产品价格已经精确反映自己的社会消费成本，价格方面的诱导性税收变动反过来就会改变生产者或消费者的决策，也会导致社会公共福利的净损失。因此，评价公共产品管理制度，首先要评价该制度能否为社会带来净收益，这个净收益应该是以建设公共产品的直接成本与间接成本总量为标准。

2. 社会的充分与均衡发展

经济效率并不是判断公共管理制度产生可持续的唯一标准。对于所有人来说，公平对待可能是更加重要的。判断公平或公正最主要的方法是：以个人所做的贡献和他所得到的收益之间的相等为基础；以不同能力得到不同报酬为基础。我们将依次考察每种重要方法，其具体指标表现为下列方面：

构成交换的公平概念认为，谁从服务中获益，谁就应该承担该项服务的财政负担，且谁获益更多，谁就要付出更多。这个概念本质上表现出的内容是，公共服务之收益与提供该服务的成本之间的财政平衡。对财政平衡或不平衡的理解，影响到个人对公共管理设施开发和维护进行付费的意愿。如果公共管理基础设施的使用者感觉到，在相同的条件下，他们所被要求付出的货币或非货币资源和其他使用者相比有明显的差异，他们就不愿意按照要求去做。因此，当纳税人发现或者觉察到他们的某些邻居没有缴纳地方税，他们也可能决定不缴税或者逃避，最终导致比较低的税收缴纳。② 另外，所有人都可以直接观察到，劳动力的实物形式可以为社会公共设施的建造和维护"融资"。因此，对于参与者来说，如果使用这项资源动员技术，而不是将货币形式的

---

① ［美］埃莉诺·奥斯特罗姆，拉里·施罗德，苏珊温. 制度激励与可持续发展——基础设施政策透视［M］. 毛寿龙译. 上海：上海三联书店，2000：132.
② 何翔舟. 论政府成本［J］. 新华文摘，2001（12）：8-12.

应付款项强加给使用者，就比较容易监控财政平衡，特别是在参与者读不懂也无法理解财政账目时尤其如此。

在财富分配严重失衡的国家或地区，将资源再分配给比较穷的人的政策是相当重要的。因此，虽然效率准则规定稀缺资源应被应用到其能生产最大纯收益的地方，但公平的目标则可能缓减这一目的，致使有利于特别是非常贫穷的人群的设施得到发展。同样再分配的目标可能会和实现财政平衡的目标发生冲突。只有那些比较富有的人可能有钱用于贡献充分反映其名誉和社会地位并在使用基础设施中获益的资源。[①] 再分配的目标常常被描述为低收入国家或地区基础设施投资的基本原理，而且正因为如此，这类活动通常都得到补贴。然而，在假设穷人是补贴服务的主要受益者时一定要谨慎行事。实际上，已有人断言，"从免费服务中受益最多的常常是中产阶级和富人，而不是穷人"[②]（Akin et al.，1987）。收入再分配的目的常常被那些从事寻租行为的人用来使公共部门的活动合法化，这些活动事实上使那些需要较少的人获得了不相称的收益。在制度安排尤其是开发和使用基础设施的制度安排的公平方面，这两种公平观点能够导致截然不同的结论。例如，如果一个公共剧院为所有使用者提供好处，那么收益或财政平衡原则要求每个享受剧院的人都支付与他们使用设备相关的边际成本。但是根据支付能力的原则，这样的收费却并不合适，因为这样做会减少低收入个人享受剧院的机会。这种观点表明，该项服务应该通过其他方法（这些方法包含有自身的公平内涵）得到补贴。

3. 政府为全面建成小康社会所承担的责任

必须强调政府官员对公民负有说明一项公共设施开发和使用的责任。如果责任缺失，公共决策可能在没有考虑最终使用者愿望的情况下被做出。此外，如果不负责任，行动者就能够成功地进行各种寻租策略行为。最后，政府官员不承担责任可能导致公共基础设施建设不当，以增大公共管理成本，甚至破坏新时代。以新时代为理念的公共产品管理制度建立中的政府责任，在现实中表现为稀缺资源使用的责任，这是公共管理最重要的内容，特别是在由捐赠赞助融资的情况下。没有适当的责任，目标群体就不可能得到资助项目所带来的收益，资源可能更容易被浪费。许多政策分析假定制度安排能够促进责任，因此，这些政策分析主要关注效率和公平的绩效目标。然而，公共管理活动常常缺乏竞争、新闻自由和独立的司法制度，特别是欠发达地区，要确保政府官员的责任实现可能更加困难。事实上，责任目标不一定要与效率和公平这些目标发生激烈的冲突。实现效率确实需要决策者得到有关公民偏好的信息，这和实现

[①] 在现实的政府管理活动中，人们往往看到，有些非常重要的协调只有彼此之间的关系融洽，即使不支付任何成本，问题也可以通过无成本协调解决。但是，如果没有朋友或者其他关系，即使是有关政策制度规定的事，也很难协调解决。

[②] 有学者认为，政府管理是政治行为，除了有财政支出的公共成本外，再不存在其他成本。这是违背客观现实的。实际上，任何一个组织或个人，都存在直接支出与决策等方面的成本。

责任是一样的。有效聚集这类决策信息的制度安排有助于实现效率，同时也有助于增加责任并促进再分配目标的实现。

三、政府决策的机会成本评价标准

提供物品和服务不但包含转换成本而且包含交易成本。在政府管理部门制度安排中，这些成本常常被忽视，因为其大部分是由消费物品和服务的人来承担的。在很大程度上，承担成本的人控制他们在供给活动中的投资。通常情况下，公共部门供给成本比它们初看起来要大得多，因为这些成本常常在许多不同地点被记录下来，并且很难鉴别和衡量。关于供给成本，我们将区分为转换成本、交易成本两种类型。

1. 政府决策的转换成本

转换成本可以界定为政府管理活动中转嫁给公众支付的间接成本，它实际上是公众或社会成本。由于政府成本的转嫁，也往往造成政府对成本的软约束现象，包括：①将公民对物品的偏好及其支付意愿转化为对公共部门提供物品和服务的明确需求量所需的成本；②融资和生产这些物品和服务所需的安排成本；③监督生产者绩效所需的成本；④规范消费者使用模式所需的成本；⑤强制遵守税收和其他资源动员手段所需的成本。公共产品的转换成本往往掩盖政府管理公共产品的绩效本质，而且传统管理认为这类成本是不应当考核的。随着现代市场经济的不断成熟与完善，政府在公共产品领域里所体现的转换成本也日益被人们重视起来，美国人为重视政府管理活动中出现的转换成本，早就于20世纪90年代推行企业家政府，其目的是硬性约束政府在公共设施管理方面的高成本现象。

现代公共管理活动中，公共产品出现向市场化、产业化转换的趋势，各国政府都通过相应的制度安排，把那些曾经是关系人民群众生活的重大问题而逐渐失去既往的定位功效的公共产品推向市场或向半市场化过渡。但是，这种演变并没有减少政府管理公共设施方面的转换成本，因为虽然将传统的公共设施推向了市场，但是新的公共设施又会不断出现，这也是符合"推陈出新"原理的。[①] 事实证明，社会越发达，政府提供的公共设施的价值越大，需要政府提供的新的公共设施也越多，其规律只不过是传统的政府管理的公共产品之生命周期结束，而新的符合提供公众物质与文化生活的公共产品不断涌现。因此，人们还不能对公共产品转换成本问题的研究忽略或放弃，因为从审计等国家权威部门得到的资料显示，政府管理公共设施方面的转换成本有不断增长的势头。

---

① 随着社会经济的发展和科学技术的不断进步，政府必须不断地改善公共福利，使自己的公众享受到与社会进步一致的福利。例如，过去的医疗卫生机构能够走向市场，而新的福利性公园、大型地铁、地下管道等必须通过政府来建设。

2. 政府决策管理活动中的交易成本

随着与协调、信息和策略行为相关的转换成本的增加，在客观上造就了交易成本。我们说，转换成本是与联合提供物品和服务相关的费用。照此，转换成本直接受所涉及的物品和服务的特征、供给单位的规模在综合利益、安排筹资和生产、监督生产者、规范使用者及强制遵守方面所使用的技术等因素的影响。供给方面的交易成本则是作为试图抵消与策略行为有关的激励的结果而引起的成本。这里，我们把供给所包含的交易成本区分为以下三个类型：

一是协调成本。协调成本是投资于政府在公共产品领域的行动者之间供给协议的协商、监督和执行时的金钱和人力成本的总和。协调成本是政府管理最主要的成本之一，由于在中国，传统的人事关系被看作是政府管理活动中最为活跃的因素，这种因素的影响作用往往比政策、法规的因素要大，所以仅仅从协调成本的总体方面来分析，应该是相对低廉的。但是，说相对低廉并非可以忽略不计，随着市场经济的完善，它也会逐渐演变为重要支出以增加公共产品成本。

二是信息成本。一般地，信息成本是搜集和组织信息的成本和由于时间、地点变量和一般科学原则的知识缺乏或无效混合所造成的错误成本。公共产品生产活动中的信息成本是其他成本的前提，许多情况下的成本都是信息成本所带来的。因此，忽略信息成本的制度选择是非常危险的，应当引起各级政府的高度重视。

三是策略成本。策略成本是指某个人利用信息、权力及其他资源的不对称分布，以牺牲别人的利益为代价的情况下获得效益，从而造成转换成本的增加。与供给活动相关的最常见策略成本是"搭便车"、寻租和腐败。对于政府管理公共产品而言，和转换成本一样，供给的交易成本受所涉及的物品和服务的特征、供给单位的规模，用于利益综合、监督、规则、制定政策的技术方法及用于治理交易的特殊规则等因素的直接影响。

3. 与转换成本、交易成本关联的信息成本

认识到这两种成本之间甚至各类成本之间存在利弊权衡是非常重要的。但是，这两类成本都离不开信息成本。例如，要降低由于时间和地点变量信息的不足（例如由于灌溉工程设计人员对当地状况缺乏了解而造成水流改道项目的直接破坏）而造成的错误成本，需要资源投资时以获得有关当地状况的较好信息。因此，时间和地点信息的总成本包含两方面内容：信息不足造成的错误成本与获得和使用信息的成本。在人们能对错误成本和搜集成本做出精确评估的环境下，有可能做出获取信息的最优投资方案，以使新获得信息的边际成本正好等于减少错误的边际收益。但是，基础设施开发的参与者很少拥有关于成本如此全面的信息。因此，我们不能假定做出最优投资方案。相反，我们必须假定时空信息总成本的水平和类型是随着物质领域和制度安排的不同而变化的。因此，有多年利用河水灌溉土地经验的扶贫对象，可以掌握有关河水在每年不同期间的流速以及田地中土壤类型的详细情况。这种时空信息是作为其他活

动的副产品而获得的,在收集此类信息的活动中无须大量资源投资。当这些扶贫对象参与设计、建造和维护活动时,因为由特定地点信息不足而造成的错误成本和获得信息的成本相对来说都很低,所以时空信息的总成本很低。

国家部门的公务员要获取时空信息,远比由当地选任官员从事该任务所耗成本大得多。因为如果这些公务员不被安排在一个特定地区工作很长时间(这种事情很少发生)且他们有较高积极性收集这类信息,这类信息就不可能作为日常工作的副产品而被获得。因此,我们能够假设,在政府机构中,由于时空信息的缺乏而造成的错误成本是比较高的。我们也认为,各级政府机关的公务员获取相关科学信息的成本要比获取扶贫对象管理灌溉系统信息的成本低。集权的部门有可能雇用熟知现代科技知识的受过良好训练的工程师,而当地扶贫对象可能是做不到的。

认识到间接成本之间存在权衡,是比较制度分析的基本内容;使所有成本降低为零永远都是不可能的。因此,如果制度安排的间接成本比较低,则在其他地方的成本就相对较高。关键问题是,与替代制度安排相关的差别是否仅仅相互抵消,或者从一种制度安排换到另一种制度安排是否能获得有效率的净收益。

四、控制政府机会成本的制度选择

通过分析表明,提供相同或相似服务的政府机构之间的竞争一般是服务于公共利益的,但是竞争的效果依赖于公众福利的增加。

在公共产品生产中,如果其选择的是受预算约束的垄断性政府机构,如果政府管理部门是由对服务具有相对较高需求的群体的代表控制的,并由此得出垄断性政府机构的产出解,那么,除了有可能增加用来生产服务的程序的多样性之外,这类竞争价值较低。在这种情况下,政府机构之间的竞争没有提供效率,也没有减少与垄断性政府机构相关的过量供给。如果其选择需求约束的垄断性政府机构,政府机构之间的竞争才是比较有价值的。因此,虽然竞争提高了效率,但是没有减少与行政垄断的解相关的过量供给;因为效率的提高在产出不变的条件下降低了总支出,然而,政府机构之间的竞争产生了对所有公众的附加净收益,亦即对于社会来说,降低了政府成本。

当竞争性政府机构的产出和预算决策不是在部门和政府管理机关层次上解决,而必须由社会公众或者监督机关整体解决时,政府机构之间的竞争才最有价值,政府成本才有最小化特征。这增加了立法机构或者政府监督机关可以利用的成本信息的数量,增加了任何政府机构使用投机手段规避有关组织(例如,人民代表大会)部门以期增加预算的可能性。在成本已知的条件下,供给的任何重要资源来源于政府机构,或来源于其他层级的政府,或来源于竞争性企业——实质上削弱了政府机构和政府管理机关的垄断性权力,即使该资源并未被使用。在立法机构已了解成本的条件下,供给选择资源的效果在某种程度上取决于这种资源在低产出水平上的产出成本。然而,一般来说,某种重要选择方案的可行性,会带来某种程度上无效率的几种资源的产出组合

（行政垄断仍然会供给过高的产出），但是总产出水平较低，更接近于最优水平，从而产生政府成本最小化效应。

因此，制度安排要使政府在公共产品决策中的机会成本降低，也就是公共产品在竞争中经营的途径。围绕政府管理机关的竞争能够增加服务供给所产生的总的净收益，并在实质上增加中等需求和低需求群体的净收益，对社会公众是非常有益的，这是政府所必须追求的。因此，在跨过"公地悲剧"的社会弊端之后，政府对于公共产品决策的机会成本是社会应该解决的大问题，如果能够在实践中完善，将对社会公众产生不可估量的效应。

第七章 全面小康视域下的公共产品成本

公共产品的均衡与充分发展问题是全面建成小康社会的核心。研究公共产品的成本是公共产品均衡与充分发展的保障。

第一节 公共产品低成本服务是新时代的聚焦点

习近平总书记在党的十九大报告中指出，提高保障和改善民生水平，加强和创新社会治理，有形公共产品是落实这一战略的主体。有形公共产品低成本服务是提高社会公众福祉、实现公共资源帕累托改善效应的基本标志。公共产品本身的公共性，几乎使所有的公共管理者以及学术研究者忽略了有形公共产品的成本问题。随着社会经济与公共治理理念的不断深入，人们对于社会以及公众的福祉产生了较高的关注度，政府运行绩效随之成为评价政府作为的主要依据，一定程度上公共产品的高成本服务对现实的政府绩效考核提出了挑战，公共产品高成本问题也就到了非解决不可的地步。要正确认识公共产品的成本问题并找出低成本服务的途径，必须从公共产品的服务体制与内在的管理机制入手，建设与公共治理理念相匹配的低成本服务制度。

一、公共产品低成本服务的前提

政府及其公务员绩效评价肩负着检验公众生活质量、选拔人才、考核公务员、政府绩效等重要使命，在过去几十年的改革实践中，积累了很多宝贵的经验，但仍然在不同领域、不同程度地存在着一些弊端。我们择其要者而举。首先，地方各级政府设置的社会经济发展指标体系被普遍用来作为评价公务员及政府绩效的唯一标准，从而导致对某些现象指标片面、盲目的追求。由于目前最主要的社会经济发展问题都较侧重 GDP、PIC 以及人均纯收入等，有形公共产品服务实践往往受其影响，强调表象，而忽略其他的公平、幸福指数、实际生活中的方便等①，严重制约了有形公共产品全面、均衡的发展。其次，在我国目前的绩效评价实践中，对公务员成绩的解读仅限于得到一些简单的描述统计数量（如提供了多少，GDP在国内、省内的排名等），不能与广大人民群众的基本向往对接，这些数字在表象上非常精确，容易统计，也便于比较。但它完全不同于有形公共产品的物理测量内在含义，在很多情境下还可能是谬误。例如，在同一类型的有形公共产品建设活动中，价格和市场需求状况差距截然不同。由此，即使两个公务员的分数完全相等，也不能认为他们的知识、能力与素质等综合水平完全相同，因为生产公共产品的总绩效分数各部分的具体情况可能存在差异。同理，某次评价的70分和另一次评价的80分也无从比较，服务公众的公共产品在评价内容、难度、时间与空间等方面都可能存在较大差异。② 最后，传统理念下公共产品生产供给的计量与预设的工作质量标准缺乏联系，使得在新时代、新理念下人们无法从中解读到如何取得满足人们需求的反馈信息。一般情况下，公务员仅能看到自己依据本次评价在群组中的状况，但在公共产品服务活动中，究竟哪些方面的工作做得好，哪些方面的工作相对欠缺，是否较同行之间取得进步，却不能从公共产品生产供给的评价结果中体现出来，更不能在这一领域客观评价公务员或政府进步的程度。这很容易造成地方政府或部分公务员在生产供给公共产品时，按照某一格式机械地追求绩效，而实际上收效甚微，影响社会的健康发展。③ 通过调研发现，在对公务员、地方政府提供公共产品评价时，很多地区会采用以公式化的指标为主要依据的评价方式。这不仅会使有形公共产品服务活动进入程式化的误区，并且由于这种做法不考虑自然、社会环境基础、政治背景等因素，还会对一些基础条件较差的地方产生较严重的负面影响。因此，要科学体现公共产品的提供是否满足人们的向往，首先必须对改进政府提供有形公共产品绩效评价提出设想。

1. 引入"增值性"创新

提供满足人们对公共产品向往的绩效，传统的政府对公务员的评价缺少体现工作规律的客观标准，无论是政府主体还是一些评价团体，实际上是以笼统且单一的成绩为主要标准。这种评价标准和方法把拥有不同环境和条件的地区，以同一标准衡量工作的绩效，使占有优质资源的政府始终处于优势地位，而那些公共资源和现实条件相对较差的区域政府及其公务员则不能根据地区特征提高工作绩效。有形公共产品增值性评价的概念，即评价公务员在一段时间工作过程中的"绩效"，以价值与条件变化取代原来对公务员在某一个特定时刻状态的关注，这种评价方式将公务员原有的工作成绩及环境背景等多个因素考虑在内，提出一个合理增长的模型。实际上，即使是同一

---

① 贾云洁，王会金. 价值取向与政府绩效审计评价体系构建研究［J］. 山东社会科学，2012（1）.
② 刘笑霞. 论我国政府绩效评价的价值取向［J］. 北京理工大学学报（社会科学版），2011（6）.
③ 薛刚，薄贵利，刘小康，尹艳红. 服务型政府绩效评估结果运用研究：现状、问题与对策［J］. 国家行政学院学报，2013（2）.

区域内部，其影响因素也是千变万化的。评价时不仅要关注于工作过程的最后产出，更着重于工作过程所带来的增长。在更大程度上要凸显"以人为本"、尊重每一个公务员的工作活动中的创新精神。创新与运用科学方法评价政府、公务员绩效，有利于促进区域和区域间的公平比较。有效激发环境质量差的区域促进有形公共产品低成本服务的动力。就有形公共产品政府绩效评价而言，国外一些经验还是值得借鉴的。2005年以来，美国在教育领域提出了很有借鉴价值的绩效评价理念，在对《不让一个孩子掉队》法案做出重大调整后，政府要求各州建立基于学生水平增长的绩效模型，增值性评价成为评价实践和研究的热点。一些州通过建立纵向链接的测量工具，将学生每一年的学业水平增长与该州的标准要求，学生历史水平和学校历史水平，其他学校增长情况等，进行多角度的跟踪评价。①② 对于已经进入新时代的中国现实的有形公共产品科学、公平的绩效评价应该是有启示作用的。中国也在教育领域出现了增值性评价研究，但其他领域基本上还是采用传统评价方式。如何在更加广泛领域创新拓展，是有效公共产品低成本服务体制机制创新的必由之路。

2. 改进评价技术以科学解读结果

政府以及公务员在有形公共产品生产供给活动中的绩效，是一个复杂劳动投入过程的结晶。在传统的评价活动中，人们潜意识里认为成绩主要用来解读政府或公务员升迁、离任审计等，很难了解成绩背后每个公务员的优势和不足。由此，许多评价以简单的定性分析了事。从满足人们的向往出发的有形公共产品绩效评价，必须是全面细致地阐释评价结果。从中了解公务员个人及政府群体的能力结构，必须改进目前笼而统之的评价方法与技术。在定量与定性有机结合的基础上，采用测量理论及先进数理统计方法，结合工作设置、公共产品目标、社会发展指标等工作标准，深入细致地分析绩效的"成分"和"含量"。同时，还要联系各种环境背景与信息平台，多维地研究影响绩效公共产品质量的因素。这些反馈信息很可能起到为公务员和政府弥补不足、促进均衡发展，以及充分发挥优势、培养个性化特长的功效，为评价本身提供有效依据的作用。③ 无论是医疗卫生、教育，还是交通、水利设施等不同领域，必须分清自然环境与人文环境的不同。专业评价机构要常规性地向政府、地方教育机构、医疗卫生机构、行业管理部门，包括学校、医院乃至个人提供详细书面反馈。例如，学校应以国际大型标准化考试 PISA（学生能力国际评价项目）为例；医疗卫生领域必须把握现行的 27 个专业医疗质量控制与评价标准；其他工程产品应遵循 ISO9001 国际质量认证标准。作为政府组织或公务员，不仅公布公共产品提供活动中的信息资料、统计台账，

---

① 我们在甘肃、青海、宁夏等省区调研时发现，在政府购买有形公共产品领域，自然条件、人文条件都是影响公共产品生产服务的重要因素，而且也相当复杂。许多一概而论的绩效评价是非常主观的。
② 谈松华，黄晓婷. 改进教育评价 [N]. 光明日报，2013 – 01 – 23.
③ 段豫龙，包江山，关峻. 区域行政效能的绩效指标选择与评估 [J]. 北京工业大学学报（社会科学版），2012（2）.

以及认证验收标准等,还必须分析产品水平、政府投入以及公众个人体会等方面的总体信息。评估人员要深入研究各种影响因素,质量标准发展的趋势等。同时,还要向各地提供分析该地区情况的分报告。[①] 此外,还必须如实向公众提供绩效评价知识培训,帮助公众解读和利用各类评价结果,以提高辨别公共产品质量的水平。

3. 建立科学标准与内容体系

就具体操作层面讲,可以改进公共产品绩效评价内容,转换绩效评价的命题思路。公务员作为公共产品提供的主导管理者,应该注重以其所提供公共产品社会作用进行考核。如何将那些庞大的考核指标梳理为整齐划一、便于操作的指标,根据一些地方的经验,可以归结为四个方面。首先,公共产品最为重要的是设想出为社会做什么样的服务,而不是政府或公务员自己喜欢做什么。因此,思维智慧及想象能力是公务员及政府考核的主要内容。作为公共管理核心群体的成员,各级各类公务员必须有新时代的创造智慧,只有丰富的创新与想象思维,才能起到掌舵作用,从而把握现实和预见未来。其次,公共资源配置的帕累托改善效应是每个公务员的必备能力。公务员作为公共产品提供的主导者,在管理学上被喻为配置资源的资源。在现实社会中,公务员无论是在公共政策制定活动还是在具体提高公共产品过程中,无不与配置社会资源密切关联。一个公务员或政府机关配置公共资源的水平或能力是提高公共产品绩效并控制政府成本的前提。我们假定,某一公共产品决策有两个方案 A_1、A_2 可供选择,选择 A_1 会造成损失,而选择 A_2 会为该区域公众满足向往。配置公共资源能力不同的人选择方式有可能是不一样的。因此,配置公共资源的能力是公务员或各级政府提供公共产品绩效考核的核心内容。再次,综合协调能力是公务员或各级政府提供公共高质量产品的基础。公众向往的公共产品最终由政府引导,一般地,一个综合协调能力强的人在复杂的社会矛盾面前处理问题游刃有余,能产生举重若轻的效果,不仅能够在公共产品提供活动中顺利地化解各种类型的矛盾,而且能够产生万众一心的团结效应;反之,一个缺乏综合协调能力的人,不仅在公共产品生产活动中解决不了各类矛盾,很可能还会把简单问题复杂化,想要创造出公众满意的公共产品是不大顺利的。最后,专业水平是体现公务员提供公共产品绩效的基本技能。现代社会的公共产品提供活动是科学管理,对各种各样的问题都必须有专业知识去应对。面对环境污染、循环经济、医疗卫生、教育发展等各类公共产品问题,每个公务员在其各自的领域里都必须具有相当的专业水平;否则,就难以提供低廉的公共产品。

二、准确解读有形公共产品生产经营环境是低成本服务的基础

无论是从国家层面还是从某一区域来看,如果不能正确判断或认识有形公共产品

---

① 吴学锋,舒运,潘宝家,陈锡珠. 在改革中进一步完善"两级政府,两级管理"[J]. 党政论坛,1995(4).

对环境的影响，就会失去有形公共产品低成本供给评价判断的公允性。一般地，影响有形公共产品的环境应当分为自然环境与社会环境两大方面。

1. 科学利用资源与保护环境是有形公共产品低成本服务的战略

要从根本上建立有形公共产品的低成本体制，必须读懂影响有形公共产品的自然环境。追根溯源，自然环境是人类出现之前就存在的，是人类赖以生存和发展所必需的自然条件和自然资源的总称，即地球表面体现的空间环境、阳光、地磁、空气、气候、水、土壤、岩石、动植物、微生物以及地壳的稳定性等自然因素的总称。这些都是人类赖以生存的物质基础，也是有形公共产品生产活动的基础条件。科学技术层面，人们通常把这些因素划分为大气圈、水圈、生物圈、土壤圈、岩石圈五个自然圈。[①] 由此，自然环境本身就是有形的公共产品。人类是自然的产物，同理，这种自然资源中的公共产品也是自然的产物，而人们在主观上的公共产品生产活动又影响着自然环境。当人类处于相对野蛮的原始社会时，由于生产力极其落后，社会可供给的公共产品相当匮乏。是因为人类在自然环境中只能处于被动的适应状态，对于自然界的改造力量很微弱。随着不同时代的不断创新，人们对自然环境真正产生影响是有文明史以来的几千年时间。特别是资本主义工业革命以来的200多年间，科学技术突飞猛进，工业化迅速发展，使有形公共产品供给越来越发达，人们的需求随之越来越广泛。从开垦荒地、采伐森林、兴修水利到开采矿藏、兴建城市、发展工业，创造了丰富的公共产品，公共产品的供给在很大程度上标志着国家的发达水平。[②] 如今的有形公共产品已经到上九天揽月、下五洋捉鳖的地步。但是，低成本的公共产品开发与自然环境是辩证统一的，它们之间是相互依存、相互影响、对立统一的整体。既然有形公共产品属于人与自然环境关系的一个方面，因此，有形公共产品的活动与自然环境也是融为一体的。人类对环境的改造能力越强大，自然环境对有形公共产品开发活动的反作用也越大。人们在创造有形公共产品的同时，也在一定程度上使生活环境发生了变化，这种变化有可能使环境更加优化，亦有可能产生严重破坏。前者是绩效，后者为成本。高成本问题就是野蛮提供公共产品的必然后果。因此，无论是各级地方政府还是公务员，都必须设计一个低成本供给公共产品的模式。低成本公共产品在自然环境中的具体体现，就是在有形公共产品开发生产活动中，充分体现自然资源的可持续发展与良性循环、生态环境的综合平衡或不断优化的绿水青山、人们自觉形成的环境保护意识与文化理念。[③] 从自然环境的内涵可以看出，环境因素对有形公共产品的影响是不可忽略的。一方面，地方政府在配置有形公共产品资源时，必须考虑不同区域的环境特点。例如，由于自然环境的影响，在中西部配置教育资源时，相对于东部地区就必须投入

---

① 周权雄. 政府干预、共同代理与企业污染减排激励——基于二氧化硫排放量省际面板数据的实证检验[J]. 南开经济研究, 2009 (4).
② 李猛. 中国环境破坏事件频发的成因与对策——基于区域间环境竞争的视角[J]. 财贸经济, 2009 (9).
③ 郑周胜, 黄慧婷. 地方政府行为与环境污染的空间面板分析[J]. 统计与信息论坛, 2011 (10).

更大的人力、财力、物力。再如，当衡量有形公共产品建设与使用绩效时，也应当充分考虑环境影响所带来的区别。另一方面，人们应当针对环境影响的重要性，考虑保护并进一步建设好的自然环境。目前，这些资源都不同程度地出现了危机。与此同时，世界各地公共资源分布不均，而且每年和各个季节的情况也各不相同，所以目前世界上许多国家和城市都面临缺水问题。首先，中国随着城市化的发展，像北方的济南、天津和北京等300多个城市也开始为水资源不足的问题所困扰。其次，可再生资源有限，如森林、粮食等。中国森林覆盖率低，仅占国土面积的12%，人均森林面积只有0.8亩，大大低于世界人均森林面积3.5亩。耕地少，而且由于城市和建设事业发展快，耕地迅速减少，近30年间中国耕地平均每年减少810万亩。① 最后，不可再生资源如石油、煤和金属等矿物，由于这类资源供不应求或在一段时期内供不应求，必须寻找替代品。在这种情况下，就需要研究与开发新的资源和原料，有形公共产品的开发本身就是资源或原料开发的重要途径之一。例如，在中国西北部建设太阳能发电基地，开辟一条"电力丝绸之路"；在内蒙古推广风力发电，充分利用草原上丰富的风力资源。在一定程度上，环境污染治理是最主要的有形公共产品。在许多国家，随着工业化和城市化的发展，环境污染程度日益提升，公众对这个问题越来越关心，纷纷指责环境污染的危害性。这种动向对那些造成污染的行业和企业不仅是一种环境威胁，更是对各级政府提供公共产品的挑战，各国政府不得不采取措施控制污染，治理污染。另外，这种动向给控制污染、研究和开发污染环境的有形公共产品行业和组织带来了新的市场机会。总之，科学利用与保护自然资源，是有形公共产品低成本的必由之路。

2. 营造文明科学的社会环境是有形公共产品低成本供给的保障

如果说自然环境是公共产品的硬环境，那么社会人文是公共产品的软环境。社会环境由社会、政治、经济、法制、科技、文化等宏观因素构成。社会环境对有形公共产品生产活动与产品本身的生命周期乃至未来发展都有重大影响。狭义上讲，仅指有形公共产品的直接环境，如社会经济发展、劳动组织、学习条件和其他集体性社团等。② 社会环境对有形公共产品的形成和发展进化起着重要作用。同时有形公共产品作为人类活动，也给予社会环境以深刻的影响，而有形公共产品本身在适应改造社会环境的过程中也是重要的生产力和生产关系。由于社会环境构成因素的复杂性，对有形公共产品的低成本供给影响是多维的。最主要的因素可归结为四个方面。一是政治因素，包括政治制度及政治状况，如政局稳定情况、公民参政状况、法制建设情况、决策透明度、言论自由度、媒介受控度等；二是经济因素，它关系到经济制度和经济状况，如开放市场的程度、媒介产业化进程、经济发展速度、物质丰富程度、公众生活状况、公共产品的推介活动情况等；三是文化因素，它是有形公共产品服务现实中的

---

① 马力. 基于整体优先性的遥感影像道路信息提取研究［D］. 武汉：武汉大学学位论文，2011.
② 阎世峰. 河北省农村文化产业现状分析与发展趋势研究［J］. 社会科学论坛（学术研究卷），2007（12）.

教育、科技、文艺、道德、宗教、价值观念、风俗习惯等；四是信息因素，包括信息来源和传输情况，信息的真实公正程度、信息爆炸和污染状况等。如果上述因素呈现出良好的适宜和稳定状态，那么就会对有形公共产品的生产经营和为人们提供服务的活动起着促进、推动的作用，即表征为低成本；反之，就会产生消极的高成本作用。党的十八大以来，以习近平为核心的党中央提出"一带一路"、人类命运共同体等倡议，既是大型的公共产品，又是为有形公共产品服务的智慧。

一个国家经济的发展和科技的进步，定会导致有形公共产品结构的变化，新的有形公共产品会出现，还有一些有形公共产品会衰退，或有些有形公共产品虽然存在，但其相关属性或内涵已经发生变化。是否能预测一种有形公共产品的发展趋势，是否能预测有形公共产品内涵的演化，对一种有形公共产品是否有深刻的认识，是建立在人们能否把握社会环境变化基础上的。它为社会的综合发展找到或创造适宜的有形公共产品平台，以使人们有效地规划有形公共产品战略。如果人们希望抓住机遇，建立明确的有形公共产品目标，有效降低机会成本和降低选择的风险，就必须深化对社会环境的分析与判断，它与自然环境共同影响有形公共产品成本，是各级政府与公务员提供有形公共产品必不可少的重要决策环节。同理，在各自行业里，组织是否具有竞争力和发展机会，如何让自己的组织在选择有形公共产品时始终保持核心竞争力，必须通过对社会环境的分析，判断可能的风险有哪些，人们可以通过有效的有形公共产品环境分析得到启示或答案。由于社会环境是人们的主观能动构成的，其影响有形公共产品成本的重要性远在自然环境之上。道理非常简单，人是配置资源的资源。

3. 公共产品低成本服务是自然环境与人文环境的有机统一

在一个国家或区域，不同的自然环境与社会环境造就有形公共产品不同的供给或服务模式。任何区域在解读有形公共产品低成本供给模式时，都既不能脱离自然环境约束，更不能没有社会环境的充分利用，两者是辩证统一的有机组合整体。在社会环境大致相当或者利用水平一致的情境下，环境相对较差地区的有形公共产品服务成本肯定要高于环境相对优越的地区。如果社会环境不好或利用水平较差的地区，即使自然环境再优越，提供的有形公共产品也难以产生好的绩效。各级地方政府在有形公共产品投入成本上必须考虑这一特征，它是低成本服务的前提。理论上可以经过模型计算，对不同环境条件下投入不同的成本，以平衡由于环境不同而造成的差别；社会环境亦可通过不确定因素的风险决策模型，与自然环境有机结合，科学地产生相对低成本服务供给模式。以中国现实为例，必须清楚地认识到，中西部与东部地区无论是自然环境还是社会环境都出现了很大的差异，从根本上讲，同等的有形公共产品服务水平，中西部地区人们的付出要比东部地区大。就中央政府而言，应当考量个中的差异，使资源向中西部倾斜。当前在公共产品领域的不平衡发展也是主要矛盾之一，既然中央政府从根本上承担着公平分配公共产品的职责，就要下决心在资源配置上向中西部倾斜。至于倾斜到什么程度是判断公平的标准，应该使无论是东部地区，还是西部地区的人才都认为在哪里工作都一样，最起码的是不会出现"孔雀东南飞"的现象。如果人口始终存在一种流动趋势，说明有形公共产品服务在区域上存在着不公平。这是建立有形公共产品公平服务体制必须认真考虑的。

低成本的公共产品服务模式，必须是社会环境与自然环境的有机结合。自古就有天人合一的理念，只有把自然环境与人的主观活动有机结合起来，才能产生最大限度的效应。一方面要科学利用环境资源；另一方面要创造性地开发配置资源。在社会行为上要建立《环境保护法》《水污染防治法》《大气污染防治法》《固体废物污染环境防治法》《环境噪声污染防治法》《海洋环境保护法》，以及在自然环境利用上，建立《森林法》《草原法》《渔业法》《农业法》《矿产资源法》《土地管理法》《水法》《水土保持法》《野生动物保护法》《煤炭管理法》等。在环境与资源保护方面，主要有《水污染防治法实施细则》《大气污染防治法实施细则》《防治陆源污染物污染海洋环境管理条例》《防治海岸工程建设项目污染损害海洋环境管理条例》《自然保护区条例》《放射性同位素与射线装置放射线保护条例》《化学危险品安全管理条例》《河流水域污染防治暂行条例》《海洋石油勘探开发环境管理条例》《陆地野生动物保护实施条例》《风景名胜区管理暂行条例》《基本农田保护条例》。这一切活动既是自然属性又是社会属性，两者是有机的统一体。

只有科学解读并体现自然与社会环境的有机统一，才能为有形公共产品提供低成本服务保障。从根本上讲，建设或保护环境本身就是有形公共产品生产经营活动低成本的标志，是任何政府或社会公众都责无旁贷的。20世纪90年代以来，社会和公众面临的主要问题之一是日益恶化的自然环境。党的十八大以后，在战略规划及具体措施上提出了严格规范，认识到自然环境的发展变化本身就是公共产品成本高低与否的客观反映。所以，各级政府以及不同组织的管理层，在提供公共产品时把自然与社会环境有机结合，作为有形公共产品低成本的"车之两轮""鸟之双翼"，忽略任何一面都要受到高成本的惩罚。

三、对接公众向往前提标准是低成本服务的保障

要客观体现有形公共产品的低成本服务，如果缺乏一个科学客观的评价尺度，在操作层面上总是混乱的，必须建立科学合理的有形公共产品低成本服务的评价标准，使之行之有道、量之有度。

1. 体现公众对美好生活向往的社会福祉是硬道理

一切有形公共产品提供的宗旨是满足人民群众对美好生活的向往与追求，而人民群众对美好生活向往的基本标志是社会福祉的不断增加。这里，我们以充分就业为例来判断有形公共产品低成本服务的标准。首先，社会福祉最为直接的体现是充分就业、充满生机与活力的教育资源以及便捷周到的各种平台。任何有一技之长的人都能够充分为社会最大限度地发挥自己的正能量，而充分就业是发挥人们才能的前提。按照有

关经济理论，就业是指适龄劳动者在四个星期内找到了自己愿意从事的工作且能获得工资或报酬。这就是在就业领域里有形公共产品低成本服务的基本标准。其次，充分就业又是社会保障体系安定的重要组成部分，也标志着社会福祉增加水平与质量。社会保障问题也直接体现社会福祉的增加，判断社会保障体系是否完善，可以通过社会保障体系不同的指标进行定性并定量分析。一般地讲，社会经济发展或公共福利改善的重要标志是社会保障体系的健全完善。如果某届政府在任期内，其行政效用给社会公众的感觉是生活的危机感增加了，难以找到合适的工作，那么就不可能得出其行政效用高或改善了人们生活福利的结论，也就必然地被视为在就业领域的公共产品是高成本服务的。再如，人们普遍关心的通货指数是否适宜，也是公众对美好生活向往的重要福祉之一。通货指数是衡量一个国家或地区一段时间内经济发展状况的重要指标，通货膨胀标志着社会福祉的降低，是政府始终要重点考虑的。因此，确立体现公众对美好生活向往的社会福祉增加多寡，是建立有形公共产品低成本服务的基本评价标志之一。

2. 公共资源的科学配置是公共产品低成本服务的前提

过去人们一直重视私人领域的改革，也取得了预期的效果。不论是兼并、破产还是股份制改造，都属于私人领域资本的战略决策。现代公共管理时代，公共资源的宏观配置重点应该从私人领域向公共领域转移。例如，国民收入的三次分配问题的调整已经是刻不容缓的，国民收入过于向垄断行业、政府机关以及其他大型国有部门的倾斜，已经使许多竞争性领域和产业工人感到非常不公平。公共资源配置改革相对滞后，一定程度上反映出来不平衡、不充分等矛盾，从当前中国过高的基尼系数也可以明显看出来。在政府部门、垄断行业还存在着由政府或者垄断行业自己制定收入分配标准的权限，尽管在垄断行业内部也可能是市场化的收入分配，但是这些垄断行业本身与其他竞争性行业或产业之间又是不同的竞争平台，形成收入分配上的"国中之国"。从现象上看，大家似乎都是市场化的分配机制，但从根本上看，这部分是属于曲解的市场化分配，垄断利益在这里充分体现。等量劳动并不能转化为等量价值，不同收入的群体或不同的社会阶层就这样被分隔开来，发展的不平衡、不充分就此形成。因此，公共资源的宏观配置问题已经从无形公共产品的角度直接或间接地影响公共产品的成本，在宏观上判断公共产品成本问题时，必须首先从公共资源的优化配置情况入手，最基本的标志是公共资源配置的帕累托改善效应。

3. 通过生态文明水平观测有形公共产品低成本服务

习近平在《决胜全面建成小康社会，夺取新时代中国特色社会主义伟大胜利》的报告中指出，要加快生态文明体制改革，建设美丽中国。[①] 生态文明不仅是最大的有形

---

① 决胜全面建成小康社会，夺取新时代中国特色社会主义伟大胜利——在中国共产党第十九届全国代表大会上的报告[N]. 光明日报，2017-10-28.

公共产品，更标志着一切有形公共产品的低成本服务。无论地方各级政府还是公务员个人，都必须始终不渝地坚持"青山绿水就是金山银山"的标准。既要创新并提供尽可能多的优质公共产品，又要充分体现推进全面的绿色发展；既要解决有形公共产品发展不充分、不平衡问题，又要着力解决突出的环境问题；既要最大限度地发挥公共资源作用，又要加大生态系统保护的力度。无数事实说明，社会生态环境问题已成为全球性的重大课题，成为全人类共同的忧患。政府在考虑当期人民福利的同时还必须考虑未来的可持续发展问题。假如某一届政府在任期间不顾及未来的福利，进行掠夺式经营，如大肆砍伐林木，无原则地开荒，造成沙漠化或生态失衡等，该届政府在公共产品生产供给上无疑是高成本的，其行政行为决定了结果的高成本，也可说是政府行为的长期成本。随着现代文明的不断发展，公众对社会生态环境保护的要求也日趋强烈，因此，政府不仅要从自身赢得公众支持的角度出发，也必须在行政效用上体现对社会生态环境的保护与发展。由此，通过生态文明建设水平观测有形公共产品成本，符合人类社会进步与发展的规律，也是有形公共产品低成本服务的重要评价依据。

四、全面深化改革是构建公共产品低成本服务的制度选择

有形公共产品之所以难以做到低成本服务，除了有形公共产品的生产经营及管理活动本身存在问题之外，与传统的服务制度有很大的关系。为此，必须从制度建设入手，探索有形公共产品低成本服务途径。

1. 从公共产品的供给侧改革入手克服特权现象

有形公共产品享有的特权现象几乎渗透到各个角落，以医疗卫生领域为例，几乎所有医院都不同程度地有三六九等之分。个别地方官员把医院作为放松的地方，医疗过程不仅自己不花钱，而且以各种形式索取高级药材、滋补品。特别是公立医院，从医院到医生，在理念上或多或少存在等级差别。从公务员到事业单位职工，再到国有企业职工，直至普通扶贫对象，不仅政府现行的政策不均等，形成不同程度的特权许可[①]，而且医院本身也有实际操作上的特权现象。有关报道指出，宁波某公立医院为两家国企提供VIP服务，服务的内容包括：提供预约门诊、健康咨询；享受专门医护人员陪同检查、代挂号、代缴费、代取药品及检验报告等服务；同等条件下优先安排手术、住院等服务；同时体验积分兑换体检服务等。其实这种状况在现实中非常普遍。比如一些公立幼儿园里，除了公务员子弟，几乎很难看到普通民众的子女，以至于很容易让民众产生"公立"等同于"为公务员而立"的错觉。事实上，无论是公立医院还是公立幼儿园，在本意上都是为公众而立，是纳税人共同汇集的公共财政建立起来的有形公共产品。从供给侧的角度讲，必须是为包括公务员在内的所有公众服务，普

---

① 现行的医疗卫生保障政策对公务员、事业单位等体制内职工，以及国有垄断企业等体制内职工的保障与其他公众之间是完全不同的。

通工人、市民、扶贫对象及子女等都是服务客体，必须一视同仁。但在"特权"现象存在的情境下，一些公共产品的供给侧出现了不平衡：高档公共产品个别人享受，紧缺公共产品少数人享受，优质公共产品公务员阶层享受。如果不从有形公共产品的供给侧改革入手，特权供给下的"特殊服务"就难以消除。该平等享有公立幼儿园的资源，怎能将其变为公务员群体的福利后花园。① 各地的学校也是如此，从政府机关幼儿园不收除机关公务员之外的小孩，到公务员的子女都能够通过各种渠道上重点中小学，甚至那些有实权的公务员子女都能够上到重点大学、享受公费留学等，享受有形公共产品的特权几乎无处不在。因此，在制度建设上，必须从供给侧改革入手，全面消除有形公共产品享有的特权现象，是实现有形公共产品低成本服务体制的前提，只有克服有形公共产品享有的特权"政策"特权"现实"观念，才能建设有形公共产品低成本服务的体制。

2. 消除行业垄断以建设平衡与充分发展的分配制度

公平分配在边际上对有形公共产品成本问题起着非常重要的作用，例如，一个月收入10000元的人与月收入2000元的人，在支付同等数额教育费用的成本负担时是完全不同的。有形公共产品的高成本服务不仅体现在不同阶层、不同区域之间发展不平衡不充分，而且体现在行业之间的不平衡不充分。根据国资委的调研，以军工、电网电力、石油石化、电信、煤炭、民航、航运7个行业为例。这些垄断行业职工占全国职工人数的8%，而工资和福利收入却占全国总额的50%以上，这些是造成收入不公的主要根源。垄断制度不仅直接造成绝大多数人使用有形公共产品的高成本，同时在边际上也拉动了公众享有有形公共产品的成本，具体反映在社会收入差距越来越大、腐败链条的延伸、社会矛盾集中爆发。必须看到，垄断造成的贫富差距拉大不但造成社会心理失衡，诱发各种深层次极端事件和问题，而且正在消耗中国经济发展效率和动力。贫富差距过大，财富过度集中在少数人手中，低收入阶层不断扩大。深入分析起来，实际上是政府把能够投入有形公共产品事业上的那部分资本从制度上分配到少数人手中，真正意义上成了有形公共产品低成本服务的桎梏。同时，垄断行业不仅造成不平衡不充分的发展矛盾，而且对供给侧结构性改革以及坚持以人为中心的理念产生了阻碍，以隐形的形式对绝大多数公众使用公共产品增加了成本。贫富差距过大本身就是有形公共产品的高成本服务，在很大程度上也限制了精准扶贫效应。造成贫富差距越来越大的主要原因，是垄断体制没有跟上新时代所需要的改革步伐。习近平总书记在十九大报告中指出，要深化商事制度改革，打破行政性垄断，防止市场垄断，加快要素价格市场化改革，清理废除妨碍统一市场和公平竞争各种规定与做法。② 收入差

---

① 时言平. 公共服务面前没有特权[N]. 光明日报，2013-01-24.
② 决胜全面建成小康社会，夺取新时代中国特色社会主义伟大胜利——在中国共产党第十九届全国代表大会上的报告[N]. 光明日报，2017-10-28.

距如果不能缩小,分配体制改革一旦不能与新时代相适应,就会造成区域之间、城乡之间、阶层之间、生产要素之间和国家企业与民营企业之间在分配比例上严重失衡。即使尊重自然规律,管理科学规范,但从普遍意义上讲,有形公共产品的供给也会呈现出高成本。现行的垄断体制是最为根本的原因之一。当前的垄断现象应该是多维的,不仅有垄断企业,还有政府的垄断福利,及其有形公共产品本身的垄断。政府可以凭借垄断权力为自己制定特殊的工资福利、养老保障以及退休待遇,教育、医疗卫生以及其他政府所有的事业单位亦然。如果再考虑到金融行业特别是国有和国有控股金融行业,如大型商业银行、国家控股参股的股份制商业银行、国有控股的保险证券公司等,这些金融行业都是高薪酬、高福利行业,财富更加集中。研究发现,对于垄断领域的高收入阶层来说,一次感冒这样的疾病治疗支付1000元的成本比其他阶层支出100元还要轻松。

因此,只有从根本上推动有形公共产品供给侧改革,才能体现收入分配制度的公平。在操作上从消除垄断体制入手,促使社会财富的公平分配,而只有当社会财富实现公平,才能体现有形公共产品的低成本服务。

3. 建立"公私伙伴"关系以创建"百舸争流"的竞争生态

要营造有利于大众创业、市场主体创新的政策环境和制度环境,既要遵循市场规律、善用市场机制解决问题,又要让政府勇担责任、干好自己该干的事。[1] 鉴于中国的国情,有形公共产品纯粹的私有化经营肯定是不行的。然而,过分的国有化经营不仅不利于各类存量资源的盘活利用,而且还会必然地生成公共资源配置低劣,更造成公共产品成本的不断膨胀。因此,既不能清一色地国有化垄断服务,也不能私有化无限自由,可以探索不同体制下的混合竞争,建立"公私伙伴"关系,从而形成不同体制、不同服务主体之间良性竞争的公共产品服务生态。在美国学者萨瓦斯看来,公私伙伴关系的公共产品服务体制的好处是:降低公共产品服务成本,降低公共产品市场价格,激励生产经营者自主创新,增加社会投资以及改善服务质量。[2] 多年来人们为什么争先恐后地向往公共事业单位就业,多数人是冲着高工资、高福利而来的。一些高校单位的管理人员在制定分配制度时,竟然为自己设定双重收入。例如,他们可以以教学科研的身份拿绩效工资,又以管理人员的身份拿绩效工资。高校、事业单位去行政化至今仍然是口号。有了行政级别工资,实际上客观上就有了行政级别。现实中人们所谓的官本位思想,实质上是福利待遇思想。调查显示,当前大学生考公务员与进事业单位是首选职业,究竟是什么原因使他们狂热地选择公务员职业,有0.62%的学生认为做公务员能够更加体现社会价值,为社会做更大的贡献;而99.38%的人认为公务员的

---

[1] 习近平. 推进供给侧结构性改革是一场硬仗. 在十八届中央政治局第三十八次集体学习时的讲话(2017年1月22日)[N]. 人民日报,2017-01-23.
[2] [美]E.S. 萨瓦斯. 民营化与公司部门的伙伴关系[M]. 周志忍等译. 北京:中国人民大学出版社,2002:262.

工资福利以及养老保障条件好，没有后顾之忧。在公共事业单位，一个处长的工资要高出普通工作人员好多，从校长到处长、科长、科员以及办事人员，工资等级森严，大家都去追求领导，也就出现了几十个教授竞聘一个后勤副处长的情况。公共产品的垄断出现了各种形式的高成本。在行政级别工资制度下，首先，滋生了"帕金森"定律现象，人们通过各种办法争做管理人员，各级领导以各种理由增加管理岗位编制，从而增加了有形公共产品的成本。一所普通的本科院校设有党、政管理机构40个之多，加上二级学院的各类管理人员，各类管理人员达700~800人，差不多与教学科研人员数量相当。这与国外著名大学以及国内一些私立大学相比较是非常悬殊的。许多发达国家的大学几乎没有管理人员，一般临时雇用几个人员保障教学、科研服务即可，教学与科研业务人员反而比中国具有庞大体系的管理更加轻松。其次，分散了办学精力，往往出现行政管理者与专业人员争资源的现象，处长要有支配权，手中要有业务经费，管理人员与专业人员比收入，边际上也增加了有形公共产品的成本。

只有通过公私伙伴关系，引入多元主体竞争，才能从真正意义上实现有形公共产品的低成本服务。多元主体竞争的公共产品服务体制建设，必须考虑取消公共事业单位内部的行政级别工资制度这一桎梏。只有当管理人员感觉到收入并不丰裕时，才能彻底减少公共事业单位的管理人员；也只有公共事业单位不再有社会优越感，才能全方位体现公共产品低成本服务。

4. 建立政府、公众共享信息决策以革除"象牙塔"综合征

传统的有形公共产品服务特征是，政府既是决策者又是执行者，集划桨与掌舵两个职能于一体。任何管理一旦划桨与掌舵职能不分，就会形成公共管理的"象牙塔"综合征。政府决策与人民群众脱节，那些真正需要公共产品服务的人就不可能与政府的相关决策有任何联系。这也是公共产品高成本服务的主要原因，特别是在提出"精准扶贫"以前的扶贫领域以及政府购买服务领域，表现得相对突出。英国的一些做法值得借鉴：在相关决策文件中规定，任何不与社会公众协商所提出的政策议题，被服务者都可以提出反对意见，直至否决。奥利弗解释说："这样迫使公共产品决策者在提交建议以前达成一致，还促使公众向政府提交建议前就找到决策问题的办法。"[①] 由此看来，传统的"象牙塔"综合征也是有效公共产品高成本的重要因素。那么，如何克服这一弊端，就是我们追求其真理的目的。人们仔细观察就会发现个中奥妙所在，"象牙塔"综合征的来历是由于政府决策公共产品的信息不能在包括政府在内的供需之间共享。由此，如何构建政府、公众之间共享的信息渠道成了实现公共产品低成本服务不可忽略的问题。新西兰学者朱迪思·约翰逊、卡特里娜·凯西和托尼·克鲁森在关于机构间合作与信息管理的论文中认为，建立跨体制的信息系统是解决问

---

① ［美］戴维·奥斯本，彼得·普拉斯特里克. 政府改革手册：战略与工具［M］. 谭功荣等译. 北京：中国人民大出版社，2004：128.

题的选择办法。① 如果把政府、公众之间的信息渠道彻底打开，无论制定公共产品政策还是公共产品的供给服务活动，就都会与人民群众的向往有机对接。这样，"象牙塔"综合征就能彻底医治，有形公共产品低成本服务的环境也就创造出来了。这也是党的十八大以来中央所倡导的全方位深化改革战略之一，也是提高保障和改善民生水平，加强创新社会治理应有的策略。

第二节 公共产品政府垄断的高成本机理

多年来，我们在研究公共产品经营管理成本时通过多个案例比较发现，在有形公共产品经营活动中私人经营管理的成本为15元时，政府经营管理的成本为46元②，这和萨瓦斯对美国、加拿大、瑞士、日本的公私垃圾收集业进行的对比研究结果的49∶17的结果大体一样③。公共产品政府经营的高成本对社会公共资源是巨大的浪费，无法体现帕累托改善效应，如果要彻底消除公共资源的低效率配置和应用问题，就必须从制度建设入手，推行公共产品经营管理的多元化、多渠道体制④，即要彻底解决公共产品政府垄断造成的高成本问题。政府垄断造成的公共产品在一定程度上具有刚性支出的性质，而且公共产品成本与政府管理活动中的行政成本、风险成本、政府决策的机会成本之间具有密切的联系，即许多行政成本、风险成本与机会成本因公共产品成本问题而诱发或膨胀⑤，它比行政成本、风险成本、机会成本更加直接且影响的程度更大，也要求政府行政行为更加规范，必须建立一个科学的理论模式，来合理界定高低与否。

一、公共产品政府垄断问题的提出

国际范围内都或多或少存在政府垄断公共产品的现象，在中国要追逐到计划经济体制所形成的固有特征。无论什么原因形成的公共产品政府垄断从客观上反映了公共

---

① Judith Johnson, Katrina Casey, Tony Crewdson. Team Synergy, Inter-agency Cooperation [M].//Infomatino Management. Lifting the Came from Outputs to Outcomes: Proceedings, Public Seruice Senior Management Conference. Wellingtno: Nrw Zealand: State Services Commission, November, 1998: 60-64.
② 我们在教育、医疗卫生以及会展等领域，对浙江、广东、甘肃等省份选取过80多个政府与私人经营的同类有形公共产品比较，发现同等服务质量档次下，政府经营的成本要不同程度地高出私人经营的成本，综合所有的个案，基本上政府与私人的成本比为46∶15，其中以人力成本为最大。
③ E. S. 萨瓦斯. 民营化与公私部门的伙伴关系 [M]. 周志忍译. 北京：中国人民大学出版社，2002：77-162.
④ Ronald C Moe. Exploring the Limits of Privtization [M]. Pudlic Administration Review, 1987 (47): 451-460.
⑤ 何翔舟. 政府决策的机会成本问题研究 [M]. 北京：科学出版社，2010. 12. 09.

产品高成本机理,已经到了改革的时候。① 时下,政府垄断公共产品造成的高成本存在的主要问题及其原因是认识偏颇,部分人狭义地理解甚至忽略公共产品成本问题,也有人过于偏激、情绪化地认识公共产品的高成本;在理论研究方面缺乏科学的考核依据,一方面由于政府基本垄断公共产品的经营管理,使得各级政府预算考核只凭经验操作,另一方面由于缺乏科学的理论模式,主观上缺乏控制或科学管理的积极性②;"准公共产品""纯公共产品"化③,生产经营不能走向市场,使很大部分应该通过市场竞争产生高效率的准公共产品在政府垄断下低效率运行;"公地悲剧"现象突出④,由于政府过于垄断,很少有人关心公共产品的产生成本与使用成本,不仅在生产过程中高成本,而且在使用过程中野蛮使用,大大缩短了公共产品的生命周期,无形中浪费了公共资源;制度紊乱,职责不清,不仅有形公共产品直接浪费公共资源,而且许多无形公共产品通过政策渠道对社会、公众制造高成本⑤。各级政府始终在对部门机关、公务员个人的行为活动中是否敢于放权或者职权回收问题方面没有可供操作的依据时,制度性的紊乱必然出现。一般地讲,能够有效地委任下级或服务人员,必须放手给其决策的权利,否则,我们的所有决策就变成了不折不扣的最上级的决策⑥;"生产随意",个别公务员不是以社会或公众需要使用公共资源,而是按照各种关系和自己的利益得失寻找租金机会,如一些大型公共产品的重复建设,甚至一些政府不切合实际地建设一些政绩工程或者形象工程,表现出的是"划桨"政府而不是"掌舵"政府,在价值选择上失去的是政府应有的角色⑦,一定程度上直接浪费公共资源;忽略细节,在管理过程中"桶底漏水"现象严重,造成贪污受贿、奢侈浪费,既膨胀了预算成本,又为新时代与政治文明建设带来了负面影响。因此,通过对公共产品政府垄断

---

① Marc Holzer, Kathe Callahan. Gouernment at Work: Best Pratices and Model Programs [M]. Califomia: SAGE Publications, 1998: 88 - 112.

② 政府垄断公共产品显然是高成本的,但是在中国很少重视理论研究,同时政府本身也不大关注公共产品成本,加之由于垄断也难以与其他私人、公共组织进行成本比较,客观上缺乏合理考核的依据,这样,对于具体操作者来说也就缺乏控制成本的积极性。

③ 保罗·A. 萨缪尔森、威廉·D. 诺德豪斯和斯蒂格利茨等经济学家在研究解决问题时,把公共产品分解为纯公共产品和准公共产品。一般来说,纯公共产品如国防、安全等是不好以经济成本来考核的;而准公共产品如桥梁、公路、医院、学校等是可以用经济成本来考核的。当前,这些行业已经不适宜政府垄断经营。

④ 自20世纪60年代哈丁在美国《科学》杂志上发表"公地悲剧"文章以来,"公地悲剧"已经是公共领域的一个象征性词语。许多人私下议论公共领域中不合理行为,但是当人们真正遇到政府行为浪费公共资源现象时,只要没有直接危害自己的利益,就很少有人站出来阻止政府的高成本行为,因而,"公地悲剧"在当前社会还是很普遍的。

⑤ For a Discussion of Recentralizing the Information Systems Organization//Emest M von Simson. The' Centrally Decentralized' IS Organization [M]. Hanard Business Review, July - August 1990: 158 - 162.

⑥ Robert Waterman. The Former Senior Director at McKinsey and Coauthor of the Bestseller in Search of Excellence, Pointed out in an Interview that Managers Hate to Give up Power//William C Bogner. Robert H Waterman, Jr, on Being Smart and Lucky [M]. Academy of Management Executive, February 2002: 45 - 50.

⑦ [美] 戴维·奥斯本,彼得·布拉斯特里克. 政府改革手册:战略与工具 [M]. 谭功荣等译. 北京:中国人民大学出版社,2004: 34 - 37.

的高成本机理及其改革的研究来建立硬性约束型政府对公共产品预算管理体系,并建设符合现代公共管理理念的公共产品体制与机制理论模式,是化解公共产品高成本并降低或控制政府垄断成本、增加社会效应最基本的切入点,也将成为指导公共产品管理与支出的基本理论。但从我国目前对这一课题研究的情况来看很不充分,主要囿于以定性的方式研究行政支出,关于怎么样通过硬约束管理机制下的定量分析与操作层面的公共产品经营管理的体制与机制模式的研究不深不透,过多注重抽象理论,极少通过数学模型及其定量分析方法进行科学研究与实际工作,甚至一些人还盲目地对待政府垄断公共产品成本问题,不能正确认识公共管理视域下公共产品应有的经营管理模式,其结果是难以找到规范或硬约束政府垄断和科学的体制与机制模式的理论支点。所以,从新原理、新技术、新方法为主要目标的研究;从新的视角、用新的观点和方法深入研究公共产品政府垄断的高成本问题,不仅对与国际接轨后的公共产品的低成本、高效率具有很大的现实意义,而且对社会公众的福利增加、减轻纳税人的经济负担,改进政府管理、提高社会对有形与无形公共产品的经营管理质量,以及揭示现代政府公共管理规律的新特点,有着重大的理论意义和深远的实践意义。

二、公共产品政府垄断的机理

垄断的机理是市场主体在有效市场占有特定行业的主要资源,凭借相应的地位优势,以获取高额利益的一种经济行为。垄断在本意上限制了竞争,某一特定市场或行业一旦形成垄断,占有市场优势地位的垄断者便对某一方面的经济活动过程具有较强的控制力,从而操控市场价格、影响产品或服务的供给,对社会福利产生根本性的影响。[①] 垄断在经济生活中可以分为两大类:其一是经济性垄断,这种垄断包括生产集中、资本积聚或技术原因等;其二是行政性垄断,即由非经济性原因形成的垄断,包括因法律授权形成的法定垄断,以及因政府运用行政权力干预经济生活而形成的行政垄断,集中体现在公共产品经营垄断,主要表现为市场进入的限制、地方保护主义和固定价格等行为。国内学者关于行政性垄断有不同的观点:有人认为,行政性垄断是行政权力加市场力量而形成的特殊垄断[②];有人提出,行政性垄断是指地方政府和国家经济管理部门凭借其经济管理权力对经济活动进行排他性控制,排斥和限制竞争的行为[③];有人认为,行政性垄断是指用行政权力管住市场进入,在一个市场只允许一家企业独家经营或几家企业垄断经营的市场结构[④]。以上提法虽然角度不同,但均反映了行政性垄断是以行政权力为基础的这一本质性特征。

---

① 斯蒂格利茨. 经济学(上)[M]. 梁小民,黄险峰译. 北京:中国人民大学出版社,2000:330-346.
② 张德霖. 论我国现阶段垄断与反垄断法[J]. 经济研究,1996(6).
③ 陈富良. 我国经济转轨时期的政府管制[M]. 北京:中国财政经济出版社,2000:51-59.
④ 王学庆等. 管制垄断:垄断行业的政府管制[M]. 北京:中国水利水电出版社,2004:1-12.

从根本上讲，行政性垄断和经济性垄断的实质都是与自由竞争为对立面，是垄断者过度运用市场优势地位的结果。经济性垄断更多地表现在经营者对其所拥有的市场优势的过度运用，但其优势地位的形成却是一种竞争过程；而行政性垄断则是建立在行政权力过度运用的基础上，垄断者市场优势地位的获得并非源于市场竞争，而是借助行政权力人为制造出来的，并在行政力量的支持下得以维持，因此，行政性垄断也被称为"超经济的垄断"[①]。

为便于研究，这里选择西方经济学中的卡特尔垄断模型[②]以客观表述政府垄断公共产品的机理。

1. 传统卡特尔垄断的基本类型

在经典的经济学理论中，卡特尔是一种正式的串谋行为，它能使一个竞争性市场变成一个垄断市场。卡特尔以扩大产品提供者整体利益作为它的主要目标，为了达到这一目的，在卡特尔内部将订立一系列协议，来确定整个卡特尔的产量、产品价格，指定各企业的销售额及销售区域等。这和中国传统的公共产品提供如出一辙。所不同的是卡特尔常常是国际性的，例如欧佩克，卡特尔就是产油国政府间的一个国际协定，它在十多年间成功地将世界石油价格提高到远远高于原有的水平。从社会或公共产品成本的角度出发，可将卡特尔类型归结为如下类型：

首先是价格卡特尔。这是最常见和最基本的卡特尔形式。卡特尔维持某一特定价格——垄断高价、在不景气时的稳定价格或者降价以排挤非卡特尔企业。当前的医疗卫生行业以及石油、电力、民航等政府在公共产品垄断领域都有相同的特征，特别是高速公路建设与收费体现得更加明显。推动政府垄断公共产品高成本的幻觉是政府不以盈利为目的，这样政府服务必然物有所值了。[③]

其次是数量卡特尔。卡特尔对生产量和销售量进行控制，以降低市场供给，最终使价格上升。政府垄断下的公共教育、公费医疗方面的问题与数量卡特尔颇有相似之处。以公费医疗为例，只有当可以提供能够实施公费医疗的医院足够少的情况下，这些享有公费医疗医院的特许权力才能从中获得特许利润。大家都抱怨政府的这种垄断会使政府花钱太多，但几乎无人知道政府在具体的公共产品上确实花了多少钱，因为政府的特点只能按组织而不能按具体活动拨款。[④]

再次是销售条件卡特尔。这是对销售条件如回扣、支付条件、售后服务等在协定

---

① 张湘赣. 中国反垄断问题研究 [M]. 北京：中国财政经济出版社，2004：26 - 28.
② 卡特尔（Cartel）是垄断组织的一种形式。法语 Cartel 的音译，原意为同盟或协定，特指生产同类商品的资本主义企业为垄断市场攫取高额垄断利润，通过签订各种协定如划分商品的销售市场范围、规定商品的产量限额、确定商品的销售价格等而组成的垄断联盟。在这里引用该模式，完全可以体现公共产品的政府垄断。
③ E. S. 萨瓦斯. 民营化与公司部门的伙伴关系 [M]. 周志忍等译. 北京：中国人民大学出版社，2002：16 - 26.
④ 戴维·奥斯本，彼得·布拉斯特里克. 政府改革手册：战略与工具 [M]. 谭功荣等译. 北京：中国人民大学出版社，2004：190 - 193.

中进行规定的卡特尔。在全国各地都有一种择校现象，学生被划归到某所学校，但家长可以选择某些有空位的不同学校，各种名目的择校费、赞助费等都变成了垄断利润或租金。如果因为择校而实施不同的"销售"政策，从真正意义上感到公共产品的"私人"性或者排他性。①

最后是技术卡特尔。典型形式是专利联营，即成员企业相互提供专利、相互自由使用专利，但不允许非成员企业使用这些专利的卡特尔。另外，还有迪加———一种特殊的统一销售卡特尔，是指成员企业共同出资设立销售公司，实行统一销售，或者卡特尔将所有成员企业的产品都买下，然后统一销售，比如石油、电力、民航、铁路等。

2. 中国公共产品政府垄断中卡特尔的建立

通过观察发现，中国公共产品的政府垄断所体现的外在表现，几乎是不折不扣的卡特尔模式，在公共产品供求市场上出现了以下三个条件：

第一，公共产品的政府垄断体现了卡特尔所具有的提高行业价格的能力。同时，只有在预计卡特尔会提高价格并将其维持在高水平的情况下，企业或者私人领域才会有加入的积极性。这种能力的大小与卡特尔面临的需求价格弹性有关（即公众对公共产品需求的价格弹性密切相关），弹性越小，政府提价的能力越强。不得不正视的一个现实问题是，由于从计划经济过渡到市场经济，政府对公共产品的垄断地位很难动摇。政府应当承担什么样的角色，应该对公众做哪些事情，如果不回答类似的问题，政府垄断则天经地义了。②

第二，卡特尔成员被政府惩罚的预期较低（政府供给公共产品的成员亦然）。只有当成员预期不会被政府抓住并遭到严厉惩罚时，卡特尔才会形成，因为巨额预期罚金将使卡特尔的预期价值下降。中国的垄断者是政府本身，这样，政府不会出现惩罚自己的情况。政府只有在确立竞争性标杆的前提下，才能对公共组织的绩效加以测量与比较，但是政府垄断始终是姑息自己的。

第三，设定和执行卡特尔协定的组织成本必须较低（这是相对公共产品提供者内部而言的）。在当前中国公共产品政府垄断的领域，使组织成本保持在低水平的因素同样存在：首先，涉及的公共事业单位数目较少，而这些事业单位面对的公众群体非常庞大，就其事业地位本身而言，内部成本是相对低廉的。其次，公共产品提供的行业高度集中，集中到一个政府的程度，无论是成本来源还是生产者，都由政府供给，公共产品供给效率的降低意味着同样的服务需要更多的公共开支和人员"占座"现象，把公共产品的高成本转嫁给普通公众③。再次，所有的公共事业单位生产几乎完全相同

---

① Douglas Willms, Frank H Echols. The Experience of Parental School Choice [J]. In School Choice: Examing the Euidence: 63.
② E. S. 萨瓦斯. 民营化与公司部门的伙伴关系 [M]. 周志忍等译. 北京：中国人民大学出版社，2002：1-6.
③ Allan H Meltzer, Soott F Richard. Why Government Grows (and Grows) in a Democracy [J]. Public Interest, 1978 (52): 111-118.

的产品（例如石油、电力、民航、医疗卫生、各类教育等）。最后，行业协会的存在（这个协会实际上相当于一些政府主管部门），几乎是所有全国性的协会都由财政统一拨款，其实这些政府垄断行业的地方协会也是由政府财政统一供给的，它们可以利用垄断地位，谋求管理者预算和雇员总报酬的最大化。①

根据科斯定理或交易成本理论，上述前两个因素降低了卡特尔（政府垄断）的谈判和协调成本，同时，高度集中使少数几家事业单位就能控制整个市场（例如中国曾经的"985"大学、石油、电力、铁路、民航等），从而使公共产品价格保持较高水平。第三因素行业协会（或者政府主管部门）的作用主要是为市场上主要事业单位的会面、协调、谈判提供更多的合法机会。为什么需要有第三因素即产品同质呢？如果卡特尔成员（或者公共产品提供者）产品之间差异较大，那么为了反映这种差异，价格必然会有所差异，这样使成员之间为达成统一价格增加障碍；而且即使达成协定，成员之间的欺骗行为也不易察觉，因为成员之间可以把自己的降价归因于自己的产品与其他产品的差异上，或者提高公共产品差别，虽仍保持价格不变，但实际上吸引了更多顾客是一种变相降价。反之，如果公共产品几乎同质，成员之间就很容易形成一个单一价格，而且成员的欺骗行为也较容易察觉。这种特征都与服务绩效的三个基本标准即效率、效益、公平是相悖的，客观上帮助了公共产品者的特许、补助和志愿安排。②

3. 政府垄断公共产品的内在利益分配模型

依据卡特尔垄断利益的分配模型，可以清楚地了解到政府垄断公共产品的基本模型，如图 7-1 所示。

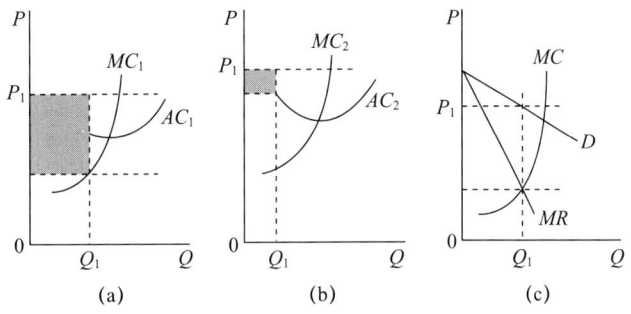

图 7-1　政府垄断下公共产品理论模型

---

① 2009 年，笔者受宁波市民政局的委托对市属 96 个行业协会（并非私营企业）进行等级评估，评估发现，其中所有的政府垄断行业的协会都是政府代理制，即所有的工作人员都是政府公务员兼任、所有的活动经费都由政府提供。

② E. S. 萨瓦斯. 民营化与公司部门的伙伴关系 [M]. 周志忍等译. 北京：中国人民大学出版社，2002：90-96.

假定两个同类公共产品提供者的成本曲线分别如图 7-1（a）、图 7-1（b）所示，那么，卡特尔作为整体的边际成本曲线可通过将这两个同类公共产品提供者的边际成本曲线按水平方向加总得到。假定整个行业的需求曲线为 D，则全行业的边际收益曲线为 MR。这样，卡特尔即可根据 $MR = MC$ 的利润最大化准则确定其总产量为 Q_1，相应地"垄断价格"为 P_1。在此基础上，卡特尔将按照等边际成本原理来分配其公共产品的总产量。因为 P_1、Q_1 为确定，则 TR 就已确定，那么利润最大化就等同于成本最小化。因此，按等边际成本原理分配总产量可使其总利润最大化。曲线 MR 与 MC 的交点确定了相同的边际成本水平（水平虚线），再由这条虚线与各同类公共产品提供者的边际成本曲线的交点确定各自的产量 Q_1、Q_2。阴影部分为同类公共产品提供者各自的利润。可以看到，各同类公共产品提供者的利润是不同的。各同类公共产品提供者从自身利益出发，或对这种分配结果不满，或在期望更多的利润等原因的驱使下，卡特尔的协议及相应的分配结果是不稳定的。各同类公共产品提供者在最大利润的驱使下很容易走上"背叛"之路，在高等院校所体现出来的就是各自想办法尽量扩大招生规模。一旦有某个成员违反协议，因为市场中同类公共产品提供者个数较少，其行动就很容易被其他同类公共产品提供者察觉，从而引起"连锁反应"，最终导致卡特尔的崩溃。当然，在中国的公共产品政府垄断领域这种体系是非常稳固的，因为还有政府的公共政策约束。在中国的现实社会中，这种卡特尔模型比传统意义上的卡特尔基础更加稳固，其根本原因有以下两点：

首先，一个稳定的卡特尔组织必须在其成员对价格和生产水平达成协定并遵守该协定的基础上形成。① 中国的公共产品政府垄断价格是市场执行的，在很广泛的意义上几乎就没有协定的可能。

其次，垄断势力的潜在可能（这是卡特尔成功的最重要的条件）。如果合作的潜在利益大，卡特尔成员将有更大的解决它们组织上的问题的意愿。② 中国的公共产品政府垄断几乎是强制的卖方市场，政府以外的私人领域实际上很难进入，以致无论如何也无法构成进入的威胁。

4. 对政府垄断公共产品的简单评价

经济学家认为，垄断者提供的只是平淡的生活、低劣的质量以及不文明的服务。关于垄断的一种普遍的抱怨是，垄断者很少注意产品的质量。例如，当美国的电话电报公司垄断电话设备时，许多年以来消费者不得不满足于不甚清晰的通话质量。一旦竞争者进入该行业，电话的颜色、式样和辅助设备的种类就有了急剧的增加。③ 汽车业也是如此，来自国外的竞争压力使得美国的汽车制造商不得不生产更为可靠、安全的

---

① 斯蒂格利茨. 经济学（上）[M]. 梁小民，黄险峰译. 北京：中国人民大学出版社，2000：218-266.
② 斯蒂格利茨. 经济学（上）[M]. 梁小民，黄险峰译. 北京：中国人民大学出版社，2000：301-311.
③ Sandford Borins. Innovating with Integrity：How Local Heros Are Transforming Amercan Gouernment [M]. Washingtong D. C.：Georgetown University Press，1998：175-176.

产品。很明显，寡头垄断会抬高价格，损害消费者利益和社会经济福利。① 但寡头垄断有利于实现规模经济和促进科学技术进步，对经济的发展是有积极作用的。我们认为，从公共资源的配置效率和社会成本的角度讲，公共产品的政府垄断除了具有经济学家所认为的卡特尔垄断缺陷之外，更具有内在高成本的缺陷。

三、公共产品政府垄断的高成本剖析

由于各种原因，中国的公共产品在许多领域都是垄断运营的。作为从事公共活动的组织，政府需要提供本身具有垄断性的服务。② 为了控制相应的公共资源，最终形成的权威主管部门（或者由政府组织的官办行业指导部门）都处于垄断地位。同时，地方政府的层次整顿或者机构调整，包括高校合并、开发区建设、区域性政府或管理机构的设立、城市扩张等，也导致区域范围的公共产品垄断。③ 由于排除了社会竞争者，垄断机构可以用多种方式滥用自己的垄断地位。例如，它们可能千方百计抵制公共预算的缩减，当一些公共单位面临开支压力时，就会拿那些最受关注、最受欢迎的公共产品开刀，被公共管理理论界称为"华盛顿纪念碑"策略。④ 在中国，公共产品政府垄断的高成本可以追溯到下列要素。

1. 政府垄断领域中隐性失业造成的隐性成本

人员膨胀是政府垄断公共产品领域最为普遍的现象，在我们调查过的50多个同类性质的政府所有的生产公共产品和私人所有的生产公共产品组织里，劳动力和公共产品出产量之比是非常悬殊的。例如，在高等院校，政府所有的学校教师与学生的比重是1∶13.6，私人所有的师生比重为1∶26.6。相应地，管理人员与学生的比重，政府所有与私人所有分别为1∶15.3 和1∶85.8。我们假定私人所有的专职教师和管理人员与学生比例相对合理，那么，政府所有的就非常不合理了，可以说政府所有的隐性失业现象就非常严重了，这种状况在医疗卫生领域亦然。为了证明政府所有的专业人员、管理人员与服务对象的比重是合理的，我们也对政府所有的提供同类公共产品的单位情况进行了比较，在浙江两所大学中抽取的同一类学院比较，将我们获得的资料列为表7-1。

---

① Sandford Borins. Innovating with Integrity: How Local Heros Are Transforming Amercan Gouernment [J]. Washingtong D. C.: Georgetown University Press, 1998: 176 - 177.
② [美] E. S. 萨瓦斯. 民营化与公私部门的伙伴关系 [M]. 周志忍等译. 北京：中国人民大学出版社，2002.
③ Robert L Bish, Robert Warren. Scale and Monopoly Problems in Urban Govemment Services [M]. Urban Affairs Quarterly 8, 1972 (9): 97 - 122.
④ 20世纪90年代，克林顿政府推行企业家政府，控制公共产品成本，美国国家公园服务管理局为应付削减预算的压力，建议关闭华盛顿纪念碑，实际上这是垄断行业惯用的应付各类压力的手段。

表 7-1 两所公有大学教师、管理人员与学生有关资料　　　　　　　　　单位：人

抽取大学	抽取学院	在校学生总数	专职教师	业务管理人员	政治辅导人员
X 大学	公共管理学院	1560	43	3	6
Y 大学	法学院	1290	94	12	10

注：由于不便涉及具体大学名称，所以表中将大学名称用代号表示。

从表 7-1 中可以看出，即使同样是政府所有的单位，师生比重、管理人员和学生比重的差别都很大，更加说明政府生产公共产品领域的隐性失业现象的严重性。政府部门和政府垄断的公共服务部门的人浮于事是世界性的，例如，美国纽约的教育系统，学生人数在特定的时期保持稳定，教师队伍扩张 50% 的事实和 2 名教师配备 1 名辅助人员的做法仅带来班级规模的轻微缩小。相反教师的上课时数缩减了，许多教师的分内工作交给了辅助人员。但没有什么证据表明，这样做会带来教师备课或上课质量的提高。[①] 由于政府垄断的生产公共产品领域存在这样的"帕金森"定律现象，成了成本膨胀的刚性化元素，同时，中国每年庞大的财政收入又能够为公共部门工作人员提供工资保证，从而使得垄断高成本长期存在。

2. 政府垄断领域中软约束管理造成的高成本

任何一个组织部门在有外在竞争压力的环境里，都会自然地产生其具有个性的约束方式，这种约束制度或执行办法是根据所在环境变化而变化的。中国的公共事业单位相对于私人领域，在管理上始终存在软约束特征，包括经费使用、项目决策以及日常管理活动，都没有私人领域一样的硬性约束。这种在人力资源管理中具有的主观能动性的消极作用，一定程度上阻碍了公共领域最大限度地发挥人的积极作用，从而在松散的管理环境下增大了公共产品的成本，这应是公共部门人力资源管理进一步发展所必须解决的问题。要解决公共产品的高成本问题，必须从分析公共部门管理中的软约束与硬约束入手。在所有的组织里，软约束与硬约束都具有很强的互补性和不可替代性，不能孤立进行。在公共人力资源管理当中，两者的平衡具有丰富的理论基础，但更重要的是要在实践中寻求软约束与硬约束平衡的着力点，方能最大限度地发挥公共部门中人力资源的潜力。

从当前公共部门实践来看，传统的软约束管理应该说是相对到位的，但硬约束管理是悬空的。在研究中我们发现，几乎抽样的所有生产公共产品的单位成本预算管理都是软约束的，和私人的同类情况是无法相比的。例如，有一所小学，教职工 36 人，在教室内外打扫卫生的都是临时雇用的工人，每年的开支达到 8.65 万元，这种成本在私人领域是不可能发生的，都是自己的教职工打扫。为进一步说明问题，我们在调查

[①] Jane Hannaway. Supply Creates Demands：An Organizational Process View of Administrative Expansion [J]. Journal of Pdicy Analysis And Management, 1987 (7): 118-134.

的单位中选择了这样两个单位的一般管理成本进行比较,基本资料如表7-2所示。

表7-2 政府与私人所办的两所医院内部运营成本比较　　　单位:万元

成本项目	政府所有	私人所有
营业收入	12610	16833
业务人员工资	302	631
管理人员工资	286	61
业务招待费	96	6.8
为社会捐助	3	8
管理费用	112	33
出差费用	206	26
总成本小计	1005	704.8

从表7-2中可以看出,私人所有的营业额较政府所有的多4223万元,而总费用却低于政府所有的300万元。特别是在成本构成中,私人所有的主要是业务人员的工资,占总成本的89.53%,管理人员的工资占总成本的8.65%,业务招待、管理、出差等费用分别占0.96%、4.68%、3.69%。政府所有的业务人员与管理人员的费用几乎相当,分别占总成本的30.05%和28.46%,业务招待、管理、出差等费用分别占到总成本的9.55%、11.14%、20.50%。在业务人员工资所占总成本的比重上,私人所有的医院为89.53%,而政府所有的医院仅占30.05%。说明在私人所有的医院,把主要的精力放在业务人员的工资上或者说重视人才方面,而政府所有的则在成本使用上大不相同,充分说明政府所有的医院内部管理的软约束特征。

另外,必须正视的是,政府垄断的公共部门的建筑成本软约束管理非常突出,很少有单位压缩建筑成本,许多政府垄断的公共事业单位房屋建筑可谓金碧辉煌,而仪器设备相对落后。从许多表面现象看,私人生产公共产品的单位在建筑上投入和政府所有的单位一样多的成本,所形成的房地产权益则差距非常大,由于个中原因,这一差异很难用普通的数据资料来直接对比。

3. 政府垄断领域商业贿赂造成的高成本

从社会各界的抱怨声以及许多研究部门的结论显示,政府垄断领域是商业贿赂的"重灾区",也是政府垄断的公共产品成本膨胀的主要因素。例如,从2005年8月到2006年6月,全国查处的6972件商业贿赂案中,工程建设、医药购销等六大领域和银行信贷、证券期货等9个方面的案件达5480起,占案件总数的78.6%。涉及国家公务员的案件1603起,占总数的23%。2006年,仅宁波大学就有5个处级以上干部因贪污受贿被绳之以法。2006年3月,南开大学与中央党校进行的一项问卷调查更加令人深思。调查统计数据表明,有72.72%的被访者认为,在中国做生意,给回扣、好处费和请客送礼的现象很普遍。当被问及在做生意时是否会选择给回扣、好处费和请客送礼的行销手段时，76.64%的被访者选择会；而被问及如果不行贿、不请客送礼，生意能否做好时，9.79%的人认为能做好，72.03%认为做不好，只能勉强维持，18.18%认为肯定要做垮。从这两组数据中，人们看到商业贿赂基本涉及了所有公共行业，几乎无孔不入。① 这种商业贿赂形成了强大的"收买力"，不仅膨胀了公共产品成本，而且危害了公众的公共福利和社会的商业秩序，更对中国的社会道德、政府形象造成了不可估量的损害。商业贿赂实质上收买的是"公共权力"。商业贿赂的"重灾区"是政府垄断领域，个个都是公共权力垄断部门和经济决策部门。可以说，哪里涉及商业审批，哪里就有商业受贿的"机会"；哪里有购销权，哪里就有商业受贿的可能。治理公共产品领域的商业贿赂，根本要治"权"，要把重点放在查处公务人员利用行政权力收受贿赂的行为上，解决好"权力寻租"问题。面对政府垄断领域愈演愈烈的商业贿赂，尽管有关部门出了重拳，集中严厉打击深得民心并取得了相应的功效，但如果要真正治理公共产品成本的膨胀问题，不仅要让更多的人认识这"收买"之害，更要有刚性的制度来遏制"收买"之恶。②

4. 政府垄断领域工作人员"占座"与"帕金森"定律③

在政府垄断的公共产品领域之所以大量存在隐性失业带来的高成本，官僚职位具有滋生效应，管理工作的互动特性会带来公共事业单位行政事务的扩张。不断增加管理者，就意味着各种会议、业务人员填报无谓的表格大量增加，由此产生乘数效应。根据一些高校、医院、研究机构的专业人员估计，增加一个管理者，实际上会同时创造新的工作量需求，专业人员每年至少多填报2张表格，增加1次会议，新增加5~6次跑公共办公室的机会，多接（或者拨打）5个以上的电话等。萨瓦斯也认为增加一个每周40工时的管理者，实际上会同时创造工作量需求，最高可达每周37.9工时，这就是说，增加一个管理者可能意味着马上需要增加另一个直至无穷。④

这种增加管理者的原因主要是外在动力和内在动力所致，在中国无论福利待遇还是社会地位，除了公务员阶层恐怕要数公共事业单位，随着国民收入再分配中财政支出的比重越来越大，政府机关和政府垄断的公共产品领域的预算也越来越宽泛，同时当政府垄断的公共产品财政预算吃紧时，就通过政府批准提高公共产品的经营价格。这样，公共事业单位出于种种原因，希望增加管理人员，同时，社会也有几乎是无限的需求。例如，一个公务员的岗位有数百个甚至数千个大学生（包括博士、硕士研究生）报考，而政府垄断的公共事业单位的岗位也同样有那么多的大学生报考。工作人员在政府垄断的公共产品领域里"占座"的激烈程度是长期以来的状况，其实最大的

---

①② 董宏君. 权力垄断和经济决策部门成商业贿赂"重灾区"[N]. 人民日报, 2006-08-02.
③ 周镇宏, 何翔舟. 政府成本论[M]. 北京: 人民出版社, 2001: 206-233.
④ Jane Hannaway. Supply Cretes Demands: An Organizational Process View of Administrative Expansion [J]. Journal of Pdicy Analysis And Management, 1978, 7 (1): 118-134.

理由就是为了享有相对多的公共福利。据不完全统计，同样一个大学生，在政府部门就业，所得的全部收入是私人领域的 3.3 倍，在政府垄断的公共事业单位就业，是私人领域的 2.12 倍。这种现象在西方发达国家也是存在的。研究表明，在美国公共部门雇员的工资水平远高于私营部门雇员，幅度可达 41%。[①]

在中国存在的一个看似不突出其实非常严重的问题是，无论是义务教育还是医疗卫生事业保障，都越来越普及，但是个人之间的差距却依然很大，特别是从事公共产品生产的人员越来越多，经费支出也越来越大，但是有形的公共产品享受很不公平，以公费医疗为例，公费医疗虽然已经相当普及，但是真正有了病，许多人还是得不到应有的治疗。再如城市、农村之间教育资源的不平等，其他物质文化资源占有的不均衡等都非常突出，而政府垄断的公共产品成本却非常高，其实是公共产品的成本挤占了公共产品应有的普及。2009 年，全国各级政府对教育的投入达到 1.2 万亿元，跟 2008 年相比增幅很大。但是人们对教育公平的满意度只有 11.2%。医疗卫生的资源配置也是不公平的。从医疗卫生的情况看，医疗卫生的资源过多地集中在大城市和中等城市，基层医疗机构得到的资源分配却很少。长期以来基层医疗机构特别是像基层一级的医疗机构，办医条件比较落后，技术人员素质偏低。[②] 另外，在社区调查中，我们调查了杭州、宁波、兰州等市的 18 个社区，这 18 个社区都有政府投资的健身设施，而 3 个城市的 16 个农村社区没有一个有政府投资的健身设施。公共资源的配置不公平也是导致吸引人们在政府垄断领域"占座"进而膨胀成本的原因。

四、公共产品政府垄断高成本的治理

1. 从公共产品类别说开去

治理公共产品政府垄断的高成本，必须从公共产品的性质类别出发，在分类的基础上采取应有的策略。公共产品从消费特征角度将产品分为三类，即纯公共产品、准公共产品和具有私人性质的公共产品，如表 7-3 所示。在国际上，对于各类公共产品的供给途径大体如下：纯公共产品由政府提供，具有私人性质的公共产品由私人部门通过市场提供，而准公共产品既可由政府直接提供，也可由政府部门和私人部门通过市场共同提供。中国公共产品经营管理体制与机制是在传统的计划经济时期继承演变过来的，无论是纯公共产品还是准公共产品，几乎都是由政府垄断经营的，在市场经济条件下，社会各集团、各阶层的利益博弈必然地造成垄断者在公共资源使用上的外部性，这种外部性的具体体现就是公共产品生产和对公众的高成本供给，缺乏真正意义上的绩效管理和社会公平。

[①] Shamila Choudhury. New Evidence on Public-Sector Wage Differentials [M]. Applied Economics, March, 1994: 289.

[②] 彭钊. 教育和医疗卫生资源配置不公平状况需改变 [N]. 中国社会科学报, 2010-03-09.

表7-3 纯公共产品、准公共产品及具有私人性质的公共产品

性质 \ 类型	纯公共产品	准公共产品	具有私人性质的公共产品
消费时能否分割	不可以	部分可以	可以
提供主体	政府提供	政府与市场结合	市场主体
购买方式	间接支付	部分间接部分直接	直接支付
分配原则	公共选择	公共选择与市场价格	市场价格
外部经济性	外部经济性广泛	外部经济性广泛	外部有一定经济性
拥挤性	无	强	一般

公共产品根据不同特征所体现的类型，决定其在经营管理上也要选择不同形式。例如，纯公共产品和准公共产品在消费特征、提供主体、购买方式、分配原则、外部经济性以及拥挤性诸方面都存在很大的差异。因此，在成本治理上就必须选择最适宜其特征的方式。

2. 绩效预算：纯公共产品成本治理的目标选择

在中国，纯公共产品（我们这里讲的是有形纯公共产品）具有如表7-4所示的特征①，对于纯公共产品还必须在政府垄断的前提下进行治理，结合当前的高成本机理，着重要在人力资源科学配置上下功夫，合理测算隐性失业造成的隐性成本问题。引入企业化管理方式与技术，强化硬性约束，推行绩效预算模式。

表7-4 中国政府完全垄断的公共产品

产业	进入管制	价格管制	法律、法规、规章	管制机构
电力	供电营业许可证、营业执照	标准（规定）	《电力法》（1995）及相关法规	电力部、地方经济综合主管部门、物价局
城市供水	垄断	地方政府定价	《城市供水条例》（1994）及地方法规	建设部、地方政府及物价部门
城市燃气	垄断	同上	有关全国性及地方法规	同上
轨道交通	地方政府垄断	地方政府	同上	同上
铁路	法定垄断	法定价格	《铁道法》（1990）	铁道部等
航空	许可、营业执照	法定价格	《航空法》（1995）	民航、物价
公路运输	营业执照	行业指导	《交通法》等	交通、物价
教育	地方政府垄断	地方政府定价	《教育法》	教育、物价
医疗卫生		地方政府定价	《卫生法》	卫生、物价

---

① 这些特征看起来各有不同，但仔细分析起来，其机理是大体相同的。

在机理上，纯公共产品是非竞争性的，体现在两个方面：一是边际成本为零。这里所述的边际成本是指增加一个消费者对供给者带来的边际成本，例如增加一个电视观众并不会导致发射成本的增加。二是边际拥挤成本为零。每个消费者的消费都不影响其他消费者的消费数量和质量。例如，国防、外交、立法、司法和政府的公安、环保、工商行政管理以及从事行政管理的各部门所提供的公共产品都属于这一类，不会因该时期增加或减少一些人口享受而变化。此类产品增加消费者不会减少任何一个消费者的消费量，增加消费者不增加该产品的成本耗费。它在消费上没有竞争性，属于利益共享的产品。另外，纯公共产品具有非排他性，某些产品投入消费领域，任何人都不能独占专用，而且要想将其他人排斥在该产品的消费之外，不允许他享受该产品的利益，是不可能的。所有者如果一定要这样办，则要付出高昂的费用，因而是不合算的，所以不能阻止任何人享受这类产品。例如，环境保护中，清除了空气、噪声等污染，为人们带来了新鲜空气和安静环境，如果要排斥这一区域的某人享受新鲜空气和安静的环境是不可能的，在技术上讲具有非排他性。同时，纯公共产品还具有非分割性，它的消费是在保持其完整性的前提下，由众多的消费者共同享用的，如交通警察给人们带来的安全利益是不可分割的。可见，具有非竞争性、非排他性而且不能分割的纯公共产品具有公共消费的性质，即在消费这类产品时，消费者只能共享，消费者也可以不受影响地共享，而不能排斥任何人享用。纯公共产品不仅包括物质产品，同时还包括各种公共服务。

纯公共产品的这种特性与对公众消费的本质，决定了其政府垄断经营的必然性。但是，在公共资源有限或者说稀缺的情况下，政府必须考虑治理成本问题，应引入绩效预算以硬性约束垄断经营行为。美国得克萨斯州立法机关在1991年就实行了绩效预算，取得了控制垄断成本的成功，各机构要求使用战略规划过程来制定两年一度的预算申请。[①] 每个机构都必须明确表述其使用声明、价值、总目标、附有具体的目标和指标的可计量目标（结果目标），以及用于实现这些目标的战略、效率测量、其他并非用于绩效责任的解释性测度，还有推行这些战略的行动方案。[②] 对此，中国政府在纯公共产品垄断经营模式下是可以借鉴的。多少年来，政府垄断的公共产品软约束经营管理方式似乎是无法解决的，这种约定俗成的制度根本无法解决高成本问题，不仅浪费稀缺的公共资源，而且还造成因社会资源的配置无法体现帕累托改善生产的社会不公。从理论上讲，绩效预算能够控制高成本。绩效预算的独到之处是，对于小型机构而言，所有日常行政管理开支或者间接成本都包含在项目预算之中。

我们所谓的绩效预算和绩效管理的目标是不同的，绩效预算的目的主要在于掌舵

---

① 《准备于提交机构战略规划的说明：1999~2003财政年度》（Austin. Tex：Governors Offce of Budget and Planning and Legislative Boaryd，January 1998）。
② [美] 戴维·奥斯本，彼得·普拉斯特里克. 政府改革手册：战略与工具 [M]. 谭功荣等译. 北京：中国人民大学出版社，2004：40-43.

或控制能力,而绩效管理的目的则在于提高划桨的能力。在理论上,当预算为有关的立法机关提供良好的信息时,执行机构应当面对某种形式的后果。绩效预算效果好的机构可能在要求增加资源时会一帆风顺;反之,将受到相应的处罚。

3. 公私"伙伴"经营:准公共产品成本治理基本途径

准公共产品亦称为"混合产品"。这类产品通常只具备上述两个特性之一,而另一个则表现得不充分。第一类是具有非排他性和不充分的非竞争性的公共产品。例如,教育产品就属于这一类。教育产品是具有非排他性的。因为,对于处于同一教室的学生来说,甲在接受教育的同时并不会排斥乙听课。也就是说,甲在消费教育产品时并不排斥乙的消费,也不排斥乙获得利益。但是,教育产品在非竞争性上表现得不充分。因为,在一个班级内,随着学生人数的增加,校方需要的课桌椅也相应增加;随着学生人数的增加,教师批改作业和课外辅导的负担加重,成本增加,故增加边际人数的教育成本并不为零,若学校的在校生超过某一限度,学校还必须进一步增加班级数和教师编制,成本会进一步增加。因而具有一定程度的消费竞争性。由于这类产品具有一定程度的消费竞争性,因而称为准公共产品。第二类是具有非竞争性特征,但非排他性不充分的准公共产品。例如,公共道路和公共桥梁就属于这种类型。受特定的路面宽度限制,甲车在使用道路的特定路段时就排斥其他车辆同时占有这一路段,否则会产生拥挤现象。因此,公路的非排他性是不充分的。但是,公共道路又具有非竞争性。它表现为,一是公共道路的车辆通过速度并不决定某人的出价,一旦发生堵塞,无论出价高低,都会被堵塞在那里;二是当道路未达到设计的车流量时,增加一定量的车的行驶的道路边际成本为零,但若达到或超过设计能力、变得非常拥挤时,需要成倍投入资金拓宽,它无法以单辆汽车来计算边际成本。正因为这类公共产品具有非竞争性的和不充分的非排他性,因此也称为准公共产品。① 一般地,纯公共产品的范围是比较狭小的,但准公共产品的范围较宽。例如,教育、文化、广播、电视、医院、应用科学研究、体育、公路、农林技术推广等事业单位,其向社会提供的属于准公共产品。此外,实行企业核算的自来水、供电、邮政、市政建设、铁路、港口、码头、城市公共交通等,也属于准公共产品的范围。与上述公共产品相对应的是,私人性质的公共产品也可以分成两类,即纯私人产品和俱乐部产品。纯私人产品是指那些同时具备排他性竞争性特征的产品,包括大多数私人产品。俱乐部产品是指在某一范围内由个人出资,并使在此范围内的所有个人都可以获得利益的产品,如消费合作社等。

由于准公共产品的范围广、类型复杂,同时也是当前政府垄断高成本"重灾区",必须有针对性地选择多维途径治理,在战略上应实行公私伙伴关系的治理模式。所谓公私伙伴,是指公共和私人部门共同参与生产并提供物品和服务的任何安排,是地方

---

① [美]斯蒂格利茨. 经济学 [M]. 梁小民,黄险峰译,北京:中国人民大学出版社,2000:140-149.

政府、社会贤达、企业组织为改善农村城市状况而进行的一种正式合作。[①] 进入公共管理时代，企业涉及的经营范围已经超越其在市场中的通常角色，介入学校、就业培训、医疗卫生、市区复兴、城市再开发等各种领域，当然政府也不再限于征税员和传统市政服务提供的角色，几乎也变成了不动产开发者、商业信贷者等。由此，公私之间在公共管理时代成了为公众服务的伙伴关系，这种伙伴关系其实是以竞争为前提的。这种竞争从客观上打破了前文所述的"公共产品政府垄断的理论模型"，为社会带来了低成本福祉。如果政府仍然要人为地垄断准公共产品的经营，从主观上必然带来高成本、低效率以及公共资源的浪费。政府对于准公共产品的垄断从此被打破，公私伙伴关系就这样结成了，公共产品的竞争体制产生了，公共资源的配置的帕累托效应必然出现。

我们必须认识到，任何新理念、新举措在实施过程中由于配套措施不到位，或者由于一些操作不当，造成本来在客观上很好的理论在实践中失败。在公共产品经营的公私伙伴关系问题上，我们需要解决以下问题。一是要创造一个公众能够相信低成本供给评估的准确性、真实性和适当性的过程；二是公开对公共产品项目经营重新审查的公众论坛，以及实施绩效评估并改进成果与公共产品目标的论坛；三是把同类公共产品的不同经营主体（包括地方政府、社会贤达、企业组织）之间对社会的贡献及其供给成本进行比较分析。[②] 这样才能使公私伙伴治理取得应有的成效。

第三节 控制公共产品成本的长远战略与对策

一、难以在垄断体制下找到控制成本的依据

既然有形公共产品的高成本问题是国际范围内关注已久的问题，而且几乎是世界各国都没有从真正意义上解决的这一问题，是否可以定论有形公共产品客观上就不存在高成本问题？对于这个问题其实完全可以否定，因为在全世界任何国家，一旦出现政府和私人组织或者其他组织在共同提供同一品种的公共产品时，就计成本而言，政府要高出私人组织3~4倍。[③] 由此可知，有形公共产品政府垄断的高成本问题确实是存在的，而且相当严重。当肯定有形公共产品政府垄断的高成本客观存在而且是世

---

① Perry Davis. Public - Partnerships: Improuing Urban Lise [J]. Proceedings of the Academy of Political Scenec, 1986, 36 (2).
② B. 盖伊·彼得斯. 政府未来的治理模式 [M]. 吴爱民, 夏宏图译. 北京：中国人民大学出版社, 2001: 15-22.
③ 何翔舟. 公共产品政府垄断的高成本机理与治理 [J]. 社会科学战线, 2011 (12).

界通病时,可否说明有形公共产品可以通过政府在垄断组织内部想办法解决,实践证明应该是否定的。因为垄断在任何领域都是低效率的,有形公共产品也不例外,利奥·托儿斯托伊说过:"我骑在一个人的背上,使他窒息,让他背着我行动,还要使我自己和其他人都确信我非常对不起他,并且希望用以前可能的办法减轻他的负重——除了从他背上下来,别无他途。"① 垄断本身就是高成本,已经是不争的事实,而垄断所造成的高成本是外部性的,亦即高成本由垄断组织之外的公众承担,如果在垄断组织之外没有一种强大的力量或者就根本没有反对垄断组织的力量的情况下,这对于垄断组织本身来说,希望把垄断永远延续下去,其结果是社会资源的分配失衡,部分人占有另一部分人的福利,实际上成了一种制度保护下的剥削或租金。詹姆斯·布坎南和戈登·塔里克于 1962 年提出,政府必须在立宪下活动。他们认为,立宪是在类似豪尔绍尼和罗尔斯所描述的背景下制定的。个人对其未来的处境并没有确定的预见,因而使他们出于自私自利去选择那些考虑到其他人处境的规则。② 如果人们把处于制定政策位置的政府组织视为功利主义者,他们就会通过预想他们具有同等的概率处于任一其他人的境况来实施偏袒性,所以其出台的公共政策肯定会打破社会资源公众均衡享有的帕累托效应,看来帕累托改善效应同样不可能在任何垄断组织下出现。

私人产品在垄断体制下虽然是低效率的,但是其不可能无形地高成本提供,因为私人产品在现代社会无法完全垄断,在不完全垄断的情况下,至少还有市场竞争来控制成本,同时,在绝大多数情况下还有替代品,即当牛肉价格超过消费者的理想价格时,消费者可以猪肉代替牛肉或者以羊肉易牛肉。但是,政府垄断往往是完全垄断性质的,几乎无可替代,特别是有形公共产品,虽然成本已经到非常高的地步,很难找到替代品,也很难找到其他组织在同等条件下的竞争。例如,当社会保障不合理,当垄断行业的职工和公务员享受着旱涝保收的高收入、退休养老产品等,其他领域广大公众通过比较感觉成本过高时,人们有替代品可以选择吗,也不可能有其他组织来竞争(除非你改变国籍);再如,政府出台一个不公平的区域开发政策、地方保护政策,假定这些政策对社会及公众的反面效应比较大、社会公共成本特别高的情况下,人们同样无法找到替代产品逃避这种高成本,也无法找到出台这种政策的多元组织来选择。由此,有形公共产品的政府垄断具有完全性质的垄断,也没有其他替代产品选择,其成本和公共资源配置的低效率等问题远远超过私人产品的低效率。

其实有形公共产品的高成本问题不仅是中国公共管理领域的问题,也是世界性问题。多年来,世界各国的政治家、实践家、理论家都在研究公共产品的高成本问题,但是,任何国家都没有在原有的体制内部降低或者找到降低有形公共产品的依据和实践结果。许多学者从政府管理的角度也提出了非常中肯的观点和理论设想,诸如建立

---

① 丹尼斯 C. 缪勒. 公共选择理论 [M]. 杨春学等译. 北京:中国社会科学出版社,2002:388.
② 1965 年,莱本斯坦因通过设想由一组老年人为其子孙做出的集体决策的情形,也得出了相同的结果。

政府管理绩效标杆、进行政府绩效评估，转变政府职能，变划桨型政府为掌舵型政府等，但各国政府提供的公共产品（无论是有形的还是无形的）成本和私人提供的相比仍然居高不下。萨瓦斯教授于20世纪80年代针对公共产品的政府垄断高成本提出了民营化改革，遭到了来自联邦政府和州政府几乎是上上下下所有人的质疑，这种质疑的根本是什么，其实还是垄断利益与公众享受更多福祉之间的博弈。撒切尔首相、克林顿总统似乎充分体现了执政魄力，提出推行企业家政府，对国际公共管理和政府管理在理论与实践上的贡献是不言而喻的。诸如此类的理论研究与实际探索解决了许多重大问题，但是只要是政府垄断继续存在的领域都没有降低成本。

要从根本上找到控制有形公共产品成本的依据，首先是在相应的领域消除公共产品政府垄断的服务体制，因为在当前或者未来相当长的社会历史阶段，任何人都有经济人的一面，有垄断必然有寻租行为。

二、无法用公众监督从真正意义上约束政府管理机制

假定一种资源在制度上被某一群体垄断，而且不能打破这种垄断制度，在这种前提下，要降低这种资源配置的成本，最基本的途径就是在垄断组织内部建立科学合理的管理机制。在这方面研究最为透彻且被人们推崇的美国学者戴维·奥斯本和彼得·普拉斯特里克的经典之作《政府改革手册：战略与工具》影响了全世界同行和各国政府及其公务员。他们系统地提出政府组织要明确自己的组织目标，剔除不符合公共资源配置优化的行为，在理念上把掌舵与划桨分开，设立绩效标杆进行奖罚，以约束公务员在公共产品服务过程中的不尽职行为，把公共产品交与公众进行检验，赋予基础公务员改进结果的权力，以及创建企业家文化等。英国人诺曼·弗林针对政府在公共产品领域的高成本或者公共资源配置的低效率问题，从公共支出、社会政策与管理、管理制度、法律、政治与行政、引入市场机制合同式管理等方面对政府提出了完整意义上的建议。包括萨瓦斯、奥斯托罗姆等许许多多学者的研究与建议，无一不是以建立政府内部管理机制和公众监督机制为载体提出的。但是，从世界各国的实践来看，公共产品的高成本问题并没用得到应有的遏制。在一个公共资源被垄断或者说是否垄断这种公共资源由政府组织自己说了算的体制下，任何意义上针对公共产品高成本的改革与管理制度、监督机制都是苍白无力的。"欧洲标准提供给进入竞投标序列组织中工人的保护程度并不是很确定，1977年的Acquired Right Directive 和 1981年的Protection of Employment Regulations 规定，被接管的公司工人，其条件和根据交易所指定的雇用期限不变。关于这些规则是否适用于公共部门竞投标接管的交易，法律界存在着长期的争论。但从1994年起，它们确实提供了一些短期性的保护。当公路代理机构（Highways Agency）宣布摩托车道和主干道将会推出去竞投时，其行政首长说：'虽然我们必须向竞投这些工作的公司提供现有职员的信息，但是应由它们决定是否按TUPE

'申请'。"① 因为公共部门的职工相对于其他私人领域，其待遇是更加优厚的。公共产品无论在竞标建设还是在日常服务活动中，政府都以各种准入政策限制私人组织进入，一条由政府发包的公路，真正到建筑单位的手中，其价格已经是发包价格的1/3左右。

在中国为控制公共产品成本，政府及其他权力机构设想了比其他国家政府更多的办法，一些学者也具有针对性地进行了研究。在管理制度上，不仅有政府自身的内部约束机制，诸如财政监督、审计监督、纪检监察监督、公检法监督等②，更重要的有体制外部的监督，即全民监督。无数事实证明，任何组织的内部监督都难以从根本上抑制内部人寻租的问题，所谓医不自治。因此，中国的民主监督或者说公众监督是最有约束力的监督途径。但人们不要忽略现实中最为让人烦恼的问题，即"公地悲剧"问题，几乎所有人在有形公共产品高成本问题上都存在"搭便车"行为。例如，当前政府公务员、垄断行业与其他产业工人之间在公共福利与社会保障方面存在非常明显的不公平时，没有任何一个产业工人直接找政府理论，再如，许多国家级公路都是由财政拨款修建的，同时某些国道或者高速公路建设中即使有贷款，经过多年收费其贷款早已还清的情况下，还在一如既往地收过路费，对于政府或该公路组织以外的公路来说虽然是高成本的，但也没有任何人去相关部门或政府讨公道。仔细分析起来，"搭便车"思想指导下形成的"公地悲剧"是主要原因，同时，即便确实有人认真负责地去政府或相关部门理论，也难以有一个公正的结局，公众监督对于政府来说是非常弱小的。在许多情况下，公众难以有切实对称的信息，其监督很可能是聋子的耳朵——任何意义都没有。实际上公共产品的顾客导向是空论，而垄断组织内部寻租是根本。斯格尔切尔认为，很多政府部门不愿意将一些基础性和战略性的问题授予公众，一旦政府组织产生某种主观偏向，公共产品在服务于私人领域与公众之间的区别就变得明显起来，在选择提供什么样的服务以及谁有资格或者由谁提供这种公共产品的服务其实是利益博弈。许多基础性决策都是通过某种民主程序确定下来的，而不是市场交易的形式，即所谓民主决策，不论是在地方做法层面上，还是在议会立宪层面上，都并非完全通过公民群众来协商，什么该协商与什么不该协商的界限并不总是清晰的、固定不变的。③实际上，公共产品在服务活动中公众的民主监督是空论，而相关组织的寻租似乎永恒不变。之所以有如此理论，除了其他方面的原因，与传统的中西方文化约束人的行为内涵之差异相关。传统的西方文化认为，人始终要通过"罪恶感"来判断自己的行为是善是恶，这种理念的是非曲直无论在公众场合还是在除了自己以外再没有其他人的场合，俨然找到什么事情可以做而什么事情不能做的个人价值标准；而传统理念下的中国文化则认为，人的价值观是以廉耻为判断标准，所作所为能不能拿到公

---

①③ 诺曼·弗林. 公共部门管理 [M]. 曾锡环，钟杏云，刘淳译. 北京：中国青年出版社，2004：139，168-169.

② 应该说纪检和公检法监督不属于政府自身的监督，但根据中国管理机构与管理体制，这里把纪检和公检法监督也视为政府内部监督。

众面前，如果自己认为错了就感到"羞耻"，就是羞耻与罪恶之间的区别，造就了不同的个人理性行为，罪恶感对于任何人在任何情况下都要约束。而"羞耻感"则不同，一些人很可能人前一套人后又是一套，因为当有了除自己之外的其他人时，就有了羞耻的条件，当你做了任何事情在没有除了自己以外的其他人或者公众知情时，就根本没有羞耻，结果是背着公众做坏事。

由此，在任何条件下都无法用公众监督从真正意义上约束政府管理机制。因为当任何管理机制客观存在时，他本身就是一个主管行为，就像当一个有行为能力的生命客观存在于世界上时，人们不可能完全通过外界因素限制其行为，过分限制的结果是使其失去生机与活力。对于政府管理机制来说亦然，关键是界定政府该做什么，不该做什么，例如，什么样的公共产品由政府提供服务，而什么样的公共产品应该多元化竞争。

三、公共产品高成本问题的根源不在某一生产主体

在理论上，任何管理者都属于配置资源的资源，任何生产有形公共产品的组织或主体都不例外。实际上，有形公共产品的服务成本高低与否，取决于两个环境，当一种客观体制或模式确定之后，资源配置的能力就决定其有形公共产品的成本高低。这里所谓的客观体制或模式是外界因素，也是前提条件，在竞争性领域是一种客观体制或模式，在垄断领域是一种客观体制或模式。在竞争性领域，生产某一产品的主体资源配置能力决定自己产品的单位成本，而在政府垄断领域生产某一产品的主体配置资源的能力恐怕决定不了该产品的单位成本，因为政府垄断领域里的人员编制、体制惯性及政府垄断特征等诸多问题不是该生产主体自己能够决定的。在我们的调查案例中，选取一家政府所有的医院 X 与一家私立医院 Y，经过比较发现构成成本的项目比重截然不同。

也许有人会说，既然公众不喜欢向上级举报或者抗议政府垄断的有形公共产品之高成本问题，就说明有形公共产品的成本是公众认可的。[①] 其实从真正意义上的体制变革也并不那么轻而易举，绝大多数公众对许多管理体制、制度与机制，可能心怀不满，但如果要改变，公众可能也会犹犹豫豫。政府的基础放在公众的不稳定意见和不确定的情绪之上，将会使政府利益受到一定程度的损失。但是，社会公众一般只感觉公平与否之间的心理反差，并不考虑这是由于体制带来的弊端。我们假定，一旦公众从真正意义上反对一种体制或管理机制并且付诸实际行动，那么政府必然地首先要考虑公众利益，内部寻租当然要让位于公众利益。事实是不到迫不得已的情况下公众都想

---

① 我们在调查宁波的一所大学时，找到了一份该大学 2006 年一个重要会议上校长的讲话文件，该文件上有这样一段话："我们的管理制度很少有人提出质疑，说明我们过去的管理制度是好的，是被大家认可的。"这位校长确实忽略了公众对待问题的行为态度，难道让所有的教师都去他办公室造反，他才承认管理制度有问题吗？

"搭便车",政府在体制建设和管理机制上并不希望朝令夕改,即使一些仁人志士提出好的改进思路(其中也包括政府公务员和政府垄断的提供公共产品组织内部的人员),也很难说服政府来改进政府业已习惯的机构缺陷,即使存在着机构产生之初就有的缺陷或者日积月累的腐败或寻租,即使人们都看到也有改变这些缺陷的机会,但一个阶层的利益不会轻而易举地改变。① 政府以及垄断行业迟迟不肯放弃传统体制与内部管理机制的倾向,在多年的改革实践中应该是司空见惯的。事实就是如此,如果我们自下而上来看,在一定范围内失去公平的公众在"搭便车"思想作用下,大家并不强行争取应该在国民收入分配中本来属于自己而可能被他人占有的那部分资源,而这在一定程度上会失去本来属于自己的部分资源的人所在的组织,因为这些组织中的领导自己实际上在公共资源分配过程中并没有比其他部门或组织中的人少分一杯羹,也不会为其所属的职工主动找政府理论,相对官僚的政府在认为矛盾不激烈的情况下,并不愿意伤害内部人的利益。

一直以来有形公共产品都是政府垄断,公众对垄断所造成的高成本并不以为然。作为有形公共产品政府垄断的某一生产主体来说,要在它们身上找到控制或降低成本的依据似乎不太可能,因为政府垄断的有形公共产品的高成本不在于该公共产品生产的主体,而在于有形公共产品传统的供给体制。因此,人们把控制有形公共产品高成本问题的希望寄托于生产公共产品的单位主体是非常不理性的。因为无论是有形公共产品的机会成本还是有形公共产品的会计成本,都不是生产单位自身能够控制的。

四、长远战略:建立有形公共产品多元服务体系

在政府垄断体制下,如果找不到有形公共产品低成本服务的依据,公众监督就无法一方面由于在"搭便车"理念下形同虚设,另一方面也由于信息不对称难以撼动体制造成的高成本现实,有形公共产品生产主体或组织内部实际上没有控制有形公共产品成本的基础。那么,要找到降低有形公共产品成本的途径,必须从新的理念与思维入手。我们认为,在战略上建立有形公共产品多元服务体系是控制有形公共产品高成本问题的必由之路。

所谓服务体系,是一个服务束,并非由某个阶层单一服务。例如,在计划经济时期,一切生产服务都由政府垄断,改革开放之后形成多元化的经验,私人产品的服务体系出现了,私人产品的社会成本在竞争中降低了,从而有了私人产品供需两旺的局面。有形公共产品要体现出社会服务体系的体制,前提是要满足两个条件。其一,要保证公共福祉不能有任何意义上的损害;其二,要充分体现有形公共产品的繁荣或低成本服务。

---

① 洛克. 政府论——论政府的真正起源、范围和目的(下篇)[M]. 叶启芳,瞿菊农译. 北京:商务印书馆,1996:134-135.

首先，建立有形公共产品社会服务体系在公共福祉上究竟会不会受到损害。政府垄断有形公共产品的理论是保证有形公共产品的全民公平服务，以达到公众能够公平享受社会劳动成果的效果。实践证明，互帮互学公共产品进入多元化经营并不影响公共福祉的均等化，传统的计划经济时期私人产品匮乏，绝对平均的企业内部分配机制更加降低了劳动效率，改革开放之后人们得到了无法与计划经济时期相比的实惠。之后改革逐渐进入公共产品领域，如医院、学校等，不但没有出现公众看病与子女就学等福祉的不公平，而且更加丰富了公众选择的余地，反而就是在政府垄断体制下才出现有形公共产品服务的不公平和相对匮乏的局面。原因就是有形公共产品的政府垄断造成公众消费这种产品的高成本，其高成本机理前文已经论证。我们假定政府购买一些公共政策或者放开有形公共产品的生产经营控制，政府之外的其他组织就不会为某一阶层寻租而考虑形成某一领域的垄断，因为即使某一竞争这种公共产品的组织或个人，在有某种企图下所生产的无形公共产品由于失去科学性而不被政府或者决策者采纳。在有形公共产品里，人们可以看到，当政府、非政府组织以及私人领域的幼儿园、敬老院、俱乐部等服务体系建立后，多元竞争提高了资源配置效应，确实体现了资源配置的帕累托改善，其服务质量、服务品质以及供需矛盾等都发生了很大变化，不仅没有使这些领域原有的公众福祉受到损害，而且惠泽广大公众。其机理不在于建立的有形公共产品体系本身，而是有形公共产品服务体系的建立推动了生产主体内部管理机制的变革，即只有有形公共产品生产者控制成本并提高质量，消费者才会青睐。

其次，建立有形公共产品社会服务体系能不能降低有形公共产品的服务成本或进一步繁荣有形公共产品。过去政府之所以垄断有形公共产品的服务，还有一个理论根据，即有形公共产品一旦多元化经营，就会造成本领域混乱的局面，在私人利益驱使下可能使有形公共产品的社会成本膨胀，影响社会公众的基本生活或公共福利。事实上，有形公共产品和私人产品的生产经营与社会服务并没有本质的区别，市场规律告诉人们，当经济资源非常稀缺的情况下，市场上由于技术、资本、人才等原因，人们就会有选择地提供那些最为便利并最能够盈利的产品，此时，政府为保证某一领域因私人不介入而社会需求的产品必须提供，当经济资源已经自然地满足某一领域产品提供的情况下，政府应当退出这个领域，否则，对于社会来说，政府对于社会的高成本是在所难免的，因为政府操作的是公共资源，私人控制私人资源的能力与政府控制公共资源的能力是无法相比的。某一公共产品是由政府提供还是建立社会服务体系，是有阶段的或者说是有历史时期的，当相应的一个时期结束时，应该寻找新的供给体制。因此，从社会发展规律角度以及社会现实来讲，建立有形公共产品社会服务体系能够降低有形公共产品的服务成本，而且能进一步推动有形公共产品的繁荣。从国际范围来看，有形公共产品的服务体系主要从改革现有的公共产品政府垄断着手。第一，政府应当继续保留那些市场不愿意提供，或者影响公众正常生活的基础性公共产品，如医疗保障、基础教育等；第二，建立公私伙伴关系的竞争机制，即那些已经可以市场化而当市场化以后并没在很大程度上影响公众消费的有形公共产品可以放开由政府、非政府组织、企业组织、私人等竞争服务,例如高等教育、医疗卫生、福利院等,只要软硬条件具备,政府就不应该设置其他组织进入的障碍;第三,政府完全退出某些领域,许多有形公共产品已经完全可以市场化,但是政府还在财政全额或者差额拨款下对社会高成本经营,即使这些产品表面上对社会并不提供服务,但是其财政拨款实际上对社会公众是一种隐性成本的支付,例如政府所属的房产公司,由财政补贴的宾馆、各类事务所、场馆等,政府应彻底退出,由私人组织提供服务。

任何事物、任何管理体制与服务体系都是有生命周期的,有形公共产品政府垄断的生命周期事实上已经到垂死腐朽时期,因此,从长远战略的角度出发,应当废除有形公共产品的政府垄断供给体制,建立有形公共产品的社会服务体系,在不同主体竞争中降低有形公共产品的社会成本。

五、短期对策:调整国民收入分配结构

有形公共产品的高成本问题已经在一定程度上影响新时代建设和科学发展,不仅要从战略上制定长远的体制,而且还必须从当前状况着手,在短期内有相应的改变。

1. 有形公共产品高成本问题不在于有形公共产品本身

如果不考虑有形公共产品政府生产活动中消耗的成本,仅仅从现实的公众消费支出的角度看,其成本并不高。例如,现行的大学学费在同等情况下政府所有的大学在社科人文方面每学年为4000元,而私人所有的同类型大学一般在12000~15000元。[①]可能一般的公众忽略了政府所有大学的隐性成本,即政府所属的大学所有的硬件(固定资产)都是由政府财政投资的,同时日常的教学科研以及职工工资基本都是财政拨款。经过比较研究发现,假定政府把投入大学的全部经费(包括固定资产和日常开支)收回,同类大学按照当前私人所有的大学一样收学费,以弥补政府所属大学现行的所有软硬件开支,是难以为继的。通过对抽取的12所政府所有大学的研究,如果财政收回所有固定资产投资并不弥补任何意义上的办学经费,以2008~2010年的成本计算,这些大学每个学生每学年至少需要提供28000元才能维持大学的日常运转。其实政府所有的大学职工的工资相当于私人大学工资的60%~70%。是什么原因造成如此反差呢?关键是政府所有的大学的管理费用与私人所有的大学相比高得惊人,据不完全统计,基本上为16:1,同等情况下政府所有的大学管理费支出为16元,私人所有的大学管理费支出为1元,其中管理人员的比是9:1,科长以上管理人员的比例是11:1,副处长以上人员的比是7:1。与此同时,在私人所有的大学教授的工资与政府所有的大学的比是1.66:1,亦即同样的教授在政府所属大学年收入为私立大学年收入的60%。之所以出现如此的成本反差,根源在于财政拨款。私人所有的大学不可能有其

---

① 通过对浙江、广东、陕西等省的抽样调查,大体都是文中所述的价格。

他资金来源,他们最懂得发展学科并节省成本的理念,而政府所有的大学由于财政拨款,许多人也有想求一官半职的愿望,学校领导难以控制并降低管理或领导岗位编制,成本越来越膨胀。所以说,有形公共产品高成本问题不在于有形公共产品本身,而在于财政拨款,实质是国民收入的分配问题,不科学的国民收入分配比重造就了有形公共产品的高成本。

2. 短期内结束一个体制的生命周期并不现实

虽然说随着社会经济的发展,传统的有形公共产品政府垄断的供给体制已经不适应公平社会福祉分配的需要,有形公共产品传统的服务体制之生命周期在理论上已经处于垂死腐朽阶段,但是由于不同阶层的既得利益博弈是个相对恒久的话题,并不是理论上已经结束生命周期在实践上就马上结束生命周期,即使这种体制不怎么合理,但是既得利益者阶层肯定要维护。

首先,各级政府以保证社会均衡为由,不可能短期内完全放开。对于各级政府来说,在社会集团之间也是一个博弈主体,如有形公共产品是否要放开让不同组织竞争服务,可能政府决策者即使不在乎由哪个组织提供的问题,但是许多政策并非都是决策者的意图。按照各级政府出台一般公共政策的过程,都是由本领域的主管部门先提出相应的意见或方案,再由决策者讨论通过,最终决策者所做出的决策,基本上都是主管部门的意图。主管部门不愿意或者根本不可能提出不利于本部门的政策,尽管这种政策可能在理论上已经非常腐朽,但是现实中绝不是因为政策或制度的腐朽而顺利地选择不利于本组织而利于其他组织的政策。政治实体的整个权力本身具有一种特殊的动力,这种权力可能成为其成员们的一种特殊奢望要求的基础,而这种要求又影响着他们的决策举止。[①] 政府在许多情况下会有意识地放弃被公认为是公平的、进步的以及民主的政策,这种放弃实际上就是对所属部门及其部分公众的利益妥协。一般地,可以把对政府的意见分解为两类:一类是来自政府之外的意见,就是整个社会的意见;另一类是来自政府组织内部的意见。在没有重大政治问题时,组织内部的意见对于组织本身的压力更大,政府组织内部的均衡也是社会均衡的重要方面,因此,考虑政府组织内部均衡也是保证社会均衡的重要方面。当有形公共产品政府垄断对社会造成不大公平的现实后,失去福祉的人并没有激烈的反应或者有反应而不足以出现重大问题时,政府还是要考虑内部人的意见。这样,政府就会以维持新时代为理由,延续既有的政府垄断体制。一种在传统体制下所获得的较他人更多或者他人没有而自己独有的公众习惯的利益,一旦要失去,对于当事人来说其失望情绪是原来就根本没有这种福利而要通过相应的措施获得这种福利愿望的数倍,这种不同的理念是制约政府为公众福祉的公平而考虑用一种体制替代另一种体制的桎梏。我们应当清醒地认识到,在一种体制下角色划分与责任界定不一定总能做到清晰明确,政府既是安排者,也可能是

---

① 马克斯·韦伯. 经济社会学(下卷)[M]. 林荣远译. 北京:商务印书馆,1998:227-228.

生产者①，很难轻易地结束传统垄断体制的生命周期以坚定不移地走向市场。

其次，政府垄断的有形公共产品体制内部的职工并不愿意就此走向市场。从现实来看，相当于竞争性领域，政府垄断领域的职工享有在基本工资、奖金、退休制度以及社会保障等方面的特殊待遇，这种待遇其实和公务员并没用什么差距。优越待遇会使他们全力保护固有体制，也由于传统体制延续了50~60年，这些政府垄断的有形公共产品领域的职工认为他们的优厚待遇是天经地义的，根本没有打算走向市场，更不愿意失去优厚的待遇。要解决有形公共产品的高成本问题，最好的办法是双管齐下，一方面设法由社会来统治投资量，让有形公共产品的资本边际效率逐渐下降，另一方面政府要用各种政策来增加消费倾向。② 垄断领域的主管部门和有形公共产品提供者内部职工可能会以就业压力建议政府不要一下子走向市场，政府与垄断领域的主管部门以及垄断单位的内部职工有一个共同的愿望，无论用什么方法来操作有形公共产品的投资，都是考虑既有的职工充分就业问题。

最后，公众素质没有完全达到相应的条件。事实上有形公共产品成本的主要支付者是社会公众，只有去除公共产品服务主体以外的公众才是真正影响政府决策是否理性或者延续传统服务体制的力量。但是在公众愿望还处于隐性状态时，这种力量还很小，其根源在于公众素质还没有达到能够推动改革传统服务体制所需要的条件，他们把希望寄托于相关人员会主动改革传统服务体制是非常幼稚的，或者说相当部分的公众就根本没有改变有形公共产品传统服务体制的要求或意识。作为政府决策者来说，所要厘清的事情确实太多了，许多情况下对于有形公共产品的高成本问题不一定已经列为重点考虑的对象，这也很可能被忽略。当公众自己不够觉悟或者说还不具备相应的素质来提请政府解决问题时，要冲破既有的服务体制也是非常不容易的。

3. 釜底抽薪：通过调整国民收入分配抑制当前有形公共产品政府垄断成本

当某些问题已经被理论研究证明需要政府解决时，政府不能因为外界的作用力并不强大而忽略。就当前有形公共产品政府垄断的高成本问题来说，本身是影响新时代建设的问题，值得高度重视，马上从服务体制上解决问题还过于匆忙，应当采取行之有效的基本对策先缓解矛盾。最切合实际的或者说既切合实际又不因此而产生矛盾的办法就是通过调整国民收入分配来抑制有形公共产品的垄断成本：提高国民收入初次分配比重，增加产业工人与扶贫对象的收入，使其与政府公务员以及垄断行业之间的差距缩小；调整国民收入二次分配，逐步减少对事业单位的财政拨款；在国民收入最终分配中提高竞争性行业领域普通职工社会保障、退休养老等方面的待遇。这样，通过国民收入的分配调整对政府垄断领域进行资源上的釜底抽薪，可以降低有形公共产品社会成本，均衡公共资源在社会不同阶层的配置。

---

① E. S. 萨瓦斯. 民营化与公司部门的伙伴关系 [M]. 周志忍等译. 北京：中国人民大学出版社，2002：69.
② 凯恩斯. 就业利息和货币通论 [M]. 徐毓枬译. 北京：商务印书馆，1997·281

下 篇
政府成本与不充分不均衡发展

第八章　政府成本与教育产品的不均衡发展

第一节　教育均衡发展机理

一、教育均衡发展的理论探源

美国著名的社会学家科尔曼于1966年发表的《关于教育机会平等》报告（又称《科尔曼报告》），对西方教育公平的研究产生了深远的影响，因此，对教育机会均等的研究曾一度作为西方教育公平研究的主要内容。科尔曼结合当时不同社会发展阶段的特点对教育机会均等的观点进行了深刻的剖析。第一阶段（19世纪）：入学机会与条件相等；第二阶段（20世纪初）：根据学生不同的职业前景差异化授课，实现过程均等；第三阶段（20世纪50年代）：教育结果的均等；第四阶段（20世纪60年代）：注重对教育输入各种资源的均等。[1] 在他看来，不同的历史发展阶段对教育公平有不同的理念诉求，教育公平所强调的重点应该随着社会发展需求的不断变化而不断改进与完善[2]。美国哈佛教授约翰·罗尔斯的《正义论》一书自1971年问世后，对西方各国的政治产生了重要影响，因此他的正义原则被广泛地运用在教育公平的研究中。罗尔斯的正义原则主要包括两个原则——自由原则与平等原则。自由原则指每个人都享有平等的自由权并且这种自由权与他人在相同体系下享有的各项自由权相容。平等原则又包括机会平等原则与差异原则。[3] 罗尔斯的正义原则对教育公平的启示要求所有的受教育者都享有公平的受教育机会，得到公平的教育内容，并且对有自然禀赋或社会禀赋

---

[1] 詹姆斯·科尔曼. 教育机会均等的观念［M］//国外教育社会学基本文选. 上海：华东师范大学出版社，1989：176-191.

[2] Coleman J. S., et al. Redesigning American Education［M］. Boulder, Colorado: Westview Press, 1997: 58-65.

[3] John Rawls. A Theory of Justice［M］. Revised Edition. Cambridge, MA: Harvard University Press, 1999.

劣势的人进行补偿,以促进人们在受教育起点上的公平,从而最大限度地促进教育公平。① 瑞典教育家托尔斯顿·胡森(1972)认为,所谓的教育均等主要包括三个层次的内涵,即起点均等、过程均等与结果均等。② 胡森的观点与科尔曼关于教育公平的观点有很大的相似之处,他们均认为教育公平除了受校内因素影响外,还受各种校外因素如家庭、社区等极大的影响,而校外各种影响因素的差异远远高于校内的因素。由于存在较大的校外差别性因素,他们一致认为,教育机会公平只能是接近,不可能是完全实现。教育改革必须与社会经济改革同步,没有社会公平做基础,要实现教育机会均等是不可能的③。其他西方学者的一些观点如诞生于20世纪50年代的美国功能主义教育社会学流派的代表人帕森斯认为:教育机会均等问题是教育改革的一个主要特征,教育机会均等是影响个人以后就业的一个主要因素,进而影响自己以后的收入以及所在的社会地位,而影响教育机会均等的主要因素是个人能力、家庭因素、个人成就动机以及现行的教育制度,并认为现行的社会制度能够实现教育公平④。20世纪70年代新教育社会学流派形成,代表人物是麦克·F. D. 扬和伯恩斯。他们从微观的角度分析了教育领域的问题,如课程、教学、知识、语言等。因此在扬看来"知识与控制"就成了教育公平的重点,而不同背景的人接受和领悟知识的能力不同,因此关于知识的分类就包含接受教育机会与效果的含蓄假设,实际上关于知识的分类已经预设性地控制教育的过程与效果,成功更多地偏向于那些能够接受高级知识的人。⑤

二、发达国家教育均等化的政府行为

教育公平一直是各国政府关注的焦点问题,促进教育公平也一直是各国不断努力的事情。西方各国也从完善相关法律法规、优化教育经费、教师资源配置路径、加强对薄弱地区学校的关注与投入等方面来努力促进本国的教育公平事业的发展。其中不乏有一些国家比较好的实践经验值得我们总结与借鉴,比如美国、日本、韩国、法国等促进本国教育公平发展的运行模式都给我们提供了好的蓝本,仔细研究与选择性吸收对于促进我国教育事业的公平发展将有极大的作用。

1. 美国公平教育的政府扶持行为

为实现教育公平,美国一方面从完善法律体系入手,1958 年制定了《国防教育法》,该法律的出台开创了美国历史上由联邦政府直接拨款、全面扶持教育的先河,为

---

① 贾玉超. 罗尔斯与作为公平的教育正义理论[J]. 现代教育科学,2010(3):117 – 122.
② 托尔斯顿·胡森. 平等——学校和社会政策的目的[M]//国外教育社会学基本文选. 上海:华东师范大学出版社,1989:193 – 197,204 – 217.
③ 查尔斯·赫梅尔. 今日的教育为了明日的世界[M]. 北京:中国对外翻译出版公司,1983:84 – 85.
④ 吴德刚. 中国全民教育问题研究——兼论教育机会平等问题[M]. 北京:教育科学出版社,1998:88 – 89.
⑤ 麦克·F. D. 扬. 知识与控制——教育社会学新探[M]. 谢维,朱旭东译. 上海:华东师范大学出版社,2002:25 – 55.

低收入家庭的孩子教育提供财力捐助。① 1965 年，美国又制定了《初等和中等教育法》，为了接近真正的教育公平，2002 年，布什又签订了《不让一个孩子掉队》的法案。在实践中，美国主要采取了"公车接送计划""补偿教育计划""教育券计划"等措施。② "公车接送计划"目的在于建立一个均衡各族种群计划的标准，该计划的实施虽然没有明显地缩减黑人与白人之间的教育差距，但在一定程度上提高了接受实验学生的成绩。"补偿教育计划"旨在为贫困儿童提供经济上的帮助，来减轻儿童由于家庭背景差异而引起的学习成绩差异，进而从根源上降低由于学习成绩差异所造成的对以后就业、社会地位差异的影响。主要措施有小班授课、额外专业辅导、头脑启迪计划、免费午餐计划、双语教育计划、残疾儿童补偿计划，该计划对于提高贫困儿童的学习成绩有显著作用。"教育券计划"主要有两层含义：第一，无论公立还是私立学校，只要被政府认可，学生就可以自由凭券择校；第二，为家庭经济困难的学生提供经济补偿，保障其完成基本的学业，享有平等的受教育权利。③

2. 日本、韩国保障措施

日本是大家公认的"教育兴国"的典范，早在明治维新后就开始实行基础教育制度，在推进教育公平的过程中日本有很多可贵的经验值得借鉴。从 1947 年日本就开始出台了一系列旨在实现教育公平的法律，如《学校教育法》《教育委员会法》《义务教育费国库负担法》《教职工许可法》和《社会教育法》等④。完善的法律法规为日本的教育公平提供了有力的制度保障，使日本在办学条件、教育经费划拨、教师资源配置上都有法可依，从而做到均等化。为了削弱薄弱地区学生的受教育差异，1956 年，日本又出台了《关于国家扶助就学困难儿童就学的法律》。此外，日本还实行了"教师轮岗制度"，均衡了校际间城乡间的师资力量，师资力量的均衡确保了日本教育质量的均衡。⑤ 韩国的基础教育水平也位居世界前列，达到如此好的水平，得益于韩国采用了较好的促进基础教育均等发展的政策，主要有公平化的教育经费投入机制、优先发展弱势群体的教育政策。在韩国，公共资金是专门用于基础教育的投资，专项的教育经费保障了韩国基础教育较高的普及率、较高的基础教育质量与均等化的发展。韩国还实行"先农村""后城市"的免费义务教育政策，使薄弱贫困地区的基础教育得到较好的发展。除此之外，韩国还采用了"教师轮岗制度""教育分流政策""优先发展薄弱学

---

① Rowena Jacobs, Maria Goddard. How Do Performance Indicators Add Up? An Examination of Composite Indicators in Public Services [M]. Public Money Management, 2007: 365-380.

② Office for Standards in Education: Lessons Learned from Special Measures [J]. A Report from of Her Majesty's Chief Inspector of School, 1999 (2): 198-213.

③ Lindley J Stiles. Editor's Introduction. To Charles S, Benson et al. Planning for Educational Reform [M]. New York: Dodd, Mead, 1974.

④ Niemi N S. Gender Education and Equality in a Global Context: Conceptual Frameworks and Policy Perspectives [J]. Gender and Education, 2008 (4): 58-65.

⑤ 袁方成. 农村义务教育均等化：现状与改革 [J]. 华中师范大学学报, 2008 (5): 26-32.

校"来均衡地区间由于经济水平的差异造成的师资力量、教育理念、办学条件等方面的不均等现象。①

3. 法国政府的补贴模式

早在1982年法国就颁布了"优先教育"政策,此政策最初是为了均衡学习成绩较差地区学生的小学教育问题,政府会给这些地区的学校专门配备高质量的教师,增加额外的教育经费补助,加强对该地区教师的培训提升,教师需要给学生专门的额外辅导,政府也会给这些教师额外的经济补贴,以此来提高这些教育薄弱地区的教育质量,一旦该地区学校学习成绩达标,就会取消这一政策。20世纪90年代后,该政策逐渐向初中、职业教育、预科班教育发展,但重点仍然是初中小学,其目的是为了保障基础教育的均衡发展。② 师资力量的均衡配置是法国促进基础教育均衡的又一重点,法国出台的《教育方向指导法》对教师资源的配置做了明确的规定,教师资源优先向教育薄弱地区倾斜,配备到这些地区的教师除基本工资外,还有高出优势地区的额外补贴,以此均衡区域间师资力量,提高薄弱地区的教育质量。

三、中国学者的探索成就

教育均等化的前身是教育公平,在中国,以2002年3月《人民教育》发表的《为了每一个孩子的幸福成长——山东省寿光市教育均衡发展透视》一文为标志,教育均衡发展的探讨和争鸣由此展开。4月,李连宁、顾明远、张力、谈松华、韩清林等教育专家在《人民教育》发表了《纵论基础教育新的发展观》的笔谈,把教育均衡发展的讨论进一步推向高潮。③ 查阅中国知网的文献会发现,关于教育均等化的研究是从2003年开始的,从2003年开始到目前,此话题在学术界一直保持较高的热度,关于教育均等化研究的文献逐年增多。梳理国内的相关研究,发现案例研究较多,重点集中在区域内城乡基础教育均等化研究、区域间的教育均等化研究,以及一些特殊人群的义务教育均等化问题。

1. 区域内城乡义务教育均等化建议

国内学者关于区域内义务教育差异的研究主要采用实证分析的方法。梳理文献发现,关于中西部经济相对薄弱的省份以及东部偏北方向几个省份的研究相对较多,东部沿海经济相对发达的省份的研究较少,说明经济水平是影响教育均等化的主要因素之一。笔者从东部、中部和西部各选择一个代表性的省份来俯瞰整个中国的义务教育均等化现状。许开录等学者采用对比分析法,以教学点数量、学生教师数量、入学率、毕业率、教育经费投入、教师学历、学校硬件设施为指标,对比分析了甘肃城乡义务

---

① 王莹. 财政公平视角下的基础教育服务均等化分析 [J]. 教育与经济, 2007 (2): 1-6.

② Taylor B E, Meyerson J W, Massy W F. Strategic Indicators for Higher Education: Improving Performance [J]. New Jersey, 1993 (6): 66-72.

③ 于发友. 县域义务教育均衡发展研究 [D]. 济南: 山东师范大学学位论文, 2005.

教育的差异。他们认为，考察指标的城乡不均等化是造成甘肃农村义务教育处于贫困状态的主要原因，并从健全教育经费保障机制、实施"捆绑联动策略"从源头治理农村学生辍学、健全乡村现代教育体系等方面入手来均衡甘肃城乡义务教育的差异。① 温扬汉从宏观和微观两个方面深入分析江西省崇义县的义务教育均等化现状，宏观上又从横向和纵向两个方向整体对比分析，横向选取同区域的其他几个兄弟县，纵向选取东西部地区的一些典型县市，以教师学历合格率、专科率、本科率，生均校舍面积，生均图书量，生均实验室几个指标进行比较分析。微观上，对比分析崇义县域内的不同乡镇小学初中间的师资力量、办学面积、教育经费、校内硬软件的差异，并从树立义务教育均等化的理念，健全相关政策法规，拓宽基础教育经费筹集渠道，推动县内优质教师资源合理流动，调整学校布局，加强教育公平监督等方面提出改进建议。② 王芳采用问卷调查表、实地访谈、SPSS统计分析等方法对山东省平阳县现有的义务教育资源整合状况进行了评估，分析其取得成效和教育资源整合过程中家庭、教师、政府、学校所面临的困难，分析其中的原因，并给出了改进策略。③

2. 区域间义务教育均等化透析

关于区域间教育均等化问题，大部分学者从整体上对比东部、中部和西部三个地区教育均等化水平，也有学者从东部、中部和西部各地区抽取一个具体的省（市）来对比分析不同区域义务教育均等化发展水平。汪露和何通艳从财政体制改革的角度分析东部、中部和西部义务教育均等化问题认为，政府对于这种巨大差异的缩小有着不可替代的责任，特别是政府对于各地区的财政投入起着决定性因素，中西部地区与东部义务教育的差异必须用财政转移支付的方式给抹平。④ 侯世玉从区域间财政预算内教育经费不均匀、区域间基础教育经费投入不均匀、区域间基础教育师资水平不均匀、区域间办学条件不均匀四个方面分析了东部、中部和西部地区间的义务教育非均等化问题，在吸收国外经验的基础上，从转变政府职能、均衡区域间师资力量、完善区域间财政转移支付制度、均衡区域间经济发展等方面给出改善策略。⑤ 黄晓勇和赵凡以江苏、湖南、西藏为代表分析东部、中部和西部地区义务教育均等化发展水平，他主要采用内部评估、外部对比的方法，先是对各地区义务教育均等化情况进行成功经验与问题的总结，然后纵向对三个城市的整体情况做对比，指出江苏、湖南、西藏各省区在政府的领导下，义务教育均等化问题都得到了改善，但问题依然突出，其中江苏的整体义务教育水平相对较高，但是区域间差距明显；湖南部分大城市义务教育水平相

---

① 许开录，张守润，赵淑琴. 甘肃城乡义务教育均衡发展的对策研究 [J]. 中国农村教育，2007 (6)：21-23.
② 温扬汉. 江西省崇义县义务教育均等化问题研究 [D]. 杭州：浙江大学学位论文，2009.
③ 王芳. 山东省平阴县义务教育资源整合研究 [D]. 济南：山东大学学位论文，2014.
④ 汪露，何通艳. 教育财政制度改革——东中西部义务教育的均等化 [J]. 中国商界，2008 (11)：9-10.
⑤ 侯世玉. 我国区域间基础教育均等化问题研究——基于东中西部视角 [D]. 沈阳：辽宁大学学位论文，2014.

对较高，但是城乡、区域间差距都很大；西藏地区经济相对落后，整体义务教育水平最低，但是区内区域间并没有明显的差距存在。①

3. 特殊人群的义务教育问题

国内义务教育均等化问题除了由于地理位置的差异造成的经济的差异而引起区域内区域间的不均等，还有一些不均等不仅仅单独存在于某个地区，甚至遍及整个国家，那就是一些特殊人群的义务教育均等化问题，比如残疾人、留守儿童、随进城务工父母到城里上学的流动儿童、少数民族地区儿童等。这类人群由于自身某一特殊情况，不能享受到和正常儿童一样的教育，这类人群本来就属于社会的弱势群体，因此这类人群更应该受到社会的特殊关注。所以有部分学者针对他们的受教育问题做了专门的研究。金爽从特殊教育入学率低、特殊教育学校数量不足以及特殊教育学校数量在东部和中西部之间的巨大差异等方面分析了我国残疾儿童接受义务教育不均衡的问题，并提出要完善特殊教育相关法律，加强特殊教育学校的建设，均衡区域间特殊教育资源，来全面推进特殊教育义务教育的均衡发展。②张维新指出，家庭教育意识薄弱、教育方式不当、城乡壁垒与成长条件的限制、农村教育管理不到位是目前农村留守儿童义务教育所面临的主要问题，并提出应该着力从发展农村经济，加强落实"义务教育均衡"的国策，改变政府职能，发挥政府的主动作用，建立社会监护系统，加大社会关爱力度等方面入手，推进留守儿童的义务教育均衡问题。③刘晓湧认为，我国当前的流动儿童的义务教育存在同城和跨区域两个方面的不均等，主要是上下级政府间、流入地与流出地政府间职责划分不清，教育资源供给对待城市本地儿童和流动儿童不公平，以及相关法律法规不完善造成的，应从明确上下级政府之间责任底线，加大民办流动儿童学校的国家扶持力度，完善相关法律政策，切实推进流动儿童的义务教育均等化问题。④王慧和贾密抓住教育均等化的关键影响因素——教育经费制度来探析留守儿童的义务教育均等化问题。他们指出，不同层级政府间承担义务教育经费的数额比例的不明确以及在以"县管为主"的制度下，不同地区间存在着先天差异，并且对流入地政府更没有明显的承担流动儿童教育经费的激励措施，是造成留守儿童不能享受到和城里儿童均等化的义务教育的主要原因，必须建立以中央政府为主的教育经费划拨制度，才能从根本上解决流动儿童的义务教育均等化问题⑤。吕利丹和刘小眠利用"中国西部少数民族地区经济社会状况家庭调查"（CHES）微观数据，来分析我国少数民族地区儿童的义务教育现状，分析结果显示，仍有10%左右的儿童没有按照国家规

---

① 黄晓勇，赵凡. 不同地区义务教育均等化发展比较分析——基于江苏、湖南、西藏部分地区的考察［J］. 中国社会科学院研究生院学报，2014（1）：131-136.
② 金爽. 我国特殊教育义务教育新世纪的发展与思考［J］. 黑龙江教育（理论与实践），2015（1）：1-2.
③ 张维新. 关于留守儿童义务教育问题的探讨［J］. 安徽农业科学，2010，38（30）：17311-17313.
④ 刘晓湧. 流动儿童义务教育不公平现象的成因与对策［J］. 湖北社会科学，2010（9）：173-175.
⑤ 王慧，贾密. 流动儿童义务教育经费制度与平等受教育权［J］. 华南农业大学学报（社会科学版），2014（4）：111-117.

定接受义务教育，地区教育资源匮乏是主要影响因素，另外家庭教育背景也是极其敏感的因素。①

四、教育公平问题是全面小康的基本体现

国内外学者站在自己国情的基础上，基于教育公平的主要理念对义务教育均等化问题进行深入的研究，深刻剖析了教育经费、师资力量、办学条件等因素在影响义务教育均等化中起的作用，并从政府、学校以及学生个人等方面给出促进义务教育均衡发展的策略。归纳起来，都体现在政府公共财政投入的不均衡上。政府投入的不均衡所体现的政府教育投资信用，进而反映为出全面小康问题。无论是基于公共产品、教育公平还是城乡一体化等角度的分析，最终都是全面小康的基本体现。

第二节 河南嵩县城乡义务教育情况考察

嵩县②作为一个国家级贫困山区县，其在城乡义务教育发展上经过不断的探索努力，取得了一些可喜的成绩，义务教育水平有所提高，城乡义务教育不均衡现象得到一定程度的缓解。但是由于受天然的地理位置、人口、经济等因素的影响，整体上义务教育水平与全国基本均衡的标准之间还有很大的差距。

一、全面小康视角下教育均衡发展的挑战

近几年嵩县的义务教育情况在嵩县人民政府的不断努力下虽然取得了一定的成绩，但是受城市化进程的冲击，又面临很多新的挑战。比如，乡村生源流失与留守并存导致标准化教学体系难以成立，学校的标准化建设资金缺口大，农村教师结构不完善造成发展后劲不足等。这些问题如果得不到妥善的解决，实现城乡义务教育均衡始终就是一个难题。

1. 乡村生源流失与留守并存导致标准化教学体系难以建立

受城市化进程的影响，越来越多的农村人口流向城镇，随之流走的就是乡村生源。嵩县95%的地理面积是山区和丘陵，受山区特殊地理位置的影响，人口居住分散，考虑到学生的上学距离和安全，小规模村级学校设置得较多。城市化进程流走了一部分

---

① 吕利丹，刘小眠. 西部民族地区农村学龄儿童基础教育现状和影响因素——基于家庭背景和地区教育资源的研究视角[J]. 中南民族大学学报（人文社会科学版），2017（5）：54-58.
② 嵩县是位于中国中东部地区河南省洛阳市西南部的一个国家级贫困县，地处伏牛山北麓及其支脉外方山和熊耳山之间，全县总面积深山区占95%，浅山丘陵占0.5%，平川占0.5%。

生源，仍然还有一部分孩子由于各种原因要继续留守在乡村上学，但是乡村小学的规模却变得越来越小。因此，城市化进程的直接后果就是乡村生源流失与留守并存，同时受县区条件的影响，小规模的乡村教学点又难以撤并，直接导致乡村小学由于人数不足而难以建立标准化教学体系。根据访问县教育局领导了解到，嵩县全县目前有农村小学282所，另有教学点99个。农村小学规模小，学生数在百人以下的有184所。小学因班额不足，多数小学进行了高年级连片合并，成立高小，有222个行政村仅保留低年级学生。教学点在10人以下的有44个，30人以下的有87个，50人以下的有97个，教学点规模最大的是饭坡镇青山桥沟学点（63人），最小的是旧县镇上川元子沟学点（1人）。由于小规模的教学点学生数量太少，以至于教师难以配齐，考虑到教育成本基础教育设施也难以配齐，但是想要合并起来难度又很大。一方面，由于山区条件的影响，学校布局太分散，很难合并到一起；另一方面，部分学生家长为生活方便，考虑到孩子的交通和食宿问题不愿意撤并学校。为了不影响乡村孩子的受教育问题，只能保留大部分小规模的教学体系不完善的农村学校和教学点。

2. 学校标准化建设资金缺口大

城市化进程造成很多乡村小学难以维持下去，必须进行撤并，撤并的过程就涉及部分学校的作废，同时又要建立新的学校来容纳撤并过来的学生，新学校的建立需要耗费巨额资金，这进一步增加了教育投资压力。同时一些难以撤并的乡村学校，虽然生源减少了，但是乡村学校的标准化建设不会随着生源的减少就降低，因为乡村学校标准化建设基本上是基础设施的建设，乡村小学基础教学设施不健全，不能随着生源的减少取消建立。比如，一个乡村小学本来就100名学生，要建立一个多媒体教室，生源流失20名，变成80名学生了，依然要建立一个多媒体教室，因此随着乡村生源的流失，一些乡村小学的标准化建设资金的相对成本是增加的。① 同时学生流向城市，城市学校的标准化建设资金会随着生源的增加而增加，比如扩建学校，增加教师编制等，这无疑又增加了学校的教学成本。但是目前农村义务教育的债务问题是相当严重的，对于嵩县来说，义务教育欠债也是制约嵩县义务教育发展的重大经济问题，巨额的义务教育欠债已经成为制约嵩县城乡义务教育均衡发展的主要障碍。嵩县早在普及九年义务教育期间由于建设学校、购买设备等原因已经欠下巨额资金。教育的发展本身就面临着资金缺口。嵩县自身又是国家级贫困县，自身经济能力就相当薄弱，每年用于教育事业的资金就相当有限，在入不敷出的情况下再加上债务压力，就进一步加深了嵩县教育资金的周转难度。根据走访县教育局了解到，嵩县要完成全县所有学校的标准化改造工作，至少需要9.8亿元，而上级下达的全年改薄专项资金只有2.19亿元。如果没有足够的资金支持，嵩县完成义务教育标准化建设始终是个难题。

---

① 何翔舟. 公共产品垄断的高成本机理与治理［J］. 社会科学战线，2012（9）：59－63.

3. 乡村教师结构不完善造成发展后劲不足

城市化进程不仅带走一部分乡村生源，同时乡村的教师也随着城市化进程向城市流动，原因是多方面的。首先是城市比农村有更加便利的生活条件，其次是农村生源越来越少，有一句谚语叫"巧妇难为无米之炊"，很多教师因为没有发挥自己价值的对象，自然向能够最大限度发挥自己价值的城市流动，因为城市有足够的生源。随着乡村生源的流失、教师的流失，乡村小学的教师结构越来越不完善，学生数量少，考虑到教育成本，也难以配齐完整的教师体系。根据走访调查了解到，嵩县农村教师结构极其不完善，后劲不足。首先，农村教育教师严重不足，全县百人以下的学校和教学点276所，每所学校一至五年级5个年级，按在校生100人计算，按照省定师生比1:25的编制标准，只能配备4个教师，一个年级还达不到一个教师，需实行包班或复式班教学。一个教师至少要承担8门以上的课程，每周工作量达30节以上。这种现象在山区县农村规模较小的学校普遍存在，看似满编超编而实际严重缺编，学校运转困难，导致部分学校使用代课教师，目前全县共使用代课教师260人，其中农村小学217人。其次，农村教师学科结构矛盾冲突，农村小学教师大多为民转正人员，全县小学民转正人员779人，占小学教职工总数的43.7%。农村小学目前只有语文和数学老师是齐全的，小学英语、信息技术、体育、音乐、美术教师极度缺乏，导致这些科目无法开课。根据走访调查了解到，很多乡村小学以及乡村教学点的副科教材都是学生自己读读，有的教材甚至是全新的，最主要的原因是缺乏专科教师讲解。另外，副科不计入考核总分，不被学生和教师重视。虽然乡村小学一些多功能教室比如音乐室、舞蹈室已经逐渐装起来，但是由于缺乏会操作的人，设备也只是一种摆设，学生们还是学习不到应该学习的东西。最后，农村教师结构年龄偏大，后劲不足。全县农村小学在编教师1783人，其中50岁以上的808人，占总数的45.3%。根据走访的几所农村小学了解到，支撑每所农村小学教育的几乎是1~2个正式的年龄偏大的民转正教师和2~3个非专业的临时代课教师。根据一位有将近30年教龄的乡村老教师的阐述：乡村教师结构的老化与不完善、长期没有新鲜血液的注入会使乡村孩子的教育越来越远离城市快速发展的节奏，这将严重加剧乡村孩子和城市孩子的差距。

4. 城乡教师待遇差距造成的招聘难度大

由于乡村待遇明显低于城镇，受城市化的影响，直接影响教师未来的发展前景。因此导致有些教师也不愿意到农村任教，觉得乡村的教师不稳定，可能会随着学校的衰败、撤并不断地更换工作地点。同时受城乡生活条件便利度的影响，很少年轻教师也不愿意到乡村里教学，而嵩县大部分乡镇都是在偏远的山区，虽然嵩县每年都会通过特岗和招教考试给县教育事业更新换血，但问题是没有人愿意到乡村去，这就造成乡村教师招聘难度极大，即使刚入职时被分配到乡村里教学，对于招教老师来说，上岗一年后就可以入编制了，对于特岗教师，稳定在一个学校上岗3年后入编制，等他们正式入了编制后,有关系的会托关系调到城区学校,没有关系的只要城区学校有空岗招聘,就会想尽办法考到城里去。有的上岗没多久因受不了乡镇村不便的生活条件就辞职了。种种原因造成乡村教师招聘难度极大,流动性也很大。教师流动性大的后果之一就是教育教学工作容易出现断层,衔接不好,扰乱学生正常的接受教育的体系。根据一个乡村中学校长的阐述,他们学校连续4年每年都有15~20个教师流入城区或者其他县区的学校,这严重地打乱了他们的教育教学和人事管理规划,对于乡村学校的发展和学生的教育产生了不良的影响。

二、全面小康视域下城乡义务教育困境

嵩县目前除城区之外有16个乡镇,包括城关镇、德亭镇、大章镇、旧县镇、白河镇、车村镇、饭坡镇、田湖镇、闫庄镇和纸房镇10个镇,以及何村乡、木植街乡、黄庄乡、九店乡、大坪乡和库区乡6个乡。嵩县教育局关于教师学历职称情况的统计是以乡镇为单位的。每个乡镇设置一个中心校办公点,负责处理该乡镇小学、初中日常教学的行政事务,包括教育经费的使用、职称评比活动等。因此,笔者在分析嵩县城乡师资力量时也以乡镇为单位,以乡镇中心校上报到县教育局的最新数据为准。笔者将经济水平相对好的镇和城区一并作为城镇,将经济水平相对落后的乡以及村作为乡村,从城镇和乡村两个纬度来对比分析。

1. 城乡间教师学历水平参差不齐

在实地走访过程中了解到,嵩县城乡教师的学历水平是参差不齐的,因此为了更加清晰地了解这个问题,笔者亲自走访县教育局,了解嵩县整体的城乡教师学历情况,并根据收集到的资料,按本科及以上、大专、其他三个纬度展开汇总分析,具体情况如表8-1所示。

通过观察表格的数据可知,嵩县目前所有城镇里教师学历水平在本科及以上达到50%以上的接近5/6,而嵩县目前所有乡村里边教师学历水平在本科及以上达到50%以上仅有2/6。在本科及以上学历水平对比中,整体上乡村低于城镇约50个百分点。城镇本科及以上学历水平的教师比例最高的是城区学校,占所有教师的71.37%,而乡村本科及以上学历水平的教师比例最高的是黄庄乡,占所有教师的58.78%,城市与乡村所谓最优值相差约12个百分点。同时城镇本科及以上学历水平的教师比例最低的是闫庄镇,占所有教师的45.49%,而乡村本科及以上学历水平的教师比例最低的是九店乡,仅占所有教师的37.59%,城市与乡村最差值相差约8个百分点。因此仔细观察数据就可以发现,城镇教师的学历水平是高于乡村的。

国家《教育法》规定,小学及初中教师的学历要求是大专及以上学历。观察嵩县城乡教师学历结构可知,随着国家教学水平的整体提高,无论是城镇还是乡村教师学历构成,百分之八九十都是大专及以上学历的水平,但同时也可以看到,不论城镇还是乡村都还存在有一定比例的大专及以下低学历教师人群,说明嵩县整体的教师队伍

表 8-1　2016 年嵩县城乡教师学历情况对比

单位		教师总数（人）	不同学历人数（人）			各学历所占比例（%）		
			本科及以上	大专	其他	本科及以上	大专	其他
城镇	城区	577	401	171	5	71.37	29.64	1.39
	城关镇	484	257	193	34	53.10	39.88	7.02
	德亭镇	224	144	50	30	64.29	22.32	13.39
	大章镇	172	99	58	15	57.56	33.72	8.72
	旧县镇	149	73	51	25	48.99	34.23	16.78
	白河镇	80	42	28	10	52.50	35.00	12.50
	车村镇	285	172	95	18	60.35	33.33	6.32
	饭坡镇	133	67	54	12	50.38	40.60	9.02
	田湖镇	373	187	156	30	50.13	41.82	8.17
	闫庄镇	244	111	103	30	45.49	42.21	12.30
	纸房镇	185	98	70	17	52.97	37.84	9.19
乡村	何村乡	181	73	84	24	40.33	46.41	13.26
	木植街乡	67	36	19	12	53.73	28.36	17.91
	黄庄乡	148	87	43	18	58.78	29.05	12.16
	九店乡	133	50	45	38	37.59	33.83	28.57
	大坪乡	145	68	52	25	46.90	35.86	17.24
	库区乡	216	97	98	21	44.91	45.37	9.72

资料来源：根据 2016 年嵩县教育局统计资料整理所得。

水平还有提升空间。对比城镇和乡村教师学历结构发现，城镇教师学历构成中本科及以上学历占 55%，而乡村的本科及以上学历占 47%，城乡相差 8 个百分点。同时乡村学校大专以下学历的教师比例高于城镇 6 个百分点。整体对比下来，说明乡村教师的整体教师队伍水平与城镇相比还是相对薄弱的。

2. 城乡间教师职称情况反差大

教师职称情况是教师教学水平的一个测评标准，一个学校的教师职称结构情况在一定程度上反映该学校的师资力量水平。在实际的走访过程中了解到，城乡教师的职称结构还是有一定反差的。为了清晰地认识这个问题，笔者走访教育局了解到嵩县各乡镇的教师职称情况，纵向从高级、中级、初级及其他三个纬度加以汇总整理，横向从城镇和乡村两个纬度展开对比分析。具体情况如表 8-2 所示。

观察数据可知，无论是高级职称还是初级职称的比例情况，城镇水平都高于乡村。城镇教师的高级职称比例大部分都在 2.5%~5%，高级职称比例最高的是城区的学校，占教师总人数的 6.58%，也是全县高级职称教师比例最高的区域，而乡村高级教师高级职称比例都是 1.5% 左右的水平。城镇中级教师职称情况，全县包括城区在内的 11

个城镇区域,有9个区域已经达到甚至超过50%的水平,但是全县6个乡村区域只有1个乡村的中级教师比例达到此水平,而乡村大部分中级教师的比例是40%左右的水平。

表8-2 2016年嵩县城乡教师职称情况对比

	单位	教师总数(人)	不同职称人数(人)			各级职称所占比例(%)		
			高级	中级	初级及其他	高级	中级	初级及其他
城镇	城区	577	38	290	249	6.58	50.26	43.15
	城关镇	484	24	245	215	4.96	50.62	44.42
	德亭镇	224	5	120	99	2.23	53.57	44.20
	大章镇	172	4	86	82	2.33	50.00	47.67
	旧县镇	149	8	78	63	5.37	52.35	42.28
	白河镇	80	2	47	31	2.50	58.75	38.75
	车村镇	285	8	137	140	2.80	48.07	49.12
	饭坡镇	133	3	73	57	2.26	54.89	42.86
	田湖镇	373	16	163	194	4.29	43.70	52.01
	闫庄镇	244	9	126	109	3.69	51.64	44.67
	纸房镇	185	7	97	81	3.78	52.43	43.78
乡村	何村乡	181	3	95	83	1.66	52.49	45.86
	木植街乡	67	1	29	37	1.49	43.28	55.22
	黄庄乡	148	2	57	89	1.35	38.51	60.14
	九店乡	133	2	53	78	1.50	39.85	58.65
	大坪乡	145	2	63	80	1.38	43.45	55.17
	库区乡	216	3	89	124	1.39	41.20	57.41

资料来源:根据2016年嵩县教育局统计资料整理所得。

根据国家《事业单位岗位设置管理试行办法》[①] 和2015年《河南省事业单位专业技术人员结构比例控制标准》[②] 的规定,河南省初中高级、中级、初级教师的设岗比例标准分别为28%、48%、24%;小学高级、中级、初级教师的设岗比例标准分别为12%、55%、33%。由于目前县域内城乡小学的教师职称设置比例安排,是以乡镇中心校为单位统一编制的,所以县域内初中小学专业技术岗位平均设置比例应达到高级、中级、初级,分别为20%、51%、29%的标准才算达到省级要求。观察图表可知,嵩县城镇高级职称的比例比乡村高出2个百分点,但是都没有达到省政府关于高级职称

---

① 关于印发《〈事业单位岗位设置管理试行办法〉实施意见》的通知[EB/OL]. http://www.gov.cn,2006-11-17.
② 关于印发《河南省事业单位专业技术岗位结构比例控制标准(试行)》的通知[EB/OL]. http://www.henan.gov.cn,2013-10-24.

比例的标准。在中级教师职称方面，城镇水平已经达到省政府的标准，乡村距离省政府的标准还差8个百分点。总体来说，职称情况高一点的教师还是倾向聚集在城镇里边。城乡教师职称结构之间还存在一定的差异。

3. 乡村专任教师结构学科分布不均衡

综合素质教育要求学生全方位发展，不仅是学好语数英主科目的知识，同时也要兼顾到体音美等艺术特长的培养。因此各学科教师尤其是体音美教师配置是否到位是影响学生综合素质发展的关键因素，也是落实素质教育最基本的保障。通过实地调研了解到，初中学校基本上已经配齐各科教师，但是小学阶段的教育特别是一些乡村学校的兴趣课程教师配置还是很不完善的。为了更加清晰地了解这个问题，笔者收集了嵩县教育局统计最新的嵩县小学专任教师学科分布情况资料，经过加工整理，划分为城镇和乡村两个纬度进行对比分析，如表8-3所示。

表8-3 2017年嵩县城乡小学专任教师学科分布情况

单位	主科教师（人）			副科教师（人）								小计（人）			所占比例（%）	
	语文	数学	英语	体育	思品	美术	音乐	科学	综合实践	信息技术	校本课程	主科教师合计	副科教师合计	总计	主科教师占总教师的比例	副科教师占总教师的比例
城镇小学	475	372	125	33	15	52	52	12	9	13	5	972	191	1163	83.58	16.42
乡村小学	601	537	81	18	6	14	20	4	0	2	0	1219	64	1283	95.01	4.99

资料来源：根据2017年嵩县教育局统计资料整理所得。

表8-3所列的数据显示，无论是城镇还是乡村学校，主科教师的配备相对完整，但是副科方面体音美以及思想品德教师的配置就显得城乡不均衡。数据显示，城镇副科教师占总体教师的比例有16.42%，但是乡村的副科教师占教师总数的比例仅有4.99%，城乡相差近12个百分点。如果按照学生人数按比例配置各科教师的话，乡村教师结构明显是失衡的。笔者走访几所乡村小学后发现，除了语文数学英语教师配备得还算完整，副科教师几乎是没有的。虽然说乡村全科教师的培养被越来越重视，嵩县人民政府也在积极开展此项活动，但是，极大的需求量以及面对乡村落后的生活条件，很少有人愿意扎根乡村教学，因此乡村学校还是极其缺乏教师的。

三、全面小康视域下义务教育均衡发展分析

1. 城市化发展对乡村教育资源投入的冲击

通过走访调查,笔者了解到嵩县目前的教育现状是,城市大班额难以消退,农村学校人去楼空,很多乡村学校由于生源流失、教师缺乏都变成体系不完善的小的教学点。主要原因之一是城镇化节奏加快,越来越多的乡村家庭搬离乡村到城市居住。还有就是一部分乡村夫妻到城里务工,顺便把孩子也带到城里读书。这就带走了大部分优质生源。另一个导致乡村生源流失严重的原因是乡村缺乏专业教师,一部分本来不会搬离乡村的家庭,为了孩子的教育问题,就想办法搬到城镇里去住。接受访谈的一位年轻的乡村妈妈说:"村里小学现在都没有几个好老师了,就 2 个正式的年龄也偏大,其他的 3 个都是在村里找的代课老师,这些代课老师就是村里普普通通的妇女,没有什么学历,更别提教学经验了,把孩子留在这里上学,不是毁了孩子的前途吗,所以我们都在镇里买房子了,到时候孩子上学就把他送到镇上学校去读。"其实无论城市还是乡村,在大部分家长的心中都有这样一个理念,不能让孩子输在起跑线上,特别是对于出生落后农村家庭的父母来说,读书是孩子唯一的出路,只有书读好了,才可以走出落后的乡村到大城市里发展,才可以改变自己以及家庭的命运。所以好多家庭都喜欢把自己的孩子送到高一级的行政单位的学校读书,村里家庭父母想办法把孩子送到镇上读书,镇上家庭的父母想办法把孩子送到县城读书,县城家庭的家长想办法把孩子送到市里读书。就这样层层上推,不仅加剧了底层学校生源的流失,更是降低了底层学校的学生质量,最终就加剧了城乡学校教育质量的差距。

2. 城市化发展中优质教师资源向城市流动

评价一个学校质量的好坏,除了硬件设施外,更多的是看这个学校的师资力量如何,师资力量常被当作学生择校的主要指标。但是在城镇化发展的冲击下,城市便利的生活条件和工作条件吸引着教师流向城市。笔者在对嵩县从事教育工作多年的乡村学校教师(领导)进行访谈的过程中发现,不止一个人发出这样的感慨:乡村教育跟不上主要是缺教师啊!一位从事教育工作 20 余年的校长说:"农村师资力量薄弱是造成城乡义务教育差异最根本的原因,并且师资力量薄弱与农村教育质量之间是一种恶性循环的关系,农村师资力量薄弱导致优质生源流失,优质生源流失导致农村教育质量下滑,而农村教育质量下滑又反过来加剧师资力量薄弱。"目前嵩县乡镇中小学的教师情况是结构相对完整但是流动性大,而乡村小学的教师情况是结构极不完整并且年龄偏大。乡村教师资源的欠缺对乡村小学的学生正常学习影响最大,根据走访调查了解到,很多乡村教学点是极其缺乏专业教师的。乡村小学的领导反映,每年通过招教特岗招聘的年轻教师没有人愿意到村子里教学,最低也是被分到镇上就职。如果把他们分配到村子里,他们宁愿选择辞职,因为城市可以给他们的社交生活提供更多的便利,而乡村里是没有这种条件的。这就导致支撑乡村小学教育的几乎都是接近退休年

龄的，能够适应乡村生活条件的老教师，以及一些非专业的临时代课老师。虽然全科教师的培养工作嵩县人民政府也在积极开展，但是面对城市化进程强烈的冲击，越来越多的优秀人才倾向于向城市流动，很少有年轻优质教师到乡村教学。

3. 教育经费投入不足和划拨方式问题共存

一个地区经济水平的高低往往决定着该地区基本公共产品服务水平的高低，因为往往经济相对发达的地区基本公共服务水平也相对较高。义务教育作为基本公共产品的一种，也深受经济水平的影响。因此，困扰我国一些经济水平相对落后的地区义务教育均衡的主要原因基本上都是教育资金不足的问题。在对嵩县义务教育情况的调查中，笔者深刻地认识到此问题的严峻性。在"以县为主"的教育管理模式下，义务教育阶段教育经费的重任落在了县级人民政府的肩上，近几年嵩县教育局虽然不断加大教育支出的费用，但是作为国家级贫困县，自身的经济能力也是有限的，再加上庞大的教育体系，教师工资、校园硬件设施的建设、教师培训活动的组织、日常行政开支等费用，导致学校的教育经费不足，甚至存在教育经费透支现象。在上一节我们已经了解到学校的标准化建设资金缺口极大，县级人民政府早在普及九年义务教育期间就已经欠下巨额债款，目前又面临着城乡小学的教育均等化全面改造工作，乡村学校的撤并新建，城市学校的扩建，无不加重了教育投资压力。这在政府入不敷出又欠债的情况下，进一步加重教育投资压力，无疑使政府推进城乡义务教育均等化工作变得更加艰难。因此，教育经费投资不足成为推进城乡义务教育发展的一大障碍因素。

县教育局每年按学生人数划拨到各学校的教育经费除了县直属学校，对下属的乡镇学校，县教育局采用的是统一划拨到县镇中心校的方式，由各单位通过公务卡提前消费然后到县教育局集中报销。据了解，县教育局每年按人数划拨给各学校的教育经费按初中生每人每年120元、小学生每人每年80元的标准预留一部分，教育局用来统一采购多媒体教学系统、学生计算机、教师办公电脑等。这样一来，就让本来就不足的教育经费变得更少。笔者在跟一个乡村小学校长的谈话中了解到，他大概算了一下学校教育经费的使用情况，由于学校规模较小，一共87人，全校只有5位教师，3位正式在编教师，2位代课教师，县教育局每年划拨给学校68000元的教育经费，其中24000元用于代课教师的工资开支，4500元用于电教费（教育局回扣），9000元用于学生教材的订购，2500元用于师生校内保险，900元用于师生体检费，2350元用于报纸杂志的订阅（教育局统一安排订购），2500元用于电费，这些必需费用开支就花费掉45750元。除此之外，还有一些不常规的教育局统一安排的其他刊物预订费用，这样算下来真正能为自己学校掌控的经费余额严重不足。因此除了基本必需的开支，学校很难有多余的经费来组织一些活动，激发大家的学习兴趣，活跃一下校园气氛，创新教学方式等。笔者在走访中校领导普遍反映，每年县教育局预留的电教费用数额巨大，占据了正常教育经费的很大比例，并且对于电教设备的采购，并非每年都需要添置新设备，但是这笔钱却每年例行扣除。由此看来，正常教育经费的划拨使用方式的确有待完善。

4. 政府重点扶优教育投资观念影响乡村义务教育

传统的重点扶持重点、示范学校的思想一直存在于教育教学管理中，示范学校对于一个地区的政府来说是教育的门面，对于家长学生择校来说是一个重要指标。政府对重点、示范学校的偏爱势必会加剧城乡办学条件的差距，家长学生对重点、示范学校的偏爱也造成如今城市大班额现象。新中国成立初期，国家人才匮乏，教育资源短缺，所以国家为了早出人才、快出人才，就出台了一系列政策，集中财力办好一批重点学校。比如，1953年出台的《关于整顿和改进小学教育的指示》要求发展城市学校，对农村学校只是改进整顿。1962年出台的《关于有重点地办好一批全日制中、小学校的通知》要求各地都选出一批重点中小学，选出的这批学校都集中在城市，对于这类学校，政府有财政拨款，因此这些学校的条件都比农村的发展好得多。但是这种办学理念的恶果是，使城乡学校、重点学校与一般学校之间的差距越来越大。虽然现在政府在大力度地做出政策调整，偏向改善农村学校的条件，但是长期以来形成的重点学校的理念一直根深蒂固地存在于教育教学活动中。省级、市级示范学校的评比一直存在。升学率、重点高校的录取率一直作为学校实力比拼的重要指标。每个地区的政府都希望自己所辖区域有所谓的"重点""示范"学校来为本地区的教育撑门面，迎接上一级领导的视察检查。但是教育局教育支出是有限的，除了基本的按学生数量划拨到各学校的教育经费，政府会把更多教育项目资金用于城市示范学校的建设与投资中，而用于改善乡镇、乡村学校的资金就变得相对较少。调查访谈中一位初中学校的校长说道："我们乡下的学校上级领导下来视察的机会少，所以政府对我们的关注就少，政府每年除了按学生人数给我们正常的教育经费外，几乎没有给予其他的项目资金，专项教育资金基本都投给了城区的学校，这就让城里的学校办学条件越来越好，我们的步伐始终赶不上城里的。"

第三节 全面小康视域下教育均衡发展的对策

城乡一体化发展要求城乡各方面协同发展，我国的义务教育在享受城乡一体化所带来的福利同时，也面临着新的挑战，这些问题如果得不到彻底的解决，实现城乡一体化始终是个难题。① 《国家中长期教育改革和发展规划纲要（2010~2020年）》②

---

① 杨东平. 新型城镇化道路对教育的挑战 [J]. 求知导刊, 2013 (11): 63-65.
② 国家中长期教育改革和发展规划纲要（2010~2020年）[EB/OL]. http://www.moe.edu.cn, 2010-07-29.

的指导思想是"教育的全面协调可持续发展",主要包括三个方面的内容:一是教育的全面发展,主要指学生的德智体美劳综合发展;二是教育的协调发展,主要指城乡间区域间教育的均衡发展;三是教育的可持续发展,要求教育的发展不仅要满足当前的需要还要预见教育发展未来的需要。① 针对当前嵩县城乡义务教育发展过程中存在的问题,结合相关理论实践构建多元主体共同参与教育资金筹集模式,在优化教育资金使用方式、提高乡村教师生活补助金额和乡村学校高级职称教师的比例、科学推进学校布局调整、规范办学秩序等方面提出了改进策略,希望能对推动我国教育全面协调可持续发展做出贡献,加快城乡一体化建设进程。②

一、构建多元主体共同参与教育资金筹集模式

现代信息社会背景下,社会问题的治理已经不单单是政府的事,因为社会问题涉及每一个公民的切身利益,建立以政府主导,企业组织、非政府组织、社区以及公众个人共同参与的治理组织,不仅能够提高解决问题的效率,各个主体之间也能更好地牵制、监督彼此的行为,从而实现社会效益的最大化。城乡义务教育发展问题作为重要的社会问题之一,也可以发挥多元主体共同治理的优势。③ 目前困扰城乡教育差距的主要原因之一是教育资金短缺的问题,因此笔者认为,可以通过构建多元主体共同参与教育资金筹集模式,来拓宽教育资金的筹集渠道,从而增加教育资金投入,为城乡教育一体化发展做好物质保障。

1. 强化以政府为主的资金筹集模式

国家的公共财政保障各项公共事业的发展,义务教育作为主要的公共事业之一,长期以来政府都作为投资主体,在教育资金筹集中起着模范带头作用。中央政府按大片区设计财政转移支付制度。但是改革开放以来,受地理位置的影响,区域间经济水平发展不均衡的现象日渐凸显,使得东部地区的经济水平明显优于中西部地区,经济水平的高低直接影响区域内公共事业的发展。2012 年,中部、东部、西部地区人均财政教育支出分别约为 900 元、1600 元和 1300 元。中部地区明显低于东西部地区。在这样一种区域经济发展水平不均衡的状态下,要想缩小区域间义务教育差异,中央政府要减少以大片区为基准设计教育转移支付的政策,应根据因素法合理测算教育经费缺口,并根据县市经济社会发展实际状况予以动态调整。④ 提高对中部经济水平落后地区的教育投资比例,改善区域间因为经济不均衡导致的教育不均衡现象。除此之外,在以县为主的教育管理模式下,教育投资的重任落在县级政府肩上,而每个省份各县区的经济水平又是不均衡的,为此省级政府要根据本省各区县经济水平,教育经费的划

---

① 吴遵民. 基础教育共评论[M]. 上海:上海教育出版社,2014:261-286.
② 曲铁华. 中国农村义务教育投入体制变迁及改革路径[J]. 社会科学战线,2017(2):237-244.
③ 何翔舟,谭丽各. 现代国家治理理念及体系构建[J]. 安徽行政学院学报,2017(2):5-11.
④ 雷万鹏,钱佳,马红梅,中部地区义务教育投入塌陷问题研究[J]. 教育与经济,2014(6):3-9.

拨适当向相对贫困的区县倾斜，在一些专项资金的申请方面多给贫困县的学校机会。最后，对于县级政府来说，应把有限的教育经费投入到薄弱的贫困乡村。这样由上而下层层改善，势必会提高贫困地区义务教育水平。

2. 拓宽非营利组织与私人的志愿投资渠道

改革开放以来，随着我国经济水平的提高，各种各样的非营利组织逐渐多了起来，管理也日益规范化，它们在一些社会问题的解决中起着不可替代的作用。地方政府应该牵头建立一个以政府为主导，非营利组织、社会贤达人士共同参与的教育资金筹集组织，最大限度地利用社会上一些企业、个人的闲散资金发展当地的义务教育事业，[1]并建立相应的激励机制鼓励各类人群参与教育投资。比如，政府可以通过减免企业所得税的方法鼓励当地有经济能力的商人、企业为本县的义务教育事业捐献资金，并给予他们荣誉表彰，同时把这种优良行为作为年度企业评优评先的一个加分项目，也可以在一些项目的投标上给予他们优先权，以此来鼓励他们积极参与到当地的义务教育事业中。其实国家法律早开有类似的先例，2005年财政部和国家税务总局曾经发布文件，对企业以提供免费服务的形式，通过非营利的社会团体和国家机关向农村义务教育学校进行捐赠，准予在缴纳企业所得税前全额扣除。[2] 政府还可以设立专门的爱心捐助中心，让一些有爱心的人士在力所能及的范围内奉献自己的爱心，滴水汇成大流，并对这些捐助人士给予精神上的荣誉表彰，比如授予"最美××人""感动××风云人物"等荣誉称号。通过物质与精神的双重激励，能够有效地鼓励社会人士投入到义务教育的发展中，为义务教育经费的筹集添砖加瓦。

二、优化教育资金使用方式

教育资金合理高效地划拨使用是实现义务教育均衡协调发展的物质保障，教育资金的使用方式主要存在两个方面的弊端，一方面是常规教育经费的划拨使用方式上，另一方面是专项教育项目资金的投资方向上。为此，笔者从改善教育经费划拨方式和注重硬件设施投资城乡均等化两方面提出应对之策，加快城乡教育一体化发展的进程。

1. 改善教育经费划拨方式

在"以县为主"的教育管理模式下，县域内各乡镇的教育经费由县教育局统一划拨至各乡镇中心校。县教育局的说法是用于日常教学硬件设备的采购，具体用于什么项目，每个项目花费多少钱，校方并不知道明细。根据校领导的陈述，硬件设备也并不是每年都得采购，因为每个设备都有一定的使用年限，但是费用每年都例行扣除。按校方领导的估算，如果采购硬件设备这笔钱让校方自己采购同样的产品，会节省一部分费用，可用于教育教学的其他方面。因此笔者认为，该笔预留费用的具体花费应

---

[1] 郭彩琴，顾志平. 城乡教育一体化的困境与应对措施[J]. 人民教育，2010 (2)：2-5.
[2] 高书国. 中国城乡教育转型模式[M]. 北京：北京师范大学出版社，2006：118-125.

该更加明确化一点,由县教育局每年派人专项评估学校条件,然后看当年学校硬件设备有什么欠缺,具体采购(维修)指标由县教育局下达,具体采购事项由校方自己去办,最后由县教育局统一验收是否合格。校方凭采购发票上的花费,对比例行扣除的费用,如果有结余,可以留给校方支配用于其他教学项目的开支;如果不够,县一级政府先做出补贴,然后从下一年应该划拨的常规教育经费中扣除提前补贴的这一部分。① 这样整体上学校还是在消费自己应得的那部分经费,并没有因此加重县教育局的负担。这样一来,学校在教育经费的使用上就掌握了更多的主动权,可以在一定程度上缓解义务教育经费不足、透支经费的现象。

2. 注重硬件设施投资城乡均等化

在调研过程中我们了解到,虽然城乡学校的办学条件较之前都有所提高,但是据乡村教师反馈,乡村和城市办学条件的差距始终没有减缓。这主要是因为长期以来形成的重点扶优的教育投资理念,使得政府在对学校进行投资的同时,更偏向于城市的"重点""示范"学校,关于上级划拨的专项资金的使用情况,县教育局存在把常规经费之外的大部分项目资金都用到城区"示范""重点"学校的改造方面或者迎接上级领导检查的"面子工程"上。这样不仅不会缩短城乡义务教育差距,反而又加大了差距。对于这种情况,政府首先应该转变以往的教育投资理念,目前全国都在努力做的事情是推进全国义务教育的基本均等化,所以县级政府的工作重心应该放在全面改善当地城乡义务教育不均衡的事项上,应该把这些来之不易的教育基金用于乡村教育的改薄项目上。除此之外,县级以上领导还应该加强对乡村薄弱学校的关注与视察,这在一定程度上也算是在监督县级政府教育专项基金的使用情况,加深县级政府对乡村薄弱学校的重视。

三、加大教师福利向农村倾斜的力度

笔者根据走访了解到,目前城乡教师福利差异虽然有但并不是很明显,几乎没有收到让优秀教师到乡村任教的效果。由此看来,既然政府想通过改变城乡教师福利差异来弥补城乡生活条件差异给乡村教师带来的不便,以此吸引更多的教师到乡村任教,就应该使福利差异化显现出来,真真正正地发挥出作用。因此笔者从提高乡村教师生活补助金额和乡村学校高级职称教师的比例两个方面提出改进建议,吸引优质教师到农村任教,均衡城乡间师资力量水平,促进城乡教育协同发展。

1. 提高乡村教师生活补助金额

随着城市化进程的加快,大部分优秀人才都向大城市流动,教师也不例外,越来越多的人不愿意到乡村任教。为此政府提出提高乡村教师福利水平来弥补城乡生活条件差异给乡村教师带来的不便,以吸引优秀教师到乡村任教。以河南省为例,省教育

---

① 薛二勇. 强化省级统筹推进城乡教育一体化发展的政策创新[J]. 教育研究, 2014(6): 41-47.

厅、财政厅根据中央的指示文件下发了《关于对连片特困县义务教育阶段乡村教师给予生活补助的通知》，对该省连片贫困地区的教师给予一定的生活补贴，从2015年1月开始，按照乡义务教育阶段学校教师100元/月，村义务教育阶段学校教师300元/月，教学点教师500元/月，鼓励有关市、县在上述标准的基础上，根据当地财力进一步提高补助标准。所需资金由省、县财政按6∶4的比例分担。笔者根据走访了解到，相对于乡村落后的工作条件，以及生活的不便利，极其狭窄的交际圈，目前城乡教师福利差异改进太小，几乎没有收到让优秀教师到乡村任教的效果。根据一位乡村中学领导的阐述，2015年和2016年他们学校跟往年教师流失情况一样，分别流失了13人和16人，说明通过提高乡村教师福利、吸引教师留守乡村任教的作用并没有发挥出来。在上一章分析城乡义务教育差异问题时已经提到过，特岗教师难招更难留，究其原因主要是乡村教学条件差，与城区相比福利有很大差异。因此笔者认为，要想通过改善乡村教师的福利来改变乡村教师欠缺、结构不完善的局面，政府应该进一步提高乡村教师生活补助金额，使城乡教师的福利差异化明显地显现出来，让福利差距真真正正地成为吸引青年教师扎根乡村教育的利器，否则"蜻蜓点水"的行为不仅进一步加重了政府的教育投资负担，而且也没有发挥出它应有的价值，反而是一种浪费。关于补助资金来源方面，笔者认为，市级政府应该承担一定的比例，帮助其下属贫困县区提高对乡村教师的补助金额。

2. 提高乡村学校教师高级职称的比例

教师职称等级是教师能力水平的标志，就像学历证书是一个人知识层面的象征一样，教师职称结构的差异凸显的是师资力量的差异。在上一节城乡教师职称情况对比中我们发现，城区学校的教师职称结构优于乡村，说明高水平的教师大部分还是聚集在城里，而城乡师资力量的差异势必会带来城乡教学质量的差异。笔者根据实地访谈了解到，城乡学校教师编制各级职称比例是一样的。根据洛阳市高级教师的评比通过率显示，嵩县的高级职称通过率位居全市倒数第二，并且市区以及经济水平相对较好一点的县区的通过率明显高于贫困县区。如果按此现象继续下去，贫困山区县的教师力量势必会一步步衰退下去。笔者认为，省、市级政府每年在对教师进行职称评定的时候应该提高乡村教师高级职称的比例，这一方面可以刺激一些优秀教师扎根贫困乡村教学，另一方面也是提升乡村小学教师队伍质量的有效手段，从而稳定乡镇教师资源，为乡村小学注入新鲜血液，以此提高乡村学校的教育质量。

四、把学校布局调整与规范办学秩序有机结合

随着城市化进程的加快、农村生育率的降低，农村生源越来越少，城市学校越来越拥挤。遍布在各个乡村的小学由于生源不足，无法配备专业教师正常开课，城市大班额的问题变得很严峻。因此，乡村小学的撤并以及城市大班额的分流工作就成了目前县域义务教育工作的重点。所以，科学合理的校园布局调整以及规范的办学秩序就

变得很重要,它们是城乡教育协同发展的内在需求。

1. 按照人口密度确立学校布局半径

受乡村地理位置的影响,小规模的小学、教学点遍及各个乡村,特别是山地面积大的乡村。就嵩县来说,百人以下的学校和教学点276所,由于学生数量少,无法配齐专科教师,教学质量难以保障。这种现象在山区县农村是普遍存在的。当然受地形、交通、食宿问题的影响撤并工作难度也是相当大的。① 面对这种情况,笔者认为,政府应该制定科学的学校布局调整方案,根据城市化率准确预测各区域生源数量,根据生源密度确立学校的布局半径,合理撤并、扩建学校,规范生源入学秩序,从根本上解决乡村的小学由于生源不足、无法配备专业老师正常开课以及城市大班额的问题。在学校的撤并工作中难免会遭到部分家长的反对,笔者认为,嵩县教育局应该制定科学的撤并方案,建立寄宿制学校,解决走读生吃饭住宿问题,把给学生以及学生家长带来的不便降到最低。② 教育局工作人员应亲自走入基层家庭,通过与家长以及学生的沟通,提升他们的教育意识,使他们认识到撤点并校对孩子上学带来的好处是大于由此带来的不方便的,从而转变家长对于撤点并校的反对态度,要坚决避免强拆强并事件的发生。

2. 规范办学秩序

目前城区学校大班额现象难以消退,乡村小学规模小,跟学生跨区域择校入校是分不开的。为了减少乡镇学校学生的流失,政府在撤点并校、改善乡村办学条件的基础上,应进一步地提高学生择校入学的门槛,在根据学生居住地的基础上,视情况按照学生户籍所在地办理入学,严格控制学生跨区域入学、转校现象,避免那些为了择校而转学、入学的现象。③ 减少区域内优质生源的流失,整体均衡各区域的学生水平、师资水平。笔者在和教师、学生的访谈中了解到,有些学校对于贫困生补助的审批事项还存在着不实的情况,本该享受到补助的贫困生因为家里没有关系反而享受不到贫困补助,把贫困补助给了那些家庭条件本身就不错、家里又有关系的学生。仔细剖析这个问题,主要在两个方面有所疏漏,一方面,乡村贫困户的评比程序不够规范,一些家庭本身在村里不算贫困但是想通过贫困户的身份获取一些特别优惠的居民,通过与村领导的私人关系获取贫困名额,从而享受到真实贫困户应得的待遇。这就让本该受到补助的家庭失去了补助的机会。另一方面,校方评比贫困补助生只以学生上报的资料来评比具体受补助的学生名额,没有实地走访调查申请对象的家庭实际情况后就确定最后的名额。漏洞如果得不到填补,问题只会更加严重。笔者认为,县级政府应该进一步规范乡村贫困户的评比工作,不能仅凭下级上报的资料就确定人选,应该走

---

① 郭喜永. 实现城乡义务教育一体化的策略研究 [J]. 教育探索, 2015 (6): 27 – 31.
② 邵泽斌. 流动的教育权:论我国城乡义务教育的"三元统筹"[J]. 社会科学战线, 2014 (8): 214 – 220.
③ 张放平. 区域内义务教育均衡发展的制度瓶颈及其破解 [J]. 中国教育学刊, 2011 (6): 1 – 4.

入基层实地视察，把贫困补助给最需要的人。另外，学校在审批的过程中也不能仅凭书面资料就确定贫困补助对象，校方以及县教育局应该联合派专职人员进行实地审查，以此来规范贫困生补助事项，让真正贫困的人得到应有的补助，缩小贫困家庭与富裕家庭孩子的受教育差距，推进义务教育均等化。

第九章　住房公积金制度的不均衡发展

公平是体现全面小康所要遵循的一个重要原则,是社会保障的本质和核心。住房公积金制度建立的最初目的是有效保障和解决中低收入者住房难问题,以互助融资的方式来实现资源配置和社会公平。住房公积金制度的发展在一定程度上促进了我国住房制度改革,但其在保障中低收入者购房方面,效益远远低于制度设计的初衷。更有甚者,现行的公积金制度在一定程度上加剧了贫富差距。公积金制度的公平性受到越来越多的质疑。

第一节　住房公积金及其公平机理

一、住房公积金研究前沿

住房公积金制度在国内经过20多年的运行和发展,随着房地产市场的大热,住房问题日益突出。国内外学者对住房公积金的研究也日益增多,涉及较多的是以下四方面。

1. 对住房公积金制度本身的研究

早在20世纪90年代,董寿昆和李敏文将住房公积金制度首度引入法制的内涵。[①]张新茜对住房公积金运行过程中的难点进行归纳,提到住房公积金增值收益余额的权属明细存在问题和对于住房公积金的性质和流动性问题界定方面的问题。其中公积金贷款向商业银行的转让和商业银行住房按揭贷款向公积金转让的方式不利于公积金贷款的证券化,不利于资金的快速流动,不利于收益的最大化。[②]吕辉认为,住房公积金制度是我国针对人民住房问题而制定的福利制度,其能够有效地为人民群众的住房问

---

① 董寿昆,李敏文. 论公积金最高立法[J]. 中国房地产金融,1996(3).
② 张新茜. 住房公积金制度的有效性实施[J]. 城市问题,2016(22).

题提供有效的资金解决途径,在保障人民住房利益的基础上促进社会均衡、经济平稳快速发展。[①] 山东省烟台市住房公积金管理中心胡秀芬提出公积金运行过程中存在覆盖面不足、资金使用效率不高、管理机制不健全等问题。[②]

2. 从管理住房公积金维度的研究

吉林省延边州住房公积金管理中心金燕从管理制度入手研究,提出住房公积金管理体系不够健全,审计制度不够完善,公积金工作效率低下的问题。[③] 夏卫兵和李昕利用数据包络分析法从14个城市的公积金管理效率展开,从而来说明各地管理效率存在的差异,其中5个城市管理相对无效,9个城市管理相对有效。[④] 季小立和何沛东研究发现,目前住房公积金管理中心政府倾斜较为严重,不利于公积金市场化、专业化的管理,提出建立运营、管理相分离体制的观点,即住房公积金管理中心只负责管理日常事务,专门的公积金运作机构负责管理资金。[⑤]

3. 对住房公积金未来发展趋势的探讨

何继华建议,改革住房公积金管理机构,形成以住房公积金为基础,通过吸收住房储蓄和发行金融债券等融资渠道成立国家住房保障银行。[⑥] 张伟认为,在住房公积金贷款中应引进个人信用评估体系,通过个人信用评分明细项得出个人信用分数,并依据其他负面因素的情况作为减分项,确定借款人的信用评级,以此作为住房公积金贷款额多少的参考指标。[⑦] 汪丽娜比较了美国、德国、新加坡和巴西的住房金融政策后总结出,在发达经济体中,其主要经营模式是依靠市场,微观主体为商业性机构,关注点以需求为主,强制性储蓄远小于被动的社会资本。从长远角度认为住房公积金需要去行政化,向混合所有制住房储蓄银行或住房基金类的政策性住宅金融机构转变。[⑧]

4. 国外学者的研究情况

住房问题一直是居民关心的问题,第二次世界大战以后,住房难问题变得越来越严重,西方国家对该问题给予了高度重视,它们根据自己的国情先后出台了不同的住房保障制度。因该制度具有较强的"地域"特质,国外学者大都是从某一个方面或者选取某个角度对其进行研究。

一方面是对保障性住房建设的必要性研究。维纳尔·巴埃尔从巴西政策性住房金

---

① 吕辉. 完善住房公积金制度,促进经济平稳较快发展 [J]. 财经界(学术版),2017(3).
② 胡秀芬. 当前住房公积金管理存在的问题与对策 [J]. 中国行政管理,2009(4).
③ 金燕. 住房公积金制度及其有效性的深层思考 [J]. 财经界(学术版),2016(24).
④ 夏卫兵,李昕. 我国住房公积金管理效率研究 [J]. 统计与决策,2014(21).
⑤ 季小立,何沛东. 中国住房公积金制度运行中的问题和出路 [J]. 常州工学院学报,2016(6):56-62.
⑥ 何继华. 保障性住房建设中风险投资的适用性分析 [J]. 发展研究,2012(8):109-112.
⑦ 张伟. "决策论坛——管理决策模式应用与分析学术研讨会"论文集(下)[J]. 商业经济,2016(8):209.
⑧ 汪丽娜. 政策性住宅金融:国际经验与中国借鉴——兼论中国住房公积金改革方案 [J]. 国际经济评论,2016(2):87-100.

融政策中吸取教训，提出单纯通过市场来管理该住房体系会使低收入者的住房权益得不到充分保障。① 理查德·里拉将住房政策纳入到社会保障系统中进行研究，并结合房地产金融相关知识，提出应将住房公积金制度作为社会保障体系的重要组成部分。② 在《住房·金融市场·宏观经济》一书中，大卫·迈尔斯强调为了更好地发展住房经济，需要把住房公积金制度和住房金融制度结合起来，并对两者单独使用存在的问题进行了分析，得出需要配套使用的改进方法。③ 罗伯特·巴克利比较了计划经济国家和市场经济国家在住房补贴中的支出，发现计划经济国家在改善住房问题上效率明显比市场经济国家低，资源浪费严重，并指出是由于其长期进行实物分配且管理不透明造成的。④ S. Vasoo 和 James Lee 系统研究了新加坡住房公积金制度和其他社保政策，提出："从社会和经济发展的角度而言，新加坡的中央公积金制度是有益的，特别是在对社会稳定和保障中低收入群体方面有促进作用。"⑤

另一方面是对住房保障制度发展趋势的研究。英国托尼·奥沙利文（Tony O. Sullivan）在《住房经济学与公共政策》一书中研究了住房经济学的有关问题及相关政策，包括城市住房市场、细分市场模型、社会住房的经济性，以及住房经济学领域学术工作和政策决策之间的关系等，评估了住房理论对政策和实践的影响，对住房经济学及其应用领域的政策和实践 20 多年发展作出了一个适时总结。⑥ 霍克·史密斯和戴蒙德综合了世界各个国家的住房政策，通过比较研究，分别从公平、效率、市场等维度对政策进行论述，试图寻找最有效的住房政策来缓解住房问题。⑦ 勃特兰纳德重点对发展中国家的住房金融政策展开了研究，认为住房抵押贷款和小额贷款应当独立运行，甚至提出了未来应当取消住房抵押贷款。⑧ Chak Kwan Chan R. 论述了香港的强制公积金制度，提出虽然在覆盖面上有所欠缺，但是其对在提高房地产就业率方面促进

---

① Wiener El. Housing Policy in South Africa: The Challenge of Delivery [J]. Housing Studies, 1995, 14 (3): 387 – 399.

② Ricardo Lira. Pension Fund and Housing Fiance in Chile: A Question of Social Eiciency [J]. Journal of Housing Research, 1997, 23 (5): 229 – 345.

③ David Miles. Housing, Financial Markets and the Wider Economy [M]. New York and Chicheater: John Wiley and Sons Ltd, 1994.

④ Robert M Buckley. Housing Finance in Developing Countries [M]. First Published in Great Britain, by Macmillan Press LTD, 1996.

⑤ S Vasoo, James Lee. Singapore: Social Development, Housing and the Central Provident Fund [J]. Journal of Housing Research, 1997 (5): 229 – 345.

⑥ [英] 托尼·奥沙利文（Tony O. Sullivan）等. 住房经济学与公共政策 [M]. 孟繁瑜译. 北京: 中国人民大学出版社, 2015, 1.

⑦ Hoek Smith, Diamod. Tenure Choice and Housing Demand [J]. Journal of Urban Economics, 1988, 24 (3): 289 – 309.

⑧ Bertrand Renuaud M. China's Housing Provident Fund: Its Success and Limitations [J]. Housing Finance International, 2006 (5): 38 – 49.

了经济的良性发展。① Galster G.，Anas A. 和 T. J. Arnott 指出，在住房金融性政策中，补贴需求方更具有效率，而供给方则更多表现为低效。②

国外经过多年的理论研究分析，大量的学者专家都发表了自己对住房政策的学术观点，这些都为全球的住房事业建立、发展和创新奠定了良好的理论基础。

尽管国内外不少学者对住房公积金制度进行了多方面的研究，但研究内容主要集中在公积金制度规范化和可行性方面，尤其在通过案例分析数据全面性上还有所欠缺，或多从管理学角度开展研究。如何以公平性的基础理论为指导，本章打算通过 DEA 模型验证浙江省绍兴市柯桥区住房公积金的运行效果，同时通过动态分析 2012～2016 年柯桥区公积金缴存、贷款和收益三大块的数据，得出柯桥区住房公积金制度存在的不公平性问题；研究国外公积金制度在公平性上的做法与国内的异同，以期从公平性角度为柯桥区的住房公积金制度提供新的改革路径。

二、我国住房公积金及住房公积金制度的内涵

1. 住房公积金的内涵

住房公积金是由单位和职工共同缴存的一种长期住房保障资金。1999 年，国务院颁布的《住房公积金管理条例》（以下简称《条例》）将住房公积金定义为："国家机关、国有企业、城镇集体企业、外商投资企业、城镇私营企业及其他城镇企业、事业单位及其在职职工缴存的长期住房储金。"2002 年对该《条例》进行了修改："住房公积金是指国家机关、国有企业、城镇集体企业、外商投资企业、城镇私营企业及其他城镇企业、事业单位、民办非企业单位、社会团体及其在职职工缴存的长期住房储金。"新《条例》使公积金内涵更加丰富。

住房公积金是时代发展的产物，特别是改革开放以后随着住房改革的进行应运而生，其为解决我国长期的住房难问题提供了机制上的转变，即住房实物分配过渡到了货币性分配。该制度的好处有：一是调整职工消费结构；二是促进房地产消费；三是可以有效满足住房需求。因公积金制度中按照"低存低贷"原则，即缴存职工可享受比商业贷款利率低的住房公积金贷款，从一定程度上发展了我国的住房信贷体系。

住房公积金制度的内涵主要有以下三个方面：一是责任主体，即国家和政府。国家从宏观上制定住房公积金制度规范；政府从微观上对其运行进行执行监督，从而使大部分中低收入人群的住房需求得到满足。二是制度目标。主要解决中低收入人群的住房难问题，以货币补贴的形式，提供该人群的购买力。三是价值取向。以公平、公正为原则，以社会责任为己任，保障中低收入者的住房需求。

---

① Chak Kwan Chan R. Commondation in HK's Housing System [J]. Third World Planning Review, 1995, 17 (3): 295 - 311.

② Galster G, Anas A, T J Arnott. A Residence Time Model of Housing Markets [J]. Journal of Public Economics, 2005 (36): 87 - 109.

2. 住房公积金制度的性质

住房公积金制度的基本属性是工资性质，是货币化分配住房的重要形式。其由单位和个人共同承担，即单位以工资为基数，单位和个人按1∶1比例共同承担并缴存到公积金账户，以另一种形式增加住房工资，从而实现住房分配机制。

一是强制性，是指凡在职职工及其所在单位都有义务按月缴存住房公积金。该性质与社会保险的性质一致，企业不能为降低成本而选择不为员工缴纳。

二是互助性，是指住房公积金可以把全体职工的公积金集中管理，通过资金互通，暂时不买房的人的公积金帮助即将买房的人，而已经用公积金贷款而获得的利息又可以用来帮助将来需要买房的人，正是这种良性的互助大大提高了资金的使用效率，更好地改善了中低收入者的住房条件。

三是保障性，是指住房公积金只服务于缴存职工购房，但可以使用安全的增值方式产生收益，收益也服务于改善职工住房，一般将公积金增值收益分为三部分使用，即提取风险准备金、管理费用和城市廉租住房建设补充资金。

三、公平性理论概述

从先秦开始到明清时期，中国历来都存在平均主义的观念。《周礼》中写道"以岁时稽其人民而授之田野"，即主张分配土地需要建立在人口和土地状况的条件之下而进行均匀分配。儒家提出"不患寡而患不均"，主张人要各按其份，得出平均主义的概念，社会动荡不安的罪魁祸首就是财富分配不均匀。换言之，平均主义就是一种财富的平均分配思想，从社会的角度来看具有很大的道德魅力。很多扶贫对象起义都会借助"均贫富"的口号。这种思想建立在我国历来是一个封建制度国家的基础上，封建制度是一种服务于专治的剥削制度，服务于特级阶层，因此，财富平分的思想才会深入贫民之心。随着这种思想的延续，近代人们演变成把平均主义当成一种公平主义，期望以这种平均主义来实现共产主义。

当代中国，随着改革开放的大潮涌动，社会主义市场经济应运而生且生命力越来越旺盛，继而出现了社会主义公平观的概念。这种公平观区别于社会主义计划经济和资本主义市场经济的公平观，表现在：一是评估公平的必要条件是竞争和机会的平等；二是注重追求竞争规则的平等；三是由个体活动导致个人利益之间的差异是合理的。

社会主义公平观主张坚持效率和公平的辩证统一，遵循以下原则：第一，实现共同富裕。与西方的福利制度不同，社会主义公平观的内涵是实现共同富裕。邓小平指出："社会主义最大的优越性就是共同富裕，这是体现社会主义本质的一个东西。"第二，坚持公平和效率的有机统一。从社会角度而言，在社会主义制度中效率与公平是同步发展的。这一原则的根本就是集体主义和全心全意为人民服务。第三，按劳分配原则。其将劳动分工作为考评每一位劳动者的基础标准，从一定程度上抑制了特权主义以霸权主义的方式侵占他人的劳动权利。

　　在国外，古典主义的公平观主张的是一种起点公平，或者说是追求一种权利平等，政府存在的价值在于确保每个人都享受同样的权利和自由，而不是直接给予人民幸福的体验。古典自由主义的核心假设是"理性人"，认为各经济主体追求的唯一目标是自身经济利益最大化，强调市场的作用，政府在权利上确保人人平等，最终保障每个人都能实现自我的经济价值。古典主义的公平理论中的代表人物诺齐克主张公平的权利理论和程序公平原则，即要尊重个人的基本权利，所有权利都优先于利益；特别注重程序上的公平，即在程序上做到公平即是公平。对于古典自由主义者而言，公平的前提是自由竞争，否则就无法实现机会均等，所以，他们在公平观上追求"法律面前人人平等"，个人所能发挥的能力是自由的最大体现，而不是由政府主导，直接将生产者的成果平分给社会成员。因为从某种程度上而言，政府平分的行为是一种结果公平的表现，这样就会造成能力强者的利益受损，对自由而言具有消极的影响。古典主义的公平观注重起点公平和权利公平，但是在实际操作中很难确保起点公平，因为人的天赋本身就具有差异，因此就需要政府在市场竞争中保护弱者的基本权利。1971年，哈佛大学教授罗尔斯发表了《正义论》一书，使西方政治哲学发生了巨大的改变，西方社会从推崇自由转变为正义。罗尔斯主义的公平观也就是一种正义的公平观，认为所有的社会价值包括自由、机会、财富等，都应该平等地进行分配。罗尔斯主张，在社会美德之中，正义应当是美德之首，即正义是社会的第一要义，并认为"正义即公平"，即正义主要指公平的社会分配。罗尔斯的正义论可以概括表述为两个原则：第一，正义原则称为最大平等自由原则；第二，正义原则包括差别原则和机会平等原则。具体表现有：一是它中和了古典资源主义和平均主义思想。一方面，强调权利的自由平等，富含极强的自由主义思想；另一方面，强调公平对效率的优先权，反对功利主义。对未享受机会公平者提供补偿，促使公平的形成。二是其理论体系结合了现实特质和虚拟化属性。罗尔斯对美国社会动荡问题进行研究，在维护社会秩序和稳定政权方面，关注基层群体的平等、自由和利益十分至关重要。因此，他提出了制度正义、机会公平、差异原则、公平分配，以此来充实机会平等原则。福利经济学的公平观提倡分配的"结果公平"，福利经济学分为两类。"福利经济学之父"庇古是旧福利经济学的主要代表人物，他以功利主义原则为基础，从均衡价格和消费者剩余理论出发，研究了国民收入与经济福利之间的关系，即国民收入和经济福利呈正相关，且国民收入在社会成员中分布得越均匀，社会经济福利就越高。他认为增加经济福利有两条途径：一是从资源上进行优化，增加国民收入；二是政府通过行政手段，逐步实现收入的均等化。新福利经济学在原来的基础上加入了社会福利和国民收入理念，提出政府需要运用行政手段重新分配社会财富，从而增加社会福利和国民收入，如以扶贫管理来调节贫富差距。随着福利经济思想的演变，新福利经济学重新定义了合理的收入分配状态：在一个国家，一个或多个个体的福利不能通过重组或增加资源配置，同时不减少其他人的福利而得到增加,处于帕累托最优。其对公平的研究促进了社会保障的发展。然而,对公平的讨论仅限于对分配结果的公平,对公平其他方面的研究还是远远不够的。

由此可见,古今中外对公平的内涵都有各自丰富的理解,国内公平注重"平均"的思想以及中国特色社会主义的结合;国外的公平是一个古典的概念,具有历史性、客观性、相对性。因此,公平的内涵是会随着社会经济结构和社会文化背景的变化而随之变化的,将其作为财富分配的一个重要原则,有利于改善具体的生产方式,从而提高社会效率。党的十九大报告中12次提到了"公平",报告指出"我国社会主要矛盾已经转化为人民日益增长的美好生活需要和不平衡不充分的发展之间的矛盾",又提出"人民美好生活需要日益广泛,不仅对物质文化生活提出了更高要求,而且在民主、法治、公平、正义、安全、环境等方面的要求日益增长"。古典自由主义的起点公平、罗尔斯的公平观提倡机会公平及差别原则,福利经济学中的结果公平以及马克思对公平思想的阐述都适用于研究我国很多社会经济制度。住房公积金制度也是如此,作为一种政策性的住房制度,其也应该在起点、机会和权利(即规则)、结果上追求公平的最大化。

第二节 基于公平视角对公积金制度的分析

为便于研究,这里选取浙江省绍兴市柯桥区近5年(2012~2016年)公积金数据,应用线性方法,绍兴市分析柯桥区公积金制度所存在的不公平问题。

一、公积金缴存行业不公平

《住房公积金管理条例》明确规定公积金缴存对象是所有城镇的在职职工。但2016年柯桥区公积金报表数据表明,2016年年底,柯桥区应缴职工人数33.29万人,实际缴存职工人数为5.33万人,缴存率只达16%,仍有84%的在职职工没有享受到公积金保障。下面将从2012~2016年柯桥区缴存单位、缴存人数、缴存金额等数据进行动态分析,具体得出缴存方面的不公平问题。

1. 缴存单位之间不公平

从单位性质可以将缴存单位分为机关事业公益类、国资企业类、民办大中型类、民办小微型类、外资企业类、其他类(包括个体从业者、下岗职工、自由职业者、进城务工者群体等)。表9-1列举了近5年柯桥区缴存单位数量及每年的增长率。

表 9-1 2012~2016 年柯桥区缴存单位数量

年份	2012	2013	2014	2015	2016
机关事业公益类（个）	361	350	367	361	371
国资企业类（个）	67	65	73	81	87
民办大中型类（个）	511	494	609	916	1102
民办小微型类（个）	60	59	62	62	65
外资企业类（个）	22	22	25	30	32
其他类（个）	124	116	123	146	152
合计（个）	1145	1106	1259	1596	1809
增长率（%）	—	-3.41	13.83	26.77	13.35

资料来源：绍兴市住房公积金管理中心信息管理系统内部数据。

从表 9-1、表 9-2、图 9-1 和图 9-2 可以明显看出：2012—2016 年，柯桥区缴存单位数量在不断增加，基本增速在 10% 以上，单位扩面情况良好，这与上级部门对柯桥公积金管理中心的考核密切相关，切实提高了工作人员的扩面积极性，并取得较好成绩。2012~2016 年，柯桥区缴存单位历年最多且占比最大的是民办大中型类企业；第二的是机关事业公益类单位，这符合柯桥区整体的行业分布特征，民办大中型类企业占整个柯桥区企业的比重最大，而机关事业公益类单位则因为政策的严格执行，该类单位制度做到了 100% 覆盖，故而保证了整体的数量；而数量最少且占比最小的后三位则是外资企业类、民办小微型类和国资企业类。这三类企业因经营状况和对政策不了解而导致制度覆盖面偏低。对比图 9-1 和图 9-2 可知，缴存单位近 5 年中民办大中型类企业数量在不断增加，但增加幅度有所减缓；机关事业公益类单位近 5 年的数量基本保持平衡，但占比却有所下降。

表 9-2 2012~2016 年柯桥区缴存单位比重 单位：%

年份	2012	2013	2014	2015	2016
机关事业公益类	31.53	31.65	29.15	22.62	20.51
国资企业类	5.85	5.88	5.80	5.08	4.81
民办大中型类	44.63	44.67	48.37	57.39	60.92
民办小微型类	5.24	5.33	4.92	3.88	3.59
外资企业类	1.92	1.99	1.99	1.88	1.77
其他类	10.83	10.49	9.77	9.15	8.40

第九章 住房公积金制度的不均衡发展

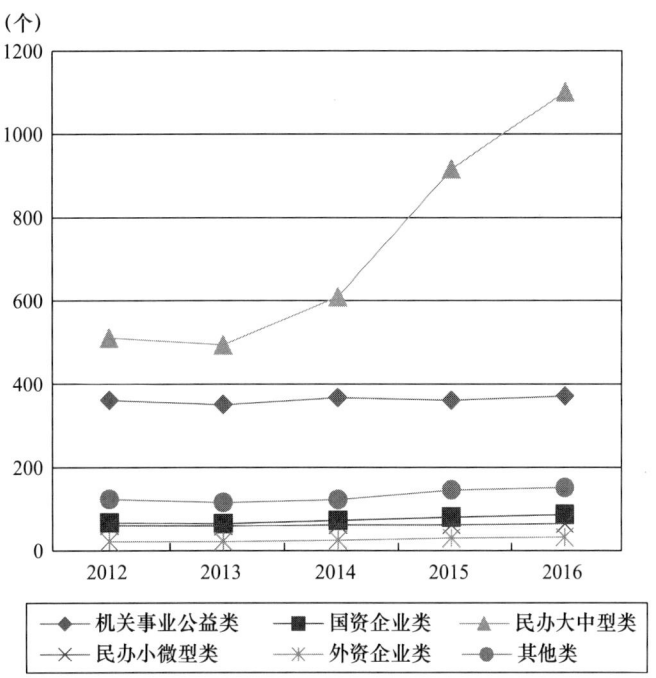

图9-1 2012~2016年柯桥区缴存单位数量变化

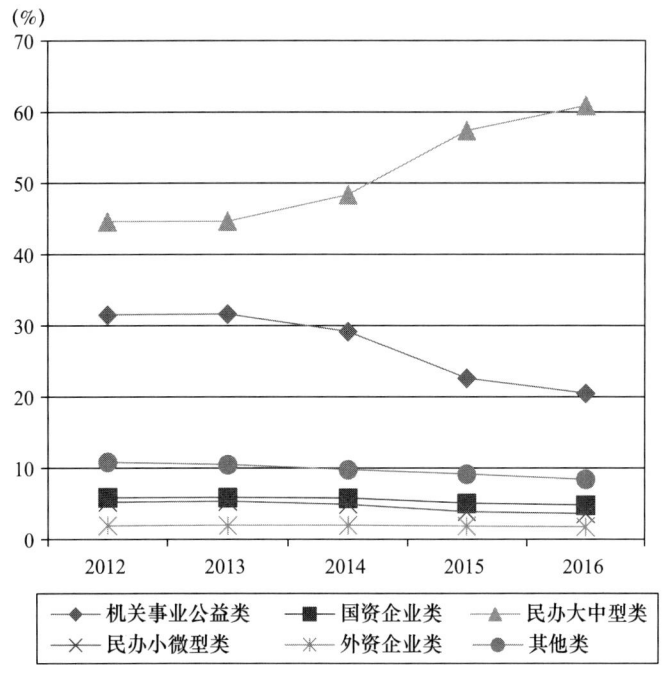

图9-2 2012~2016年柯桥区缴存单位比重变化

2. 不同体制内职工享受公积金待遇不公平

通过上述的数据我们可知，柯桥区公积金缴存单位之间存在不公平，说明不同的行业在执行公积金制度上存在差异。同时，我们选取柯桥区2012～2016年柯桥区正常缴存人数进行分析（见表9-3），通过动态比较，分析不同体制内的职工享受公积金待遇是否公平。

表9-3 2012～2016年柯桥区正常缴存人数

年份	2012	2013	2014	2015	2016
机关事业公益类（个）	21091	20306	20876	20847	21306
国资企业类（个）	5159	5211	5407	6219	6258
民办大中型类（个）	12171	11545	14689	18610	18242
民办小微型类（个）	3433	3454	3344	3342	3523
外资企业类（个）	1689	1677	1568	1529	1343
其他类（个）	2531	2452	2436	2634	2650
合计（个）	46074	44645	48320	53181	53322
增长率（％）	-3.10	8.23	10.06	0.27	—

资料来源：绍兴市住房公积金管理中心信息管理系统内部数据。

从表9-3、表9-4、图9-3和图9-4可知，2012～2016年，柯桥区正常缴存人数在不断增加，但增长速度逐年放缓，新增缴存公积金人数表现一般。2012～2016年，柯桥区缴存人数历年最多且占比最大的是机关事业公益类单位，第二是民办大中型类企业，这与缴存单位结果不一致，缴存单位最多的企业类型却不是缴存人数最多的企业类型，说明民办大中型类企业的公积金覆盖率还有很大的提升空间；而数量最少且占比最小的后三位是外资企业类、其他类企业和国资企业类，这与缴存单位的分析结果基本一致。对比图9-3和图9-4又可知，正常缴存人数近5年中机关事业公益类单位人数稍有增加，占比却略有下降，但人数仍最多，这是由于本身该类单位的制度覆盖基本饱和，只是小幅变动所致；民办大中型类企业人数在不断增加，但增加幅度先快后慢，与占比趋势保持一致，而民办大中型类企业的扩面速度减缓，很大程度上与企业为节省成本不进行全员缴存有关。

表9-4 2012～2016年柯桥区正常缴存人数比重 单位：％

年份	2012	2013	2014	2015	2016
机关事业公益类	45.78	45.48	43.20	39.20	39.96
国资企业类	11.20	11.67	11.19	11.69	11.74
民办大中型类	26.42	25.86	30.40	34.99	34.21
民办小微型类	7.45	7.74	6.92	6.28	6.61
外资企业类	3.67	3.76	3.25	2.88	2.52
其他类	5.49	5.49	5.04	4.95	4.97

第九章 住房公积金制度的不均衡发展

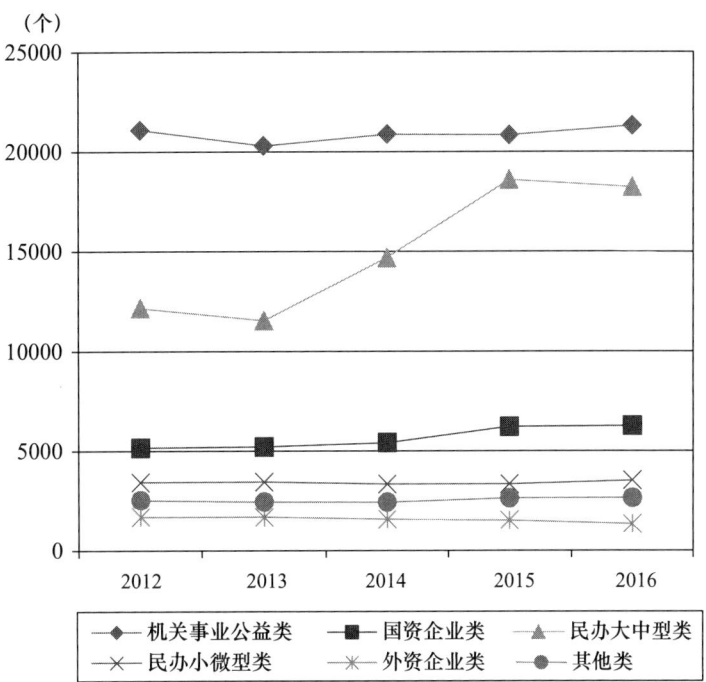

图 9-3 2012~2016 年柯桥区正常缴存人数变化

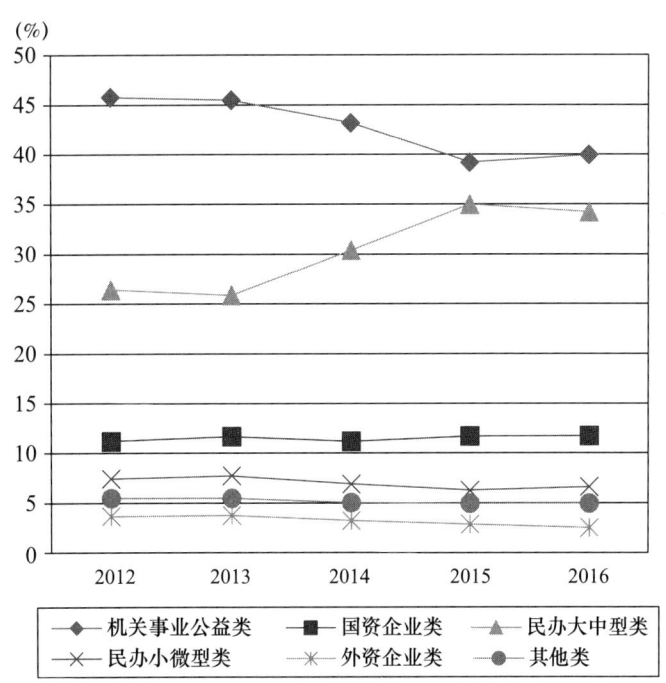

图 9-4 2012~2016 年柯桥区正常缴存人数比重变化

3. 缴存金额不公平

柯桥区除了公积金缴存行业之间和不同职工享受不同公积金待遇之外，我们还可以通过分析 2012~2016 年柯桥区缴存金额（见表 9-5），观察柯桥区职工在缴存金额上是否得到公平的对待。

表 9-5 2012~2016 年柯桥区缴存金额

年份	2012	2013	2014	2015	2016
机关事业公益类（万元）	3662.61	3613.88	4482.38	5467.46	5972.70
国资企业类（万元）	735.87	735.58	761.47	812.98	863.18
民办大中型类（万元）	759.92	877.24	1135.73	1472.63	1728.62
民办小微型类（万元）	182.32	184.26	183.59	185.39	227.47
外资企业类（万元）	69.79	72.60	82.93	85.58	78.96
其他类（万元）	103.84	118.56	137.59	193.41	226.19
合计（万元）	5514.35	5602.12	6783.69	8217.44	9097.13
增长率（%）	1.59	21.09	21.14	10.71	—

资料来源：绍兴市住房公积金管理中心信息管理系统内部数据。

从表 9-5 和表 9-6、图 9-5 和图 9-6 可知，2012~2016 年，柯桥区缴存金额不断在增加，且增长速度保持在 10% 以上，公积金规模保持良好。2012~2106 年，柯桥区缴存金额历年最多且占比最大的是机关事业公益类单位。第二是民办大中型类企业，但是两者缴存金额差异较大，且差异有扩大趋势。一方面，与机关事业公益类单位工资福利水平较高有关；另一方面，与该类单位选择高缴存比例有关。数量最少且占比最小的后三位则是外资企业类、其他类企业和民办小微型类企业，三者缴存金额差不大，且基本保持相同趋势。对比图 9-5 和图 9-6 又可知，缴存金额数近 5 年中机关事业公益类单位增加较多，占比保持稳定；民办大中型类企业缴存金额也有所增加，但增加速度远不能与机关事业公益类单位相提并论，民办大中型类企业为控制企业成本，往往选择低缴存比例或者最低缴存金额，还有很大的提升空间。

表 9-6 2012~2016 年柯桥区缴存金额比重 单位：%

年份	2012	2013	2014	2015	2016
机关事业公益类	66	65	66	67	66
国资企业类	13	13	11	10	9
民办大中型类	14	16	17	18	19
民办小微型类	3	3	3	2	3
外资企业类	1	1	1	1	1
其他类	2	2	2	2	2

第九章 住房公积金制度的不均衡发展

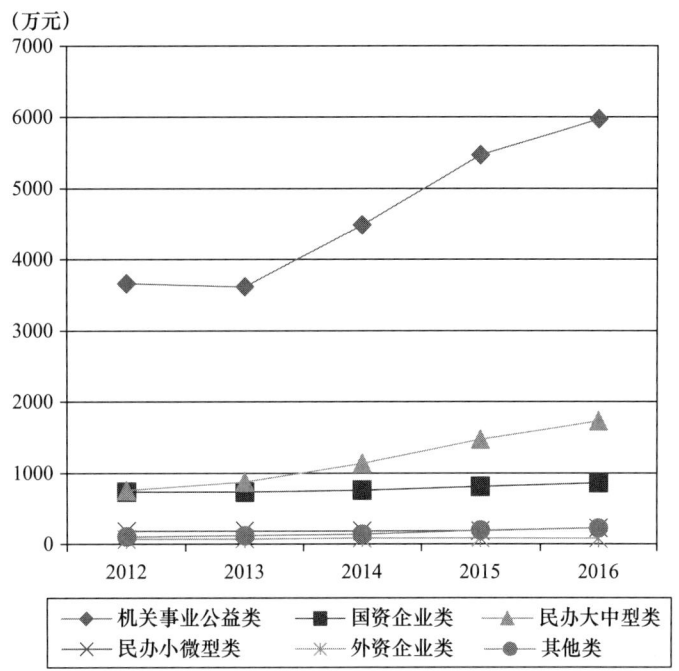

图 9-5 2012~2016 年柯桥区缴存金额变化

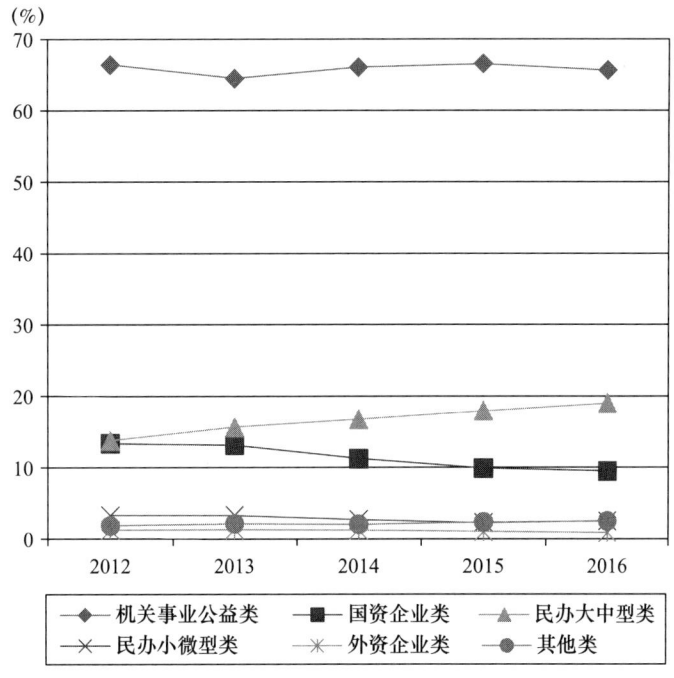

图 9-6 2012~2016 年柯桥区缴存金额比重变化

综上所述,通过分析2012~2016年柯桥区缴存数据发现,柯桥区公积金缴存的主要主体人群是机关事业公益类单位和民办大中型类企业,而社会弱势群体则占比很小,基本被排除在制度之外。其中,其他类型(包括个体从业者、下岗职工、自由职业者、进城务工者群体)在缴存单位、缴存人数及缴存金额上都处于弱势,且与其他类型的单位存在较大差距,特别是在正常缴存人数上的差距逐年加大,这种缴存上的不公平性存在巨大的行业鸿沟,会扩大社会贫富差距。

二、缴存不公平衍生的贷款不公平

1. 3种贷款额度确认方法比较

2014年以前:月缴存额$0.12 \times 0.3 \times 12 \times$贷款年限(贷款年限由贷款人至退休年龄后加5年计算决定,上限30年),贷款金额上限:双职工最高80万元,单职工最高60万元。

2014~2016年:近12个月平均公积金余额$\times 15 = A$,月缴存额$\times 300 = B$,A、B中数值低者为贷款金额,但不能超过最高贷款金额,双职工最高80万元,单职工最高60万元。

2017年以后(贷款额度降低):近12个月平均公积金余额$\times 10 = A$,月缴存额$\times 200 = B$,A、B中数值低者为贷款金额,但不能超过最高贷款金额,双职工最高60万元,单职工最高40万元。

综合上述3种贷款额度确认方法可得,月缴存额越高,贷款金额相对越高,公积金制度收益程度相对就越高。

2. 由缴存衍生的贷款金额成分不公平

选取2012~2016年柯桥区贷款数据,将贷款金额分为4个档次,19万元以下、20万~39万元、40万~59万元及60万~80万元,分别就近5年中该4个贷款金额档次进行人员性质分析,如表9-7所示。

表9-7 2012~2016年柯桥区贷款金额成分表　　　　　　单位:笔

贷款金额	19万元以下	20万~39万元	40万~59万元	60万~80万元	合计(万元)
机关事业公益类	1	28	852	1296	2177
国资企业类	4	15	61	29	109
民办大中型类	24	501	217	287	1029
民办小微型类	191	69	49	13	322
外资企业类	19	37	27	23	106
其他类	201	54	26	17	298
合计	440	704	1232	1665	4041

资料来源:绍兴市住房公积金管理中心信息管理系统内部数据。

由表9-7和表9-8、图9-7和图9-8可知,柯桥区近5年的贷款金额主要集中在40万~80万元,40万元以下金额贷款笔数较少,为柯桥区广大职工提供了较好的住房保障作用。但从成分结构进行分析可知,19万元以下的小额贷款金额主要集中在其他类和民办小微型类企业,而该两种类型则是社会弱势群体占了大多数;60万~80万元的大额贷款金额则由机关事业公益类单位主导,而该类人群中则占据多数的社会精英阶层。究其原因,与柯桥区近年来确定贷款金额的方法密切相关,高缴存额者绝

表9-8　2012~2016年柯桥区贷款金额成分比重表　　　单位:%

贷款金额	19万元以下	20万~39万元	40万~59万元	60万~80万元
机关事业公益类	0.23	3.98	69.16	77.84
国资企业类	0.91	2.13	4.95	1.74
民办大中型类	5.45	71.16	17.61	17.24
民办小微型类	43.41	9.80	3.98	0.78
外资企业类	4.32	5.26	2.19	1.38
其他类	45.68	7.67	2.11	1.02

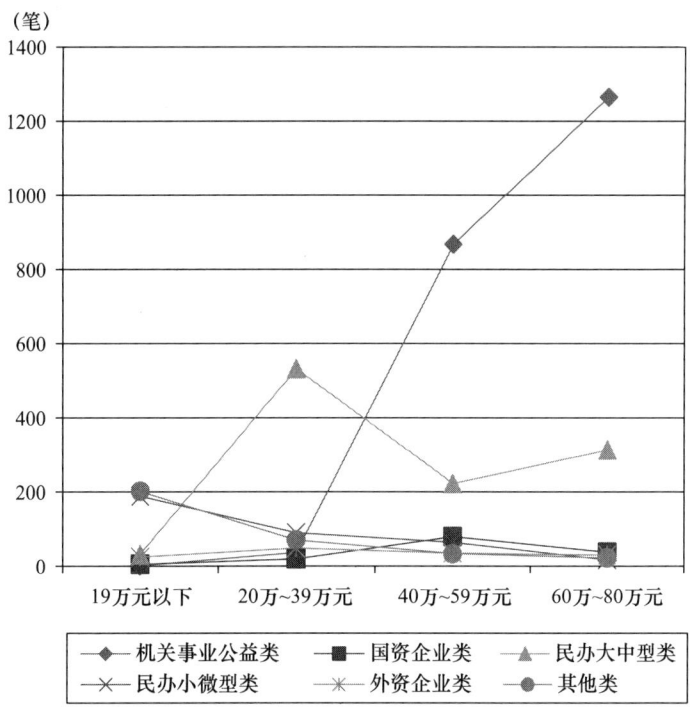

图9-7　2012~2016年柯桥区贷款金额成分变化

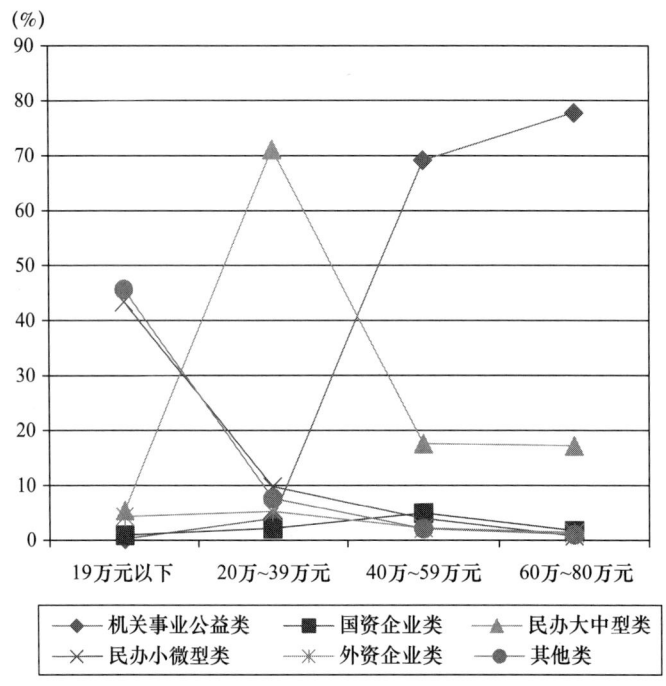

图9-8 2012~2016年柯桥区贷款金额成分比重变化

大多数集中在机关事业公益类单位,这也就导致该类行业的群体可以获得更高额度的公积金贷款,而低缴存额者又多为社会弱势群体,也就导致该类人群的低公积金贷款额度。可见,公积金缴存不公平引发贷款存在严重的不公平性。

三、资金管理不善导致个人利益不公平

1. 缴存余额利息计算不公平

选取2012~2016年柯桥区年度结息数据可知(见表9-9),近5年来柯桥区公积金账户余额的年化收益比活期存款利率高,接近但低于一年期定存利率,保值效果较弱,在实际操作过程中,个人的公积金账户余额缴存期往往超过一年更多达到五年以上,这对个人利益而言,如缴存额可自由选择缴存余额的投资方式,从收益和风险角度而言,都将比存在公积金中心要获得更多。随着近五年来央行的3次降息政策调整,柯桥区公积金账户余额的年度收益才与之接近,但与其他保值方式如银行更高定期利率或者保本理财相比仍有一定差距,对缴存者个人而言存在着个人利益的不公平性。

2. 增值收益分配不公平

住房公积金的增值收益是住房公积金业务收入和业务支出的差额,住房公积金业务收入主要来自缴存资金存在银行而产生的利息、发放贷款回收的贷款利息、购买国

债而产生的利息等；住房公积金业务支出主要来自年度结息的利息支出、各种手续费和管理过程中产生的管理费用。柯桥区公积金制度经过近30年的运行，制度的覆盖面越来越大，缴存人数也越来越多，逐年累计的增值收益也越来越庞大（见表9-10、图9-9）。

表9-9 2012~2016年柯桥区年度结息情况

起息日期	结息日期	结息前归集余额（万元）	结息金额（万元）	结息后归集余额（万元）	年化收益（％）	活期利率（％）	一年期利率（％）
2012/7/1	2013/6/30	151240.48	3176.40	154416.88	2.10	0.50	3.10
2013/7/1	2014/6/30	178250.63	3595.20	181845.83	2.02	0.35	2.60
2014/7/1	2015/6/30	203510.71	2667.85	206178.56	1.31	0.35	2.35
2015/7/1	2016/6/30	229815.71	3238.89	233054.60	1.41	0.35	1.50
2016/7/1	2017/6/30	258464.73	3644.64	262109.37	1.41	0.35	1.50

资料来源：绍兴市住房公积金管理中心信息管理系统内部数据。

表9-10 2012~2016年柯桥区住房公积金增值收益及分配情况   单位：万元

年份	2012	2013	2014	2015	2016
业务收入	5964.66	6650.54	7786.68	8349.66	7766.11
业务支出	3333.15	3768.22	4097.87	2144.09	4549.88
增值收益	2631.51	2882.32	3688.81	6205.57	3216.23
贷款风险准备金	1578.9	1729.39	2397.73	4033.62	1929.74
管理费用	658.8	432.88	383.63	422.46	559.82
廉租住房建设补充资金	920.1	720.05	907.45	1749.49	726.67

资料来源：绍兴市住房公积金管理中心信息管理系统内部数据。

按照国务院颁布的《住房公积金管理条例》，住房公积金的增值收益分配有三部分：一是住房公积金贷款风险准备金；二是住房公积金管理中心的管理费用；三是廉租住房建设补充资金。分析住房公积金增值收益的来源即业务收入可得，其是由缴存职工的缴存资金储蓄所获得的收益，所有权在缴存职工，但在分配过程中特别是管理费用被分配到每一位缴存职工者身上;廉租房建设补充资金的运作过程也与缴存职工无关,并没有发挥住房公积金制度的住房保障作用,用缴存者的利益去满足另一个群体的利益,这种分配也是存在不公平性的。

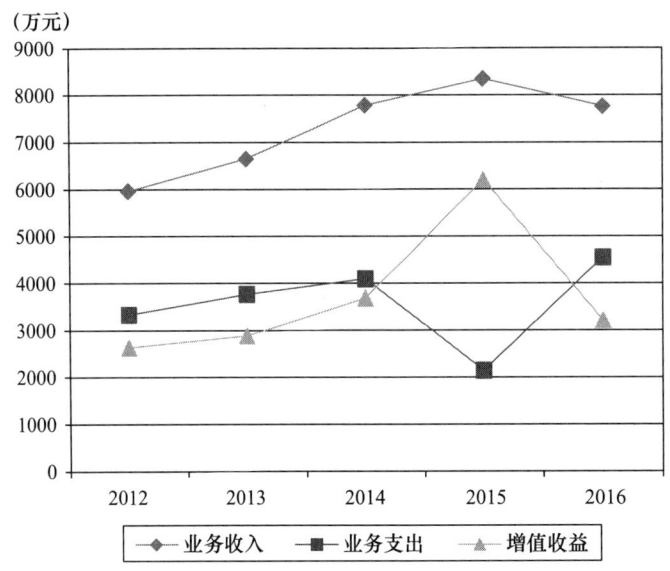

图 9-9 2012~2016 年柯桥区住房公积金增值收益变化

第三节 根据第二节资料进行 DEA 模型验证

公平是效率的保证,效率是公平的基础。因此,公积金制度的运行效率是反映公积金运行公平性的一个重要指标,这里通过数据包络分析法来分析柯桥区住房公积金制度运行效率,从而验证历年来柯桥区住房公积金制度运行的整体公平状态。选取柯桥区近 10 年(2007~2016 年)公积金数据,分析柯桥区公积金制度在整体上的不公平状态。

一、CCR-DEA 模型

在建立柯桥区住房公积金制度的 CCR-DEA 模型时,如式(9-1)所示,该模型计算出的住房公积金制度运行效率值有两种情况,即 θ 效率值为 1(有效)和小于 1(无效)。

$$\begin{cases} \text{Min}\theta - \varepsilon \left(\sum_{r=1}^{t} S_r^+ + \sum_{i=1}^{m} S_r^- \right) \\ \sum_{j=1}^{n} \lambda_j x_{ij} + S_i^- - \theta x_{ij} = 0 \\ \sum_{j=1}^{n} \lambda_j y_{ij} - S_r^+ = y_{rj} \\ \lambda_j \geq 0, j = 1,2,3,\cdots,n \\ S_i^- \geq 0, S_r^+ \geq 0 \end{cases} \quad (9-1)$$

其中，n——决策单位 DMU；

m——输入指标；

t——输出指标；

x_{ij}——第 j 年公积金的第 i 种输入；

y_{rj}——第 j 年公积金的第 r 种输出；

λ_j——相对于 DMU_i 重新构造一个有效 DMU 组合中第 j 个决策单位 DMU 的组合比例；

S^-——输入冗余；

S^+——输出不足；

ε——非阿基米德无穷小量，一般可取 10^{-6}；

θ——公积金制度运行效率值。

对公积金制度运行效率值 θ 作简单说明：

当 $\theta = 1$，并且 $S^- = S^+ = 0$ 时，输入相对于输出是有效的，表明系统运行中各种资源之间组合是最优组合，在增加输入量的同时，使用效率也会随之提高，这就是所谓的技术和规模都有效。

当 $\theta = 1$，并且 $S^- = S^+ \neq 0$ 时，输入与输出的相对效率是弱有效的，存在输入冗余。

当 $\theta < 1$，输入相对于输出是无效的，即系统效率还有待提升，各种资源之间的组合没有达到最优组合。此时需要进一步分析：若 $\sum \lambda_i = 1$，则系统是技术有效，即各要素资源之间的组合达到最优，否则是技术无效的。令 $K = \frac{1}{\theta} \sum_{j=1}^{n} \lambda_j$，当 $K = 1$ 时，称系统是规模有效，即输入相对于输出是有效的；$K < 1$ 时，规模收益递增，即增加系统的输入，输出会有更多的增加，反之递减。

DEA 是一种动态的评价方式，可以从时间发展上进行评估，具体如下：

任取 $i > 0$，若有 $\theta(t-i) < \theta(t)$，则系统处于可持续发展轨迹上，此时系统的运行效率会随着时间的推移有所提高；若 $\theta(t-i) = \theta(t)$，则系统处于弱劣于可持续发展轨迹上，此时系统的运行效率随时间的发展改善不明显；若 $\theta(t-i) > \theta(t)$，则系统处于劣于可持续发展轨迹上,此时系统的运行效率在现有制度下会随时间的发展而降低。

二、BCC-DEA 模型

该模型用来评估技术效率,在模型 CCR 基础上增加了一个假设:$\sum_{j=1}^{n} \lambda_j = 1$,以衡量不同规模效应下的相对效率值。BCC 模型如式(9-2)所示。

$$\begin{cases} \text{Min}\theta - \varepsilon \left(\sum_{r=1}^{t} S_r^+ + \sum_{i=1}^{m} S_r^- \right) \\ \sum_{j=1}^{n} \lambda_j x_{ij} + S_i^- - \theta x_{ij} = 0 \\ \sum_{j=1}^{n} \lambda_j y_{ij} - S_r^+ = y_{rj} \\ \sum_{j=1}^{n} \lambda_j = 1 \\ \lambda_j \geq 0, j = 1, 2, 3, \cdots, n \\ S_i^- \geq 0, S_r^+ \geq 0 \end{cases} \quad (9-2)$$

通过以上两种 DEA 方法模型的分析,我们可以直接利用软件获得规模效率、技术效率和综合效率。其中,综合效率=技术效率×规模效率,从而评价整个数据的有效性。

三、住房公积金评价指标选择

1. 输入指标选取

(1)缴存单位数:一个地区住房公积金制度的执行情况可以通过该数据衡量,该指标也是考量扩面的因素之一。

(2)缴存人数:一个地区住房公积金制度覆盖率考量的重要指标之一,该指标也是衡量制度运行情况的因素之一。

(3)归集金额:指全年总缴存额,是一个地区住房公积金制度缴存水平的体现。

2. 输出指标选取

(1)贷款户数:贷款作为公积金保障缴存者住房改善的重要途径,放贷户数是反映这种保障指数的因素之一。

(2)贷款金额:是反映公积金制度保障程度的重要体现,能直接反映职工利用公积金的程度。

(3)增值收益:是住房公积金运行成果的重要体现,用来反映制度运行情况。

根据数据的可靠性、全面性、科学性原则,本书选取缴存单位数、缴存人数和归集金额 3 个指标为输入指标；贷款户数、贷款金额和增值收益 3 个为输出指标，构建如表 9-11 所示的运行效率评价体系。

表 9-11　柯桥区住房公积金制度的运行效率评价体系

输入指标 m	缴存单位数
	缴存人数
	归集金额
输出指标 t	贷款户数
	贷款金额
	增值收益

根据 DEA 模型要求，DMU 数量 $>m \times t$（输入指标个数×输出指标个数），故选取了柯桥区 2007~2016 年 10 年的缴存单位数、缴存人数、归集金额、贷款户数、贷款金额及增值收益作 DEA 模型分析，如表 9-12 所示。

表 9-12　2007~2016 年柯桥区公积金输入输出指标

年份	输入指标 m=3			输出指标 t=3		
	缴存单位数	缴存人数（万人）	归集金额（万元）	贷款户数（户）	贷款金额（万元）	增值收益（万元）
2007	237	2.39	31566.79	685	11652	705.49
2008	459	3.01	38536.46	292	6502.4	1243.58
2009	282	2.74	35183.16	593	14782.6	1686.23
2010	574	3.33	41191.63	630	23246.40	1700.26
2011	706	3.69	50099.05	569	20909.90	1259.50
2012	933	4.07	57329.54	378	15441.50	2631.50
2013	1106	4.46	67126.26	808	40216.34	2882.32
2014	1259	4.83	72901.28	652	30342.30	3688.81
2015	1596	5.32	81941.49	1347	68290.60	6205.57
2016	1809	5.33	94112.66	856	44269.00	3216.23

资料来源：绍兴市住房公积金管理中心信息管理系统内部数据。

四、数据模型分析

选取柯桥区住房公积金管理中心 2007~2016 年的数据，直接利用 Madxdea6.4 软件

进行分析,数据分析结果如下:

1. CCR-DEA 模型分析

通过 CCR-DEA 模型运算,运行效果如表 9-13 所示,运行效率有效的年份是 2007 年、2009 年和 2015 年,表明柯桥区公积金的投入输出比例是高的。其他 7 年的运行效率未达最优,而且效率波动幅度较大,效率最小的是 2008 年,仅 0.562,表明 43.8% 的输入资源没有被有效利用。从松弛变量 S^-、S^+ 分析,2007 年、2009 年和 2015 年柯桥区住房公积金缴存和使用达到平和,均为 0;其他年份都有不足,也就表明公积金使用效率低。具体分析,在输入指标中,冗余最多的指标是缴存人数,有 4 年,表明公积金覆盖率不高,又影响了归集金额没有达到最佳;在输出指标中,不足最多的指标是贷款户数,有 5 年,表明公积金在保障住房方面的保障指数不够。

表 9-13 柯桥区住房公积金制度运行效率 CCR 模型求解结果

年份	θ	$\sum \lambda_i$	S_1^-	S_2^-	S_3^-	S_1^+	S_2^+	S_3^+
2007	1	1	0	0	0	0	0	0
2008	0.562	0.497	0	-0.019	0	0.052	0.083	0
2009	1	1	0	0	0	0	0	0
2010	0.895	0.748	0	-0.069	0	0	0	0.083
2011	0.657	0.664	0	-0.019	0	0	0	0.112
2012	0.675	0.648	0	-0.018	0	0.195	0.181	0
2013	0.829	0.868	0	0	-0.013	0.069	0	0.144
2014	0.723	0.78	0	0	-0.008	0.153	0.136	0
2015	1	1	0	0	0	0	0	0
2016	0.647	0.648	-0.075	0	-0.082	0.013	0	0.130

2. BCC-DEA 模型分析

通过 BCC-DEA 模型运算,规模效率和技术效率如表 9-14 所示,这两个效率同时有效的年份是 2007 年和 2009 年。其中规模效率递增的年份有 2008 年、2010 年和 2012 年,表明柯桥区公积金制度在增加输入指标量的同时,使用效率也更快增加;其余为规模效率递减的年份,技术效率是无效的,表明制度运行的各个指标之间没有达到最优组合,意味着增加输入也不会影响使用效率。根据输入输出指标的选择,使用效率定义为公积金贷款金额与公积金缴存金额的比率。为了提高公积金制度的运行效率,应该积极寻找公积金新的使用方式。从综合效率可得,DEA 的有效年份仅有 2007 年、2009 和 2015 年,其他年份基本处于 DEA 无效或弱 DEA 有效状态。从柯桥区公积金制度的整体发展情况分析,制度运行处于下行的年份有 2007 年和 2011 年,仅 2012 年、2013 年和 2015 年处于可持续发展的轨迹。

第九章 住房公积金制度的不均衡发展

表9-14 柯桥区住房公积金制度运行效率BBC模型求解结果

年份	θ	$\sum \lambda_i$	$\frac{1}{\theta}\sum_{j=1}^{n}\lambda_j$	规模有效性	技术效率值	技术有效性	发展轨迹	综合效率	整体有效性
2007	1	1	1	规模有效	1	有效		1	DEA有效
2008	0.562	0.497	0.884	规模递增	0.871	无效	劣于轨迹	0.490	DEA无效
2009	1	1	1	规模有效	1	有效	在轨迹上	1	DEA有效
2010	0.895	0.748	0.836	规模递增	1	有效	劣于轨迹	0.895	弱DEA有效
2011	0.657	0.664	1.010	规模递减	0.792	无效	劣于轨迹	0.521	DEA无效
2012	0.675	0.648	0.959	规模递增	0.806	无效	在轨迹上	0.544	DEA无效
2013	0.829	0.868	1.047	规模递减	0.867	无效	在轨迹上	0.719	DEA无效
2014	0.723	0.78	1.079	规模递减	0.804	无效	劣于轨迹	0.581	DEA无效
2015	1	1	1	规模有效	1	有效	在轨迹上	1	DEA有效
2016	0.647	0.648	1.002	规模递减	0.765	无效	劣于轨迹	0.495	DEA无效

3. 敏感性分析

运用去掉输入指标或输出指标的方式，多次运用DEA模型进行验证，从指标改变来分析对效率的影响。为了得到影响运行效率最大的指标，分别将每个输入指标和输出指标去掉，重新进行模型验证，得到敏感性相关数据，如表9-15所示。对公积金效率影响较大的指标是缴存单位数和贷款金额。由此可以在其他指标不变的情况下，柯桥区积极增加缴存单位数量，及扩大制度的覆盖面和缴存受益面，提高贷款额度，能有效提高住房公积金制度运行效率，从而达到公积金制度公平运行效果。

表9-15 柯桥区住房公积金制度运行效率敏感性分析结果

年份	原效率值	去掉输入指标效率值			去掉输出指标效率值		
		缴存单位数	缴存人数	归集金额	贷款户数	贷款金额	增值收益
2007	1	1	1	1	0.938	1	1
2008	0.562	0.4501	0.562	0.548	0.562	0.562	0.367
2009	1	0.903	1	1	1	1	1
2010	0.895	0.838	0.895	0.871	0.891	0.810	0.895
2011	0.657	0.622	0.657	0.650	0.653	0.579	0.657
2012	0.675	0.606	0.675	0.668	0.675	0.675	0.378
2013	0.829	0.727	0.826	0.829	0.829	0.691	0.829
2014	0.723	0.668	0.719	0.723	0.723	0.7236	0.553
2015	1	1	1	1	1	1	1
2016	0.647	0.647	0.571	0.647	0.647	0.618	0.647
均值	0.799	0.746	0.791	0.794	0.792	0.766	0.733

五、小结

综合以上分析结果表明,柯桥区住房公积金制度近 10 年来整体运行效率的平均值达到 79.9%,但运行的方向不具备可持续发展性。DEA 分析结果表明,DEA 有效年份不到一半,占近四成,无效年份占有六成;从效率有效性角度分析,柯桥区公积金制度运行效率走势呈现出下降—上升—下降的倒 N 型曲线,发展趋势有待改善;就运行效率的发展轨迹分析,柯桥区住房公积金制度大体上在正常轨迹上运行,其中部分效率无效年份的规模效率均呈现无序状;从制度运行效率敏感性分析,相对于总效率,敏感性较大的因素是公积金缴存人数和贷款金额指标,因此,对两个指标进行政策干预会有更明显的效果。总体而言,柯桥区住房公积金在输入和输出上未达到均衡,即柯桥区住房公积金制度在整体运行上存在不公平现象,特别是在公积金缴存扩面、贷款发放以及增值收益上存在不公平。

第四节 住房公积金制度不公平的原因

一、缴存不公平导致起点不公平

1. 缴存覆盖面偏窄导致起点不公平

住房公积金制度的覆盖面在发展过程中注重数量指标考核,但忽略了质量保证,因此,一部分急需覆盖的人群得不到满足,例如小微企业和个体工商业主、失业或待业人群、自由职业者以及城市务工者等,这些群体概括起来可统称为中低收入群体。根据住建部公布数据,截至 2016 年年底,全国公积金缴存覆盖了约 78% 的城镇职工,看起来情况不容乐观,但具体拿柯桥区近 5 年缴存人群进行动态分析可知:一是缴存单位最多的民办大中型类企业却不是缴存人数最多的企业类型,这意味着民办大中型类企业只为少部分员工缴纳公积金,而未做到全覆盖;二是民办小微型类和其他类(包括个体从业者、下岗职工、自由职业者、进城务工者群体等)在缴存单位和缴存人数上都处于劣势地位,而绍兴市柯桥区特殊的区域条件,轻纺城市场又集聚了大量的个体从业者和进城务工者,公积金制度在缴存上的设限使很大一部分群体失去参与公积金的机会,不能享受政策福利,在缴存者与未缴存者之间形成收入差距,这种门槛设限对这部分群体显然是起点不公平。

2. 缴存金额差距过大导致起点不公平

一是历年来的最高和最低月缴存标准差额巨大,且有扩大趋势,如表 9-16 和图

9-10所示。2014~2017年,虽然最高和最低月缴存标准都在增加,但最高月缴存标准的增加明显快于最低月缴存标准的增加,从而导致两者的差额越来越大。结合柯桥区近5年的公积金缴存情况分析可知,靠近最低月缴存标准的群体是民办小微型类和其他类(包括个体从业者、下岗职工、自由职业者、进城务工者群体等),靠近最高月缴存标准的群体则是机关事业公益类,缴存标准的差距加大,导致社会群体之间的起点不公平加大。

表9-16　2014~2017年柯桥区最高和最低月缴存额标准　　　单位:元

年份	2014	2015	2016	2017
最高月缴存额	5038	5476	5872	6342
最低月缴存额	252	274	294	318
差额	4786	5202	5578	6024

资料来源:绍兴住房公积金网(http://www.sxgjj.gov.cn/)。

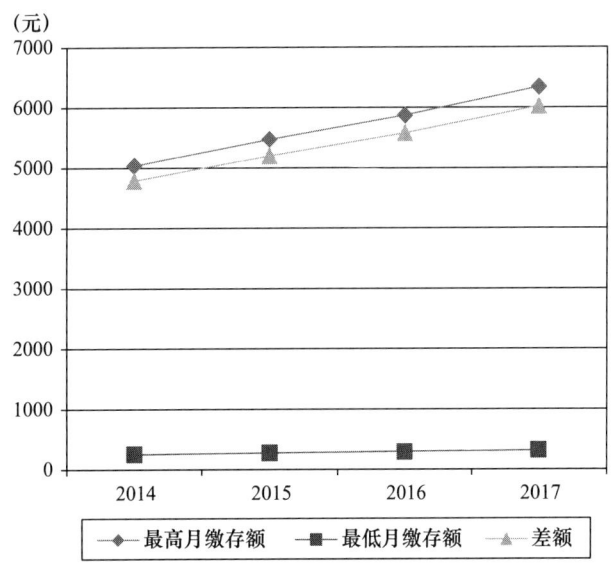

图9-10　2014~2017年柯桥区最高和最低月缴存额标准变化趋势

二是缴存比例差距较大。结合柯桥地区实际,对公积金缴存比例进行了明确规定:"柯桥区住房公积金缴存比例最高不得超过12%,最低不低于5%。"不同的缴存比例会影响缴存金额的差异。在实际操作过程中,缴存基数与缴存比例会呈正相关趋势,高缴存基数单位往往会选择12%的缴存比例,低缴存基数单位选择5%的缴存比例。由表9-14可知,柯桥区单位缴存符合两者正相关的论述,进一步研究发现,绝大部分机关事业单位和国有企业对员工进行差别对待,具体表现在正式在编职工高缴存额、高缴存基数,而劳务派遣或劳务外包人员按最低标准缴存。这在一定的程度上加剧了同工不同酬现象,不利于社会公平发展,而制度再抑制这方面的规定几乎空白,急需弥补。

二、贷款不公平导致规则不公平

1. 贷款标准设置不合理导致规则不公平

申请柯桥区住房公积金贷款要符合两个条件:一是在绍兴市区范围内开户缴存公积金,二是缴存时间满一年、中断不能超过 6 个月。为了适应国民经济的发展水平,贷款标准也会有所变化,柯桥区近 5 年的贷款标准也进行了三次调整,在本章第二节已经详细描述。随着国内房地产业的快速升温和柯桥地区不断开发,其房价飙升的速度大大快过居民购买力的提升速度,特别是对中低收入者而言,工资增长的速度远远跟不上房价增长的速度,这就使放宽公积金贷款及提供贷款额度显得更为重要。通过对比三次贷款标准我们不难发现,柯桥区对住房公积金贷款标准的设置具有很大的随意性,并没有仔细研究当地的实际情况,在房价大幅上涨的同时却降低公积金贷款标准,这对住房公积金的公平性有很大的影响。由于最高贷款金额标准下调,对中低收入群体伤害最大,同时,却为高收入群体带来了政策福利。贷款标准的肆意调低与公积金互助性完全相悖,变相成为高收入者用低收入者缴存资金谋取利润的工具,难免有劫富济贫之嫌。

2. 存贷款机制不健全导致规则不公平

现阶段,柯桥住房公积金存贷机制按照"低存低贷"的原则进行实际操作,即存款利率和贷款利率双低的政策,该原则是确保制度的良性运作,但是前文提到低收入群体在贷款权利上受到限制,这样就会使这部分人群不能或很少享受低贷款利率,但获得的却是低存款利率。从另一个层面而言,低收入存款利率的损失不能用低贷款利率得到补偿,却被高收入者利用。

从贷款机制角度分析,住房公积金贷款机制基本上参照商业银行的贷款机制,在贷款发放审批过程中,与商业银行的做法一致,仅考衡借款人的支付能力,支付能力越大,获得贷款的机会就更大,而不从对住房公积金缴存的贡献率上进行考衡,也不从需求程度上进行考衡,这样与普通的商业银行机构并无差异,根本不能体现公积金的互助性,这明显是一种规则实施上的不公平。中低收入群体的购房能力远远低于高收入群体,从审批依据上而言,中低收入群体享受公积金贷款的机会远远低于高收入者,这种制度设计的缺陷加剧了贫富差距。

三、收益不公平导致结果不公平

1. 账户余额保值方式不科学导致结果不公平

截至 2016 年年底,柯桥区住房公积金总额为 67.04 亿元,账户实际余额为 24.56

亿元。根据近5年结息数据分析情况，大量的账户余额表明柯桥区公积金资金没有充分流动起来，并且对绝大部分只缴存不贷款的职工进行的收益补偿又很微弱。这主要是政策限定所致，通过每年一次的利息结算成为唯一的补偿方式，然而公积金账户余额保值力度远远低于市场水平。根据央行的《关于印发〈人民币利率管理规定〉的通知》（银发〔1999〕77号）文件规定：结息按照当日市场的活期存款利率进行当年度公积金存款收益计算，利息直接结转到职工账户，按当日市场3个月定存利率进行历年公积金收益计算。由此可知，公积金余额的存款利率远远低于银行的定期存款利率。现实操作过程中我们往往发现，公积金提取最常见的理由是进行住房贷款，若职工不进行住房贷款，公积金提取会受诸多限制，很可能出现几十年都未提取的情况，在这几十年中，公积金余额的结息规则一直都保持不变，但是物价水平、通货膨胀已经发生天翻地覆的变化，名义上公积金账户里资金的所有权是个人，但在使用保值过程中受政策限制，一直处于不保值的状态，使骗提现现象日益加剧。

2. 增值收益分配不合理导致结果不公平

前文提到，住房公积金的增值收益是由业务收入和业务支出共同决定的，根据国务院的规定，将其分配成三部分：一是贷款风险准备金；二是管理费用；三是廉租房补充资金。从增值收益的来源分析，增值收益的取得主要归功于缴存职工缴存公积金和贷款回收的利息，所有权在缴存职工。从增值收益的分配分析，其主要去向是中央财政、地方财政和公积金管理中心，只使用在小部分群体上。所有权与使用权的不配套引起广大群体的不满，主要争议集中在以下三方面：

一是风险准备金提取未体现风险性。计提的依据是按照年末住房公积金贷款余额按统一比例提取，仅用一个时间点的数值并不能反映管理机构的风险管理水平和贷款运行情况，该指标未与公积金管理中心的绩效挂钩，并不会影响机构工作人员的收入水平，从而在一定程度上降低了管理效率，对所有权者而言是不具有公平性的。

二是管理费用的分配不具有积极性。作为公积金管理机构的日常运营费用，是由地方政府按照一定比例提取并下拨到单位，这个过程与管理业绩无关，所以，管理机构做好做坏并不会影响经费的来源。对于收益的所有者而言，这种缺乏激励性的分配是一种不公平行为，一方面，不能激发管理者的管理激情，导致收益未达最优状态；另一方面，所有者为低效的管理机构支付高昂的管理费用却未得到相应的回报。

三是剩余部分直接作为廉租房的补充资金，而廉租房建设与公积金缴存者之间的利益挂钩尚不明确，廉租房保障的居民未必与公积金缴存者相一致，而且相差度较高，这明显就是损害所有权者的利益，这种直接分配上交给国家财政的行为又有违公平性原则。

第五节 均衡发展视角下的住房公积金制度改革

一、完善公积金缴存制度以保证起点公平

住房公积金制度构成住房保障制度的重要一环,通过上文的分析整理,其实施的主体主要由机关、事业、国资类企业组成,这类主体的工资福利水平都较高,与之相反的是,非常多的个体工商户、小微型企业以及扶贫对象,这类工资福利水平较低的主体却没有覆盖公积金制度。参与主体间数量的差异之大,使该制度的普惠性得不到落实。所以,扩大公积金制度的实施主体特别是对中低收入者的制度完善显得尤为重要。

1. 实行公积金差别化缴存方式

对于经济效益差的单位,在缴存上给予差别化的政策,积极为扩大中低收入者的覆盖面提供便利条件。一是打破最低缴存比例5%的政策约束。当前柯桥区执行的缴存比例是5%~12%,即最低缴存比例是5%。针对缴存公积金确有难度的单位,可通过一定的资格审核,如以近3年财务报表相关数据为审核依据,业绩低于一定标准,可以将缴存比例放宽到3%,然后每年定期资格重审,待经济效益好转,再重新按5%~12%的标准执行。二是打破最低缴存额的政策约束。当前柯桥区每年都会规定最低缴存额,如果企业申请到较低的缴存比例,却没有将最低缴存额这个限制打破,那会使降低缴存比例变得没有意义。同时国务院的《住房公积金条例》也规定了缴存比例,对最低缴存额没有进行规定,所以打破最低缴存额是存在操作空间的,也会使降低缴存比例变得更有实际意义。

2. 创新公积金缴存登记管理

公积金覆盖面一直处于低水平,缘于公积金制度的约束性较低,不能像养老、医疗那样进行强制性缴存,因此,要扩大公积金制度的覆盖面,需要从公积金缴存登记管理的角度进行创新,这种创新方式应该考虑从单位缴存的积极性、公积金中心管理能力、缴存单位信息掌握度等方面出发。因此,可以向缴存单位发放类似组织机构代码证的住房公积金缴存登记证,对该证实行年检制,并根据检查结果进行实物或免检等的奖励,对未能通过年检的单位进行相应的罚款或其他处罚。此外,随着社会保障制度的逐步完善,将住房公积金制度与养老、医疗、低保等社会保障账户融会贯通,同时使公积金制度扩面成为政府考核的指标之一,力争公积金制度实现百分百的覆盖。

3. 实行收入层次分段制缴存

对不同社会群体可以按照实际收入进行分段缴存比例进行缴存，公积金缴存比例与收入相匹配。一是低收入个人单位低高比例。由于低收入者的恩格尔系数高，基本生活支出较高，实际到手的工资很大程度上会影响其生活，所以在缴存比例的制定上，可以考虑个人缴存部分按低比例缴存，单位缴存部分按高比例缴存，均衡确保总缴存额不变，但低收入者实际每月取得工资变得更多。二是中等收入个人单位双高比例。这部分群体是对公积金贷款需求最旺的主力军，但该部分群体现行缴纳的公积金在总额中占比较小，该部分群体的需求没有得到充分满足。针对这种现状，在政策制定时可以适当提高该部分群体个人和单位的缴存比例，使贷得更多的公积金资金满足其现实的住房需求。三是高收入个人单位双低比例。高收入者具有良好的经济基础，在对住房的需求上已经不仅是居住需求，更多的是改善型住房的需求，这种需求不是公积金制度所能保障的，因此，在政策制定时可以将该部分群体列为非重点考虑对象。因公积金制度具有普惠性，不能将其排除在外，所以在缴存比例上加以限制，个人和单位都按较低水平缴存，降低政策对高收入者的福利效应。

二、改进公积金贷款制度以实现规则公平

1. 制定合理的存贷机制

现行的公积金制度存在不少缺陷，使得高收入者比中低收入者从政策中获得更多的红利。这种有损政策公平的现象急需改善，具体可实行如下操作。

一是利率模式由"低存低贷"变为"高存低贷"。住房公积金实行存款和贷款均低于商业银行利率的"低存低贷"模式，这种利率模式的收益难以弥补公积金缴存者存款的机会成本，加之低收入者不申请或难申请到公积金贷款的局面，应将其转变为存款利率高于市场，而贷款利率低于商业银行的"高存低贷"利率模式。

二是贷款模式由"多存多贷"变为"多买少贷"。通过前面贷款额度计算公式分析可知，贷款额的确认与缴存额呈正相关，即多存多贷，而缴存额的高低往往与收入水平呈正相关，这就使得收入越高贷款额度就可能越高，那么低收入者享受的贷款额度就会与高收入者相差甚远，即低收入者享受公积金互助性的福利远远小于高收入者。因此，该模式应变为"多买少贷"，即买的房价越高或者买的次数越多，在原贷款额度上进行比例限制，且利率提升，以使政策向中低收入者倾斜。

三是新增补贴模式。笔者从新加坡的中央公积金制度的贴息政策获得启示，并与我国的实际情况相结合，为了提高中低收入者的购房能力，可以制定如对特殊人群延期还贷款、享受减息降息政策、用增值收益补贴贷款利息等优惠政策。这些优惠政策也可以从一定程度上降低公积金中心贷款逾期率。

2. 建立差别化贷款利率机制

现行的公积金贷款利率按照贷款年限规定两种利率：一种是贷款年限在5年以下的

利率,另一种是贷款年限在 5 年以上的利率。这种规定与贷款人的经济能力无关。利率政策比较僵化,在风险调整方面的能力也较弱。为了弥补这种缺陷,可以借鉴商业银行的做法,贷款利率在基准上根据贷款人的经济能力进行上浮,实行差异化利率政策。调整贷款利率,只会影响贷款利息收入,最终也只会影响住房公积金的增值收益部分,而不会对其他参缴职工产生影响。差别化贷款利率机制根据收入人群划分、购房面积的大小进行不同的利率匹配标准。具体可以这样操作:在申请贷款认定时,对中低收入者购买 90 平方米以内的自住住房,给予利率下浮的优惠,且优惠幅度与家庭收入成反比,家庭收入越高,优惠幅度越低。这样就可以保障中低收入群体的最低住房需求。

3. 探索新型的贷款模式

当前国际上正在探索一种新的以房养老的模式,称为住房反向抵押贷款,就是在没有养老金但有房产的前提下,以将房产抵押给银行的方式来获得养老金的形式。之所以称为"反向",是由于其运行的方式和传统的住房按揭贷款是相反的,该制度有一定的借鉴意义,作为执行主体的住房公积金管理中心,应该积极与银行、政府等机构协调,其具体操作为:房主将自住住房通过抵押的方式交给住房公积金管理中心,中心在收到反向抵押申请后,综合考虑房产因素,如房价、房主自身条件、房产已使用年限等,确定每月发放养老金金额及年限。假如在反向抵押期间,房主离世,该抵押房产将委托法院进行公开拍卖,如果拍卖价格低于或等于历年支出和利息,那么中心与房主的住房反向抵押贷款关系结束,其不抵押部分由历年增值收益补贴;如若拍卖价格高于历年支出和利息,多余部分则按照《遗产法》继承。其中反向抵押人的直系亲属按照《继承法》的顺序,可享受优先赎回权,购买金额为房主历年银行支付的贷款本金与利息。这种模式不仅能够提高资金的使用效率,而且可以增加政策性金融产品的种类;这更是一种把住房公积金制度的功能从住房保障延伸到生活保障范畴的极具创新性,是一项具有实用价值的创新探索行为。

三、创新公积金资金制度以达到结果公平

1. 保障住房公积金增值收益来源

住房公积金增值收益的主要来源:一是存贷利差;二是国债收益,但国债作为零风险投资品,收益率较低。因此,笔者给出两方面的建议。一是存贷方面建立贷款优化模型。准许并鼓励住房公积金管理中心和银行签订存款协议,该存款可比普通存款享受更高的利率,但需满足的前提是不影响公积金的正常提取和贷款。协议存款有利于闲置资金的最大化利用,获得更高的增值收益。完善公积金存款利率制度像央行规定公积金贷款利率一样,对公积金存款利率也可以进行专业化利率规定,从而确保公积金存款的高利率性,这样就可以消除不同银行之间利率不一致的情况,从制度层面上确保公积金存款利息最大化。二是投资国债方面,投资高价值保证高收益。国债价格的变动会引起预

期收益的变化，因此在判断国债价值的时候，首先需要将其未来收益与当期的银行定存、理财类产品相比较，其次需要关注股票、期货等货币市场的行情，综合考衡利率的未来走势，从而确保某一种国债的投资价值来实现稳定的高收益。

2. 优化住房公积金增值收益分配

一是支持公共住房建设。以无偿上缴财政的方式计提廉租住房建设补充资金已经引发争议。按照有偿有期限的经济原则，打破无偿划拨的壁垒，由划拨财政模式向以公共住房开发发放贷款低息贷款模式转变，或者划拨资金以股权投资形式加入到公共住房建设中，以贷款利息或股息分配的方式确保公积金增值收益的持续增值，增值的收益又可以按照该类模式支持公共住房建设，实现良性循环。

二是定向人群的贴息贷款。这里所指的定向人群主要是指低收入群体。公积金增值收益的分配未给予该群体直接利益，特别是对该群体购房等方面的支持力度上。作为社会的"空心层"在申请经济适用房时受阻，在高昂房价面前却步。为了凸显公积金制度对其在住房上的支持度，应在增值收益分配上多切一块"蛋糕"，专门用于补偿该群体的住房贷款利息，减轻家庭负担。例如，新加坡公积金管理局就对首次进行房产买卖的普通人群给予30000新加坡元的一次性补贴。

三是仅缴存者的利息补贴。顾名思义，仅缴存者就是，在公积金的使用行为中只发生缴存行为，并未发生提取和贷款行为的群体。这部分群体可被认为是公积金的贡献者，只拥有低存的待遇未享受低贷的福利，对其而言，损害了其部分权益。基于公平性原则，可以在增值收益中给予该群体一定的利息补贴。

第十章 全面小康视域下的政府成本控制

全面小康的核心任务在农村,而当前农村振兴的难点是精准扶贫的攻坚。因此,如何控制农村精准扶贫领域的政府成本,是全面小康视域下值得研究的问题。

第一节 精准扶贫领域的串谋寻租问题[①]

精准扶贫在一定程度上出现"播下的是龙种,产出的是跳蚤"的现象。个别乡村干部寻租所造成的政府成本问题恐怕是不能回避的。

一、乡村干部在扶贫活动中的串谋寻租

从理论角度讲,乡村干部的串谋寻租无论是已经发生的还是在未来精准扶贫活动中可能发生的,都是乡村干部串谋寻租的组成部分。这里我们之所以使用"乡村干部"词语,是因为在基层扶贫行政活动中,与公众对接最频繁的是乡村公务员与村社"干部"。村社"干部"对公众的服务手段是以法律为基础、由政府引导的政策落实。但这种理论上的交易手段并非是一种绝对公平的活动,交易手段对双方而言也并非是一样主动的。从历史上看,政府对公众的许多政策交易具有强迫性。随着法制社会的出现,公众的选择制度也逐渐确立,但是政府官员主动而公众被动的问题并没有得到解决。特别是在精准扶贫的经济活动方面,随着扶贫管理的改革,乡村干部的经济支配权增加,一些政府官员为了获取相对更大的经济收入,就采取不规范的手段,设法与乡村干部串谋。

1. 信息不对称情况下形成的两种不平等交易主体

从理论上讲,虽然乡村干部及政府官员与乡村公众在交易活动中是平等的,但是

[①] 所谓串谋寻租,是指在精准扶贫活动中,由于管理机制越来越规范,一般个人行为难以达到贪污受贿的目的,于是形形色色的串谋贪腐便出现了。最为典型的是地方各级政府公务员之间、公务员与村社干部之间、村社干部与村社社员之间的相互串通,合作贪污。

由于思想文化的差距、政策信息的不对称、社会地位的不同等因素,在现实的乡村干部与公众之间形成了截然不同的两种交易主体。乡村干部是一个处处主动的主体,他们拥有所有的政策资源以及制定政策或调查向上级政府反映情况的"准政策制定"权力,如政策水平、理解能力、工作经验与工作手段等,使他们完全具备交易主体处于主动地位的主客观素质;而对于乡村公众来说,他们当中许多人文化水平偏低,上级政府的许多文件精神基本上没有见到过,加之乡村干部及工作人员在完全掌握上级政策、法律条文以及有关规定的情况下,他们便非常主动地、有取舍地向乡村公众宣传扶贫项目、款项等精神。这样,乡村公众就不可避免地在交易活动中沦为被动接受主体。理论上平等的交易双方成了事实上的两个不平等主体。

这种不平等的交易主体在交易活动中所争夺利益的不同,可以用简易的数学表达式定量反映,即假定理论上平等的两个交易主体在交易活动中的分量分别为乡村干部M_1,乡村公众为M_2,其中$M_1 = M_2$。现实中,由于上述主客观原因造成的结果,使乡村干部在交易中可以从乡村公众那里获取部分寻租分量,我们用N表示,这样,理论上的数学表达式演变为:

$$M_1 + N > M_2 - N \tag{10-1}$$

式(10-1)显然成了一个不等式。双方的交易活动由一个等式变为不等式,是现实中两种截然不同的交易主体的客观反映。代表不等式左边的乡村干部或者政府官员从平等交易演变为主动交易,而代表等式右边的乡村公众从平等交易演变为被动交易。其主动与被动的反差是$2N$。

2. 不同主体在交易活动中的博弈结果

乡村干部及工作人员在发放款项、项目确定等决策活动中,其标准可能与乡村公众之间有不平等交易活动,可以用不完全信息博弈的精炼贝叶斯均衡来表示。因为乡村干部或乡镇工作人员所掌握的信息多,在与乡村公众交易时有首先选择决策的权力,如图10-1所示。这就是乡村干部或乡村公众在扶贫交易与制定扶贫标准活动中的博弈

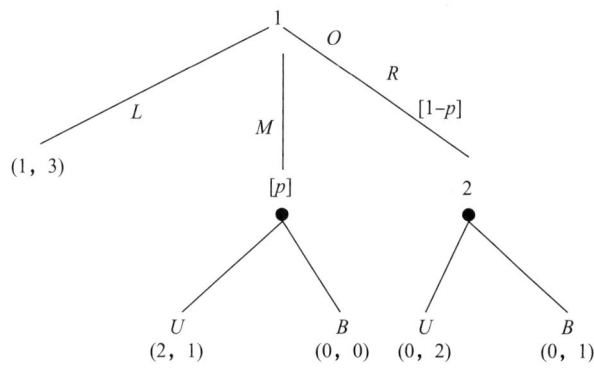

图10-1 乡村干部或工作人员与农村公众之间不完全信息博弈

过程。在整个博弈中,两个参与主体分别是乡村干部与乡村(1,3)公众,即 $I=1$, 2。参与主体1为乡村干部或工作人员,它是主动的首先行动选择 L,博弈的结果是支付向量为(1,3);如果它选择 M 或 R,作为参与主体2的乡村公众选择 U 或 B,但乡村公众在做出自己的决策时并不知道乡村干部或工作人员选择 M 还是 R,尽管他们可能也知道 L 没有被选择。

乡村干部或工作人员与公众的这种博弈有两个纯战略纳什均衡:(L, B) 和 (M, U)。这是因为,给定政府或工作人员选择 L,公众的信息集没有到达;给定乡村公众选择 B,L 是政府或工作人员的最优选择。可以进一步发现,政府或工作人员与公众的这种博弈只有一个子博弈,即原博弈,(L, B) 和 (M, U) 都是子博弈精炼纳什均衡。但是子博弈精炼纳什均衡 (L, B) 显然依赖于一个不可置信的威胁。也就是说,如果掌握主动的政府或工作人员与被动的执行者乡村公众的信息集 U 严格优于 B,选择 B 不是序贯理性的;因此,乡村政府或工作人员一般不相信乡村公众会选择 B。他们可以针对既有的信息做好各方面的工作。

从理论上讲,乡村公众在政府或工作人员主动的情况下就会在选择 M 和 R 上有一个概率分布。即被动的乡村公众认为政府或工作人员选择 M 和 R 的概率分别为 p 和 $(1-p)$。给定这个信念,乡村公众选择 U 的期望效用是:

$p \times 1 + (1-p) \times 2 = 2 - p$,同时选择 B 的期望效用是:

$p \times 0 + (1-p) \times 1 = 1 - p$

这是因为不论 p 为何值,$2-p > 1-p$,乡村公众肯定会选择 U。现在我们给定政府或工作人员知道乡村公众将选择 U,政府或工作人员的最优选择是 M。但给定 M 是政府或工作人员的最优战略,当乡村公众观察到政府或工作人员没有选择 L 时,它知道乡村公众一定选择 M,即 $p=1$。由此,博弈可能出现唯一的精炼贝叶斯纳什均衡 $\{M, U; p=1\}$。但是,政府或工作人员会考虑到这一点,可能会采取相应的对策。

3. 串谋寻租的微观行为分析

(1)一个实例:2017年7月26日,BY乡的刘女士在其所住的村对扶贫对象发放扶贫款。村民发现刘女士叫了一个扶贫对象"领袖",要求该扶贫对象代替本村其他8户扶贫对象签字,该扶贫对象也就随意悉数签了字。其他扶贫对象虽然没有获得应得的款项,但听到情况后也没有做出任何反应。据悉这种现象并非个案,相对普遍。

(2)政府或工作人员的行为分析。作为代表政府的刘女士,她认为在工作非常困难的情况下不能将时间拖得过长,否则,如果扶贫对象知道太多的信息会想方设法地对抗。她是政府派出的工作人员,从表面上看,是在履行公务,但在内心所考虑的是工作效率。进而考虑到村社的各种关系与个人利益,乡村干部内心也有寻租意愿。即使出于公心去认真执行,但未必就能够得到相应的政治利益。还要考虑到收入水平问题,同时,工作人员未来的工作还要考虑有人支持,维护工作平台。从另一角度讲,由于农村公众工作、生活没有规律,加之许多人外出打工,要全面正规地落实也非常困难。这样，政府工作人员为按期完成工作任务出现作弊现象也是心理行为的一个方面。同时，作为政府官员，谁都想被领导或同行认为工作能力强才有发展前途，不管用什么手段，只要不出现麻烦就行。因此，大家都在力所能及的情况下想办法提前完成工作任务。

当然，这种行为对于乡村干部个人来说是有风险成本的，有时候会出现一些有觉悟、有相对"靠山"的人向上级党委、政府上访，或者向执法部门举报的情况。一旦真的被公众举报，就会对乡村干部造成较大的麻烦，不过据说对于此类情况的反映，有关部门领导还是按照公共违纪的性质，对个人从轻处理。TW县BL乡的公众就向有关上级部门举报了类似的行为，最后按照没有及时向公众宣传到位处理。有风险也罢，无风险也罢，个别工作人员已经习惯于这种非规范性的工作行为。

（3）扶贫对象的行为分析。从扶贫对象这一方面来看，由于信息的不对称，他们几乎失去了与政府平起平坐的客观条件，他们与政府之间交易的主动性及其所争取的主动，一般都是通过间接方式实现的。这种间接方式主要有：有亲朋在某上级机关的重要岗位工作，当他们的利益受到一定的伤害时，就会根据上级政府的有关规定或法律条文给受害者指点迷津；有少数扶贫对象中的精英，通过各种渠道了解各级政府的政策和法律条文，为保护自己的合法利益，也会向乡村干部及工作人员的不规范行为提出挑战；有部分公众虽然根本就不了解相应的信息、法律、法规知识，但有时候凭感觉或理性判断政府及工作人员的行为正确与否，也会通过理性的抗争捍卫自己的合法利益；还有一些公众平常对这些问题的认识处于萌芽状态，通过一些在上级政府或其他单位工作的乡亲得知上级政府的政策或法律、法规，提出相应的理由等。

二、乡村干部串谋寻租与政府成本

1. 风险与租金心态的博弈

串谋寻租最直接的是名目繁多的扶贫项目，以及乡村干部"天高皇帝远"的心态博弈。巧立名目也好，直接作弊也罢，乡村干部博的都是"不会"有人来查。于是，个别乡村干部与一些村社干部就串通在扶贫中寻租。即在乡村干部没有任何劳动付出的情况下获取福利，而对于扶贫对象来说是在没有任何扶贫受益情况下被"扶贫"了。所以我们将其归结为串谋寻租。这种串谋寻租问题在离上级政府越远的乡镇显得越突出；反之，越是离上级政府近的乡镇则表现得越隐蔽或相对收敛。例如，我们在TW县调查中发现，县城所在地的XC镇的精准扶贫活动非常规范，而离县城15公里的BY乡则问题很多，甚至还出现贪污挪用扶贫款项用于赌博的现象。更有一夜输掉400万元的案例，输掉赌资后悬梁自尽。等问及国家有关规定时，约有一半左右的乡镇公务员不懂得党的十八大以来的精准扶贫政策。几乎80%以上的村干部不知道精准扶贫的各类政策法规。无论是乡村干部的领导，还是乡镇政府的有关人员，都说不出合理的答案来。如此的乡村干部寻租不仅直接影响国家精准扶贫战略的落实，更在很大程度上膨胀政府成本，也影响乡村振兴战略与决胜全面建成小康社会的战略。

由此看来，乡村干部串谋寻租的根源是政府在精准扶贫领域成本居高不下的直接原因，不仅浪费稀缺的公共资源，而且毁坏党和政府的形象。在很大程度上将现实的政府成本演变为政治成本。

2. 串谋寻租：农村社会矛盾产生的根本原因

乡村干部的串谋寻租是一个经济问题，但它的发展演变最终成为农村政治问题，对于农村社会的持续、稳定发展是一个严肃的挑战。

农村社会矛盾历来是党和国家关注的重要问题之一，国家也历来强调减轻扶贫对象负担，增加扶贫对象收入。农业、农村和扶贫对象"三农"问题是关系我国改革开放和社会主义现代化强国建设全局的重大问题。但是，在农村乡、村干部相对普遍的寻租活动使扶贫对象得不到及时精准对接，扶贫对象与获得租金者之间的差距越来越大。由此，在一些地方还酿成了农村社会矛盾。例如，有的乡镇的扶贫对象组织起来集体上访，要求上级政府还以公道；有的扶贫对象因为感觉被乡村干部愚弄，自发地组织起来集体抗争，甚至与一些乡镇工作人员发生较大摩擦，甚至打架。更有个别极端人员最后以自杀来了结自己，以表示对乡村干部寻租的抗议。

上面是笔者通过调查了解的由于精准扶贫领域乡村干部寻租所产生的一些矛盾。这些矛盾从个案来说问题并不是太大，但是必须看到乡村干部寻租问题非常普遍的一面，2016~2017年，我们在甘肃、宁夏、青海的6个市进行调研，几乎是所有的乡镇都不同程度地存在类似的问题。究竟是什么原因造成的呢？实际上都是因为乡村干部（还有村里个别活跃分子）的串谋寻租造成的。如果没有乡村干部的串谋寻租，上述矛盾就不会存在。扶贫对象真正上访的心态有两种，有的是确实因为家庭贫困被迫上访的。他们认为乡村干部把他们逼到绝路上了，再不想办法就无法生存，为了避免无法承受的税费也就豁出去了；绝大部分是因为觉得自己虽然能够克服当前的贫困，但觉得党和国家的扶贫款项被一些人中饱私囊，而且是打着他们"被领扶贫款"的旗号，故而要讨个公道。当扶贫对象的自尊心进一步受到伤害以后，他们就会找到有关亲朋好友倾诉，这些亲朋好友就鼓励其向有关部门投诉，扶贫对象也就为捍卫自己的尊严而勇于拿起法律这条神鞭。

由此看来，许多农村社会矛盾的产生并非是复杂的，如果从防患于未然的角度讲，一般意义上的农村社会矛盾只要在相当大的范围内消除或降低串谋寻租，农村的太平盛世就不难出现。

3. 管理体制的缺陷：农村社会矛盾产生原因的多维性

上面我们分析了农村社会矛盾与乡村干部串谋寻租的问题，从表面上看，似乎已经比较透彻。如果进一步深层次考虑的话，人们还会设想，既然农村社会矛盾是由于串谋寻租造成的，那么为什么会出现串谋寻租现象而且越来越普遍呢，这就让人进一步推论，乡村干部在扶贫领域的串谋寻租现象存在的原因。只有找出串谋寻租现象得以泛滥的原因，才是解决乡村干部串谋寻租问题的根本，进而也才能解决农村社会矛盾。

从我国目前的现实来看，现有的政治体制及政府的管理半径、政府职能等为扶贫领域的串谋寻租提供了土壤。虽然乡村干部手中的权力对于调动基层政府的积极性有很大的好处，但必须知道，我们是从高度的中央集权制的基础上演变过来的。乡村干部根本一下子无法驾驭这种渴望已久的追求，一旦权力到手，他们就会"抓住机会"，决不想过期作废。在基层政府还不能自控手中权力的情况下，农村的一切重要事情应当由家庭代表会议表决。近年来，我们所调查的乡镇，在发放扶贫款与扶贫项目决策时，几乎是家庭代表会议为零。一切都在不透明的情况下暗箱操作。一般地，对于精准扶贫领域，诸如扶贫款的发放、贫困对象的推荐、扶贫项目的归属等非常重要的问题，应当由全村或者社所有家庭代表参与开会讨论决定。没有全体村民参与的决策，犯罪的空间是非常大的。另外，村干部的管理半径也存在很大问题。农村的社会经济、科学文化等方面的综合发展不像城镇那样发达，乡村干部精准扶贫活动缺乏有效的监督机制。同时，乡镇政府职能的扭曲也是乡村干部串谋寻租的重要土壤之一。

值得深思的是，在我们国家民告官的行政案件中，几乎都是被告败诉，但是也几乎没有一个政府组织及政府官员因为违法行政而依法承担刑事责任，在遇到基层政府与扶贫对象发生冲突时，执法机关往往偏向于乡村干部。农村公众有一句口头禅，"小腿扭不过大腿"，就是说与乡村干部打交道，不能坚持自己的立场，从来都是老百姓吃亏。这种执法机制客观上形成法律面前人人不平等的现象。许多情况下，执法部门将农村公众举报的问题转交给基层政府自己处理，或者对于举报政府的问题转交给上级政府处理，这样在客观上形成执法机关与政府机关、执法人员与政府工作人员，以及上级政府与下级政府、政府机关与政府工作人员之间的官官相护网。

农村公众的素质相对偏低，也是乡村干部串谋寻租的原因之一。无论是经济人假设还是社会人假设，现实社会中人们的消费欲望是无限的，人们都喜欢得到比他人更多的经济资源。这就使政府以及政府官员与扶贫对象之间的交易活动也客观上存在智力的博弈，在博弈过程中，农村公众由于受文化水平、接收信息多寡的相对下风等因素的限制，他们的综合素质偏低，在交易博弈过程中常常由主动演变为被动。工作人员在具体工作中，对某一个体来说，可能有一定的同情心或者有公道的心理，但是从普遍的角度讲是不会有同情心的。农村公众素质低下的现象在短期内是难以解决的，如果不进一步健全科学的政治管理体制和社会监督体制，乡村干部串谋寻租的行为，是无法避免的，进而农村社会的矛盾在一定时期内也是长期存在的。

三、乡村干部与农村公众之间的"正常""超常"矛盾分析

1. 社会矛盾的不可避免性

任何情况下、任何地方发生矛盾都是正常的，而不发生矛盾是不正常的，也就是

说矛盾无处不在。特别是在农村社会中，乡村干部与扶贫对象、农村在复杂繁多的工作活动中，往往会由于这样那样的原因，不可避免地产生摩擦，有时候这些摩擦会随即消失，而有时候可能会演变为较大的事件。按照唯物辩证法的原理来解释，这是非常正常的。因此，只有认识到农村社会矛盾的不可避免性，才能正确对待或处理农村社会矛盾，也才能正确分析预测农村社会矛盾的发展趋势。

问题的另一方面是，在非常繁杂的农村社会矛盾中，究竟哪些是正常的矛盾，而哪些又是非正常或超常规性的矛盾，这是判断乡村干部是否能处理好农村社会矛盾的首要前提。乡村干部在乡镇的指导工作中往往把握不住问题的性质，由于认识上的差距，有时候把表面上看来较为严重，而不可能或很难演变为大的冲突的问题看成大问题来处理，却把一些看起来似乎简单，但很有可能演变为政治问题或大矛盾的问题视而不见，这也是一个政策水平或政治分析方面的科学问题，应当引起乡村干部是在判断农村社会问题时的高度重视。在任何情况下，演变为大摩擦或大矛盾的问题都是工作对象抓住了工作人员根本性错误之后才下决心要讨回公道的。工作中的态度与方法是个人的工作经验问题，虽然也影响形象，但事后并不会发展为大问题。

社会矛盾的不可避免性告诉我们，要在正确对待农村社会矛盾的基础上调整好判断、预测农村社会矛盾发生者的心态。只有认识到社会矛盾不可避免性的根本特征，才能正确判断和处理好这些矛盾，也才能正确区分矛盾的性质，选择正确处理公共事务的方案。这里所提出的串谋寻租问题往往是引发农村社会矛盾的导火索，必须对不同的串谋寻租现象有不同的认识。

2. 乡村干部与农村公众之间的正常矛盾

所谓正常矛盾，即为乡村干部在各种工作中与农村公众之间所发生的矛盾，并经过双方的努力，被双方自行解决的矛盾。矛盾虽然客观上发生了，但并没有上级政府或执法机关去调解处理而消失了。在一般情况下，由于矛盾的普遍性原理，人们不可能排除乡村干部与农村公众之间的矛盾。但这种矛盾并非由于制度原因造成的，如工作过程中因为工作人员的经验不足，或者个别扶贫对象认识肤浅以及各种各样的误会等。对于此类矛盾，我们认为属于正常矛盾。乡村干部与农村公众之间的正常矛盾是不可避免的，同时，也不会引发政府与公众之间的大矛盾或大问题。实践中，人们往往会遇到这样的现象，即乡村干部中的部分工作人员与其工作对象之间冲突非常厉害，但是经过一段时间后，双方的矛盾化解了。其原因，就是当事后双方发现并没有实质上的利害冲突，仅仅是工作过程中的摩擦。仔细分析这种小的摩擦是可以相互理解或相互原谅的，没有必要闹下去时，双方都会采取让步的态度。这就是乡村干部与农村公众之间一般矛盾的特征。

当然，许多乡村干部及工作人员不愿意与农村公众之间发生摩擦，所以随着现代文明的发展以及人类的不断成熟、文化知识的普及、信息接收量的自然增加，这种一般矛盾越来越少。虽然乡村干部与扶贫对象之间的正常摩擦在逐渐减少，但实践中扶贫对象上访、告政府的状，以及乡村干部与扶贫对象之间各种公开的矛盾却越来越多。这是因为，虽然一些因工作方法等方面的摩擦越来越少，但是乡村干部与公众之间的原则性问题却大大增加，特别是通过各级政府调解、法院受理的案件在逐渐增加。对此，我们还将进一步分析。

3. 乡村干部与农村公众之间的超常规矛盾

所谓超常规矛盾，即为乡村干部在工作过程中与农村公众之间发生的矛盾不能通过矛盾双方的努力得到解决，最终通过上级政府或执法机关按照严格的制度来解决的矛盾。现代文明之所以没有使乡村干部与公众之间的矛盾降低，是因为上述正常矛盾普遍减少，但超常规矛盾却增加了。概括地讲，当前乡村干部与公众之间的超常规矛盾主要归纳为如下方面：

一是乡村干部在调查各项扶贫款、项目发放与建设时，不能实事求是地公正处理：不该扶贫的人员却被列为扶贫对象，而真正的扶贫对象却被排除在外。赤裸裸地产生了谬误，引起公众的不满而上访、告状。

二是一些乡村干部在各种款项的具体分配过程中，运用各种非规范的手段欺诈、寻租作弊，引发公众上访、告状。

三是乡村干部在工作过程中，以势欺人、以势压人，蛮不讲理，最终造成各种刑事案件，不得不由有关执法机关处理。

四是其他类型的超常规矛盾。

这些矛盾的表现一般是乡村干部与公众之间的矛盾，实际上是由乡村干部的串谋寻租造成的。这是农村社会均衡、充分发展的桎梏，对中国农村工作的影响非常严重，是政府不可忽视的社会重要问题。这样，一方面是乡村干部造成政府成本不断增加，另一方面又损害党和政府的形象，其执政成本可能还要大于政府成本。

四、几点建议

精准扶贫问题是当代中国社会经济发展的主要问题，如果不解决就会影响整个社会的稳定。根据精准扶贫问题发生的原因及其表现特征，笔者从下列方面提出几点建议：

1. *严厉惩罚以消除串谋寻租*

与农村公众已经形成对立面的乡村干部的串谋寻租行为是滋生农村社会问题的根本前提，这种问题在一定程度上已经演化为两个阶层的矛盾。任何意义上的"统治者"为了力求长治久安，都必须认真对待。又由于这种问题是因为串谋寻租而引发的，因此，要消除农村社会问题，最根本的是要消除乡村干部的串谋寻租行为，消除其产生的土壤；否则，在现有的制度下，是任何主观力量都无法解决的。因为，根据经济人的假设，人的消费欲望是无限的，在有制度空隙的情况下，一般人都会设法获取较别人更多的资源。同理，不同的社会阶层也要力求获得较其他阶层更多的资源，串谋寻租现象也就在所难免。看来，通过一定的程序建立精准扶贫工作制度，规范农村会议制度、监督保障机制,使农村社会不同阶层之间可以公平竞争获取经济资源,是消除精准扶贫领域乡村干部串谋寻租现象的基本前提。

2. 以乡村干部制度改革总览全局降低政府成本

要消除农村社会中乡村干部的串谋寻租现象,在社会法律制度短期内不能到位的情况下,需要政府自身的觉醒。通过对乡村干部管理制度的改革来降低乡村干部寻租的政府成本。乡村干部之所以要串谋寻租,很大程度上是由于现行的乡村干部管理制度不完善,可以考虑对所有的基层公务员全面推行聘任制度,严格绩效考核,特别是政治素养考核。当发现在扶贫领域出现贪污寻租现象时,应当一律解聘并追究责任。传统的终身制公务员管理制度是许多问题不能解决的根源。全面推行聘任制,还可以强化基层公务员队伍的推陈出新,使受过高等教育者及时补充到公务员队伍中,全面提升公务员队伍的素质。凭借手中的权力采取不规范的途径获得相应的资源,是乡村干部串谋寻租最有效的手段。因为它不仅在表面上利用信息不对称蒙混过关,而且即使人们追究起来,也有很大的难度。对于农村公众来说也是非常隐蔽的。这种隐蔽性往往给公众一种错觉,即使某一位工作人员客观上已经伤害农村公众的利益,公众需要讨回公道时也会认为"不是他个人的事",是通过程序确定的,于是就不了了之。因此,乡村干部在扶贫领域的串谋寻租行为也是难以认定的。要消除乡村干部的串谋寻租现象,就必须首先通过改革现行的公务员管理制度,降低乡村干部管理的制度成本,从客观上消除串谋寻租的土壤。

3. 把乡村干部对社会的供给推向市场以确定政府职能

现在很多农村公众乡镇认为庞大的机构与人员都是为做好政府工作所必需的,似乎应该承担他们的公共支出。那么,究竟乡村干部的机构应该多大,工作人员有多少是合理的,不是乡村干部自己说了算的。根据现代公共管理理论和发达国家的经验,结合市场经济的基本特征,乡村干部的机构与人员确定应当根据其工作职能来确定,而其工作职能应当以社会公众是否需要为前提,乡村干部的全部工作也是公共产品,任何产品都是以市场需要为前提的,离开市场需求谈乡村干部的职能是不现实的。对于农村公众来说,乡村干部的许多职能是完全不需要的,也就是没有市场的产品。既然没有市场,又要公众承担其成本,是没有任何理由的。因此,要消除乡村干部的串谋寻租,必须对现有的乡村干部机构和工作人员的职能进行定位,将公众不需要的职能彻底清除。

第二节 必须重视政府成本研究

随着中国进入新的历史时代,政府成本已经成为不能回避的重大社会问题。近年来，人们都把全面深化改革、全面建成小康社会以及精准扶贫等作为研究公共管理的重要内容。如果仔细分析，中国的充分与均衡发展都与政府成本之间存在着非常密切的关系。人们日益追求的物质与文化生活的满足需要一个低成本的政府。同时，低成本运转的政府是实现充分、均衡发展的前提。

一、政府成本与社会的充分均衡发展

如何正确理解政府成本与社会充分均衡发展的关系，是理论研究与实践上必须澄清的问题。认识方面的偏颇很大程度上会影响公共管理与决策，会给公众造成无形的损失。由于政府成本对社会的影响越来越大，所以人们对政府成本的重视程度也越来越高，近年来在研究政府成本方面也出现了不少成果。现在的问题是，如何界定政府成本，政府成本的范围怎样确定，还很不明确。随着现代政府管理与执政绩效观念的改变，如果不从根本上研究解决政府成本问题，就必然影响政府的执政能力、社会充分均衡发展，以及重塑公共管理的基本职能等。毛泽东在《矛盾论》中指出："生产力、实践、经济基础，一般表现为主要的决定的作用……然而，生产关系、理论、上层建筑这些方面，在一定条件之下，又转过来表现其为主要的作用，这也是必须承认的。"[1] 政府成本作为上层建筑领域的问题，虽然对社会造成普遍意义上的危害，但是由于它具有非常强的公共性特征，公众普遍存在"搭便车"的思想，同时，由于政府管理的特殊性，政府成本大都是转嫁给公众或后继政府承担，因此，人们对于政府成本的研究与治理欲望大大降低了。但是，到了现代公共管理时代，这一课题已经是无法回避的问题。自 20 世纪 40~70 年代，公共选择理论（Public Choice）学派，英国北威尔士大学的邓肯·布莱克、詹姆斯·布坎南和戈登·塔洛克等针对"政府过于庞大，效率低下"现象，创造了公共选择理论，从官僚体制上解释了政府成本居高不下的原因。新制度经济学理论（The New Institutional Economics）的代表如 R. H. 科斯、A. A. 阿尔钦、H. 德姆塞茨、张五常、E. G. 菲吕博滕等，从委托代理理论（产权理论）和交易成本理论涉足政府成本，试图从制度的角度论述政府成本问题。20 世纪 70 年代以来，为摆脱传统福利国家的困境，西方发达资本主义国家普遍兴起了轰轰烈烈的新公共管理运动，形成了新公共管理理论（The New Public Management）。这一理论的实质与核心是在公共部门领域内引入私营部门的管理方法和管理技术，创建一个企业化的政府，以改善公共部门的管理绩效，这为政府成本概念的提出并深入研究提供了理论基础。20 世纪 90 年代到 21 世纪初，美国人保罗·纳特出版了《决策之难——15 个包括政府重大决策失误案例分析》，应该说从真正意义上开了研究政府成本问题的先河。该研究对政府有形公共产品决策的成本问题进行了深入讨论，但是就政府成本问题存在的原因没有深入研究。总的来看，国际上也有许多从外围研究政府成本的理论成果，

---

[1] 中共中央毛泽东选集出版委员会. 毛泽东选集（第 1 卷）[M]. 北京：人民出版社，1995：325.

也解决了许多实践中的问题,但是没有把政府成本问题不断膨胀的原因直接提出来进行深入剖析,政府成本膨胀的趋势远没有得到遏制。其根本原因是,一方面既往的研究虽然也在一定范围涉及与政府成本相关的问题,但研究的切入点就政府成本并不明确;另一方面,在政府成本理念的界定上还存在一定的偏颇。①

在传统的政府管理思维中,政府成本指的是政府最终消费支出,其实政府成本与政府最终消费支出并不等同。政府最终消费支出是指各级政府一年内购买、使用、消费的全部产品和服务的价值。尽管各国列入政府最终消费支出的内容不完全相同,但其主要内容一般包括政府雇员的报酬、公路、桥梁、医院、学校等的建筑费用,购买军用物资、进行科学技术研究等开支,以及一些专项拨款如教育补助拨款等。有的国家(如美国)还把各级政府对企业的投资也包括在政府最终消费支出中。这样,无论政府最终消费支出包括的项目有多少,它都只是政府成本的一部分,而不等同于政府成本。政府成本不仅应当包括政府最终消费支出,更应包括政府决策和政府行为引起的政治文化、社会经济发展和生态环境等方面的成本。分析这部分成本比分析政府最终消费支出更为重要。不规范的决策和行为在各级政府中大量存在,不仅造成直接资源的大量浪费,而且破坏长远的社会经济、生态平衡,其成本代价十分巨大,也在一定意义上遏制政治文明的发展。这种成本代价是传统的政府最终消费支出理念所不能界定和涵盖的,表面上是社会问题,而实质上体现的是政府执政能力问题。

在我国,由于政府决策和政府行为的失误曾经使我们支付了昂贵的学费,既损害了人民群众当期的生活福利,又大大影响了后来的社会生活效应,一些重大失误性决策所造成的直接和间接的经济损失及资源浪费,不可能直接反映在政府最终消费支出的会计账务上,但可作为政府管理决策活动中的机会成本或风险成本来考察,由于政府管理的决策一般都是影响社会的重大问题,因此,政府成本在这一领域所表现的问题也更加重要。过去人们大都看到并在乎的问题是表现为有形产品或者政府直接消费支出,而不大关注无形的政府成本问题。这是因为,政府的直接消费支出是公众的直接负担,政府决策所造成的各类无形成本或无形损失,并没有直接兑现在公众个人支出中。随着现代社会的进步,这一问题日益凸显出来了,公众从社会的循环经济、可持续发展、社会充分均衡发展建立等观察认识到政府决策失误的严重性。这样,政府成本理论的提出与深入研究也成了社会重大课题。所以政府成本提出的一个假设是,在政府决策和政府行为活动中,除了政府最终消费支出外,肯定还存在给社会和公众带来的负担或成本。这种因政府决策和政府行为引起的社会负担和社会成本问题,当今的一些理论将其归属于可持续发展问题。我们认为,这种归属缺乏相应的理论针对性。当量化的分析无从着手时,定性的一般理性分析在解决具体问题时必定疏漏许多

---

① 有些研究并没有明确提出政府成本理念,而有的研究把政府成本仅仅局限于有形的公共产品领域。这样,政府在重大战略决策以及社会经济发展方面的综合问题都被掩盖了。

重要的分析依据。政府成本范围的界定不仅有利于社会公众监督政府，而且有利于政府自身控制不规范行为。只有从理论上确立政府成本概念，才能就政府决策和政府行为对社会、经济、生态等方面的发展所带来的效应做出正确评估。

由此，对政府成本做出如下定义：政府成本是政府及其行政过程中所发生的各种直接费用和开支，以及其所引发的现今和未来一段时期内社会的间接性负担，这些直接或间接的费用开支和负担是可以通过优化决策和优化行政行为加以适当控制的。政府成本概念使人们对约束政府行为、规范公共管理以及提高政府公共服务能力等有了可供操作的判断依据或标准。

二、政府成本与建立社会充分均衡发展

社会充分均衡发展的内涵是什么？与政府成本之间究竟是一种什么关系？我们认为，它就是追求发展的均衡。均衡就其本质讲是阴阳结构对称，是阴阳流行运作，是转化革新。也就是说，社会充分均衡发展必须体现在社会政治、经济和文化结构的对称性和开放性的构建上，同时，这些对称和开放的社会运作体系的动力源不是来自于官方的主观意志，而是来自于公众社会主体、人类与自然之间的和平发展，是社会应该不断革新那些不符合以人与自然均衡生存、人类内在均衡生存为中心的社会结构。帕森斯认为，政治、经济、社会、文化四个子系统共处于一个大系统之中，功能互补，良性互动，那不就是"社会充分均衡发展"吗。现在提社会充分均衡发展是有针对性的，是针对现阶段频发的各种不均衡现象、各种社会失衡甚至社会冲突来谈的。因此，其内涵应特别强调两个层面。一个层面是经济和社会的关系，这两者要找到一个均衡点；另一个层面是社会内部的各种群体之间的关系，也就是如何达成使不同的利益群体能够均衡共处，使它们之间能够达成权利的均衡而非失衡。

无论是就人与自然的均衡还是人类社会内在的均衡，政府成本的影响都是不能忽略的。首先，从人与自然均衡分析，各级政府的政策选择一定程度上决定着诸如循环经济问题、可持续发展问题等社会充分均衡发展。例如，20世纪80年代以来，我国在某些领域的盲目开发造成社会资源的大量浪费，破坏了自然生态的平衡，这不能不说是政府在决策方面没有机会成本或风险成本问题。人们一旦忽视这种政府成本，就会对社会造成不可估量的危害。20世纪90年代，中国的GDP增长率基本在10%左右，而由于循环经济问题造成的成本损失也是这个数字，这还没有考虑到由于循环经济问题影响未来社会经济发展方面的问题。其次，就人类内在均衡分析，由于政府成本（或有形公共产品生产活动中的成本，或者无形公共产品生产活动中的政府成本）直接造成社会、政治、经济、文化等方面发展的不均衡，例如，城市与农村的差别、不同集团之间的利益差别、行业之间的差别，以及公众当前与未来时期基本福利预期的减少等，一般地讲，政府成本在人与自然均衡以及人类内在之间的均衡是不能分割的。这样，人们就可以从中找到政府成本与建立社会充分均衡发展的关系，从这一角度认

识政府成本问题,其应有的意义非常深远。如果把政府成本与建立社会充分均衡发展割裂开来,就会掩盖政府成本对社会的危害性,也会在社会充分均衡发展制度建立方面出现"播龙种、产跳蚤"的状况。因此,只有认识到政府成本与社会充分均衡发展建立之间是一种相互制约的关系,才能从根本上控制政府成本的膨胀。

三、政府成本研究中最主要的问题

在政府成本问题的研究方面,存在许多问题,诸如研究方法问题、研究范围问题,研究思路与研究程序等。但是,从目前看,许多学者及从事政府管理工作的人,把政府成本的概念仅仅局限于政府最终消费支出或者财政支出问题上是有失偏颇的。我们不能说政府的最终消费支出不是政府成本,但它是政府成本的一部分而不是政府成本的全部,也仅仅是政府成本的小部分而不是政府成本的大部分。当然它是从一个方面统计政府成本的,可以概述为政府的消费成本或者体现在政府管理活动中的直接成本。但是这种界定政府成本最大的缺陷是掩盖了更大意义上的政府成本。

我们不妨把政府作为一个普通组织来考虑,由于这个组织的庞大是其他任何社会组织无法比拟的,一个组织在活动过程中将产生成本或效应。在一个组织的活动中,既有具体的活动工作,也有决策及因决策所产生的未来执行期间甚至更长时期的工作,而政府是以决策为主要职能的组织,所以政府工作最主要的成本应该是决策活动给社会带来的成本,而不仅仅是最终消费支出所造成的成本。无论是菲尔麦皇权神受式政府,还是封建世袭式政府,以及现代合法型政府,其最为主要的职能都是决策其管辖区域的包括社会发展、政治文明、文化发展等方面的大事。例如,在我国,上古时代人们评价的是大禹治水这种决策大事,在封建时代所器重的是都江堰、大运河的决策以及制度变迁等影响社会经济发展的重大举措;现代人最为关注的是改革开放、社会经济发展、社会充分均衡发展建立等。如果研究政府成本的立足点不能从战略规划与决策方面来考虑,就会造成人们观念与实践中的研究抓芝麻丢西瓜的可能,真正意义上的政府成本不能得到理论与实践的重视,政府的绩效问题是难以科学评价的。事实已经告诉我们,政府在重大决策中由于缺乏科学性所造成的成本是政府最终消费支出无法比拟的。现代循环经济问题,人与自然的均衡等成本对社会、对公众的影响是非常大的。"大跃进""文化大革命"影响中国的成本使社会经济发展倒退几十年,循环经济问题、人与自然的均衡问题已经属于全球性问题,其成本是不可估量的。一项好的战略决策可以把一个国家或地区引导到崭新的境界;同样,一个违背科学规律的政府战略可以把一个国家或地区推向深渊。因此,研究政府成本的核心是要抓住政府的基本职能,根据政府在社会中的角色定位来研究,只有通过主观概率方法、趋势外推方法以及公共管理理论与逻辑推理方法进行深层次分析,才能彻底透析政府成本的内涵,在政府成本研究的重大问题上取得突破。

四、全面小康视域下政府成本的影响范围

政府是现代公共管理的主体,是社会委托的管理者,政府既然管理社会,理所当然地要产生成本,无论是合理的成本还是不合理的成本,都必须客观存在。研究控制政府成本,必须先弄清政府成本的影响范围,从现代政府管理的职能与角色出发,政府成本的影响范围可大体归纳如下:

一是影响社会发展的政府成本。从目前国际范围来看,影响社会发展的政府成本主要是社会充分均衡发展问题,特别是人与自然的均衡相处问题。过去,人们对于此类问题大为忽视,即使在人们重视循环经济、可持续发展以及科学技术的当今,似乎对于这些问题的控制还没有真正找到合理的措施,大家都认为这些问题给社会带来了不可估量的成本,但并没有找到对应的责任者。政府是理所当然的社会管理者,对于社会发展中所造成的成本就应当责无旁贷地控制。如果是有远见的政府组织,就不会轻易做出影响社会发展问题的决策,影响社会发展的政府成本应当是人们研究政府成本最关键的环节。

二是影响政治文明方面的政府成本。现代政治文明是国际社会越来越重视的重大问题,一个腐败的政府必将给政治文明建设抹黑,而缺乏政治文明的社会必将为社会经济发展付出昂贵的代价。政府在影响政治文明方面的成本是一种母性成本,具有滋生政府成本的功能。

三是影响经济建设的政府成本。经济建设永远是国家或地区的主旋律,政府的重大战略决策不仅反映眼前的社会经济发展问题,而且还会渗透到未来一个发展周期,包括经济结构、产业结构、国际收支、物价指数、就业机会、财政收支等一系列与社会经济发展密切相关的问题。我国学者樊纲指出,政府成本影响区域竞争力。随着现代市场经济的发展,人们对影响经济建设的政府成本的认识不仅不断明确,而且制度考核体系也日益健全。

四是影响公共福利方面的政府成本。公共福利是现代社会制度下政府调节社会收入的重要手段,现代发达国家特别是北欧国家的公共福利发展迅速,在很大程度上起着调节社会财富分配不公平现象的作用,政府可以通过公共经济或国民经济再分配手段消除过于悬殊的收入差距。如果一个国家或地区的收入差距悬殊,财富集中在个别人手中,那么政府管理的成本就高。当前中国一些暴富者阶层迭起,他们将中国的社会财富以移民的手段转移到美国等发达国家,不仅在公共福利方面造成政府成本,而且也延续到政治文明方面的成本。

五是影响纳税人负担的政府成本。政府的最终消费支出是政府活动中显性的、直接性支出成本,由于政府没有能力直接创造社会财富,所以,这部分成本同样转嫁为纳税人的直接或者间接支出,从而增加纳税人的经济负担。当政府支出不断膨胀时,如果不提高现行的税率,政府财政当然赤字,而税率的提高必然地增加纳税人的负担,

同时，当纳税人的负担过大时，根据拉弗曲线理论，会直接影响国家或地区的社会经济发展。所以，政府消费成本也是非控制不可的。

五、政府成本与公共管理之间的关系

要搞清楚政府成本与公共管理之间的关系，实际上就是要明确政府成本的重要性。概括地讲，政府成本是制约公共管理制度确立的障碍，而现代公共管理理念的确立能够从制度上控制政府成本的膨胀或者一定程度上抵消政府成本。

现代公共管理是政府改革的必由之路，是国际政府管理发展的潮流。现代公共管理最流行、最基本的模式是推行并建立企业家政府，按照企业家政府模式，运用企业管理的技术、方法、制度来硬性约束政府成本。同时，政府行为市场化也是现代公共管理的基本特征，把政府决策、管理的正确与否放到市场上让公众检验，能够从制度上建立公共产品由传统的政府垄断经营转化为不同主体之间在市场上竞争经营，竞争的结果必然是公共产品成本或价格的低廉化，这种机制的建立会使政府产生一定程度的危机感和责任感，高价政府不仅会受到公众的质疑，而且还会引起公众对政府的重新选择，控制政府成本理所当然地成了政府考虑的重要问题。实际上，公共管理在各国的实践中都在很广阔的领域控制或降低了政府成本，例如，在现代公共管理理念下，政府决策由一心关注GDP增长转向绿色GDP增长，社会治理的意识深入人心，人们特别关注循环经济问题、可持续发展问题、人与自然的均衡问题等，这种观念的转变实际上充分体现了对政府成本的控制。

当然，现代公共管理也渗透了民主管理意识，在一个充分体现民主管理的国家或地区，就会必然地约束政府成本的膨胀。例如，许多地区的政府重要决策采取听证会制度，让公众理解并分析判断政府的所作所为是否对社会、对公众有利。这种政府管理在性质上的变化必然会带来对社会资源的优化配置，并增加公共福利。管理体制、管理制度本身是有其生命周期的，传统的行政管理为维护官僚体制的生存与发展起到了很好的作用，但是随着市场经济体制的建立与发展，它又日益体现出无法回避的劣根性，无法控制私人领域在争夺经济利润活动中产生的对社会资源掠夺性经营而带来的社会资源枯竭、环境污染、政治生活腐败等弊端，这些弊端最终都是政府成本膨胀的基本要素。至此，我们称为传统的政府管理制度、管理体制的生命周期逐渐衰退或趋于结束了。要控制或消除因传统体制造成的政府成本问题，必须首先建立符合现代市场经济体制、充满生机与活力的政府管理新体制、新制度，现代公共管理成为国际社会所共识的理性选择。

六、对政府绩效评估机构的看法

政府绩效与政府成本之间是风雨同舟的关系，如果能控制政府成本，就会提高政府绩效；反之，政府成本就会膨胀，政府绩效就会降低。时下，一些科研院所成立了政府绩效评估机构，其目的是为了对地方各级政府在某一特定时期内的工作政绩进行科学估计，以便客观、准确、合理、科学地反映其管理社会的能力与对社会的贡献。这种机构的出现从机制上理顺了评价政府的渠道，把政府管理社会的实绩由既往的上级政府评价变为社会中介组织评价，充分体现在体制上评价政府绩效的科学性与公正性。现在的问题是，政府绩效评估机构从哪些方面、运用什么工具、采用哪些指标来评价，亦即如何评价政府绩效。

如果不确立政府成本理念，政府绩效就很难客观地反映出来。只有当科学合理地分析判断政府成本时，才能在此基础上评估政府管理社会的绩效。假定没有政府成本理念或者忽略政府成本，人们往往会被一些表面现象或者虚假繁荣掩盖政府管理中另一面，把一些没有政绩或者绩效较差的政府评估为绩效突出的政府。例如，在不考虑政府成本的情况下，对于政府在重大决策方面的失误无法纳入评估政府绩效的内容，因此，正确判断政府绩效，必须先考虑并深入解剖政府成本，把绩效评估建立在分析政府成本的基础上。

有的政府绩效评估机构仍然把传统的考核指标当作评估政府绩效的主要标杆，这是政府绩效评估失去科学性的重要原因。社会经济的发展是永远不间断的，它要求政府管理社会以及对管理社会绩效的尺度只有不失时机地做出相应的调整，才能体现政府绩效的科学性。回顾人类社会在不同的社会经济发展阶段，人们可以从中找到各个历史时期对政府循环经济、环境污染、生态平衡、社会充分均衡发展、可持续发展政绩的考核不同的答案与理由。现代社会已经进入后工业时代或知识经济时代，评估政府绩效必须以后工业时代或知识经济时代的基本内涵确立考核政府绩效的基本标杆，一方面，必须考虑政府在任期间对社会经济发展贡献大小；另一方面，必须考虑政府在循环经济、环境污染、生态平衡、社会充分均衡发展、可持续发展等方面的贡献大小。这两个方面应该是相辅相成、辩证统一的关系。在现代公共管理体制下，政府职能从过去以分配为主变为以社会治理为主，关键看社会经济发展程度以及管理机制如何。传统的政府绩效考核标杆仅仅考虑经济增长等方面的指标，忽略循环经济、环境污染、生态平衡、社会充分均衡发展、可持续发展等方面的考核。这是一些政府绩效评估机构缺乏政府成本观念所造成的偏颇，应当进一步完善。

七、政府决策中的机会成本问题

政府成本在现实生活中的表现是多维的，但是，政府成本影响社会、公众最为严重的是政府决策的机会成本。政府决策的机会成本就是政府在一些重大问题决策中所选择方案而产生的成本。例如，某政府要确定今后 10 年的社会经济发展战略，备选的方案有两个。其一是以发展现代农业为主的方案，我们称为 X；其二是以发展现代工业为主的方案，可以称为 Y。在这两个备选方案中，当人们选择 X，就不能选择 Y；反之，当选择 Y，就不能选择 X。我们假定选择 X，而没有选择 Y，所失去的效应就是选择 X 的机会成本。由于政府管理一般为公共产品性质的，从机会成本的角度研究公众的反应不怎么强烈，但是政府决策的机会成本是影响国家或地区社会经济最重要的成本。

研究政府决策的机会成本问题对社会、公众是非常重要的，研究政府决策中的机会成本问题不仅相关的学者、专家责无旁贷，而且各级政府也应当大力支持。任何组织的决策都应当有专家学者的预测分析，而专家学者对某一组织的决策研究也是历史使命，政府决策的机会成本问题是当今社会发展中最为重要的，例如，20 世纪 80 年代我国选择改革开放战略决策的机会成本是非常小的，由于其机会成本小，所以对社会的效应非常大。如果进一步分析，就可以发现，无论是社会充分均衡发展问题还是循环经济问题，以及自然生态与可持续发展等重大问题，都离不开政府在各个时期的决策，这些由于历史上不同的政府决策管理造成的问题逐渐演变为社会、公众当前或未来要承担的成本。现在社会、公众所要面对的这些成本，如果政府当初通过选择不同的方案进行比较分析来科学决策，就会大大降低决策中的机会成本，也就会减少目前或未来社会发展问题上的压力。这样，研究政府决策的机会成本问题就会为未来社会发展造就良好基础。

必须正视的问题是，循环经济问题、社会充分均衡发展问题、生态平衡问题、环境污染问题等由于政府决策中产生的机会成本是公共性质特别强的问题，虽然现代文明的发展几乎使所有人都认识到它的严重程度，但是又由于其缺乏私人性质而往往使许多人视而不见。所以，社会各界必须本着从长远战略着想的观念认真研究，使之能够随着社会经济的发展起到应有的作用。

八、政府成本的控制问题

政府成本的控制是研究政府成本的根本目的，由于政府是政府成本的制造者，也是政府成本的治理者，这种集矛盾的两个方面于一体的问题是最难解决的，从本质上就存在医不自治的缺憾。那么，政府成本问题也不能因为其难以治理而放任自流，现代公共管理为控制政府成本创造了体制保障。

从现代公共管理的基本特征看，无论是有形公共产品还是无形公共产品，都必须强调对社会的贡献大小或者由此而消耗的社会资源，这样检验社会、公众利弊得失的结果是，把公共产品生产经营由传统的政府组织垄断转入市场竞争。公共产品的生产经营不仅有政府组织，而且有企业组织和非政府组织，就一些重大的战略决策而言，不仅仅是政府的专利，还必须有社会各界的直接或者间接参与，例如，人民群众的参政议政作用越来越强，各级政府都不同程度地引入了民主管理与民主决策制度。企业家政府作为现代公共管理重要管理与决策理念，把政府行为以及由此产生的政府成本从传统的软约束管理转向硬约束管理，人们可以用企业管理的技术、方法、机制来控制政府成本。因此，现代公共管理为政府成本的控制提供了操作支点与平台。

从现代公共管理建立的框架分析，它可以为控制政府成本提供体制上的方便，具体体现是，既有社会公众的监督，又有市场竞争的压力，也有政府绩效的动力，更有舆论监督与政府自身的监督。如果能够充分发挥上述监督渠道的作用，政府成本的控制就会有一个崭新的局面。由于人们对公共管理理念的内涵并不十分熟悉，还没有彻底摆脱传统管理的禁锢，似乎对控制政府成本的方法与能力还显得不足，这并非政府成本本身的问题，而是人们缺乏对现代公共管理内涵深入理解。只有当人们的理念彻底转变，才能充分利用管理体制的特征控制政府成本，当然，理论研究应当充分显示它应有的价值，必须走在实践的前面，在引导人们正确认识政府成本重要性的基础上，指出控制政府成本的渠道与方法。当然，作为公共管理主体的政府必须首先建立政府的生命周期概念，对社会贡献大、绩效好的政府生命周期长，反之，政府成本高、绩效差的政府生命周期短。作为政府自身来讲，控制政府成本就是延长政府的生命周期，这就是政府应当重视政府成本的根本原因。发达国家为控制政府成本，普遍地建立了企业家政府，通过改变既往的单纯依靠定性考核政府，取而代之的是定性、定量有机结合的考核，在客观上建立价值取向与结果评价来硬性约束政府行为，也是控制政府成本具有积极意义的探索。

第三节　重塑政府管理体制

政府管理体制是影响一个国家或地区社会经济发展的根本性问题。一个符合区位社会经济发展的政府管理体制，能够轻松驾驭该区位的社会各种组织最大限度地发挥公共资源的优势，使各类自然资源或社会资源在配置过程中充分体现帕累托改善效应，从而引导社会快速发展。改革开放以来，中国政府为保障和促进社会主义现代化建设事业发展，对政府管理体制不断进行改革与完善，提出到2020年建立起比较完善的中国特色社会主义政府管理体制的总体目标。这对未来控制政府成本是一个非常好的定位，这里就重塑中国特色的政府管理体制作一简单介绍。

一、新时代政府管理体制必须对接中国国情

总的来讲，中国特色的政府管理体制不仅要体现国际对接的政府管理活动与职能。同时还必须根据中国国情与发展要求，体现特殊的一面，这样政府管理体制才能不失时机地把握新时代脉搏、控制政府成本，为社会经济发展起到最大限度的推动作用。

1. 中国特色政府管理体制首先应考虑政治文明

任何一个政府都有设置自己管理体制的文化，没有管理文化，管理也就失去了精

神灵魂,体现政治文明是中国政府管理多年来一贯坚持的基本特色。一般地讲,政治文明是指人类改造社会的政治成果的总和,是人类社会文明的重要组成部分,是人类政治活动的进步状况和发展程度的标志,它是与政治蒙昧和政治野蛮相对立的范畴。社会主义的政治文明是中国共产党领导的政治文明,是人民当家做主的政治文明,是坚持以依法治国的基本方略。政府管理活动中的政治文明可分为政府决策民主化、政府工作公开化、管理过程法制化、管理职能科学化、管理活动高效化、政府官员清廉化6个层面。这是多年来中国政府管理体制建设中所体现的基本特色,它是重塑中国特色政府管理体制的根本保证,巩固和完善中国特色社会主义的国体是社会主义政治文明的本质要求,巩固和完善中国特色社会主义的政体是社会主义政治文明的基本方略,概括起来,也是重塑政府管理体制的基本特色。政府管理活动中的政治文明目标的提出标志着我们党对政治文明建设在社会整体文明中的重要地位认识的深化,是政府管理体制全面改革所必须探索的重要内容。因此,政治文明是中国政府管理体制建设与改革的基本特点,只有以政治文明为原则,才能体现政府管理在体制建设中反映公众的根本利益;也只有政治文明的政府管理体制,才能体现政府管理活动充分与均衡发展的宗旨。

2. 推动社会均衡发展是中国特色政府管理体制的时代要求

新时代的本质和核心是推动社会充分与均衡发展,体现党的宗旨与性质。从实践的角度分析,是指政府管理活动中要以人们日益增长的物质文化需求为出发点和中心。政府管理体制和管理职能是围绕着激发和调动人的积极性、主动性、创造性来展开的,以实现人与组织共同发展的一系列活动。在理论上,社会充分与均衡发展理念是把人看成管理中最基本的要素,人是能动的,与管理环境是一种交互作用,创造良好的政府管理环境,公众和社会组织的共同发展,同时,公众目标和政府目标能够协调发展。政府进一步了解公众的情况,能够使政府目标更体现公众利益和政府目标。总之,体现公众物质文化需求的发展是政府实现目标的前提。要体现充分与均衡发展的政府管理体制,政府就要为公众创造良好的环境。中国古代的《晏子春秋·内篇杂下》就有"橘生淮南则为橘,生于淮北则为枳,叶徒相似,其实味不同。所以然者何?水土异也",这也充分说明了环境对公众个体发展的重要性。作为政府管理体制,如何为公务员营造良好的环境,我们认为,首先是公平竞争的环境,必须认识到社会资源公平配置,特别是在人才的使用上要杜绝"打招呼、走关系"的非正常现象,要创造一种宽松的选拔人才的环境,打破传统的"条条框框"的约束,建立不拘一格选拔使用人才的机制。时下,社会流行"情商决定命运"说法。仔细品评,这是完全错误的。其本质是,能够控制自己的情绪比人的才能更重要。如果任其发展下去,社会就会出现庸者上能者下的用人理念。因此,必须形成以"智商"为标志的选人环境。其次对于政府管辖的区域而言,应当健全完整的保障体系,使社会各个阶层能够忘却后顾之忧,完善社会的教育培训体系,适应社会经济的发展。

3. 体现新时代特点是重塑政府管理体制的基本前提

公民社会的发展，在个体上体现竞争，而从政府的角度必须通过一系列的公共职能与政策体现公平与均衡，新时代是任何人都期盼的社会氛围，中国特色的政府管理体制的建设必须以新时代为前提，让公众有舒畅的工作、生存环境。构建新时代的历史进程要坚持以人为本，本质上是要把关注的目光从片面追求物质的增长和财富的积累，逐渐转移到促进人的全面发展上来。新时代应当是各种社会关系均衡的总和，其中社会各利益主体、社会各阶层之间生存状况与发展预期的均衡更具有决定性作用。

要保障群众包括生存权和发展权在内的基本权利，没有均衡的社会基础，就没有中国特色的政府管理体制，也就不可能构建起适应现代公共管理的政治文明，甚至可能给社会埋下不稳定隐患。在今后一个时期内，公共资源的配置在一定程度上应向弱者和弱势群体倾斜经济资源和公共福利。例如，农村失去土地而又别无长技的扶贫对象，城里下岗失业的困难职工，在财大气粗的业主手下工作的卑微员工，身处险境困境中的人们，都比一般人更需要社会的救济和关爱。假定辛苦打工的扶贫对象到头来却拿不到应得的报酬，部分人仅仅因为贫困就得不到最基本的医疗救济，生活在社会底层的人们就可能产生被主流社会遗弃之感。这种形态不是新时代应有的特征，在社会阶层间的过度分化与对立的基础上，也不可能矗立起新时代的大厦。因此，政府管理体制改革活动中建立新时代应该是重要内容，只有建立新时代的体制，才能从根本上实现新时代。

4. 党的领导是中国特色政府管理体制的根本保证

中国特色的政府管理体制必须坚持中国共产党的领导，坚持中国共产党的领导也是中国保持正确前进方向的根本保证。中国是世界第一人口大国，经济社会发展很不平衡，人均社会财富和受教育程度与世界先进水平还有很大差距。这一基本国情决定了只有坚持中国共产党的领导，中国才能保持稳定，才能在经济社会发展的过程中让发展的成果由人民共享。过去40年，在中国共产党的领导下，中国政府始终坚持中国特色社会主义道路，以实践作为检验真理的唯一标准，不照搬、不盲从、不躁进，通过实践探索，不断完善政治、经济、社会体制，使改革开放始终沿着正确的方向稳步前进。坚持与时俱进，也是中国共产党能够带领中国不断取得进步的重要原因。从毛泽东思想、邓小平理论、"三个代表"重要思想、科学发展观到习近平思想，中国共产党根据形势的不断变化，不断完善党的基本理论，使党的领导与中国的基本国情相适应，与时代的进步发展相适应，与人民群众的期待相适应。如果没有与时俱进、不断创新的勇气和动力，中国共产党就不可能带领中国人民取得一个又一个胜利。在新时代，中国共产党在习近平思想的指引下，坚持充分均衡发展，坚持做到"权为民所用、情为民所系、利为民所谋"，处处将人民群众的利益放在首位，这是中国共产党能够得到中国人民真心拥护和高度认同的重要原因。因此，重塑中国特色的政府管理体制，必须坚定不移地坚持党的领导。

二、重塑中国特色政府管理体制的机理是规范政府管理半径①

中国之所以能取得今天的辉煌成就，靠的是改革开放，规范政府管理体制。从党的十一届三中全会以后，我国经济体制改革"摸着石头过河"，逐步确立了社会主义市场经济体制目标。在计划经济条件下，政府对经济社会事务实行全方位管理，政府职能覆盖社会生活各个方面；而在市场经济条件下，市场在资源配置中发挥着决定性作用，政府不再干预微观经济运行，而把主要精力放到创造良好的市场发展环境上来。政府管理体制改革正是随着计划经济向社会主义市场经济的转型，与经济体制改革同步进行部署和实施的。在当前，已经形成"经济调节、市场监管、社会管理、公共服务"的管理体制与职能的定位，成为市场经济条件下对政府职能的全新界定，政府组织结构和管理方式也作了大幅调整。实践表明，政府管理体制改革与经济体制改革协调推进，相得益彰，促进了社会主义市场经济体制的建立和完善。无论从实践的角度还是理论机理分析，改革开放以来为适应社会经济发展所进行的政府职能转换或政府管理体制改革，都是政府管理半径的规范，它从政府管理的内在机理上定位政府的横向管理区域和政府管理的基本内容。

政府管理半径是制约包括公共生产力在内的生产力发展的重要因素。只有合理定位政府管理半径，才能筛选出切实可行的公共管理职能。政府管理体制改革是作为政治体制改革的重要环节展开的，这样，规范政府管理半径就成了国家政治体制改革是否到位的关键。邓小平同志曾深刻指出，我们提出改革时，就包括政治体制改革；不改革政治体制，就不能保证经济体制改革的成果，就会阻碍生产力发展，阻碍现代化的实现，而政治体制改革的关键是政府职能转换，要转换政府职能必须规范政府管理半径。在政治体制改革进程中，政府管理体制改革始终是一个关键环节和重要切入点。改革开放以来，中国政府着力推动职能转变，理顺职责关系，优化组织结构，提高政府效能。各级政府的管理半径逐步规范，职责重点逐步清晰，计划、决策、执行、监督、反馈等职能逐步做到既相互制约又相互协调。政府管理半径的界定不仅能够推动政府管理体制改革，同时政府管理体制改革还带动政府管理职能转变以及其他方面的体制改革。比如，党委、政府和人大、政协的职责关系和机构设置也逐步在界定政府管理半径中不断清晰，从某种意义上讲，党委、人大和政协各专门委员会逐步健全，职能进一步发挥；司法体制改革不断深化，政法人员编制逐步充实，司法机关维护社会稳定的职责得到加强；工会、共青团、妇联、残联等社会群众团体的职能和机构逐步规范，有力发挥了桥梁纽带作用等，都离不开政府管理角色的定位。通过政府管理半径的界定和政府管理体制的改革，人民参与管理国家事务的渠道更加畅通，基本权益得到更大保障。

---

① 何翔舟．政府管理半径与成本的研究［M］．北京：中国社会科学出版社，2008：8-33．

从另外的角度来看，政府管理半径与政府管理体制改革，是作为合理配置党的执政资源的重要手段展开的。在当代公共管理理念指导下，无论是社会任何组织，都必须把执政资源更多地转移到为经济建设、建设强大国家服务。从总体上讲，核心是要统筹政府管理半径内的经济社会发展、城乡发展和区域发展等，政府的政府资源配置就要更多地向社会管理和公共服务领域、农村、社区等基层倾斜。从未来发展角度展望，必须通过政府管理半径改革，科学合理地配置职能、设置机构、配备编制、构建体制，降低政府成本，提高政府效率。政府管理半径还必须根据不同历史阶段的经济社会发展要求来定位，对于政府来说，改革的内涵十分丰富，范围十分广泛，既包括政府自身在体制构建标的上体现的机构改革，又包括财政、金融、投资、科技、教育、文化、卫生等行业和领域的综合职能改革；既包括职能和机构的调整，又包括运行机制和管理方式的创新；既包括政府机构改革，又包括事业单位改革；既包括政府内部的体制改革，又包括政府与党委、人大、政协、司法、群团等方面的协同配套改革；既是外在的框架再造，又是内在的管理业务流程理念的定位。对此，如果没有一个管理思维与内容的界定，就有可能造成公共资源的浪费。

党的十九大要求加快推进政府管理体制改革。中华人民共和国第十三届全国人民代表大会第一次会议关于国务院机构改革方案的决定，对政府管理体制改革的指导思想、基本原则、总体目标和主要任务做出重大部署。这是党的历史上第一个系统阐述政府管理体制改革的重大决策，是今后较长一个时期深化政府管理体制改革的纲领性文献。根据党的十九大和第十三届全国人民代表大会第一次会议关于国务院机构改革方案的决定，现行的国务院机构改革从促进经济社会又好又快发展出发，统筹兼顾，在一些关键领域迈出重要步伐。改革突出了三个重点：一是加强和改善宏观调控，明确政府职责；二是着眼于充分与均衡发展，加强社会管理和公共服务；三是积极探索职能有机统一的大部门体制。政府管理半径的界定就是按照政企分开、政资分开、政事分开、政府与市场中介组织分开的要求规范政府职能，新的大部委体制取消、下放、转移了国务院部门的多项职能，其实是政府体制重塑的实践。同时，按照把政府该管的事切实管好的要求，加强宏观调控、能源管理、环境保护以及住房、社会保障、安全生产等涉及群众切身利益、关系国计民生的社会管理和公共服务职责。在政府管理半径规范下，重塑政府管理体制要着重做好下列工作：

一是政府管理理念的变化。各级政府及部门的责任明确和强化，一切权力来自人民、必须对人民负责的意识要深入人心，确立了服务型政府的理念，各级政府及部门都要从"管字当头"转到"服务至上"，能否为人民群众提供更多更好的公共服务，成为衡量政府工作绩效的重要标准。确立法治政府的理念，市场经济就是法治经济，政府及其工作人员必须尊重与维护法律权威，在宪法和法律范围内活动。

二是确立政府职能转变的标的。政府职能与新时代特色社会主义市场经济发展要求相适应，与人民群众不断增长的公共服务需求相适应，不断强化社会管理和公共服务职能，着力维护社会稳定和促进社会均衡、社会利益协调机制、矛盾疏导机制和突发事件应急机制；着力发展社会事业和解决民生问题，包括义务教育、公共卫生和社会保障体系建设等；大力发展非政府组织，突出社会组织在经济社会事务中的作用。在推动政府职能转变的同时，积极培育社会力量，各类社会组织蓬勃发展，初步实现由单纯依靠政府管理向政府与社会协同治理转型。

三是进一步调整政府组织与内在机构。建设与新时代市场经济体制相适应的以宏观调控部门、行业管理部门、市场监管部门、社会管理和公共服务部门为主的机构框架。政府服务职能必须做到顶天立地，即在建设国务院大部委的同时，必须根据社会发展的需要，搞好社区一级政府职能延伸的建设。国际经验证明，随着社会经济的发展，社区级的政府越来越重要，社区管理是适应政府全面正确履行职能的需要，着重调整和加强了宏观调控、金融监管、应急管理、安全生产、能源规划、资源环境、公共卫生、社会保障等领域的管理体制和机构的基础和保障作用。

四是理顺各级政府和各部门之间的职责关系。首要的是中央和地方事权划分趋于合理，标准是中央和地方的积极性能够得到充分发挥。不同层级政府经济社会事务的管理责权得以合理界定，各级政府在职能配置上不是下级简单地模仿上级的设置，而是根据其管理半径范围的社会经济发展需求设置各自的机构与职能。政府各部门之间的职责关系进一步清晰，划清重要领域的部门职责交叉事项，建立起部门间协调配合机制，解决政府执法职责体系中多头执法、多层执法、执法扰民等突出问题。

五是加强政府制度建设和能力建设。政府运行机制和管理方式不断创新，制度化建设持续推进，政府效能明显提高是重塑政府管理体制的基本标志；必须体现科学民主决策，建立公众参与、专家论证和政府决策相结合的决策机制；推行政府政务公开，机制健全，范围扩大，保障人民群众的知情权、参与权、监督权；建立政府应急管理体系，形成分级响应、属地管理、信息共享、分工协作的应急体系。还要加大政府监督和问责力度，包括外部监督、层级监督和监察、审计等专门监督的政府监督体系，政府问责制能够在重大事故处置中发挥重要作用。

三、重塑新时代中国特色政府管理体制的操作思路

政府管理体制的改革是一个庞大而繁杂的系统工程，必须有一个清晰的思路与科学的操作过程与方法，就当前中国客观现实而言，应当注重协力。

1. 定位重塑政府管理体制的目标

建立比较完善的中国特色社会主义政府管理体制，既是一项长期艰巨的任务，又是一个时代感、紧迫性很强的新课题。一方面，经过40年的改革开放，历经1982年、1988年、1993年、1998年、2003年、2008年6次集中的政府管理体制和政府机构改革，中国已总体形成基本适应经济社会发展要求的政府管理体制，新的政府管理体制有力地保障了改革开放和社会主义现代化建设事业的发展；另一方面，随着经济社会

的快速发展和急剧变革,各种新情况新矛盾不断出现,政府管理体制在政府职能、组织结构、运行机制、管理方式、制度、队伍和政风建设等方面不适应新形势新任务要求的状况也越来越突出。为了保证政府管理体制改革沿着正确的道路前进,应当明确改革的总目标和总方向,既不是计划经济体制下高度集中的政府管理体制,也不是西方资本主义国家三权分立政治体制下的政府管理体制,而是适应我国社会主义初级阶段经济社会发展要求的中国特色社会主义政府管理体制。建立和完善中国特色社会主义政府管理体制的根本目标,就是为了建设一个推动社会充分均衡发展、施政为民的服务政府,权责明晰、监督到位的责任政府,法律完备、行为规范的法治政府,清正透明、精干有力的廉洁高效政府,归根结底是建设一个人民满意的政府。

2. 明确重塑政府管理体制的主要任务

按照建立新时代比较完善的中国特色社会主义政府管理体制的总体目标,要加快政府职能转变,深化政府机构改革,为实现深化政府管理体制改革的总体目标,必须明确政府管理体制建设的主要任务。

首先是加快政府职能转变,解决好政府应当做什么的问题。党的十九大提出,要完善政府的经济调节、市场监管、社会管理和公共服务四项职能;贯彻落实充分均衡发展和建设全面小康社会,要求政府更加注重履行社会管理和公共服务职能;凡是公众、法人和其他组织能够自主决定的事项,市场竞争机制能够自行调节的事项,社会组织或中介机构能够自律解决的事项,除法律另有规定的以外,政府都不要干预。这些要求和规定基本明确了政府职能的范围,总体划清了政府与市场、企业、事业、社会的职责边界。在此基础上,加快推进政企分开、政资分开、政事分开、政府与市场中介组织分开,把不该由政府管理的事项转移出去,把该由政府管理的事项切实管好,从制度上更好地发挥市场在资源配置中的基础性作用,更好地发挥公众和社会组织在社会公共事务管理中的作用,更加有效地提供公共产品。明确政府加强经济调节、市场监管、社会管理和公共服务四项职能的重点,对推动各级政府加快转变和全面正确履行职能具有重要意义。现在的关键是要在深入调查研究的基础上,进一步细化不同层级政府和不同政府部门的职能框架、事权划分和职责体系,加强政府职能与机构设置的配套改革,发展公共服务型事业单位和社会组织,使之更多地承接政府职能,以采取切实有效的措施推动政府职能真正转变到位、配置到位和履行到位,坚决克服政府管理的"越位、缺位、错位和不到位"现象,实现政府职能向创造良好发展环境、提供优质公共服务、维护社会公平正义的根本转变。①

其次是深化政府机构改革,设置好政府的组织结构。按照精简、统一、效能的原则和决策权、执行权、监督权既相互制约又相互协调的要求,紧紧围绕政府职能转变和理顺职责关系,进一步优化政府组织结构,规范机构设置,完善政府运行机制。一

---

① 袁曙宏. 不断完善中国特色社会主义行政管理体制 [J]. 求是,2008(2).

是加强和改善宏观调控，促进科学发展；二是着眼于保障和改善民生，加强社会管理和公共服务部门建设；三是按照探索职能有机统一的大部门体制要求，对一些职能相近的部门进行整合，实行综合设置。从理论上讲，一方面，大部门体制适应市场经济发展要求、有利于整合职能相近的部门和形成精简高效的政府组织结构，很大程度上反映了现代政府管理体制改革的趋势；另一方面，大部门体制又受到经济社会发展水平和政府管理现状的影响与制约，有一个逐步发展的过程。综观世界各国，发达国家的政府部门一般不超过20个，但发展中国家的政府部门很多都在20个以上，有的甚至达到三四十个。因此，大部门体制改革既应当把握趋势，积极探索，不断推进；又应当把握节奏，审慎稳妥，循序渐进。

最后是加强依法行政和制度建设，明确政府管理规则。国内外理论与实践表明，科学合理的政府职能和政府组织结构，应当通过法律和制度加以确认，否则很难固定；同时，科学民主的政府决策机制、运行机制和管理方式，应当通过法律和制度加以规范，否则没有保障；另外，政府权的行使应被纳入法律和制度的轨道，否则就可能由于缺乏相应的监督而滥用。政府必须严格依法行政，政府权必须受到全方位、全过程的严格监督和制约。因此，重塑政府管理体制，必须把坚持依法行政作为政府工作的龙头和基本准则，坚持用制度管权、管事、管人，积极推行政府绩效管理和政府问责制度，基本实现建设法治政府的目标。

3. 找到重塑政府管理体制的基本方法

首先是谋划好重塑战略，注重系统思维与问题意识的统一。政府管理体制改革具有综合性、结构性和配套性。它既是政治体制改革、经济体制改革和社会管理体制改革的重要组成部分，又自成体系。这就要求在谋划改革时，应当具有宽广视野和系统思维，把政府管理体制改革放在特定时代的经济、政治和社会大背景下来整体思考、统筹规划。另外，政府管理体制在每一历史时期和发展阶段又面临最突出的问题，要求必须以问题为导向，抓住牵动全局的主要改革环节，确定重点改革任务，着力推进，重点突破。只有把系统思维与问题意识统一起来，才能牢牢把握政府管理体制改革的本质、重点和关键。

其次是部署重塑任务，注重长期目标与近期重点的统一。政府管理体制改革是一项长期而艰巨的历史任务，是一个不断探索、不断改革、不断突破、不断前进的历史过程。建立比较完善的中国特色社会主义政府管理体制，必须有长远目标和总体规划，以明确改革的路径与方向。同时，政府管理体制改革又是阶段性与连续性统一的过程，是一步一个脚印的渐进过程，一个时期有一个时期的改革重点，一个阶段有一个阶段的改革任务；因而改革又必须有长远目标下的近期目标，总体规划下的重点安排，做到长远目标与阶段性目标相结合，全面推进与重点突破相结合，处理好改革发展稳定的关系，以保证改革前后衔接、积极稳妥、有序推进。

最后是落实重塑举措，注重质变与量变的统一。把大刀阔斧的改革与精雕细刻的完善有机结合起来。经验表明，政府管理体制改革必须坚持从实际出发，既要有一些大的改革动作和集中的改革举措，以保证改革的实效和力度，促进政府管理体制的不断完善；又要通过一系列持之以恒的管理机制、方式和制度的创新，通过政风和作风的改善，促进政府管理体制改革的量的转变和积累。要把质的突破与量的积累很好地统一起来，以保证改革成效的巩固。重视量的积累，就为质的突破做好了有效的心理、管理、制度上的铺垫和准备。

参考文献

[1] [美] 彼得斯. 政府未来的治理模式 [M]. 吴爱明译. 北京：中国人民大学出版社, 2014.

[2] [美] 戴维·E. 阿普特. 现代化的政治 [M]. 关维伟等译. 北京：中央编译出版社, 2011.

[3] [美] 戴维·奥斯本, 特德·盖布勒. 改革政府：企业家精神如何改革着公共部门 [M]. 周敦仁译. 上海：上海译文出版社, 2006.

[4] [美] 亨廷顿. 变动社会中的政治秩序 [M]. 王冠华等译. 上海：上海人民出版社, 2008.

[5] [美] 诺斯, 托马斯. 西方世界的兴起 [M]. 厉以平, 蔡磊译. 北京：华夏出版社, 2009.

[6] [美] 诺斯. 制度、制度变迁与经济绩效 [M]. 杭行译. 上海：上海人民出版社, 2014.

[7] [美] 西奥多·舒尔茨. 穷人的经济学 [M]. 北京：中国人民大学出版社, 2001.

[8] [美] 乔·米格代尔. 社会中的国家 [M]. 李杨, 郭一聪译. 南京：江苏人民出版社, 2013.

[9] [美] 布坎南. 经营管理经济学的紧缩理论 [J]. 美国经济评论, 1975 (5).

[10] 习近平. 决胜全面建成小康社会夺取新时代中国特色社会主义伟大胜利——在中国共产党第十九次全国代表大会上的报告 [R]. 2017-10-18.

[11] 胡鞍钢. 2020 中国：全面建成小康社会 [M]. 北京：清华大学出版社, 2012.

[12] 人民日报社理论部. "五大发展理念"解读 [M]. 北京：人民出版社, 2015.

[13] 陈家刚. 基层治理 [M]. 北京：中央编译出版社, 2015.

[14] 陈家刚. 协商民主与国家治理：中国深化改革的新路向新解读 [M]. 北京：中央编译出版社, 2014.

［15］陈家建．项目制与基层政府动员［J］．中国社会科学，2013（2）．

［16］陈明明．转型危机与国家治理［M］．上海：上海人民出版社，2011．

［17］陈潭．大数据时代的国家治理［M］．北京：中国社会科学出版社，2015．

［18］冯仕政．中国国家运动的形成与变异：基于政体的整体性解释［J］．开放时代，2011（1）．

［19］郑振清，巫永平．贫富差距扩大的政治效应——全球金融危机以来东亚选举政治变迁研究［J］．中国社会科学，2014（11）：83－103，206．

［20］顾昕．走向有管理的市场化：中国医疗体制改革的战略性选择［J］．经济社会体制比较，2005（9）．

［21］何增科，陈雪莲．政府治理［M］．北京：中央编译出版社，2012．

［22］何增科．理解国家治理及其现代化［J］．马克思主义与现实，2014（1）．

［23］贺东航．生态治理体系中的制度比较研究［J］．马克思主义与现实，2014（3）．

［24］胡鞍钢．中国国家治理现代化［M］．北京：中国人民大学出版社，2014．

［25］姜晓萍．国家治理现代化进程中的社会治理体制创新［J］．中国行政管理，2014（2）．

［26］赖先进．论政府跨部门协同治理［M］．北京：北京大学出版社，2015．

［27］蓝志勇，魏明．现代国家治理体系：顶层设计、实践经验与复杂性［J］．公共管理学报，2014（1）．

［28］唐铁汉．加强政府绩效管理深化行政管理体制改革［J］．中国行政管理，2009（3）．

［29］范恒山．加快政府行政管理体制改革的重点任务［J］．中国经贸导刊，2008（1）．

［30］吴晓燕，赵普兵．农村精准扶贫中的协商：内容与机制——基于四川省南部县A村的观察［J］．社会主义研究，2015（6）．

［31］谭桔华．政府行政成本简论［M］．长沙：湖南大学出版社，2005．

［32］王长江．再也不能忽视执政成本了［J］．理论动态，2004（5）．

［33］王金秀．政府预算机制研究［M］．北京：中国财政经济出版社，2009．

［34］［美］丹尼斯·C.缪勒．公共选择理论［M］．杨春学等译．北京：中国社会科学出版社，1999．

［35］王金秀．政府预算平衡与否和收支孰决原则及其组合的理论分析［J］．中南财经大学学报，2008（3）．

［36］刘世军．大国的复兴：国家治理体系与治理能力现代化［M］．上海：上海人民出版社，2014．

［37］刘智峰．国家治理论：国家治理转型的十大趋势与中国国家治理问题［M］．

北京：中国社会科学出版社，2014.

［38］马骏. 国家治理与公共预算［M］. 北京：中国财政经济出版社，2007.

［39］莫吉武. 转型期国家治理研究［M］. 长春：吉林大学出版社，2015.

［40］俞可平. 民主法治：国家治理的现代化之路［N］. 中国青年报，2013-12-04.

［41］俞可平等. 中共的治理与适应：比较的视野［M］. 北京：中央编译出版社，2015.

［42］张文显. 法治与国家治理现代化［J］. 中国法学，2014（4）.

［43］张艳国. 国家治理与中国道路［M］. 北京：中国社会科学出版社，2015.

［44］折晓叶，陈婴婴. 项目制的分级运作机制和治理逻辑［J］. 中国社会科学，2011（4）.

［45］钟海帆. 互联网与国家治理现代化［M］. 北京：社会科学文献出版社，2015.

［46］周黎安. 转型中的地方政府：官员激励与治理［M］. 上海：上海人民出版社，2008.

［47］周雪光，刘世定，折晓叶. 国家治理与政府行为［M］. 北京：中国社会科学出版社，2012.

［48］周雪光. 权威体制与有效治理：当代中国国家治理的制度逻辑［J］. 开放时代，2011（10）.

［49］周雪光. 项目制：一个"控制权"理论视角［J］. 开放时代，2015（2）.

［50］周雪光. 运动型治理机制：中国国家治理的制度逻辑再思考［J］. 开放时代，2012（9）.

［51］周雪光. 中国国家治理及其模式：一个整体性视角［J］. 学术月刊，2014（10）.

［52］Acemoglu D, Robinson J A. Why Nations Fail: The Origins of Power［M］. Prosperity and Poverty. New York: Crown Business, 2012.

［53］Agranoff R, McGuire M. Collaborative Public Management: New Strategies for Local Governments［M］. Washington, DC: Georgetown University Press, 2003.

［54］Agranoff R. Collaborating to Manage: A Primer for the Public Sector［M］. Washington, DC: Georgetown University Press, 2012.

［55］Ansell C, Gash A. Collaborative Governance in Theory and Practice［M］. Journal of Public Administration Research and Theory, 2008, 18（4）: 543-571.

［56］Bolleyer N. Intergovernmental Cooperation: Rational Choices in Federal Systems and Beyond［M］. Oxford University Press, 2009.

［57］Bourgon, Jocelyne. A New Synthesis of Public Administration: Serving in the 21st

Century, McGill - Queen's Press, 2011.

［58］ Collins E. Alternative routes: Intergovernmental Relations in Canada and Australia ［J］. Canadian Public Administration, 2015, 58（4）: 591 - 604.

［59］ Fukuyama F. Governance: What Do We Know, and How Do We Know It? ［J］. Annual Review of Political Science, 2016（19）: 61 - 67.

［60］ Fukuyama F. State - building: Governance and World Order in the 21st Century ［M］. Cornell University Press, 2004.

［61］ Fung Archon. Empowered Participation: Reinventing Urban Democracy ［M］. Princeton University Press, 2004.

［62］ Hood C, Dixon R. A Government that Worked Better and Cost Less? Evaluating Three Decades of Reform and Change in UK Central Government ［M］. New York: Oxford University Press, 2015.

［63］ Hughes O E. Public Management and Administration ［M］. Palgrave Macmillan, 2012.

［64］ Johnson W C. Public Administration: Partnerships in Public Service ［M］. Waveland Press, 2014.

［65］ Kettl D F. The Transformation of Governance: Public Administration for Twenty - First Century America ［M］. Baltimore, MD: Johns Hopkins University Press, 2002.

［66］ Kwon O. Fiscal Decentralization: An Effective Tool for Government Reform? ［J］. Public Administration, 2013, 91（3）: 544 - 560.

［67］ O'Leary R, Bingham Lisa B. The Collaborative Public Manager: New Ideas for the Twenty - first Century ［M］. Georgetown University Press, 2009.

［68］ Osborne D, Plastrik P. Banishing Bureaucracy: The Five Strategies for Reinventing Government ［M］. New York: Penguin Books, 1997.

［69］ Ostrom E. Governing the Commons ［M］. Cambridge: Cambridge University Press, 1990.

［70］ O'Toole L J. American Intergovernmental Relations ［M］. CQ Press, 2007.

［71］ O'Toole L J. Networks and Networking: The Public Administrative Agendas ［J］. Public Administration Review, 2015, 75（3）: 361 - 371.

［72］ O'Toole L J. Treating Networks Seriously: Practical and Research - based Agendas in Public Administration. Public Administration Review, 1997: 45 - 52.

［73］ Perri 6, Diana Leat, Kimberly Seltzer, Gerry Stoker. Towards Holistic Governance: The New Reform Agenda ［M］. New York: Palgrave, 2002: 29.

［74］ Perri 6. Hoslistic Government ［M］. London: Demos, 1997.

［75］ Pollitt Christopher, Geert Bouckaert. Public Management Reform: A Comparative

Analysis [M]. London, UK: Oxford University Press, 2000.

[76] Posner P L, Conlan T J. Intergovernmental Management for the Twenty – first Century [M]. Brookings Institution, 2008.

[77] Powell W W. Neither Market nor Hierarchy: Network forms of Organization [J]. Research in Organizational Behavior, 1990 (12): 295 – 336.

[78] Radin Beryl A. Challenging the Performance Movement [M]. Washington, DC: Georgetown University Press, 2006.

[79] Rhodes R A W. Understanding Governance: Policy Networks, Governance, Reflexivity [M]. Buckingham: Open University Press, 1997.

[80] Sugiyama N B. Diffusion of Good Government: Social Sector Reforms in Brazil [M]. NotreDame, IN: University of Notre Dame Press, 2012.